KB128931

유학심리학의 체계 II

- 사회적 존재로서의 인간의 삶

조긍호 저

학지사

책머리에

퇴임 후 두 해가 지난 2017년은 필자가 문리과대학(文理科大學) 심리학과에 입학한 지 50년이 되는 해였는데, 그해 늦여름과 초겨울에는 지리한 몇 년의 방황 끝에 오랫동안 미루어 두었던 두 권의 책을 출간하여, 스스로 심리학(心理學)과 맺은 반세기(半世紀)의 인연을 자축하였다. 책을 쓰는 작업도 악기를 다루는 일과 같아서, 한번 리듬을 잃으면 좀처럼 다시 이에 제대로 복귀하기가 힘들다. 지난번에도 다시 책 쓰기에 들러붙는 데 애를 참 많이도 먹어, 5년이란 긴 시간이 필요하였다. 기왕 어렵사리 리듬을 찾았으니, 내친김에 오랫동안 계획했던 작업에 속도를 내보자고 생각하였다. 맑은 정신으로 글쓰기에 몰두할 시간이 별로 많이 남아 있지도 않은 터이니! 그래서 작년(2019년)에 그동안 쓴 글을 엮어 한 권의 책으로 묶어 내고, 이번에 셋으로 계획했던 2017년 늦여름 책의 두 번째 권을 펴내게 되었다.

젊었을 때는 여러 가지 일을 한꺼번에 해도 별 무리가 없었는데, 이제는 그렇게 잘되지 않는다. 늙은 탓이리라! 지난번에도 책에 몰두하면서 2년 반 이상 공을 들였던 거문고 수업에서는 잠시 멀어졌었는데, 이번에도 책 쓰기를 다시 시작하고, 또 국민학교 시절 이래 오랫동안 가슴속에 품고 있었던 서예(書藝)와 초서(草書) 수업을 시작하면서 거문고 공부는 작파하고야 말았다. 아쉽지만 어쩔 수 없는 일 아니겠는가? 필자의 소능(所能)과 소당위(所當爲)가 저보다는 이에 있으니!

생뚱맞게도 올해는 연초부터 난생처음 겪는 역병(疫病)으로 인해 온 나라가 국난(國難) 수준의 재앙을 당하였다. 그 책임이야 누구에게 있건 간에, 모두가 무력감(無力感)으로 침울해하고 있는 터에 혼자서만 책상 앞에 다가앉아 정신을 집중하기가 힘들었을 뿐 아니라 또 쉽사리 그렇게 되지도 않았다. 난리판일수록 꽃은 더욱 곱다더니, 이상난동(異常暖冬) 탓에 유난히 일찍 찾아온 봄이 무르익어 가면서 온갖 꽃이 그리 화려하게 피어나는데도, 예년처럼 억지로라도 짬을 내어 여럿이 설레며 탐화(探花) 여행을 갈 엄두도 내지 못하고, 역병 환자의 증가와 이에 대한 대처에 온 신경을 집중할 수밖에 없었기 때문이다. 인간은 어차피 사회적 동물이 아니겠는가! 게다가 그 역병이 모든 것을 빨아들이는 블랙홀이 되고 있던 마당에서야…… 옛 시인은 "오랑캐 땅에는 꽃과 풀이 없으니, 봄이 와도 봄 같지 않다"(胡地無花草 春來不似春)고 노래했지만, 이 땅에서는 올해 봄꽃이 유달리 찬란한데도 불구하고 봄이 전혀 봄 같지 않았음은 필자만의 느낌은 아니렷다?

온전히 마음을 다잡아 모으기는 힘들었지만, 그러나 책상에 붙어 앉아 있는 시간은 길어진 덕분에 예정했던 날짜보다 일찍 책의 초고(草稿)를 마칠 수 있었다. 본래는 한여름이나 되어서야 마칠 수 있을 것으로 예측했으나, 한봄에 들어서면서 속도가 붙더니, 늦봄이 자리 잡기도 전에 예상보다 두어 달 남짓이나 일찍 마칠 수 있었던 것이다. 역시 하나를 잃으면 다른 하나를 얻게 되는 새옹지마(塞翁之馬)가 세상 이치인 듯싶다. 그래서 세상사 공정타 하는 것인가!

　필자가 대학교수라는 이름을 달고 산 지도 벌써 40여 년이 지났다. 은 사이신 이인(里仁) 선생의 배려로 박사학위를 받기도 전에 새로 생긴 전 남대학교 심리학과에 전임강사(專任講師)로 부임한 게 1978년 가을이었 으니까, 어언 마흔두 해의 성상(星霜)을 훌쩍 넘긴 것이다. 이인 선생께 요청하여 필자를 전남대학으로 이끄셨던 서애(西厓) 송대현(宋大鉉) 교수 께서 이 책의 집필 도중인 지난 사월, 유명(幽明)을 달리하셨다. 삼가 명 복(冥福)을 빌 뿐이다. 전남대학에서 서애 선생은 필자가 하려는 일은 그 무엇이든지 전적으로 믿고 후원해 주셨다. 천생 선비이셨던 서애 선생 과의 추억이 새록새록 되살아난다! 약주를 참 맛나게도 드시고, 나직나 직 말씀도 매우 정겨우셨는데……

　필자가 전남대학에 부임하던 해에 만났던 첫 학생들이 이미 환갑을 넘 긴 나이가 되었다. 그 시절의 학생들 가운데는 아직도 연락을 해 오면서 필자의 안위를 챙겨 주는 친구 같은 사람도 있고, 또 개중에는 후에 박사 학위를 받아 심리학계에서 왕성하게 활동하고 있는 동지 같은 사람도 여 럿 있다. 필자는 격렬했던 그러나 정겨웠던 민주화운동 시기의 빛고을 광주(光州)에서 이들과 함께 지내면서, 젊음의 꿈과 열정을 흠뻑 쏟았었 다. 그때는 한창 왕성하던 서른 초반이었는데…… 다시 돌아갈 수 없는 그 시절이 그립다!

　광주에서의 5년 반 이후, 1984년 자리를 옮겨 2015년 정년 퇴임할 때 까지 30여 년을 서강(西江)에서 보냈다. 적(籍)을 옮긴 후 서강대학에 아 직 심리학과가 설치되어 있지 않아 실증 연구에 몰두하기 어려운 사정 때문에, 그때까지 관심을 쏟아 공부해 오던 대인지각(對人知覺)의 분야에 서 떠나, 이론적 정리를 기다리고 있던 주제인 문화비교심리학의 연구 결과들과 유학(儒學)의 경전들을 본격적으로 읽기 시작하였고, 이것이 필자의 주 전공이 되었다. 그러니 이 책은 필자의 다른 책들과 마찬가지로, 서강대학으로 옮긴 이후 한눈팔지 않고 줄기차게 추구해 온 결과물의 일부인 셈이다. 40년에 가까운 이 긴 세월 동안 많은 사람의 도움이 있었음에도 이루어 놓은 성과는 별로 볼만한 것이 없으니, 적잖이 부끄러울 따름이다.

돌이켜 보면, 강산이 서너 번 바뀔만한 지난 세월 동안 필자는 동아시아인의 심성(心性)과 행동을 조성해 온 유학사상의 대체를 인성론(人性論)·군자론(君子論)·도덕실천론(道德實踐論)·수양론(修養論)의 네 분야로 정리하고, 각각에 담긴 심리학적 함의(含義)를 분석한 다음, 이를 기반으로 하여 서구심리학과는 다른 유학심리학(儒學心理學)의 체계(體系)를 구성해 보려는 일을 학문적 소명(召命)으로 삼고 살아왔다. 2017년 늦여름 필자가 내놓았던 책(『유학심리학의 체계 I: 유학사상과 인간 심리의 기본구성체』)은 유학의 인성론에 담긴 심리구성체론(心理構成體論)을 중심으로 하여, 유학사상에 바탕을 두고 구축될 심리학에서 탐구해야 할 문제영역을 욕구·정서·인지·도덕성의 네 분야로 정리해 본 것이었다. 이 책은 앞선 책에 이어지는 '유학심리학의 체계 시리즈'의 두 번째 권으로, 유학의 군자론과 도덕실천론에서 도출되는 인간 삶의 사회적 양상에 관한 심리학적 연구문제에 대해 고찰해 본 것이다.

유학은 사회적 특성에서 인간의 존재의의(存在意義)를 찾으려는 이론체계이다. 그러므로 인성론·군자론·도덕실천론·수양론 같은 유학의 전체 이론체계는 인간의 사회성(社會性)을 전제로 하여 구축되고 있다. 그 가운데서도 사회적 존재로서의 인간의 삶의 모습을 극명하게 드러내고 있는 이론체계가 군자론과 도덕실천론이다. 군자론은 인성론에서 정위(定位)한 바의 현실적인 인간이 이룰 수 있는 이상적(理想的)인 인간상을 사회관계를 중심으로 하여 정립함으로써 유학적 삶의 목표를 모색하려 한 이론체계이고, 도덕실천론은 이러한 이상적 인간이 살아가는 모습을 통해 인간 삶의 사회적 양상에 대해 천착해 보려 한 이론체계이다. 그러므로 이 두 체계에는 인간 존재의 사회성에 대한 강조가 짙게 배어 있다. 필자가 이 책의 제목을 『유학심리학의 체계 II: 사회적 존재로서의 인간의 삶』이라고 붙인 까닭이 바로 여기에 있다.

이 책은 유학의 군자론과 도덕실천론으로부터 도출되는 심리학적 연구문제를 다루는 각각 서로 독립적인 두 개의 부(部)로 이루어져 있다. 제1부 '군자론과 이상적 인간형론: 인간 삶의 목표와 심리학의 문제'에서는 유학의 이상적 인간형론(理想的 人間型論)인 군자론에 깃들어 있는 심리학의 문제에 대해 정리해 보았다. 유학의 군자론은 이상적 인간의 특징을 정립한 다음, 이에 도달하는 단계 또는 과정을 설정하고자 한 사색의 결과물로서, 유학적 삶의 목표를 제시하고 있는 이론체계이다. 인간을 자기몰입(自己沒入)적인 소인(小人)의 상태에서 탈아(脫我)적 확대체(擴大體)인 군자(君子)의 상태로 발전할 수 있는 존재라고 개념화하는 유학사상은 인간의 무한한 가변성(可變性)에 관한 신념을 기반으로 하여 성립하고 있는 사상체계이다. 즉, 생물체적 존재로부터 도덕적 존재, 곧 개체적 존재로부터 사회적 존재로의 존재 확대(存在擴大)를 이루고 있는 사람이 유학의 이상적 인간상인 군자인 것이다.

이러한 군자론에는 두 분야의 심리학적 문제가 내포되어 있다. 그 하나는 정신건강(精神健康)과 심리치료(心理治療) 분야의 문제로서, 제1장의 주제로서 다루어지고 있다. 이 장에서는 유학의 군자론으로부터 유학적 정신건강과 부적응(不適應) 행동의 기준을 이끌어 내어 부적응 행동의 치료 목표를 설정한 다음, 부적응 행동의 치료 과정에서 요구되는 강조점을 현대 서구심리학의 정신건강심리학과 비교하여 논의하고 있다. 군자론에서 유도되어 나오는 또 다른 심리학적 분야는 소인의 상태에서 군자의 상태로 발전해 가는 과정 또는 단계, 곧 성격발달(性格發達)에 관한 연구의 문제이다. 이는 제2장의 주제로 다루어지고 있다.

이어서 제2부 '도덕실천론과 사회관계론: 사회적 삶의 양상과 심리학의 문제'에서는 군자의 사회적 삶의 양상에 포괄되고 있는 심리학의 문제에 대해 정리해 보았다. 유학사상은 인간의 존재의의가 사회적 특성에서 연유하는 것으로 간주하며, 따라서 다른 생물체와 구별되는 인간의 중핵특성을 사회적 관계체(關係體)로서의 타인과 사회에 대한 관심과 배려의 체계인 도덕성(道德性)에서 찾으려는 이론체계이다. 곧 인간의 삶의 기반을 사회성과 도덕성에 근거하여 설정하려는 것이 바로 유학사상인 것이다. 그러므로 유학의 체계에서는 인간이 본유적으로 갖추고 있는 도덕성을 주체적으로 인식하고, 이를 일상생활에서 실천하는 도덕실천이 곧 바람직한 삶의 모습으로 부각될 수밖에 없다.

제2부에서는 이러한 맥락에서 도덕실천론으로부터 연유하는 사회 및 조직심리학의 문제들에 대해 살펴보았다. 유학사상에서는 인간은 기본적으로 제반 역할(役割)의 관계망(關係網) 속에서 살아가는 사회적 관계체라고 이해한다. 그러므로 유학적 삶의 핵심에는 개인에게 부여된 이러한 역할의 인식과 실행이라는 명제가 놓여 있으며, 이러한 과정에서 부딪치는 일[作業]과 그에 대한 보상 및 그 공정성(公正性)의 문제, 그리고 역할의 인식과 실천의 합일(合一)의 문제들이 사회적 삶의 과정에서 떠오르는 핵심주제들로 부각된다. 이러한 맥락에서 구체적으로 여기에서

는 역할심리학의 문제(제3장), 분배정의(分配正義)의 문제(제4장), 작업동기(作業動機)와 보상체계(報償體系)의 문제(제5장), 도덕인식과 도덕실천의 합일[知行合一]의 문제(제6장) 들이 다루어지고 있다.

이상의 내용들은 대체로 앞서 발간된 세 권의 책을 기반으로 하여 정리한 것이다. 유학의 이상적 인간형론인 군자론에서 도출되는 정신건강심리학과 성격발달심리학의 연구문제를 살펴본 제1부는 2006년에 출간한 『이상적 인간형론의 동·서 비교: 새로운 심리학의 가능성 탐색 I』과 2008년에 출간한 『선진유학사상의 심리학적 함의』 및 이를 확장하여 여기저기서 발표한 기존 논문들을 토대로 하였다. 유학의 사회관계론인 도덕실천론에서 이끌어 내어지는 사회 및 조직심리학의 연구문제를 살펴본 제2부는 2008년에 출간한 책과 2012년에 출간한 『사회관계론의 동·서 비교: 새로운 심리학의 가능성 탐색 II』 및 이와 관련하여 발표한 몇몇 논문을 바탕으로 하였다. 이러한 내용들은 이 책에서 새로 첨가하여 정리한 것도 있지만, 앞선 책의 해당 진술을 그대로 옮겨 온 부분도 적지 않음을 밝혀 둔다.

이 책도 많은 사람의 도움으로 이루어질 수 있었다. 정기적으로 해 오던 바닷길 걷기와 꽃구경 그리고 사서(四書) 읽기와 술타령 등 여러 가지 모양으로 함께 늙어 가는 삶을 풍요롭게 지원해 주고 있는 우보행(又步行)과 서강(西江)의 친구들, 그리고 학문적으로 외롭지 않게 보살펴 주는 두륜회(頭崙會)와 학계의 도반(道伴)들에게 고마움을 전한다. 특히 여느 때와 마찬가지로 물심양면의 과분한 관심을 쏟아 주신 우찬제(禹燦濟) 교수와 멋진 영문 제목을 붙여 주신 문희경(文熙卿) 교수께 특별한 감사를 드린다. 공부란 절대로 혼자서 하는 일이 아니라, 주변 사람들의 관심과 격려에 힘입어 쌓아 가는 작업임을 요즈음처럼 절실하게 느껴 본 적이 별로 없다. 해야 할 일의 마감을 강요하는 죽음이 멀리 떨어져 있는 추상적인 그 무엇이 아니라, 여기 몸 가까이에 실재하는 현실의 일부라는 사실을 깨닫는 나이가 되어서야 이를 절감하게 되다니…… 이 역시도 늙어 가는 징조련가!

필자의 학문적 삶을 오늘날의 모습으로 조형해 주신 두 분의 스승, 고(故) 이인(里仁) 정양은(鄭良殷) 선생님과 고 영곡(靈谷) 이수원(李秀遠) 형은 나이가 들어갈수록 더욱 간절하게 그리워진다. 마치 늙어 가는 공자(孔子)가 사표(師表)로 삼고 있었던 주공(周公)을 꿈속에서나마 다시금 뵙고 싶어 했던 것처럼(甚矣 吾衰也 久矣 吾不復夢見周公,『論語』述而 5)…… 필자는 이분들에게서 심리학의 내용만이 아니라, 두 분의 삶의 모습을 보면서 공부하는 사람의 기본 자질은 호학(好學)과 회인불권(誨人不倦)의 자세에 있다는 사실을 배웠다. 그리고 살아가는 과정에서 이를 필자의 삶의 자세로 본받으려 애를 참 많이도 써 왔지만, 족탈불급(足脫不及)일 뿐이었다! 필자에게 두 분은 그 존재 자체로 심리학이셨는데, 이러한 두 분에 대한 고마움은 필자의 모든 책의 행간(行間)에 깃들어 있다. 삼가 심심한 명복을 빌어마지 않는다.

삶의 본거인 가족들에 대한 고마움은 너무나 진부하므로, 다시 부연하지 않으려 한다. 그러나 본의(本意)와는 달리 그들의 마음을 아프게 한 적도 많고, 또 아직도 그러고 있다. 유학사상에서 파악하는 인간의 기본적인 존재 특성이 사회성이라는 사실을 잘 알고는 있으나, 실제 삶의 과정에서 가족과 친척 및 친구와 제자 등 주변 사람들에 대한 배려는 아직 많이 부족하고, 더군다나 이의 적절한 표현에는 매우 서투른 실정이니, 이 일을 어이하랴! 남은 생애가 많이 고적(孤寂)할 듯하니……

올해는 지금까지 겪어 보지 못한 역병의 여파로 인해 출판시장이 꽁꽁 얼어붙었을 뿐만 아니라, 이 책이 상업적으로 전혀 도움이 되지 않을 것이라는 사실을 잘 알고 계심에도 불구하고, 학지사의 김진환 사장께서 고맙게도 작년의 책(『문화, 유학사상 그리고 심리학』)에 이어 이번 책의 출판도 흔쾌히 맡아 주셨다. 상황이 상황인지라 지금까지의 그 어떤 책을 냈을 때보다 더 감격스럽다. 김 사장님을 비롯하여 김순호 이사님과 편집진 여러분께 그 어느 때보다 깊은 감사의 말씀을 드린다.

2020년(庚子) 오월 하순 소만지절(小滿之節)에
지이재(止耳齋) 서창(西窓) 아래에서
퇴촌(退邨) 조긍호(趙兢鎬) 삼가 적다

유학심리학의 체계

차례

제 2 부

도덕실천론과 사회관계론: 사회적 삶의 양상과 심리학의 문제

제1부

군자론과 이상적 인간형론:
인간 삶의 목표와 심리학의 문제

유학사상은 인간의 사회성과 도덕성에 관한 전제를 주축으로 하여 성립되고 있다. 이 중 도덕성에 관한 입론은 다른 사람과 사회에 대한 관심과 배려가 핵심이다. 그러므로 도덕성은 인간 존재의 사회성에서 연유되는 필연적인 인간의 속성이다. 군자론(君子論)은 사회적 도덕적 존재로서의 인간 삶의 목표 상태를 정립하고자 하는 이론체계이다. 유학자들이 개념화하는 인간 삶의 최종목표는 곧 군자가 되는 일이다.

군자론에서 제시되고 있는 유학사상의 이상적 인간상은 서구 철학에 근원을 두고 있는 현대 서구심리학의 그것과는 판연히 다르다. 현대 서구인의 개인주의적인 삶의 근간을 이루는 자유주의 사상에서는 인간의 존재의의가 개체(個體)로서의 개인의 독특한 개성에서 연유되는 것으로 보고, 여타 동물과 다른 인간의 중핵특성을 합리성(合理性)의 근거인 이성(理性)에서 찾으며, 인간은 모든 행위의 원천인 내적 속성들을 완비하고 있는 안정적이고 고정적인 실체(實體)라고 간주한다. 이러한 개체중심적 관점을 통해 인간을 파악하는 서구 사회에서는 개체적 존재로서의 개인이 완비적으로 갖추고 있는 내적 속성과 잠재능력을 현실세계에서 남김없이 발휘하는 자기실현을 기반으로 하여 이상적 인간상을 설정할 수밖에 없다. 곧 서구인이 상정하는 이상적 인간상은 자기실현인(自己實現人)이다.

이에 비해 최근세까지 오랜 시간 동안 동아시아인의 삶을 지배해 온 이념적 배경인 유학사상에서는 인간의 존재의의가 사회적 관계체(關係體)로서의 사회성에서 나오는 것으로 보고, 다른 동물은 갖추지 못한 인간의 고유한 특성을 도덕성(道德性)에서 찾으며, 인간은 자기중심적인 소인(小人)의 상태에서 벗어나 사회지향적인 군자(君子)의 상태로 변화할 수 있는 가변적(可變的)인 존재라고 간주한다. 이러한 관계중심적인 관점을 통해 인간 존재를 이해하는 동아시아 유교 사회에서는 관계체로서의 인간이 본유적으로 갖추고 있는 도덕성을 자각하여 이를 일상생활에서 실천하는 일이 이상적 인간이 되는 첩경이라 여긴다. 이렇게 유학사상에서 상정하는 이상적 인간인 군자가 되는 길은 생물체적 개체적 존재로서의 미성숙한 상태에서 도덕적 사회적 존재로서의 성숙한 상태로 지향해 가는 존재 확대의 과정이다. 곧 유교 문화권에서 상정하는 이상적 인간상은 존재 확대인(存在擴大人)이다.

　이러한 유학사상의 군자론은 크게 두 부분의 체계로 나뉜다. 그 하나는 소인이나 보통 사람들과 대비하여 군자와 성인(聖人)은 어떠한 특징을 갖추고 있는 사람인가 하는 이상적 인간의 특징론(特徵論)에 관한 것이다. 또 하나는 이러한 이상적 인간의 상태에 도달하는 과정론(過程論)에 관한 것이다. 이상적 인간의 특징론으로부터는 정신건강심리학(精神健康心理學)의 문제에 대한 서구심리학과 다른 새로운 연구문제를 도출할 수 있고, 이상적 인간의 상태에 도달하는 과정론으로부터는 서구심리학과 다른 성격발달심리학(性格發達心理學)의 연구문제를 도출할 수 있다. 여기에서는 군자의 특징론으로부터 도출되는 정신건강심리학의 문제(제1장)와 군자의 상태에 도달하는 과정론으로부터 도출되는 이상적 성격의 발달의 문제(제2장)를 살펴보기로 하겠다.

제1장 유학의 정신건강심리학

현대 서구심리학에서 이상적(理想的) 인간상의 문제는 주로 성격심리
학 분야에서 다루어져 왔다. 성격(性格, personality)이란 "환경에 대한 개
인의 독특한 적응을 결정하는 개인 내의 정신 신체적 체계들의 역동적
조직"[1]이라거나 "개인의 행동을 한 시점으로부터 다른 시점까지 일관성
있게 하고, 다른 사람들이 유사한 상황에서 보일 행동과 다르게 만드는,
상당히 안정적이고 내적인 요인들"[2] 또는 "개인의 삶에 방향과 패턴(통
일성)을 부여하는 인지 · 감정 · 행동의 복합적 조직"[3] 등으로 다양하게
정의되는 개념이다. 성격에 대한 정의는 이렇게 다양하지만, 보통 "성격
은 내적 속성으로서, 통합성 · 고유성 · 일관성 · 역동성을 지닌 존재"[4]
곧 한 개인의 전반적이고도 고유한 사람됨을 말하는 것이라고 볼 수 있
다. 이렇게 성격심리학은 외부 세계에 대한 한 개인의 고유한 적응과 삶
의 양식에 관해 연구하는 분야이다.

현대 심리학에서 성격을 연구하는 목적 중 한 가지는 "사람들로 하여

---

1) Allport, 1937, p. 48.
2) Child, 1968, p. 83.
3) Pervin, 1996, p. 414.
4) 민경환, 2002, p. 4.

금 더 원만하고 만족스러운 삶을 영위할 수 있도록 도와주는 것"5)인데, 이러한 원만하고 만족스러운 삶의 모습은 이상적인 인간상으로 구체화된다. 이러한 이상적 인간상은 각 사회에서 인간을 파악하는 관점, 곧 인간관에 따라 달라질 것임은 불을 보듯 뻔한 사실이다. 그러므로 여러 사회에서 이루어진 성격에 관한 연구들을 잘 살펴보면, 각 사회에서 제시하는 이상적 인간형의 모습이 추출될 수 있다.

그런데 이러한 바람직한 인간상을 거꾸로 돌려 보면, 현실세계에 제대로 적응하지 못하고 개인 스스로나 주변 사람들의 삶에 부정적인 영향을 끼치는 부적응자의 모습을 추론할 수 있을 뿐만 아니라, 이러한 부적응자의 문제를 치료하여 정상적인 적응의 상태로 유도하는 심리치료의 방안을 모색할 수 있다. 앞에서 얘기했듯이, 바람직한 인간상이 각 사회에서 가지고 있는 인간관에 따라 달라진다면, 이러한 부적응의 기준과 부적응자의 치료 방안도 각 사회에 따라 달라질 것이라 예측해 볼 수 있는 것이다.

여기에서는 서구 자유주의 사상과 동아시아 유학사상에서 인간을 파악하는 관점의 차이를 우선 살펴보고, 이러한 이론적 맥락에서 서구와 동아시아 사회에서 설정하는 이상적 인간상의 차이를 도출한 다음, 이로부터 두 사회에서 상정하는 부적응의 기준과 이를 치료할 수 있는 심리치료의 방안을 동아시아 유학사상의 군자론을 중심으로 하여 도출해 보기로 하겠다.6)

---

5) Hjelle & Ziegler, 1981/1983, p. 13.
6) 이 장의 진술은 주로 졸저(조긍호, 2006, pp. 353-420, 555-570; 2008, pp. 205-293; 2017a, pp. 167-191)의 내용을 기반으로 하여 구성하였다.

❊ 1. 동 · 서의 인간관과 이상적 인간상의 차이

어느 문화권에서나 사람들이 그리는 이상적 인간상은 해당 사회에서 인간을 어떠한 존재로 상정하는가에 따라 달라지게 마련이다. 일반적으로 개인주의와 집단주의라고 일컬어지는 서구와 동아시아 문화의 배경에는 각각 서구와 동아시아 사회를 지배해 왔던 철학적 사유에 바탕을 두고 인간 존재를 파악하는 관점, 곧 인간관의 차이가 놓여 있으며,[7] 이에 따라 서구와 동아시아에서 상정하는 이상적 인간상이 달라지게 마련이다.

고대 그리스 이래 서구 사회에 면면히 이어져 온 철학적 전통은 집단보다 개체를 중시하는 관점으로, 이는 르네상스와 기독교개혁 운동을 거쳐 17세기에 만개한 자유주의(自由主義, liberalism) 사상에서 절정을 맞는다. 이 관점은 기본적으로 개체로서의 개인 존재에서 삶의 의미를 찾으려는 개체중심적 인간관을 기반으로 하는 사상체계이다. 따라서 서구 사회에서는 개체로서의 자기실현(自己實現)에서 이상적 인간의 특징을 찾으려는 개인주의적 경향이 나타난다.

이에 비해 동아시아 사회를 오랫동안 지배해 온 이념적 전통은 유학(儒學)사상이다. 유학은 전한(前漢, B.C. 206~B.C. 8) 초기 과거제(科擧制)의 실시 이후 제자백가(諸子百家) 가운데 유일한 국교(國敎) 또는 관학(官學)으로 받아들여져 사회를 지배하는 통치이념(統治理念)으로 군림해 온 이래, 중국뿐만 아니라 한국과 일본 같은 동아시아 사회를 특징지어 온

---

7) 서구와 동아시아의 인간관의 차이에 대해서는 졸저(조긍호, 2006, pp. 425–510; 2007a, pp. 53–142; 2008, pp. 25–104; 2012, pp. 29–142; 2017a, pp. 32–137; 2017b, pp. 26–163; 2019, pp. 57–134) 참조.

사상체계이다. 유학은 사회성과 도덕성을 기반으로 하여 인간 존재를 파악하려는 이론체계로, 결과적으로 유학사상에서는 개인보다는 다른 사람과 맺는 관계를 중시한다. 따라서 동아시아 사회에서는 개인 사이의 관계와 타인에 대한 관심과 배려에서 이상적 인간의 특징을 찾으려는 집단주의적 경향이 드러난다.

1) 문화비교의 기본 차원: 개인주의와 집단주의

현대 심리학에서 문화비교 연구의 기반을 제시한 호프스테드(Hofstede, G.)는 국가 간 또는 문화 간의 차이를 드러내는 요인을 네 가지로 제시한다. 첫째, 사회 내 권력 분포의 불평등성을 나타내는 지표인 '권력거리'(power distance), 둘째, 자기주장 · 성취 · 경쟁 등 남성적 가치를 선호하느냐 아니면 배려 · 조화 같은 여성적 가치를 선호하느냐의 정도를 나타내는 지표인 '남성성-여성성'(masculinity-femininity), 셋째, 불확실한 상황에 위협을 느끼는 정도를 나타내는 지표인 '불확실성 회피'(uncertainty avoidance), 넷째, 개인의 자유와 선택을 중시하느냐 아니면 그보다는 집단의 목표와 구성원 사이의 관계를 중시하느냐의 정도를 나타내는 지표인 '개인주의-집단주의'(individualism-collectivism)이다.[8]

이 네 가지 요인 가운데 이후의 연구자들이 문화차를 가장 잘 드러낼 것으로 보고 주목한 요인은 '개인주의-집단주의'의 요인이었다.[9] 그 까닭은 다양하겠으나 가장 중요한 요인으로는, 개인을 집단보다 강조하느

---

8) Hofstede, 1980, 1991/1995.

9) '개인주의-집단주의'가 동 · 서의 문화차를 분석하는 기본 차원으로 등장한 배경에 대해서는 졸저(조긍호, 2012, pp. 32-40) 참조.

냐(개인주의) 아니면 집단을 개인보다 중시하느냐(집단주의) 하는 문제는 "전 세계에 걸친 문화들 사이의 심성과 사회행동의 차이를 가져오는 가장 중요한 차원"[10]으로서, 문화차를 설명하는 보편적인 원칙이 될 수 있을 것이라는 기대를 유발하였다는 사실을 들 수 있다.[11]

또한 전 세계의 문화차를 분석할 때 북미와 유럽 등 서구와 동아시아로 대표되는 비(非)서구로 대분하여 생각하는 것이 일반적인 경향인데, 호프스테드가 밝혀낸 문화유형의 네 차원 가운데 '권력거리'와 '남성성' 및 '불확실성 회피' 차원에서는 서구와 동아시아의 국가들이 뒤섞여 있어 일관된 동·서 차이를 보이고 있지 않지만,[12] '개인주의-집단주의'

---

10) Triandis, 1988, p. 60.

11) 개인을 집단보다 강조하느냐 아니면 집단을 개인보다 강조하느냐 하는 문제는 모든 문화가 다루어야 하는 '문화의 심층구조 원리'(deep structure principle of culture)(Greenfield, 2000, p. 229)이다. 이러한 심층구조 원리로서 개인주의(개인을 집단보다 우선시)-집단주의(집단을 개인보다 우선시)의 체계가 정립되면, 이는 모든 사회적 맥락에서 문화차를 설명하고 통합할 수 있는 단순하고도 강력한 골격틀(skeleton frame)의 기능을 수행하게 된다(Gelman & Williams, 1997). 곧 "개인주의와 집단주의는 문화 해석과 조직화의 심층 원리로서, 거대한 생성적 가치(generative value)를 지니게 되어, 마치 언어학에서 작용하는 문법(grammar)처럼 개인주의-집단주의의 분류체계는 무한한 상황에서 행동을 산출해 낼 뿐만 아니라, 타인의 행동을 이해하도록 할 수 있는 것이다"(Greenfield, 2000, p. 231). 이러한 논의들은 '개인주의-집단주의' 체계가 문화차를 설명하는 보편원칙의 기능을 수행하고 있음을 시사하고 있다.

12) '권력거리' 차원에서 오스트리아(53위)·덴마크(51위)·뉴질랜드(50위) 같은 서구의 국가들이 권력거리가 적은 사회에 속하고, 싱가포르(13위)·홍콩(15/16위)은 권력거리가 큰 나라에 속하지만, 그 외에 한국(27/28위)·대만(29/30위)·일본(33위)은 스페인(31위)·이탈리아(34위)·미국(38위)·캐나다(39위)·네덜란드(40위)·오스트레일리아(41위) 같은 나라와 함께 중간 정도의 성향을 보이고 있으며, 서구의 핵심의 하나인 프랑스(15/16위)는 권력거리가 매우 큰 사회로 드러나고 있어, 동·서 국가 사이에 일관된 양상을 찾기 힘들다(Hofstede, 1991/1995, p. 52, 표

차원에서는 서구의 국가들(미국·호주·영국·캐나다·네덜란드·뉴질랜드·이탈리아·벨기에·덴마크·스웨덴·프랑스·아일랜드·노르웨이·스위스·독일)이 개인주의의 극단으로 묶이고, 동아시아의 국가들(중국·한국·홍콩·싱가포르·대만·일본)이 강한 집단주의 문화권에 속하는 것으로 묶여,13) '개인주의-집단주의'가 동·서의 문화차를 드러내는 대표적인 차원으로 부각되었다는 사실도 그 까닭의 하나로 들 수 있다.

　게다가 1970년대 이후 일본을 비롯한 한국·대만·싱가포르·홍콩

2.1). '남성성' 차원에서도 오스트리아(2위)·이탈리아(4/5위)·스위스(4/5위)·영국(9/10위)·독일(9/10위)·미국(15위)·호주(16위)·뉴질랜드(17위) 같은 국가는 일본(1위)과 함께 매우 남성적인 문화를 보이고 있는 것으로 드러나고 있으나, 같은 서구에 속하는 스웨덴(53위)·노르웨이(52위)·네덜란드(51위)·덴마크(50위)·핀란드(47위) 등은 극단적인 여성적 문화의 보유국으로 드러나고 있으며, 홍콩(18/19위)·싱가포르(28위)·대만(32/33위)·프랑스(35/36위)·스페인(37/38위)·한국(41위) 같은 나라는 중간에서 여성적인 쪽으로 치우친 결과를 보이고 있다(Hofstede, 1991/1995, p. 128, 표 4.1). '불확실성 회피' 차원에서는 벨기에(5/6위)·프랑스(10/15위)·스페인(10/15위)·이탈리아(23위)·독일(29위) 같은 서구의 국가들이 일본(7위)·한국(16/17위)·대만(26위) 같은 동아시아 국가들과 함께 불확실성 회피 경향이 강한 문화를 보이고 있으며, 핀란드(31/32위)·스위스(33위)·네덜란드(35위)·호주(37위)·노르웨이(38위)·뉴질랜드(39/40위)·캐나다(41/42위)·미국(43위)은 중간 정도에 속하고, 영국(47/48위)·스웨덴(40/50위)·덴마크(51위)는 홍콩(49/50위)·싱가포르(53위)와 함께 불확실성에 대한 용인 정도가 매우 큰 문화를 보유하고 있는 것으로 드러나고 있다(Hofstede, 1991/1995, p. 169, 표 5.1).

13) '개인주의-집단주의' 차원의 경우에는 미국(1위)·호주(2위)·영국(3위)·캐나다(4/5위)·네덜란드(4/5위)·뉴질랜드(6위)·이탈리아(7위)·벨기에(8위)·덴마크(9위)·스웨덴(10/11위)·프랑스(10/11위)·아일랜드(12위)·노르웨이(13위)·스위스(14위)·독일(15위)과 같은 서구의 국가들이 개인주의의 극단으로 묶이고, 한국(43위)·홍콩(37위)·싱가포르(37위)·대만(43위)·일본(22/23위)과 같은 동아시아 유교권 국가들이 강한 집단주의 문화권에 속하는 것으로 묶이고 있다(Hofstede, 1991/1995, p. 87, 표 3.1).

등 이른바 동아시아 4소룡(四小龍, four small dragons)의 눈부신 경제성장에 힘입어,[14] 서구인들 사이에 자기들과 대립되는 동아시아 문화에 대한 관심이 부쩍 높아졌다는 사실도 그 원인의 하나라고 생각할 수 있다. 이러한 맥락에서 1980년대 이후 문화비교심리학에서는 미국·캐나다·호주·영국 같은 서구의 국가와 한국·중국·일본 같은 동아시아 국가의 동질집단에게 동일한 상황이나 척도를 제시해 주고, 이에 대한 두 집단(서구인과 동아시아인)의 반응의 차이를 비교 분석하는 연구들이 주류를 이루어 왔던 것이다.

2) 서구와 동아시아 문화의 사상적 배경: 자유주의와 유학사상

이상에서 보듯이, 북미와 오세아니아 및 유럽 연합의 대부분의 국가들은 개인주의 문화를 보유하고 있고, 한국·중국·일본 같은 동아시아 국가들은 집단주의 문화를 보유하고 있는 것으로 밝혀지고 있다. 개인주의 사회는 내집단과 거리 두기, 자기이익 추구와 경쟁 및 개인의 독립성과 독특성이 강조되는 사회이고, 집단주의 사회는 사람들과의 조화로운 관계의 형성과 가족통합, 내집단 성원들과 갖는 연계성과 상호의존성,

---

14) 1960년에 일본을 포함한 동아시아의 국민총생산 누계는 전 세계의 4%에 지나지 않았지만, 1990년대 중반 이 지역 국가들의 국민총생산 누계는 전 세계의 24%에 이르고 있다. 곧 동아시아는 그 경제적 비중만으로도 자기 목소리를 내면서 일정한 역할을 할 수 있을 정도로 성장하여, 세계무대에 등장했던 것이다. 이렇게 동아시아가 눈부신 경제성장을 이루던 시기에 서구는 경제적으로 침체하고 있었다. 참고로 1960년 미국·캐나다·멕시코를 포함한 북미의 국민총생산 누계는 전 세계의 37%에 이르렀으나, 1990년대 중반에는 24%로 떨어져 동아시아 국가들과 같은 수준이 되었다(Mahbubani, 1995, pp. 100-101).

내집단에 대한 관심과 배려 및 헌신이 강조되는 사회이다.15) 한마디로 개인주의는 개인의 개체성을 앞세우는 문화체계이고, 집단주의는 인간의 사회성을 중심으로 하는 문화체계인 것이다. 그렇다면 서구 사회에서 인간의 사회성보다 개인의 개체성을 앞세우는 개인주의 문화가 발달하고, 동아시아 사회에서 개체성보다 사회성을 중시하는 집단주의 문화가 발달하게 된 사상적 배경은 무엇인가?

서구와 동아시아 사회에서 각각 개인주의와 집단주의가 지배적인 문화유형으로 발달하게 된 근원에는 고대 그리스와 중국의 생태적 조건과 사회 조직 및 관습의 차이에서 비롯하는 철학적 배경의 차이가 놓여 있다. 니스벳(Nisbett, R.)16)에 따르면, 고대 그리스는 높은 산으로 막힌 좁은 해안가에서 중앙집권화하지 못한 도시국가가 발달되어, 도시 사이의 이주와 교역이 활발했으며, 따라서 시장과 정치집회에서 벌어지는 대립과 논쟁이 삶의 중요한 부분이었다. 그러므로 그리스인들은 나와 나 아닌 것, 인간과 자연, 하나의 사물과 다른 사물을 엄격히 구별하여 범주화(categorization)하고, 저마다 지니는 일관되고 불변하는 본질(essence)을 추상화하여 그들을 지배하는 법칙을 찾아내려 노력하게 되었으며, 결과적으로 맥락과 분리된 독립적인 대상(object)이 주의(注意)의 초점으로 부각되어, 이러한 분리된 대상의 안정적이고 불변적인 속성을 인식하는 데 힘을 쏟게 되었다. 그리하여 그리스인들에게서는 대상의 본질적인 속성을 논리 규칙에 따라 범주화하는 분석적 사고(分析的 思考, analytical thinking)의 양식이 발달하였다.

---

15) Markus & Kitayama, 1991a; Triandis, 1995, pp. 43-44.

16) Nisbett, 2003, pp. 1-28, 29-39.

 그러나 고대 중국은 넓고 비옥한 평원에서 중앙집권화하고 위계화한 사회가 형성되어, 사람들이 한 지역에 몇 세대 동안 정착하면서 농경에 힘썼으므로, 이웃과 협동하고 조화를 추구하는 일이 삶의 중요한 부분이었다. 그러므로 중국인들은 각 개체로서는 존재 의미가 없고, 모든 것은 연관적인 맥락 속에 존재한다고 인식하여, 항상 변화하는 상황 속에서 상호 연관된 역할과 의무 같은 규범을 파악하고 이에 맞추어 감으로써 공동생활의 조화와 질서를 이루려 노력하게 되었다. 따라서 그들에게는 분리되고 고립된 대상이 아니라 그들이 놓여 있는 전체 장(場, field)이 주의의 초점으로 부각되어, 전체 맥락 속에서 역동적으로 변화하는 가소성(可塑性, malleability)을 파악해서 통일성을 이루어 내는 데 힘을 쏟게 되었다. 그리하여 중국인들에게서는 다양한 대상을 그 관계의 유사성에 따라 통합적으로 함께 인식하는 총체적 사고(總體的 思考, holistic thinking)의 양식이 발달하였다.

 이러한 배경에서 지속적으로 고대 그리스 철학의 영향을 받아 온 서구인들은, 사회는 상호 분리되고 독립적인 개인들을 기본단위로 하여 구성되는 복수적인 집합에 지나지 않는다고 인식하여, 개인을 집단보다 중시하는 개인주의의 경향을 띠게 되었다고 볼 수 있다. 이와는 대조적으로, 오랜 시대에 걸쳐 거듭 고대 중국 철학의 영향을 받아 온 동아시아인들은, 상호 연관된 사람들 사이의 관계 또는 그러한 관계의 원형인 가족과 같은 일차집단을 기본단위로 하여 구성되는 사회는 그 자체가 하나의 유기체라고 인식하여, 개인보다 그들이 놓여 있는 장으로서의 집단을 중시하는 집단주의의 경향을 띠게 되었다고 추론해 볼 수 있다.

 이렇게 개체로서 존재하는 개인을 그들이 소속되어 있는 맥락인 집단과 사회보다 우선시하는 서구 개인주의는 상호 평등하고 독립적이며 자율적인 존재인 개인이 갖고 있는 천부적인 자유와 권리 그리고 보편적인 이성을 중시하는 '자유주의' 이념에서 그 절정을 맞는다. 곧 현대 서구 개인주의의 이념적 배경은 자유주의이다. 이와는 달리, 개체로서 존재하는 개인보다 그들로 구성된 집단(가족 · 친구 · 교회 · 향우회 · 동창회 · 회사의 소속부서 들)을 우선시하는 동아시아 집단주의는 사람들 사이의 관계를 중시하고, 이러한 관계를 맺는 타인에 대한 관심과 배려 그리고 사회적인 책임과 도덕성을 앞세우는 '유학'사상의 체계에서 그 이념적 배경을 찾아볼 수 있다.17)

3) 서구 개인주의와 동아시아 집단주의 문화의 인간관의 차이

고대 그리스 시대 이래 서구의 역사적 흐름은 집단이나 사회보다 개인의 중요성을 강조해 온 과정으로, 그 절정은 17세기에 대두된 자유주의에서 찾을 수 있다.18) 자유주의 사상가들은 사회 구성의 기본단위를 개인이라고 보아, 사회의 이해는 결국 그 구성 요소인 개인의 이해를 통해서 가능하다고 간주하고, 개인이 이루어 낸 안정적이고 불변하는 독특한 내적 속성(성격 · 능력 · 기호 · 태도 · 욕구 · 감정 · 의도 들)이 개인의 모든 행위와 사회 운용의 원천이라는 '개체중심적 인간관'을 가지고 있었으며, 스스로를 타인과 분리된 독립적이고 자율적인 존재로 인식하고 있었다.

---

17) 이승환, 1999; 조긍호, 2003, 2006, 2007a, b, 2008, 2012; 최상진, 2000; 한규석, 2002; 한덕웅, 2003; Bond & Hwang, 1986; Fiske, Kitayama, Markus, & Nisbett, 1998; Hofstede, 1991/1995; Kagitcibasi, 1997; Kim, 1995; Kim & Choi, 1993; King & Bond, 1985; Lew, 1977; Nisbett, 2003; Nisbett, Peng, Choi, & Norenzayan, 2001; Triandis, 1995; Tu, Wei-Ming, 1985, 1996.

18) Laurent, 1993/2001, pp. 158-159.

그러나 동아시아 사회는, 비록 근세에 와서 부침이 있기는 하였지만, 오래전부터 유학사상이 지배하여 왔다. 유학자들은 사회 구성의 기본단위를 사람들 사이의 관계 또는 그러한 관계의 원형인 가족과 같은 일차 집단이라고 보아, 그러한 관계 속에서 드러나는 각자의 역할과 의무 및 집단 규범이 개인의 행위와 사회 운용의 원천이라는 '관계중심적 인간관'을 가지고 있었으며, 스스로를 제반 관계의 연쇄망(network) 속에서 타인들과 연계되어 있는 존재로 인식하고 있었다.

이렇게 서구와 동아시아 사회는 그 역사적 배경과 지배적인 사상이 다른 만큼, 인간을 파악하는 관점에서도 커다란 차이를 보이고 있는데, 바로 이러한 인간관의 차이가 서구와 동아시아 사회에 각각 개인주의와 집단주의 문화가 조성되도록 한 직접적인 배경이었다고 볼 수 있다. 따라서 서구 개인주의와 동아시아 집단주의 사회인들이 보이는 제반 심성과 사회행동의 차이들은 각 사회에서 지배적인 인간관의 차이로부터 비롯되는 것이라고 추론할 수 있다.[19] 이러한 두 문화권의 인간관의 차이는 인간의 존재의의의 출처, 동물과 다른 인간의 고유한 특성 및 인간의 변이가능성에 대한 인식의 차이로 수렴하여 이해할 수 있다.

(1) 인간의 존재의의의 출처: 개체성 대 사회성

서구 사회에 개인주의 문화를 배태시킨 자유주의와 동아시아 집단주

---

19) 현대 서구 개인주의와 동아시아 집단주의 사회인이 보이는 사회인지·정서·동기의 제반 차이가 두 문화에서 보유하고 있는 인간관의 차이에서 도출된다는 사실에 대해서는 졸저(조긍호, 2003, pp. 181-213, 234-249, 272-302; 2006, pp. 57-84; 2007a, pp. 146-187, 251-274, 324-363; 2007b; 2008, pp. 43-95; 2012, pp. 143-290; 2017a, pp. 49-60, 99-120; 2019, pp. 135-202) 참조.

의 문화의 기반이 되고 있는 유학사상의 핵심적인 차이는 인간의 존재의
의를 어디에서 찾을 것인가의 문제에서 나온다. 르네상스와 기독교개혁
운동을 바탕으로 하여 발전한 자유주의는 인간의 존재의의를 상호 분명
한 경계를 가진 독립적인 개인의 개체성에서 찾으려는 입장을 기초로 하
여 성립되고 있는 사상체계이다. 이 체계에서는 사회란 독립적이고 평
등한 개체들의 집합 그 이상도 그 이하도 아니라고 본다. 즉 인간의 존재
의의는 각 개인의 개체성을 주축으로 하여 드러나게 된다고 보는 것이
자유주의의 기본 입장이다.

이에 비해 오랫동안 동아시아 사회의 이념적 바탕이 되어 왔던 유학사
상은 인간의 존재의의를 인간 존재의 사회성에서 찾으려 하는 이론체계
이다. 인간은 사회관계 속의 존재로서 이러한 관계를 떠나서는 그 존재
의의 자체가 상실된다고 보는 것이 유학사상이다. 이 체계에서는 사회
란 개체들의 집합이 아니라, 개인들이 맺고 있는 관계들을 단위로 하여
구성되는 커다란 유기체라고 본다. 따라서 인간의 존재의의는 각자가
타인과 맺는 관계, 곧 상호의존성을 핵으로 하는 사회성 속에서 드러나
게 된다고 보는 것이 유학사상의 기본 입장이다.

이렇게 인간의 존재의의를 개체성에서 찾으려는 관점(서구 자유주의)
과 사회성에서 찾으려는 관점(동아시아 유학사상)의 차이는 기본적으로
삶의 과정에서 '주의의 초점'을 어디에 기울일 것이냐 하는 차원에서의
차이를 유발하여, 두 문화권 사람들이 사회생활에서 강조하는 제반 내용
을 다르게 한다.

자유주의 이념에서 개인 존재를 파악하는 관점은 무엇보다도 개인을
'자유의 보유자'로 인식하는 것이다. 17세기 이래 서구 사회에서는 개인
이 신앙의 자유, 양심의 자유, 표현의 자유, 정치적 자유, 경제적 자유 및

사생활의 자유 같은 여러 자유를 보유하고 있다는 개인적 자유의 관념이 지배해 왔으며, 이러한 생각이 자유주의 이념의 토대가 되고 있다. 자유주의가 추구해 온 최고의 이념은 개인적 자유의 확보에 있었는데, 이러한 관념의 배후에는 자연권(自然權) 사상이 놓여 있다. 곧 개인은 생명·재산·행복 추구에 대한 기본권을 천부적으로 부여받고 있으며, 이러한 기본권을 행사하거나 보호하기 위한 필수적인 장치가 바로 개인적 자유라는 것이다. 이러한 자유의 관념에는 개인이 그 어느 누구의 부당한 간섭이나 제재도 받지 않고, 자기에게 가장 유리하거나 적합하거나 또는 타당한 신앙·양심·사상·도덕률·정치 및 경제 체제를 자율적으로 선택할 수 있다는 독립성과 자율성에 대한 신념이 바탕에 깔려 있다.

이렇게 자유의 보유자로 개인을 파악하는 관점은 곧 개인의 '독립성'과 '자율성'을 중시하는 삶의 태도를 낳게 되며, 결국 이를 높이 평가하고 일상생활에서 추구하는 심리적 행동적 경향을 낳는다. 이러한 개인 존재의 독립성과 자율성에 대한 강조는 개인의 사회행위의 원동력을 자유의 보유자인 개인이 갖추고 있는 독특한 내적 속성(성격·능력·욕구·감정 따위)에서 찾는 입장을 낳게 된다. 따라서 개인주의 사회에서는 주의의 초점이 개인 존재 및 그의 내적 속성에 쏠리게 마련인 만큼, 개인의 '독특성'을 과도하게 강조하는 개체중심적인 심리와 행동의 특징이 유발되는 것이다.

자유의 보유자로 개인 존재를 인식하는 자유주의 이념과는 대조적으로, 유학사상은 인간을 '사회적 관계체'로 보는 입장에서 개인 존재를 사회관계 속에 내포된 '역할·의무 및 타인에 대한 관심과 배려의 복합체'로 간주하는 관점을 굳게 지니고 있다. 유학사상에서는 사회를 이루는 기본단위는 부자·군신·부부·장유·붕우 같은 사람들 사이의 관계라

고 본다. 이러한 관점을 바탕으로 각 관계에서 관계당사자들에게 요구
되는 쌍무적인 역할과 의무의 수행을 통해 관계의 조화와 질서가 달성되
고, 그렇게 되면 조화롭고 평화로운 이상사회가 이루어진다고 여긴다.
그러므로 유학사상에서는 사회행위의 원동력을 개인이 처한 사회관계
속의 역할과 의무에서 찾게 되며, 결과적으로 이러한 역할과 의무의 근
거인 관계당사자들 사이의 상호연계성이나 상대방에 대한 관심과 배려
를 중시하게 된다.

　이렇게 인간을 사회적 관계체로 보아 개인 존재를 역할·의무·배려
의 복합체로 간주하는 관점은 관계당사자들 사이의 '연계성'과 '조화성'
을 중시하는 삶의 태도를 낳으며, 결국 이를 높이 평가하고 일상생활에
서 추구하는 심리적 행동적 경향을 낳는다. 이러한 관계당사자들 사이
의 연계성과 조화성의 강조는 자기 자신보다는 관계를 맺고 있는 상대방
이나 집단이, 그리고 자기의 내적 속성보다는 공적 규범과 상황적 요구
가 주의의 초점으로 부각되게 할 것이고, 결과적으로 자기와 타인의 '유
사성'을 과도하게 추구하는 타인 또는 집단중심적인 심리와 행동의 특징
으로 연결되는 것이다.

(2) 인간의 고유한 특성: 합리성 대 도덕성

　서구 자유주의와 동아시아 유학사상의 또 다른 핵심적인 차이는 동물
과 달리 인간만이 독특하게 갖는 고유한 특성에 대한 관점의 차이에서
나온다. 서구에서는 고대 그리스 시대로부터 인간의 심성 또는 영혼을
지성·감성·욕구의 세 가지 요소로 구분하여 보는 삼분체계론(三分體
系論)이 지배하여 왔다. 이 세 가지 요소 중에서 욕구와 감성은 인간뿐만
이 아니라 다른 동물들도 갖추고 있는 특성이지만, 지성의 근거인 이성

(理性)은 인간만이 갖추고 있는 특성으로서 다른 동물은 갖추고 있지 못하다고 간주하는 것이 서구의 전통이었다. 그러므로 인간이 갖추고 있는 삼 체계 중에서 이성이 가장 우월한 특성이라는 이성우월주의(理性優越主義)의 관점으로 인간을 이해하려는 것이 고대로부터 면면히 이어져 온 서구 철학의 특징이었다. 이러한 전통은 자유주의자들도 그대로 이어받고 있는데, 이렇게 서구 사회에서는 '이성 주체'로서의 인간의 '합리성'을 동물과 다른 인간의 고유한 특성으로 중시하는 것이다.

이에 비해 동아시아 유학사상에서는 인간의 심성은 지성 · 감성 · 욕구의 세 요소 이외에 도덕성으로 이루어져 있다는 사분체계론(四分體系論)으로 이해한다. 이 중에서 나머지 요소들은 동물들도 갖추고 있으나 도덕성은 인간에게만 고유한 특성이므로, 인간은 도덕성을 주축으로 하여 파악하여야 하는 존재라는 덕성우월주의(德性優越主義)가 유학자들이 인간을 이해하는 기본 관점이었다. 이러한 입장은 선진(先秦)유학으로부터 신(新)유학자들에게로 이어져 온 전통으로, 유학사상은 인간의 본유적인 도덕성을 중핵으로 하여 성립되고 있는 이론체계이다. 이렇게 동아시아 사회에서는 인간을 '덕성 주체'로 개념화하여, 타인/집단에 대한 관심과 배려, 곧 '도덕성'을 동물과 다른 인간의 기본적인 특성으로 강조하는 것이다.[20]

동물과 다른 인간의 중핵특성을 합리성의 근거인 이성에서 찾을 것이냐(서구 자유주의) 아니면 타인과 집단에 대한 관심과 배려의 근거인 도덕성에서 찾을 것이냐(동아시아 유학사상) 하는 입장의 차이는 인간이 통

---

20) 동 · 서의 심리구성체론의 차이에 대해서는 졸저(조긍호, 2008, pp. 107-193; 2017b, pp. 26-163) 참조.

제해야 할 대상을 환경세계라고 볼 것이냐 아니면 자기의 사적인 욕구와 감정이라고 볼 것이냐 하는 차이를 낳게 되고, 결과적으로 삶의 과정에서 '자기를 드러내는 양식'의 문화차를 유발하게 된다.

자유의 주체로 개인을 파악하는 입장에 이어 자유주의의 이념은 개인을 자신의 행복과 만족을 추구하는 존재, 곧 이기적인 정열과 욕망에 따라 활동하고 행동하는 존재라고 보는 전제 위에 성립하고 있다. 이렇게 사람들 모두가 이기적인 욕망을 추구하다 보면, 필연적으로 욕구 충돌이 빚어질 수밖에 없다. 개인이 본래부터 지닌 이성의 힘이 빛을 발휘하게 되는 것은 이 지점에서라고 자유주의자들은 본다. 곧 '이성의 주체'로서 개인들은 욕구 충돌에서 오는 파국을 피하고, 그러면서도 최대한 각자의 이익을 보장하는 선에서 욕구를 조정하는 체제를 만들기로 합의하게 되고, 그 결과 나타난 것이 사회계약에 의한 국가체제라는 것이다.[21] 이렇게 국가와 사회는 개인의 이성의 산물이라는 것이 자유주의자들의 생각이다. 이러한 이성은 자신에게 유익한 것을 합리적으로 계산하고 선택하는 능력으로 드러난다.

그러므로 이성 주체로 개인 존재를 파악하는 자유주의 입장에서는 인간의 '합리성'을 강조하게 되며, 이성의 힘에 대한 강한 신뢰가 삶의 신조로 부각된다. 그 결과 이성의 주체인 인간이 외부 환경세계를 통제할 수 있다고 믿고, 결국 '외부 환경'을 통제의 대상으로 보는 태도를 갖게 된다. 그리하여 이들은 이성 주체인 자기를 적극적으로 표출하고, 자기에게 이익을 가져올 수 있는 요인(자기의 장점이나 긍정적 특성·능력·감정들)을 확장시키려 노력하며, 자기의 현재와 미래를 과도하게 낙관적으로

---

21) 조긍호 · 강정인(2012, pp. 353-380) 참조.

인식하는 경향을 띤다. 따라서 이들에게는 개인주의 사회인이 보이는 바와 같은 적극적인 '자기주장'을 높이 평가하는 심리와 행동의 특징이 두드러지게 되는 것이다.

이성 주체로 개인 존재를 인식하는 자유주의 이념과는 대조적으로, 유학사상에서는 인간의 능동성과 주체성이 타인에 대한 관심과 배려라는 '도덕성'에서 최대로 드러난다고 본다. 유학사상에서는 인간을 '덕성 주체'로 파악하는 관점을 가지고 있는데, 이들에게 있어 인간의 능동성과 주체성이란 인의예지(仁義禮智) 같은 도덕의 근거가 개인에게 본래부터 갖추어져 있다는 사실을 자각하고, 이를 실생활에서 실행하는 일을 뜻한다.

그러므로 유학자들에게 인간의 능동성과 주체성은 모든 일의 책임을 도덕 주체인 자기에게서 구하는 태도와 직접 연결되고 있으며, 따라서 자기의 이기적이고 사적인 욕구와 감정을 억제하는 일이 인간의 능동성과 주체성을 발휘함으로써 삶의 목표인 도덕적 완성을 이루는 지름길이 된다고 본다. 그 결과 유학사상에서는 통제의 대상을 덕성 주체인 '자기 자신'에게서 찾음으로써, '겸양'과 '자기억제'를 강조하게 되며, 이러한 경향은 결과적으로 집단주의 사회인이 보이는 자기은폐적인 심리와 행동의 특징을 낳는 배경이 되고 있는 것이다.

(3) 인간의 변이가능성: 완비성 대 가변성

서구 자유주의와 동아시아 유학사상에서 인간을 파악하는 관점의 세 번째 차이는 인간을 고정불변의 실체(實體)로서 이해하느냐 아니면 끊임없이 변화하는 과정 속의 가변체(可變體)로 인식하느냐 하는 것이다. 세계를 이루고 있는 개별적인 대상들은 그 자체로 고정적이고 불변적인 속성을 지니고 있으며, 따라서 그 세계에 살고 있는 사람들도 역시 저마다 고정적이고 불변적이며 안정적인 속성을 갖춘 존재라고 보는 것은 고대 그리스 이래 서구 문명의 전통이었다. 자유주의 사상가들은 사람은 누구나 스스로의 행동을 주도할 수 있는 불변적이고 안정적인 내적 속성을 완비하고 있으며, 또한 이를 개발하여 자기실현을 이룰 수 있는 자율성을 갖추고 있다는 점에서 인간은 평등하고, 그러한 내적 속성들은 각 개인에게 특유하다는 점에서 인간은 존엄하다고 보았다. 즉 그들은 인간의 평등성과 존엄성의 근거를 누구나 안정적인 속성을 갖추고 있는 실체라는 사실, 곧 인간의 '완비성'에서 찾으려 하였던 것이다.

이에 비해 유학은 성덕(成德)을 지향하는 체계로서, 인간은 가르침[敎]과 배움[學]을 통해 누구나 덕을 이룰 수 있는 '무한한 가능성'을 갖추고 있는 존재라고 파악하는 입장을 바탕으로 하여 성립한다. 인간은 도(道)를 이룬 선인(先人)들의 가르침을 따라 배움으로써 자기성찰과 자기개선을 이루어 내고, 그럼으로써 현재의 불완전한 소인(小人)의 상태에서 장차 이상적인 군자와 성인의 상태로 변화될 수 있는 가변적인 존재이며, 인간의 삶은 이러한 궁극적인 성덕의 상태를 지향해 가는 과정이라고 유학자들은 본다. 곧 개인은 '가변적이고 과정적인 존재'이지 절대로 불변적이거나 고정적인 존재로 볼 수 없다고 유학자들은 간주하는 것이다.

이와 같이 과거-현재-미래의 시간적 연속선상에서 인간의 현재적 상태를 과거로부터 물려받아 미래로 이어져 갈 안정적 실체로 받아들일 것이냐(서구 자유주의) 아니면 인간을 무한한 변화 과정 속의 존재라고 볼 것이냐(동아시아 유학사상) 하는 관점의 차이는 '자기향상의 통로'를 기왕에 갖추고 있는 장점의 확충 과정에서 찾을 것이냐 아니면 자기의 단점을 찾아 이를 고쳐 나가는 자기개선의 과정에서 찾을 것이냐 하는 차이를 낳게 되고, 결과적으로 사회관계에서 상응하는 중시 내용의 차이를 유발한다.

　자유주의의 이념에서는 개인 존재를 안정적이고 고정적이며 불변하는 실체로 인식한다. 모든 사물이 고정적 속성을 갖추고 있으며, 이러한 속성은 안정적이어서, 시간이나 상황에 따라 변화하지 않는다고 생각하는 것은 고대 그리스 시대부터 이어 온 서구 문화의 전통이었던 것이다. 이러한 세상사에 대한 인식은 사람에 대한 이해에도 그대로 이어져 왔는데, 특히 자유주의자들은 모든 개인은 자기만의 독특한 내적 성향(성격·능력·동기 들)을 완비하고 있으며, 이는 다른 사물들과 마찬가지로 '고정적이고 안정적인 실체'라고 본다. 곧 개인은 고정적인 성격 특성과 능력 및 동기 들을 갖추고 있으며, 이러한 고정적 속성들은 시간과 상황에 따라 달라지지 않는 '안정성'과 '불변성'을 띤다는 것이다.

　이렇게 개인 존재를 고정적이고 안정적인 실체로 파악하는 입장은 현대 서구인들에게 그대로 이어져서, 개인의 성격과 능력은 시간과 상황이 달라져도 변화하지 않는다는 '실체설(entity theory)적 신념체계'를 강하게 드러낸다.[22] 따라서 개인의 내적 성향들 사이, 외적 행동들 사이, 그리고 내적 성향과 외적 행동 사이에는 어떠한 경우에도 안정적이고 불변적인 일관성이 존재하는 것으로 파악하는 경향을 보인다. 그 결과 이들에게는 '안정성'과 '일관성'을 추구하는 심리와 행동의 특징이 강하게 나타나며, 자기향상이란 자신이 갖추고 있는 안정적인 장점을 찾아내어 확충하는 '장점 확충'을 통해 이루어지는 것으로 본다.

---

22) Dweck, 1991; Dweck, Hong, & Chiu, 1993; Dweck & Leggett, 1988.

　　고정적이고 안정적이며 불변적인 실체로 개인 존재를 인식하는 자유
주의 이념과는 대조적으로, 유학사상에서는 인간을 '가변체'로 보는 관
점에 따라 개인을 '가변적이고 과정적인 존재'로 간주한다. 성덕을 지향
하는 체계인 유학사상은 일상생활에서 가르침과 배움을 통해 누구나 덕
을 이룰 수 있는 가능성을 갖추고 있다고 여긴다. 배움을 통해 불완전한
소인의 상태에서 덕을 이룬 군자와 성인의 상태로 변화될 수 있다는 관
점에 따라, 개인을 가변적이고 과정적인 존재로 파악하는 것이 유학사상
의 특징인 것이다. 인간을 관계 속의 존재로 파악하는 유학사상에서는
맺고 있는 관계의 양상에 따라 달라지는 역할과 의무에 맞추어 스스로를
변화시키는 '가변성'을 강조한다.

　　이렇게 인간을 고정적이고 불변적인 존재가 아니라 과정적이고 가변
적인 존재라고 보는 유학사상의 관점에서는 자기의 단점을 확인하고 수
용하며, 배움을 통해 이를 개선함으로써 자기향상을 이룰 수 있다고 보
아, 인간의 '자기개선'을 강조한다. 개인 존재의 가변성과 자기개선을 강
조하는 이러한 유학사상의 입장은 현대 동아시아인들에게도 그대로 이
어져서, 개인의 성격과 능력은 시간과 상황에 따라 역동적으로 변화될
수 있다는 '증가설(incremental theory)적 신념체계'를 강하게 드러낸다.[23]
따라서 자기의 부정적 요인(단점과 부정적 특성 및 감정 들)도 무난히 수용
하고, 이를 개선하는 일을 가치롭게 여기며, 성취 장면에서 능력보다는
노력을 높이 평가하는 경향을 낳게 된다. 그 결과 이들에게서는 상황에
따른 행위 가변성을 중시하고 자기의 단점을 수용하고 고치려는 '자기개
선'의 심리와 행동의 특징이 강하게 나타나는 것이다.

---

23) Dweck, 1991; Dweck et al., 1993; Dweck & Leggett, 1988.

4) 이상적 인간상의 동·서 차이

이상에서 서구 개인주의와 동아시아 집단주의 사회의 이념적 기초인
자유주의와 유학사상에서 인간을 파악하는 관점의 차이를 인간의 존재
의의의 출처, 동물과 다른 인간의 중핵특성 및 인간의 시·공간적 변이
가능성의 세 측면에서 고찰해 보고, 이어서 이러한 관점의 차이로부터
두 문화권 사람들이 드러내는 현실적 제반 차이를 논의하였다. 이와 같
은 서구와 동아시아의 인간관의 차이 및 이로부터 연유하는 두 문화권
사람들이 보이는 심성과 행동의 차이를 바탕으로 하여, 개인주의 사회
인들과 동아시아 사회인들이 인식하는 이상적 인간상을 도출해 낼 수 있다.

(1) 서구의 이상적 인간상: 자기실현인

서구에서는 자유주의의 사상적 전통으로 인해 사회의 궁극적인 존재
론적 단위는 평등하고 독립적인 개인이라고 보며, 사회는 이러한 개별적
개체들의 복수적인 집합에 불과하다고 본다. 그들은 이러한 개인들을
자유의 보유자, 이성 주체 및 안정적이고 고정적인 실체로 인식한다. 이
러한 입장에서는 다양한 능력·동기·정서 및 특성 들을 완비하고 있어
서 상황이나 타인과는 분리된 독립적인 존재인 개인을 사회 제도의 출발
점으로 삼기 때문에, 기본적으로 비사회적(非社會的)인 개인이 가지고 있
는 고정적인 내적 특성들을 사회행위의 규범적 단위로 보게 된다. 그 결
과 상황 유리적이고 개인중심적인 인간관이 두드러지게 되어, 개체성의
발현을 사회관계의 목표로 삼는 개인주의적인 인간 파악의 입장이 부각
되는 것이다.

이와 같이 서구인들은 인간을 '자유의 보유자'로 인식하기 때문에 '독

립성과 자율성 및 독특성을 지닌 사람'을 귀히 여기고, 인간을 '이성의 주체'로 인식하기 때문에 '합리적 판단에 따라 적극적으로 자기를 표현하고 주장하는 사람'을 높이 평가하며, 인간을 '완비적 실체'로 받아들이기 때문에 '자기의 장점을 확충하려 하는 안정성과 일관성을 갖춘 사람'을 가치롭게 여긴다.

서구인들이 보는 이러한 이상적 인간상은 현대 서구심리학의 이론들에 그대로 반영되고 있다. 현대 성격심리학에서는 이상적 인간의 상태를 자기실현[아들러(Adler, A.), 융(Jung, C.), 매슬로(Maslow, A.)], 생산성[프롬(Fromm, E.), 로저스(Rogers, C.)], 적응성[로턴(Lawton, G.)], 통일성[커텔(Cattel, R.), 엘킨(Elkin, H.), 시먼(Seeman, J.)], 성숙성[올포트(Allport, G.)], 자율성[리스먼(Riesman, D.)] 등 다양한 관점에서 제시하고 있는데, 김성태[24]는 이러한 다양한 이상적 인간상을 '성숙인격'(成熟人格, mature character)으로 묶어 정리하고 있다. 그는 이들 서구의 현대 성격심리학자들이 나열하여 제시하고 있는 이상적 인간상의 특징이 모두 52가지임을 밝혀내고, 이들을 내용상의 유사성을 기준으로 군집분석(群集分析)하여, 이들이 다섯 가지 군집으로 묶임을 확인해 내고 있다.

이들은 주체성·자기수용·자기통일·문제중심성·따뜻한 대인관계의 다섯 가지이다. 여기서 주체성은 '자기의 능력을 분명하게 인식하고, 자기가 타고난 가능성을 주도적으로 실현하고자' 하는 특징을 말한다. 자기수용은 '자기의 현실을 효율적으로 인지하고, 현실 속에서의 자기를 객관화시키며, 현실과 자신을 있는 그대로 받아들이는' 특징을 의미한다. 자기통일은 '확고하고도 타당한 인생목표를 지니고 살며, 통일된 세

---

24) 김성태, 1976, 1989.

계관을 세우고, 이에 맞추어 자주적으로 행동'하는 특징이다. 문제중심성은 '문제를 직접 현실 속에서 해결하는 데 만족을 느끼며, 자기중심적이 아니고 문제중심적으로 일에 열중'하는 특징을 지칭한다. 그리고 따뜻한 대인관계는 '사랑, 이해와 수용적 태도로 타인과의 따뜻한 관계를 유지'하는 특징을 가리킨다.[25]

이러한 다섯 가지 특징은 '따뜻한 대인관계'를 제외하고는 모두 개체로서의 개인에 대한 관심에서 도출되는 것이라 볼 수 있다. 곧 자기 자신의 능력과 잠재력에 대한 인식(주체성), 자기를 둘러싸고 있는 현실에 대한 인식과 이의 수용(자기수용), 자기의 진로와 인생 목표의 객관적 정립(자기통일), 일상생활에서 자기의 가능성을 실현하려는 문제중심적인 일처리와 성취 지향(문제중심성) 등 개체로서 존재하는 개인의 정체성 확립 및 성취와 관련이 깊은 특징들이다. 정체감이란 자신의 능력과 가능성에 대한 객관적이고도 정확한 이해와 수용, 자기의 현실에 대한 객관적이고도 정확한 이해, 그리고 이 두 가지를 토대로 한 자기의 목표와 진로에 대한 객관적이고도 명확한 설정 등으로 구성되는 자기동일성과 지속성에 대한 인식이고,[26] 이를 추구하여 현실 속에서 자기의 모든 잠재적 가능성을 성취하는 것이 곧 자기실현(自己實現, self-actualization)이다.[27]

이렇게 서구 개인주의 사회에서는 자기정체성(self-identity)을 확립하고 이를 추구하는 자기실현을 핵심으로 하고, 여기에 대인관계의 원만함을 덧붙여 이상적 인간상을 개념화하고 있는 것으로 볼 수 있다. 즉 '자

25) 김성태, 1976, pp. 1-27; 1989, pp. 199-243.

26) Erikson, 1959, p. 102.

27) 이부영, 2002, pp. 90-93.

기정체성을 확립하고, 일상생활 속에서 자기의 가능성을 실현하기 위해 노력하며, 다른 사람과 따뜻한 관계를 맺으면서 살아가고 있는 사람'을 이상적 인간상으로 설정하고 있는 것이라 요약할 수 있을 것이다.

이러한 현대 성격심리학에서 설정한 이상적 인간상, 곧 '자기실현인'(自己實現人)의 특징들은 서구인들의 인간관과 직접적인 관련을 맺고 있는 것으로 볼 수 있다. 자기 자신의 능력과 잠재력에 대한 인식을 핵으로 하는 '주체성'의 특징은 인간을 자유의 보유자로 보아 개체성에서 인간의 존재의의를 찾으려는 인간 파악의 관점과 관련이 있다. 주체적인 인간은 독립적이고 자율적으로 자기의 독특성을 추구할 것이기 때문이다.

자기를 둘러싸고 있는 현실을 정확히 인식하고 이를 있는 그대로 받아들이는 '자기수용'과 일상생활에서 자기의 가능성을 실현하려는 문제중심적인 일 처리와 성취를 지향하는 '문제중심성'의 태도는 인간을 이성의 주체로 보아 '합리성'을 강조하는 인간 파악의 관점과 밀접히 관련된다. 자기의 현실을 있는 그대로 수용하는 태도와 문제중심적인 일 처리는 합리적인 자기이해의 산물이기 때문이다.

그리고 자기의 진로와 인생 목표의 객관적 정립이라는 '자기통일성'은 인간을 안정적 실체로 보아 '일관성'과 '안정성'을 중시하는 인간 파악의 관점과 관련된다. 통일된 세계관에 따라 확고하고도 타당한 인생 목표를 지니고 사는 통일된 자기관을 갖추고 있는 사람들은 일관적이고도 안정적으로 삶의 목표를 추구할 수 있을 것이기 때문이다.

(2) 동아시아의 이상적 인간상: 존재 확대인

동아시아에서는 유학사상의 전통으로 인해 인간은 타인과의 관계 속에 존재하고, 이에 의해 규정되며, 따라서 사회는 각자가 이러한 관계 속에 내포된 역할과 의무를 충실히 수행함으로써 유지된다고 본다. 곧 사회의 궁극적인 구성단위는 사람 사이의 관계 또는 이러한 관계의 원형인 가족과 같은 일차집단이라고 보며, 이러한 관계를 떠난 개인 존재는 상상적인 원자일 뿐 존재의의를 상실하게 된다고 여긴다. 그들은 이러한 관계 속의 개인을 역할·의무·배려의 복합체, 덕성 주체 및 가변적 과정적 존재로 인식한다. 따라서 이러한 체계에서는 사람들 사이의 관계를 사회제도의 출발점으로 삼기 때문에, 관계 속에서의 역할과 상호연계성을 사회행위의 규범적 단위로 보게 된다. 그 결과 상황의존적이고 관계중심적인 인간관이 두드러지게 되어, 상호 관계에서의 조화와 질서의 추구를 사회관계의 목표로 삼는 집단주의적인 인간 파악의 입장이 부각되는 것이다.

이와 같이 동아시아인들은 인간을 '사회적 관계체'로 인식하기 때문에 '연계성과 조화성 및 유사성을 추구하는 사람'을 귀히 여기고, 인간을 '덕성의 주체'로 인식하기 때문에 '타인과 집단에 대한 배려가 깊고, 자기억제력이 뛰어난 사람'을 높이 평가하며, 인간을 '가변적인 과정적 존재'로 받아들이기 때문에 '상황에 따라 자신을 유연하게 변화시키며, 자기의 단점을 찾아 개선하려는 사람'을 가치롭게 여긴다.

동아시아인들이 바람직한 것으로 여기는 이러한 특징들은 동아시아 집단주의의 사상적 배경인 유학사상의 군자론(君子論)에 잘 드러나 있다. 유학의 경전들에서 군자의 특징은 다양하게 제시되고 있으나, 공통적으로 '자기수련을 통한 자기개선과 도덕 주체로서의 확고한 자기인식', '자기억제와 대인관계에서의 조화의 추구' 그리고 '타인과 사회에 대한 관심을 가지고 사회적 책무를 스스로 떠맡아 실생활의 과정 속에서 이를 수행하려는 태도'의 세 측면에서 개념화하고 있다.[28] 이렇게 유학자들은 이상적 인간상을 도덕 주체로서의 스스로의 인격적 성숙에 머무르지 않고, 이러한 자기수련의 결과를 주위 사람에 대한 관심과 배려 및 사회에 대한 책임으로까지 확대함으로써 사람들과 조화를 이루고, 사회에 대한 책무도 스스로 지려 하고 이를 수행하려는 사람, 곧 '존재 확대인'(存在擴大人)으로 설정하고 있는 것이다.

　군자론에서 펼쳐지고 있는 이러한 존재 확대의 이상적 인간상은 유학사상에서 인간을 파악하는 관점에서 직접적으로 도출된다. 곧 인간을 사회적 관계체, 덕성 주체 및 가변적 과정적 존재로 보는 유학사상의 인간관이 바로 존재 확대라는 목표를 지향하는 인간관의 이론적 근거이자 바탕인 것이다.

❋ 2. 유학의 군자론과 인간의 존재 확대

　유학사상에서 군자론은 인성론에서 설정한 바의 현실적 인간이 도달할 수 있는 바람직한 이상적 상태를 그려 보고자 하는 사색의 결과물로서, 인간 삶의 목표를 정립하려 한 이론체계로서의 의미를 지닌다. 유학자들에게 있어서 삶의 목표는 앞선 시대의 군자와 성인의 삶의 모습을 따라 배움으로써, 스스로 군자와 성인의 상태에 가까이 다가가 성덕(成德)하는 데 있다.[29] 따라서 유학사상의 정수는 이상적 인간형론인 군자

---

28) 이에 대해서 졸저(조긍호, 2006, pp. 381-410; 2008, pp. 208-256; 2019, pp. 299-332) 및 다음 절 참조.

29) 유학의 경전들에서 이러한 성덕자(成德者)의 모범으로 제시되는 사람들은 요(堯)·순(舜)·우(禹)·탕(湯)·문(文)·무(武)·주공(周公)·공자(孔子) 같은 역사적 인물들이다. 유학은 곧 이들 성덕자를 표본으로 설정해 놓고, 이러한 상태에 도달하

론에 있다고 볼 수 있으며, 결과적으로 이는 그들의 도덕실천론과 수양론의 이론적 기반이 되고 있다.

유학의 경전들에서 인간 삶의 목표 상태로서의 이상적 인간에 대해서는 대인(大人)·대장부(大丈夫)·대유(大儒)·성인(成人)·지인(至人)·현인(賢人)·현자(賢者)·군자(君子)·성인(聖人) 같은 다양한 용어로 표현되고 있으나,30) 그중에서 가장 널리 쓰이는 대표적인 것은 군자와 성

는 일을 삶의 목표로 삼는 사상체계인 것이다.

30) 『論語』·『孟子』 및 『荀子』에 국한해서 이들 용어들이 출현하는 횟수를 살펴보면 [Harvard-Yenching Institute 편 『論語引得』·『孟子引得』·『荀子引得』 참조: 이 책에서 인용되는 『論語』와 『孟子』는 朱熹의 『論語集註』와 『孟子集註』의 편차에 따른 篇과 章을, 『荀子』는 富山房 본(1972) 『漢文大系』 卷十五, 『荀子集解』의 篇과 페이지를 나타낸다], '대인'(大人)은 『論語』에서 2회(季氏 8), 『孟子』에서 12회(滕文公上 4; 離婁上 20; 離婁下 6, 11, 12; 告子上 14, 15; 盡心上 19, 33; 盡心下 34), 『荀子』에서는 2회(解蔽 14; 成相 9) 출현하고, '대장부'(大丈夫)는 『孟子』에서만 3회(滕文公下 2) 보일 뿐이며, '대유'(大儒)는 『荀子』에서만 14회(儒效 1, 4, 27, 28, 32, 38; 成相 5) 나온다. 그리고 '성인'(成人)은 『論語』에서 4회(憲問 13), 『荀子』에서 1회(勸學 22) 나오고 있고, '지인'(至人)은 『荀子』에서만 3회(天論 23; 解蔽 21-22) 나올 뿐이다.

'현'(賢)이란 글자는 『論語』에서는 모두 18개 장에서 24회 나오는데, 이 중 "회(回)는 참 어질도다"(賢哉 回也, 雍也 9)나 "사(師: 子張)와 상(商: 子夏) 중 누가 더 낫습니까?"(師與商也孰賢, 先進 15)와 같이 술어형으로 쓰인 경우가 13회이고, 이상적 인간을 지칭하는 경우가 11회인데, '현'이 4개 장(學而 7; 里仁 17; 子路 2; 子張 3)에 6회, '현자'(賢者)가 3개 장(憲問 39; 衛靈公 13; 子張 22)에 4회, '현인'(賢人)이 1개 장(述而 14)에서 1회 제시되고 있다. 『孟子』에서 '현'은 33개 장에서 74회 나오는데, 이 중 관형어나 술어형으로 쓰이는 경우가 30회이고, 이상적 인간을 지칭하는 경우는 '현'이 13개 장(梁惠王上 7; 公孫丑上 5; 離婁上 7; 離婁下 7, 20; 萬章上 6; 萬章下 3, 6, 7; 告子下 6, 7; 盡心上 46; 盡心下 12)에 22회, '현자'가 14개 장(梁惠王上 2; 梁惠王下 4, 16; 公孫丑上 4; 滕文公上 4; 離婁下 17; 萬章上 9; 萬章下 3, 6; 告子上 10; 告子下 6; 盡心上 31; 盡心下 20, 24)에 18회, '현인'이 2개 장(公孫丑上 1; 萬章下 7)에 4회 제시되고 있다. 『荀子』에서 '현'은 모두 145회 나오고 있는데, 이 중에서 관형어나 술어형으로 쓰이는 경우가 39회이

인이다.31)

고, 이상적 인간을 지칭하는 '현'이 22개 편(修身·非相·非十二子·仲尼·儒效·
王制·富國·王霸·君道·臣道·致仕·議兵·彊國·天論·正論·解蔽·君子·
成相·大略·宥坐·子道·堯問)에서 56회, '현자'가 9개 편(非十二子·富國·臣
道·致仕·正論·性惡·君子·成相·堯問)에서 17회, '현인'이 4개 편(非相·大
略·哀公·堯問)에서 11회, '현량'(賢良)이 6개 편(王制·君道·正論·君子·子
道·賦)에서 13회, '현사'(賢士)가 3개 편(王霸·彊國·成相)에서 5회, '현능'(賢
能)이 3개 편(仲尼·王制·成相)에서 4회 출현하고 있다.

　'군자'(君子)는 『論語』의 20개 전편(全篇)에서 모두 107회(學而 1, 2, 8, 14; 爲
政 12, 13, 14; 八佾 7, 24; 里仁 5, 10, 11, 16, 24; 公冶長 2, 15; 雍也 3, 11,
16, 24, 25; 述而 25, 30, 32, 36; 泰伯 2, 4, 6; 子罕 6, 13; 鄉黨 6; 先進 1, 20,
25; 顏淵 4, 5, 8, 16, 19, 24; 子路 3, 23, 25, 26; 憲問 6, 7, 24, 28, 29, 45; 衛靈公
1, 6, 17, 18, 19, 20, 21, 22, 31, 33, 36; 季氏 1, 6, 7, 8, 10, 13; 陽貨 4, 7, 21,
23, 24; 微子 7, 10; 子張 3, 4, 7, 9, 10, 12, 20, 21, 25; 堯曰 2, 3)나 나오고,
『孟子』의 告子下를 제외한 13개 편에서 81회(梁惠王上 7; 梁惠王下 14, 15; 公孫
丑上 8, 9; 公孫丑下 1, 3, 7, 9, 13; 滕文公上 2, 3; 滕文公下 3, 4, 5, 7, 8; 離婁上
1, 18, 26; 離婁下 2, 14, 18, 19, 22, 27, 28, 33; 萬章上 2, 4; 萬章下 4, 6, 7;
告子下 6, 8, 10, 12, 14; 盡心上 13, 20, 21, 24, 32, 37, 40, 41, 45; 盡心下 18,
24, 27, 29, 32, 33, 37), 『荀子』의 32개 전편(全篇)에서 279회나 제시되고 있다.

　'성인'(聖人)은 이보다 좀 적어서, 『論語』의 3개 장(述而 25; 季氏 8; 子張 12)
에서 4회, 『孟子』의 14개 장(公孫丑上 2; 公孫丑下 9; 滕文公上 4; 滕文公下 9;
離婁上 1, 2; 萬章上 7; 告子上 7; 盡心上 23, 24, 38; 盡心下 15, 24, 38)에서 29회,
『荀子』의 22개 편(勸學·修身·不苟·榮辱·非相·非十二子·仲尼·儒效·王
制·富國·君道·天論·正論·樂論·解蔽·正名·性惡·成相·賦·大略·堯問)
에서 83회 제시되고 있다. '성'(聖) 한 글자로 성인을 나타내는 경우도 『論語』의
3개 장(雍也 28; 述而 33; 子罕 6)에서 4회, 『孟子』의 5개 장(公孫丑上 2; 滕文公
下 9; 離婁下 1; 萬章下 1; 盡心下 25)에 16회, 『荀子』의 10개 편(仲尼·儒效·正
論·解蔽·性惡·君子·成相·大略·哀公·堯問)에서 19회나 되고 있다.

31) 현(賢)·현인(賢人)·현자(賢者)란 용어도 다른 용어에 비해 비교적 많이 사용되
고 있으나(세 용어를 합하여 이상적 인간을 지칭하는 경우는 『論語』에서 11회,
『孟子』에서 44회, 『荀子』에서 106회나 된다), 이들은 '도(道)를 자각한 어질고 지
혜로운 사람'이라는 제한된 뜻을 강하게 담고 있다는 점에서, 다양한 측면의 인간
됨을 모두 포괄하는 용어로 사용되고 있는 군자(君子)나 성인(聖人)과 다르다. 이

이 가운데 본래 군자는 계급 개념이 강한 용어였다. 군자통치(君子統治)라는 유가 이념의 전통에서 이는 치자(治者) 계층, 곧 사대부(士大夫) 계층을 일컫는 말로 많이 사용된다.[32] 그러나 『논어』에서 군자는 총 107회 중 8회 정도만,『맹자』에서는 81회 중 20회 정도만, 그리고 『순자』에서는 총 270회 중 15회 정도만 치자나 치자 계층을 가리키는 말로 사용되고 있을 뿐,[33] 대부분은 덕을 이룬 이상적 인간을 가리키는 말로 사용되고 있다.

특히 『논어』에서는 군자와 대립하는 말로 주로 소인(小人)을 지칭함으로써 군자는 덕을 이룬 사람이지만 소인은 그렇지 못한 사람으로 제시되고 있어,[34] 선진유학 시대부터 이미 군자가 통치자의 의미보다는 이

는 '군자'의 대칭 개념이 주로 '소인'(小人)으로 쓰이는데(예: 『論語』 爲政 14; 里仁 11, 16; 雍也 11; 述而 36; 顏淵 16, 19; 子路 23, 25, 26; 憲問 7, 24; 衛靈公 1, 20, 33; 季氏 8, 陽貨 4, 23; 『孟子』 滕文公上 2; 滕文公下 5; 離婁下 22) 반해, '현'(賢)의 대칭 개념이 '불초'(不肖)로 쓰이고 있다(예: 『孟子』 離婁下 7; 萬章上 6; 告子下 6)는 사실이나, '현' 또는 '현자'가 직접 '지'(智)의 의미로 쓰이기도 한다는 사실(예: 挾賢而問, 『孟子』 盡心上 43; 智之於賢者也, 盡心下 24)에서 잘 드러난다.

32) 『論語』에서 군자가 치자(治者)나 치자 계층을 가리키는 용법으로 사용되는 것은 대략 8회 정도이고(顏淵 19; 憲問 28, 45; 微子 10; 子張 10; 堯曰 2), 『孟子』에서는 직접 통치자(梁惠王下 14; 公孫丑下 9; 離婁下 2; 盡心上 13; 盡心下 27)를 가리키기도 하고, 민(民)(公孫丑下 9), 소인(小人)(滕文公上 2; 滕文公下 5; 離婁下 22), 야인(野人)(滕文公上 3; 萬章上 4), 서민(庶民)(離婁下 19; 盡心下 27), 중인(衆人)(告子下 6)과 대비하여 치자 계층을 가리키는 말로 사용되는 경우가 대략 20회 정도 된다. 『荀子』에서도 군자가 치자 자신 또는 그 계층을 가리키는 말로 사용되는 경우가 대략 15회 정도(修身 39-40; 儒效 11-12; 王制 5, 19; 富國 10-11; 君道 1, 4; 致仕 17) 된다.

33) 『論語引得』·『孟子引得』·『荀子引得』 참조.

34) 예: 『論語』 爲政 14; 里仁 11, 16; 顏淵 16, 19; 子路 23, 26; 憲問 7, 24; 衛靈公 1, 20, 33; 陽貨 4(『論語引得』 참조)

상적 인간을 지칭하는 의미로 쓰이고 있었음을 드러내고 있다. 이렇게 "군자와 소인의 차이는 오직 그 개인의 정신적 자각 여하에 달려 있는 것이요, 반드시 계급적 구분에 있는 것은 아니다. 정신적 자각의 입장에서 보면 상층 계급에도 소인이 있고, 하층 계급에도 군자가 있음은 역사와 현실이 증명하는 사실"[35]이라는 것이 초창기부터 유학자들의 기본 입장이었던 것이다.

　군자와 성인이란 용어 중에서 유학자들에 의해 이상적 인간의 전형으로 받아들여지고 있는 것은 성인이다. 성인에 대해서는 일찍이 공자도 "성인은 요(堯)·순(舜)도 이를 오히려 어렵게 여겼거늘"[36] "성(聖)과 인(仁)을 내가 어찌 감히 넘보리오?"[37]라고 높이 평가한 경지이다. 성인을 이렇게 최고의 이상적 인간상으로 존숭하는 것은 맹자와 순자도 마찬가지이다.[38]

　이렇게 군자와 성인은 약간씩 그 내포하는 의미가 다르기는 하지만, 유학사상에서 이상적 인간을 지칭하는 보편적 용어로 사용되고 있다. 여기에서는 각 용어에 내포된 계급 관념은 사상(捨象)해 버리고, 군자와 성인에 관한 유학자들의 진술을 기초로 하여, 유학사상에 제시되고 있는 이상적 인간형에 대해 살펴보기로 하겠다.

---

35) 이상은, 1976, p. 79.

36) 子貢曰 如有博施於民而能濟衆 何如 可爲仁乎 子曰 何事於仁 必也聖乎 堯舜其猶病諸(『論語』雍也 28)

37) 若聖與仁 則吾豈敢(述而 33)

38) 『孟子』公孫丑上 2, 離婁上 2, 盡心下 15; 『荀子』勸學 12 참조.

1) 이상적 인간의 세 가지 특징

공자는 성인을 군자보다 상위 개념으로 잡고 있을 뿐만 아니라, 성인은 고대로부터 이상적 인간의 전형으로 여겨 온 요(堯)와 순(舜)도 오히려 어렵게 여긴 경지라고 하여, 보통 사람으로 이룰 수 있는 이상적 인간형은 군자로 보고 이를 자주 언급하고 있다.[39] 이러한 공자의 군자상은 다음 구절에 잘 드러나 있다.

> 자로(子路)가 군자에 대해 여쭙자, 공자는 "군자는 자기를 닦음으로써 삼가는 사람이다"[修己以敬]라고 대답하셨다. 자로가 "그것뿐입니까?"라고 여쭙자, 공자는 "군자는 자기를 닦음으로써 사람들을 편안하게 해 주는 사람이다"[修己以安人]라고 대답하셨다. 자로가 거듭 "그것뿐입니까?"라고 여쭙자, 공자는 "군자는 자기를 닦음으로써 온 백성들을 편안하게 해 주는 사람이다[修己以安百姓]. 자기를 닦음으로써 온 백성들을 편안하게 해 주는 일은 요·순도 이를 오히려 어렵게 여겼다"라고 대답하셨다.[40]

이 인용문에서 공자는 군자의 특징을 '자기를 닦음으로써 삼가는 일'[修己以敬], '자기를 닦음으로써 주위의 사람들을 편안하게 해 주는 일'[修己以安人], 그리고 '자기를 닦음으로써 온 천하 사람들을 편안하게 해 주는 일'[修己以安百姓]의 세 가지로 보고 있다. 여기서 '수기이경'(修己以敬)

---

39) 『論語』에서 성(聖)·성인(聖人)은 단 8회만 제시되고 있을 뿐인데 반해, 군자(君子)는 20개 전편(全篇)에서 107회나 제시되고 있다(주 30 참조).

40) 子路問君子 子曰 修己以敬 曰 如斯而已乎 曰 修己以安人 曰 如斯而已乎 曰 修己以安百姓 修己以安百姓 堯舜其猶病諸(『論語』 憲問 45)

은 자기 인격의 수양, '수기이안인'(修己以安人)은 대인관계에서의 조화의 달성, 그리고 '수기이안백성'(修己以安百姓)은 사회적 책무의 자임(自任)과 완수를 의미하는 것이다. 그러므로 공자는 개인적 인격의 수양과 완성뿐만 아니라, 타인에 대한 관심과 배려 및 사회에 대한 책임감을 이상적 인간의 기본적인 특징으로 보고 있는 것이다. 즉 인간은 스스로가 타고난 도덕적 인격을 완성해야 할 뿐만 아니라, 기본적으로 이를 타인과 사회에 대한 배려와 책임감으로 승화시켜야 하는 존재라고 공자는 보고 있는 것이다.

이상적 인간의 특징을 수기(修己)·안인(安人)·안백성(安百姓)의 세 가지로 보는 공자의 입장은 맹자에게 그대로 이어지고 있다. 맹자는 이들 각각을 '성지청자'(聖之淸者: 순수하고 깨끗한 성인), '성지화자'(聖之和者: 사회관계의 융화를 도모한 성인), '성지임자'(聖之任者: 사회적인 책임을 다한 성인)라 부르고 있다.[41] 그러므로 맹자도 공자와 마찬가지로 성인의 특징을 자기 인격의 수양, 대인관계의 조화 추구 그리고 사회적 책무의 자임과 완수의 세 가지로 보고 있는 것이다.

이렇게 이상적 인간의 특징을 세 가지로 입론하는 유학자들의 관점은 군자가 되는 길을 정리하여 제시하고 있는 『대학(大學)』에 잘 드러나고 있다. 『대학』에서는 대학의 도를 깨우쳐서 실천하는 이상적 인간의 특징을 '지어지선'(止於至善)·'친민'(親民)·'명명덕'(明明德)의 세 가지로 들고 있다.[42] 여기서 '지어지선'은 도덕적 인격적 수양을 이룬 상태를 말하

---

41) 伯夷聖之淸者也 伊尹聖之任者也 柳下惠聖之和者也 孔子聖之時者也 孔子之謂集大成(『孟子』 萬章下 1)

42) 大學之道 在明明德 在親民 在止於至善(『大學』 經): 여기서 둘째 구절을 親民이라 읽은 것은 古註와 『大學』 古本 및 王陽明의 독법(小島毅, 2004, pp. 124-137)을

는 것으로, 공자의 '수기이경'의 상태에 해당되는 것이라 볼 수 있다. 이
어서 '친민'은 일상생활에서 지선(至善)에 머물러 도덕적 인격적 완성을
이룬 다음, 이를 주변 사람들에게 확대하고 베풂으로써 그들과의 사이에
친애함과 조화를 이룬 상태를 말하는 것으로, '수기이안인'의 상태를 의
미하는 것이다. 다음으로 '명명덕'은 자기의 착한 본심을 미루어 밝게 드
러냄으로써 온 천하의 사람들로 하여금 도덕 및 모든 일의 기초가 스스
로에게 내재되어 있음을 깨달아 알도록 하는 상태를 말하는 것으로,[43]
'수기이안백성'에 해당되는 특징이라 볼 수 있다.

따른 것이다. 朱熹의 新註에서는 程子의 전통을 따라 이를 新民이라 읽어, "백성
들을 새롭게 한다"라고 풀이하고 있다. 그러나 王陽明의 주장에 따라 親民이 옳다
고 하는 측에서는 ⅰ) 원본에 따라 親民으로 읽어도 문의에 어긋남이 없다, ⅱ)
이것은『大學』三綱領의 첫머리에 나오는 중요한 부분인데, 첫머리부터 틀린 글
자를 쓸 리가 없다 등의 전거를 대고 있다(권덕주, 1998, p. 16). 필자는 이러한
논리 이외에 이를 이상적 인간의 특징을 진술한 문장으로 볼 경우, 이는 공자의
修己以安人에 해당하는 것으로 보는 것이 타당하다는 입장에서, 이를 親民으로 읽
고자 한다. 또한 여기서의 民을 新註에서는 '백성'의 뜻으로 풀고 있으나, 필자는
『詩經』「大雅 生民」篇의 厥初生民 時維姜嫄의 예를 따라 보통의 여러 '사람'을 가
리키는 뜻으로 풀어, 修己以安人의 人과 같은 뜻으로 보고자 한다.

43) 朱熹의 新註에서는 明明德을 스스로의 지덕(至德)을 닦아 일신을 수양하는 일, 즉
공자의 修己以敬을 가리키는 것으로 해석하고 있다. 그러나 여기서는 이를 온 천
하의 사람들로 하여금 스스로의 지덕을 밝게 깨달아 알도록 인도하는 修己以安百
姓의 상태를 가리키는 것으로 보고자 한다. 이는 이 구절에 이어 八條目을 제시하
는 구절이 "古之欲明明德於天下者 先治其國 欲治其國者 先齊其家……"로 시작되
어, 明明德이 治國보다 넓은 平天下를 대신하는 말로 쓰이고 있다는 점에서 그
근거를 찾을 수 있다. 이 구절에 이어서 八條目을 제시한 구절은 "……家齊而后國
治 國治而后天下平"으로 끝나고 있는데, 이는 앞의 古之欲明明德於天下者가 곧 古
之欲平天下者의 뜻임을 알 수 있게 하는 증거가 된다. 이러한 근거에서 여기에서
는 이를 온 천하의 사람들로 하여금 스스로의 지덕을 밝게 깨달아 알도록 인도하
는 修己以安百姓의 상태를 가리키는 것으로 보고자 한다.

『순자(荀子)』에서 군자는 소인(小人)과 대비하여 이상적 인간형으로도 그려지고 있지만, 성인과 대비하여 아직 완전한 인격체에 도달하지는 못한 상태의 사람을 지칭하는 용어로도 쓰이고 있다. 따라서 순자가 그리고 있는 이상적 인간형의 대표적인 모습은 소인과 대비된 군자와 성인에게서 찾아볼 수 있는데, 그도 이상적 인간의 특징을 공자·맹자 및 『대학』에서와 같이 세 가지 특징으로 보고 있다.[44] 이와 같이 군자와 성인의 특징을 자기완성, 관계완성 그리고 사회완성의 세 가지로 잡고 있는 것은 모든 유학자의 공통된 의견이다.[45]

(1) 자기 인격의 수양: 수기이경·성지청·지어지선

공자에 따르면, 군자는 인의(仁義)에 근거하여 자기 몸을 닦는 사람이다.[46] 이렇게 군자는 인의의 도를 깨달아 이에 밝기 때문에 일상생활에

---

44) 故君子之於禮(a) 敬而安之 其於事也(b) 徑而不失 其於人也(c) 寡怨寬裕而無阿 其爲身也(d) 謹修飭而不危 其應變故也(e) 齊給便捷而不惑 其於天地萬物也(f) 不務說其所以然 而致善用其材 其於百官之事 技藝之人也(g) 不與之爭能 而致善用其功 其待上也(h) 忠順而不懈 其使下也(i) 均徧而不偏 其交遊也(j) 緣義而有類 其居鄕里也(k) 容而不亂(『荀子』君道 6-7): 여기에서 a·b·d·e·f는 자기수양과 관련된 군자의 특징을, c·j·k는 대인관계와 관련된 군자의 특징을, g·h·i는 사회적인 책무와 관련된 군자의 특징을 나타낸다.

45) 군자와 성인의 세 가지 특징에 대한 자세한 내용은 졸저(조긍호, 2006, pp. 381-411; 2008, pp. 208-256) 참조.

46) 이를 공자는 "군자가 인(仁)을 떠나면, 어떻게 이름을 이룰 수 있겠는가? 군자는 밥 한 끼 먹을 시간에도 인을 떠나서는 안 되고, 경황 중이나 위급한 상황에서도 반드시 인에 거해야 한다"(君子去仁 惡乎成名 君子無終食之間違仁 造次必於是 顛沛必於是, 『論語』里仁 5)거나, "군자는 의(義)를 으뜸으로 삼아야 한다"(君子義以爲上, 陽貨 23)거나, "군자는 천하의 일에 있어서 …… 오로지 의(義)를 따라야 한다"(君子之於天下也……義之與比, 里仁 10) 또는 "군자는 의를 깨달아 이에 밝고, 소인은 이익에 밝다"(君子喩於義 小人喩於利, 里仁 16)고 말하고 있다.

서 자기를 다하고[忠] 믿음이 있으며[信],[47] 항상 도(道)를 도모하고 걱정
한 뿐 일신의 욕심을 도모하거나 걱정하지 않는다.[48]

　이와 같이 군자는 인의도덕(仁義道德)에 근거하여 자기수양을 이룬 사
람이기 때문에, 자기에게 잘못이 있을 때 이를 고치기를 주저하지 않으
며,[49] "어진 사람을 보면 그와 같아지려 하며, 어질지 못한 사람을 보면
안으로 스스로를 반성하여"[50] 자기를 개선하려 한다. 이렇게 군자가 잘
못을 고쳐 자기개선을 할 수 있는 것은 "모든 책임을 남에게 돌리는 소인
과는 달리 스스로에게서 모든 책임을 찾기"[51] 때문이다. 그리하여 "군자
는 자기의 무능을 책할지언정 남이 자기를 알아주지 않는 것을 책하지
않으며,"[52] 결과적으로 "남이 자기를 알아주지 않는다고 해도 서운해하

---

47) 君子……主忠信(學而 8): 공자가 忠과 信을 修己의 기초로 강조하고 있다는 사실
　　은 "십호쯤 되는 작은 마을에도 반드시 나처럼 忠·信한 사람이 있겠지만, 나처럼
　　배우기를 좋아하는[好學] 사람은 없을 것이다"(十室之邑 必有忠信如丘者焉 不如丘
　　之好學也, 公冶長 27)라고 하여, 스스로를 忠信과 好學으로 자평하고 있다는 사실
　　과 "공자께서는 네 가지로 가르치셨으니, 文·行·忠·信이었다"(子以四敎 文行忠
　　信, 述而 24)는 진술 등에 잘 드러나고 있다.

48) 君子謀道不謀食……君子憂道不憂貧(衛靈公 31)

49) 君子……過則勿憚改(學而 8): 공자는 "군자의 잘못은 일식·월식과 같아서 군자가
　　잘못하면 모든 사람이 그것을 보게 되지만, 이를 고치면 모든 사람이 그를 우러러
　　보게 된다"(君子之過也 如日月之食焉 過也 人皆見之 更也 人皆仰之, 子張 21)고
　　하여, 자기개선에 적극적인 의미를 부여하고 있다.

50) 見賢思齊焉 見不賢而內自省也(里仁 17)

51) 子曰 君子求諸己 小人求諸人(衛靈公 20)

52) 君子病無能焉 不病人之不己知也(衛靈公 18): 學而 16(不患人之不己知 患不知人
　　也), 里仁 14(不患無位 患所以立 不患莫己知 求爲可知也), 憲問 32(不患人之不己
　　知 患其不知也)에도 같은 내용이 제시되고 있다. 이를 위의 衛靈公 20장(君子求諸
　　己 小人求諸人)과 함께 고찰해 보면, 공자가 자기에게 돌이켜 모든 책임을 구하는
　　'반구저기'(反求諸己)의 태도를 얼마나 강조했는지 알 수 있다.

지 않을"53) 수 있는 것이다.

군자는 이렇게 항상 잘못을 개선하고 모든 책임을 스스로에게서 찾기 때문에 정서적으로 안정되어 있어서 "걱정하거나 두려워하지 아니 한다 …… 안으로 돌이켜 보아 아무런 잘못이 없으므로 걱정하거나 두려워할 것이 없기 때문이다."54) 그리하여 "항상 걱정에 싸여 있는 소인과는 달리, 군자는 언제나 마음이 평탄하고 여유가 있는 것이다."55) 이렇게 정서적인 안정을 이루고 있는 군자는 "태연하고 교만하지 않으며"56) 항상 겸손하다.57)

군자는 정서적으로 안정되어 있을 뿐만 아니라, 또한 자기의 이기적 욕구를 억제할 수 있는 사람이다.58) 이렇기 때문에 군자는 자기 표출을

---

53) 人不知而不慍 不亦君子乎(學而 1)

54) 君子不憂不懼……內省不疚 夫何憂何懼(顔淵 4)

55) 君子坦蕩蕩 小人長戚戚(述而 36)

56) 君子泰而不驕 小人驕而不泰(子路 26)

57) 군자가 겸손하다는 것은 공자 스스로가 "군자의 일을 몸소 행하는 일은 내가 아직 모자르다"(子曰 文莫吾猶人也 躬行君子 則吾未之有得, 述而 32)거나, "성(聖)과 인(仁)을 내가 어찌 감히 넘보겠는가? 나는 다만 인을 행하기를 싫어하지 않고, 남을 가르치기를 게을리하지 않는다고 할 수 있을 뿐이다"(子曰 若聖與仁 則吾豈敢 抑爲之不厭 誨人不倦 則可謂云爾已矣, 述而 33)라거나, "군자의 도에 세 가지가 있는데, 나는 하나도 능한 것이 없다"(子曰 君子道者三 我無能焉, 憲問 30)거나, 또는 "나는 나면서부터 아는 사람[生而知之者]은 못 된다. 다만 옛것을 좋아해서 속히 그것을 구하고자 하는 사람일 뿐이다"(子曰 我非生而知之者 好古敏以求之者也, 述而 19)라고 겸손하게 자평하고 있다는 사실에서 잘 드러나고 있다.

58) 군자는 배부름이나 편안함(君子食無求飽 居無求安, 學而 14), 부귀 및 이익추구(富與貴 是人之所欲也 不以其道得之 不處也, 里仁 5), 그리고 여색과 남을 이기려는 욕구 및 탐욕 등 생물체로서의 이기적 욕구를 억제하고(君子有三戒 少之時 血氣未定 戒之在色 及其壯也 血氣方剛 戒之在鬪 及其老也 血氣旣衰 戒之在得, 季氏 7), 의(義)를 밝게 깨달아(君子喩於義 小人喩於利, 里仁 16), 덕을 항상 마음속에 간직하고 있는 사람(君子懷德 小人懷土 君子懷刑 小人懷惠, 里仁 11)이다.

억제하여, 말을 아끼고 삼간다.59) 이렇게 자기 표출을 억제하는 것은 "행동이 말을 따라가지 못할까 봐 걱정해서"60)인데, 이렇게 "군자는 말은 신중하게 하고, 이를 실행하기는 빠르게 하는 사람"61)인 것이다.

이상에서 보듯이, 군자는 인의를 바탕으로 하여 도를 체득함으로써 자기개선을 이루고, 모든 책임을 스스로에게 돌이켜 구함으로써 정서적으로 안정되며, 이기적 욕구와 자기 표출을 억제하고, 자기가 체득한 도를 실행하려 노력하는 사람이다. 이것이 바로 자기를 닦아 삼가게 된 군자의 특징[修己以敬]으로, 공자는 이를 "군자는 의(義)로써 바탕을 삼고, 예(禮)로써 이를 행하며, 겸손하게 이를 드러내고, 성실함으로써 이를 이루나니, 이것이 바로 군자다움"62)이라고 표현하고 있는 것이다.

맹자도 공자와 마찬가지로 이상적 인간의 기본 특징을 자기수양으로 잡고 있다. 맹자는 은(殷)나라 말기의 백이(伯夷)를 인격수양을 이루어 깨끗하고 순수한 삶을 견지한 성인, 곧 '성지청자'(聖之淸者)의 전형이라고 보아, 이러한 사실을 잘 드러내고 있다.

　　백이는 눈으로는 나쁜 것을 보지 않았고, 귀로는 나쁜 소리를 듣지 않
　　았다. 그는 인의의 도를 지키는 임금이 아니면 섬기지 않았고, 착한 백

---

59) 仁者其言也訒(顔淵 3)

60) 君子恥其言之過其行也(憲問 29); 古者言之不出 恥躬之不逮也(里仁 22)

61) 君子……敏於事而愼於言(學而 14); 君子欲訥於言而敏於行(里仁 24); 子貢問君子　子曰 先行 其言而後從之(爲政 13): 何晏(193-249)은 『論語集解』에서 爲政 13에 대해 '先行'을 句로 보아 띄어 읽고 있으나, 朱熹는 『論語集註』에서 '先行其言'을 句로 보아 띄어 읽고 있다. 여기서는 古注의 풀이가 더 자연스럽다고 보아 이를 택하였다.

62) 君子義以爲質 禮以行之 孫以出之 信以成之 君子哉(衛靈公 17)

성이 아니면 다스려 쓰지도 않았으며, 천하가 잘 다스려지면 나가서 벼슬했으나, 흐트러지면 물러나 은퇴했다. 그는 포악한 정치를 꾸며 대는 나라나 횡포한 백성이 사는 곳에서는 참고 살지를 못했으며, 도덕을 가릴 줄 모르는 사람과 함께 있는 것을 마치 관복을 입고 흙탕물 속에 앉아 있는 듯이 생각했다. 그는 은(殷)나라의 폭군 주왕(紂王) 때에는 북해의 물가에 은둔하여 천하가 맑아지기를 기다렸다. 그러므로 백이의 고고한 덕풍을 들으면 감화를 받아, 욕심이 많은 사람은 청렴하게 되고, 겁이 많은 사람은 굳은 뜻을 세우게 되었다.[63]

이렇게 이상적 인간은 "태어날 때부터 가지고 있는 본래의 순수한 마음을 잃지 않고"[64] 항상 깨끗함을 견지하는 사람이다. 그리하여 비록 "이들의 행위는 상황에 따라 서로 달라져서 혹은 멀리 물러나 은퇴하기도 하고 혹은 가까이 참여하기도 하며, 혹은 벼슬을 내놓고 떠나기도 하고 혹은 자리를 고수하여 머물러 있기도 하지만, 모두 자기 자신을 깨끗하게 지킨다는 데로 귀결"[65]되는 것이다.

이러한 '성지청'(聖之淸)은 바로 공자가 말하는 '수기이경'(修己以敬) 및 인격수양을 이루어 지극한 선의 상태에 머무르는 『대학』의 '지어지선'(止於至善)의 상태와 같은 경지라고 볼 수 있다. 『순자』에서는 이러한 인격수양의 결과 군자는 예에 안주하고 도에 어긋나지 않으며, 일에 미혹되지 않고 바르게 행하여 사물의 가치를 바르게 이용한다고 보았다.[66]

---

63) 伯夷目不視惡色 耳不聽惡聲 非其君不事 非其民不使 治則進 亂則退 橫政之所出 橫民之所止 不忍居也 思與鄉人處 如以朝衣朝冠坐於塗炭也 當紂之時 居北海之濱 以待天下之淸也 故聞伯夷之風者 頑夫廉 懦夫有立志(『孟子』 萬章下 1)

64) 大人者 不失其赤子之心者也(離婁下 12)

65) 聖人之行不同也 或遠或近 或去或不去 歸潔其身而已矣(萬章上 7)

(2) 대인관계의 조화: 수기이안인 · 성지화 · 친민

군자는 인의를 기초로 자기 몸을 닦아 도덕적 수양을 이룬 이후에 일상생활을 통해 주위 사람들과 조화를 이루고, 그들을 편안하게 이끌어 주는 사람이다. 이들은 우선 가족들에게 효와 우애를 다하여 가정의 질서를 도모한다. 이것이 인을 행하는 근본이 되기 때문이다.[67] 이들은 친척들에게 돈독하게 하고, 옛 친구들도 잘 보살피며,[68] 그들이 선을 행하도록 정성을 다하여 권면한다.[69]

군자는 사람들을 공경하고, 그들에게 공손하고 예의 바르게 대하여 주위 사람들을 형제같이 여기며,[70] 교만하지 않고,[71] 남을 긍휼히 여겨 다투지 않으며, 또 함께 어울리되 편당을 짓지 않는다.[72] 이들은 바르고 곧되, 자기만 옳다고 고집을 부리지 않으며,[73] 남의 악함을 들추어내거나 남을 비방하는 것을 미워한다.[74] "군자는 소인들처럼 이익에 붙좇

---

66) 이 장의 주 44의 a·b·d·e·f 항목 참조.

67) 君子務本 本立而道生 孝弟也者 其爲仁之本與(『論語』 學而 2)

68) 君子篤於親……故舊不遺(泰伯 2); 周公謂魯公曰 君子不施其親 不使大臣怨乎不以 故舊無大故 則不棄也 無求備於一人(微子 10)

69) 子路問曰 何如斯可謂之士矣 子曰 切切偲偲 怡怡如也 可謂士矣 朋友切切偲偲 兄弟 怡怡(子路 28)

70) 君子敬而無失 與人恭而有禮 四海之內 皆兄弟也 君子何患乎無兄弟也(顏淵 5)

71) 君子泰而不驕 小人驕而不泰(子路 26)

72) 君子矜而不爭 群而不黨(衛靈公 21)

73) 君子貞而不諒(衛靈公 36): 里仁篇 10장에도 "군자는 천하에 있어서 꼭 이래야 한다는 것도 없고, 이래서는 절대로 아니 된다는 것도 없이, 오직 義를 따를 뿐이다"(君子之於天下也 無適也 無莫也 義之與比)라고 하여, 같은 내용이 제시되고 있다.

74) 子貢曰 君子亦有惡乎 子曰 有惡 惡稱人之惡者 惡居下流而訕上者 惡勇而無禮者 惡果敢而窒者(陽貨 24)

지 않고, 사람들과의 사이에 조화를 추구하기"[75] 때문이다.

이와 같이 "사람들을 편애하거나 아첨할 뿐 널리 사랑하지 못하는 소인과는 달리, 군자는 사람들을 널리 사랑하지 편애하거나 아첨하지 않는다."[76] 즉 군자는 도를 배움으로써 사람들을 사랑하고,[77] 그럼으로써 그들과의 사이에 조화를 이루게 되는 것이다.

맹자는 수기를 통하여 체득한 인의를 대인관계에서 발현함으로써 사람들 사이에 조화를 이루는 상태의 성인을 '성지화자'(聖之和者)라 하는데, 이의 전형은 춘추(春秋) 시대 노(魯)나라의 대부인 유하혜(柳下惠)에게서 볼 수 있다.

> 유하혜는 더러운 임금을 섬기는 것을 수치로 여기지 않았고, 작은 관직이라도 마다하지 않았다. 그는 나가서 벼슬을 할 때는 자기의 현명한 재덕을 감추지 않고 반드시 도(道)를 따랐으며, 설사 버림을 받아도 원망하지 않았고, 또 곤궁한 지경에 빠져도 걱정하지 않았다. 예절을 모르는 시골 사람과 함께 있어도 유유하게 어울렸으며, 차마 버리고 떠나지 못하였다. 그는 "너는 너고, 나는 나다. 비록 내 옆에서 벌거벗고 알몸이 된다고 해도, 네가 어찌 나를 더럽힐 수 있겠느냐?"는 태도를 견지했다. 그러므로 유하혜의 관후한 풍도를 듣게 되면 감화를 받아, 도량이 좁은 사람은 너그러워지고, 성격이 각박한 사람은 돈독하게 되었다.[78]

---

75) 君子和而不同 小人同而不和(子路 23)

76) 君子周而不比 小人比而不周(爲政 14)

77) 君子學道則愛人 小人學道則易使也(陽貨 4)

78) 柳下惠不羞汚君 不辭小官 進不隱賢 必以其道 遺逸而不怨 阨窮而不憫 與鄉人處 由由然不忍去也 爾爲爾 我爲我 雖袒裼裸裎於我側 爾焉能浼我哉 故聞柳下惠之風者

이렇게 이상적 인간은 대인관계에서 조화를 이루는 사람이다. 이상적 인간이 이렇게 인화(人和)를 이룰 수 있는 것은 그가 사람을 널리 사랑하기 때문이다. 그는 "자기 어버이를 친애하는[親親] 마음을 넓혀 사람들을 인애하고[仁民], 또 이를 넓혀 사물을 아끼고 사랑한다[愛物]."79) 즉 "어진 사람은 남을 사랑하고, 예를 지키는 사람은 남을 공경한다. 따라서 남을 사랑하는 사람, 그를 사람들도 사랑하고, 남을 공경하는 사람, 그를 사람들도 공경하게 되는 것이다."80)

이들이 이렇게 널리 사람을 사랑할 수 있는 것은 "무릇 자기에게서 나온 것은 자기에게로 돌아간다"81)는 사실을 잘 인식하고, 항상 모든 일의 원인을 자기에게로 돌이켜 구하기 때문이다. 즉 이들은 절대로 "하늘을 원망하지 않고, 남을 탓하지 않으면서,"82) "자기가 남을 사랑하는데도 그가 친근하게 대해 오지 않으면, 자기의 인이 부족하지 않은지 반성하고 …… 남에게 예로 대했는데도 그가 예로써 답하지 않으면, 자기의 공경함이 부족하지 않은지 반성한다."83) 그리하여 이들은 잘못을 저질렀을 때에도 "자기의 행동이 의가 아님을 알게 되자마자 이를 속히 그만두며,"84) 이렇게 이들이 "자기의 잘못을 고치면, 사람들이 우러러보면서"85) 그들을 믿고 따름으로써 인화가 자연스럽게 이루어지게 되는 것

鄙夫寬 薄夫敦(『孟子』 萬章下 1)

79) 親親而仁民 仁民而愛物(盡心上 45)

80) 仁者愛人 有禮者敬人 愛人者人恒愛之 敬人者人恒敬之(離婁下 28)

81) 出乎爾者 反乎爾者也(梁惠王下 12)

82) 君子不怨天 不尤人(公孫丑下 13)

83) 愛人不親 反其仁……禮人不答 反其敬(離婁上 4)

84) 如知其非義 斯速已矣(滕文公下 8)

85) 且古之君子 過則改之……古之君子 其過如日月之食 民皆見之 及其更也 民皆仰之

이다. 맹자는 인화를 이루는 데 있어 신의의 중요성을 역설하여 "군자로서 신의롭지 않으면, 그가 무엇을 지켜 행할 수 있겠는가?"[86]라고 진술하고 있다. 이러한 성지화(聖之和)는 바로 공자가 말하는 수기이안인(修己以安人)의 경지라고 말할 수 있을 것이다.

이상적 인간은 이렇게 대인관계에서 조화를 추구하여 사람들을 친애하게 된다는 사실을 『대학』에서는 '친민'(親民)의 도(道)라고 표현하고 있다. 『순자』에서 군자나 성인은 예의에 따라 서로 사귀고, 다른 사람을 너그럽게 포용하는 사람으로 그려지고 있다.[87] 이렇게 사람을 널리 포용할 수 있는 것은 이들이 "자기를 기준으로 하여 남을 헤아리는 사람"[88]이기 때문이다.

(公孫丑下 9)

86) 君子不亮 惡乎執(告子下 12)

87) 이 장의 주 44의 c·j·k 항목 참조.

88) 聖人者以己度者也(『荀子』非相 13): 이렇게 자기를 기준으로 하여 남을 헤아리는 것은 공자로부터 비롯된 태도로, 유학사상에서 바람직한 대인관계를 형성하는 기본 원리로 제시하는 것이다. 『論語』에서 공자는 "자기가 서고자 하는 곳에 남을 먼저 세우고, 자기가 도달하고자 하는 곳에 남을 먼저 도달하게 하라"(己欲立而立人 己欲達而達人, 雍也 28)거나 "자기가 바라지 않는 것을 남에게 베풀지 말라"(己所不欲 勿施於人, 顏淵 2; 衛靈公 23)고 권하고 있는데, 『大學』에서는 이를 자기를 척도로 하여 남을 헤아리는 태도(絜矩之道)라 부르고 있다(所惡於上 毋以使下 所惡於下 毋以事上 所惡於前 毋以先後 所惡於後 毋以從前 所惡於右 毋以交於左 所惡於左 毋以交於右 此之謂絜矩之道, 傳 10章). 이는 현대 심리학에서 共感(empathy)으로 탐구되는 현상과 유사하다 하겠다. 이에 대해서는 졸저(조긍호, 1991, pp. 96-103) 참조.

(3) 사회적 책무의 자임(自任): 수기이안백성 · 성지임 · 명명덕

수기를 통해 인격적 수양을 이룬 군자는 가족 · 친척 · 친구 등 주변 사람들만 포용하고, 그들과만 조화를 이루려 하는 것은 아니다. "군자는 어진 사람을 존중하고, 모든 사람을 포용한다. 잘하는 사람을 가상히 여길 뿐만 아니라, 무능한 사람도 긍휼히 여겨 포용하는 것이다."[89] "마치 온갖 장인들이 공장에 있으면서 자기 일을 이루어 내듯이, 군자는 배움을 통해 그 도를 이루려 하는데,"[90] 군자가 이루려는 도는 바로 수기를 통한 도덕적 인격적 완성이나 대인관계에서의 조화의 추구만이 아니라, 자기에게 주어진 사회적 책무의 자임과 완수까지도 포함되는 것이다. 공자는 "천명으로 부여된 자기가 할 일을 알지 못하면 군자가 될 수 없다"[91]고 말하고, 자신은 "감히 성(聖)과 인(仁)을 자처할 수는 없지만, 인의의 도를 행하기를 싫어하지 않으며, 남을 가르치기를 게을리하지 않는다"[92]고 하여, 다른 사람들에게 인의의 길을 가르쳐서 그들로 하여금 인의의 도를 따르도록 인도하는 일, 그리하여 온 천하의 사람들을 편안하게 해 주는 일을 자기에게 부여된 천명으로 알고, 이 일을 기꺼이 떠맡아 실행하고 있음을 분명히 하고 있다.[93]

---

89) 君子尊賢而容衆 嘉善而矜不能(『論語』子張 3)

90) 百工居肆以成其事 君子學以致其道(子張 7)

91) 不知命 無以爲君子也(堯曰 3)

92) 子曰 若聖與仁 則吾豈敢 抑爲之不厭 誨人不倦 則可謂云爾已矣 公西華曰 正唯弟子不能學也(述而 33)

93) 공자는 이렇게 온 천하의 사람을 편안하게 해 주는 안백성(安百姓)을 자기에게 부여된 천명으로 자임하고 있었기에, 그가 송(宋)나라에 머물고 있을 때 송나라의 실권자인 환퇴(桓魋)가 그를 해치려 하는데도 "하늘이 나에게 덕(德)을 부여해 주셨으니, 환퇴가 나를 어찌 하겠는가?"(子曰 天生德於予 桓魋其如予何, 述而 22)하는 당당한 부동심(不動心)을 견지할 수 있었던 것이다. 공자가 지니고 있었던 이

그런데 이렇게 사회적 책무를 자임하고 완수하는 일은 실제로 무척 어려운 일이다. 공자는 제자인 자공(子貢)이 "널리 백성들에게 은혜를 베풀어 많은 사람을 구제한다면, 어떻습니까? 인(仁)하다고 이를 만하겠습니까?"라고 물은 데 대해 "어찌 인에만 머물겠는가? 반드시 성인일 것인데, 이는 요·순도 오히려 어렵게 여겼던 경지이다"라고 대답하여,[94] 안백성(安百姓) 하는 일의 어려움을 제시하고 있다.

맹자는 이러한 사회적 책무를 자임하고 완수하려 한 사람을 '성지임자' (聖之任者)라 명명하고, 그 전형을 탕(湯)임금을 도와 하(夏)나라의 걸(桀) 왕을 멸하고 은(殷)나라를 세운 이윤(伊尹)에게서 찾고 있다.

이윤은 "누구인들 잘 섬기면 임금이 아니며, 누구인들 잘 부리면 백성이 아니랴?"라고 하면서, 나라가 잘 다스려져도 나가서 벼슬하였고, 나라가 잘 다스려지지 않아도 나가서 역시 벼슬하였다. 또 그는 "하늘이 백성을 양육하심에 선지자로 하여금 후지자를 깨우치게 하고, 선각자로 하여금 후각자를 깨우치게 하셨다. 나는 하늘이 낳은 백성 중의 선각자로서, 장차 이 도(道)로써 이 백성을 깨우치고자 한다"고 말하면서, 온 천하의 백성들로 비록 미천한 남녀라 할지라도 요·순 때와 같

러한 당당한 부동심은 그가 매우 강한 문화적 자부심(自負心)을 간직하고 있었음을 시사한다. 공자가 매우 강한 문화적 자부심을 지니고 있었다는 사실은, 공자 일행이 광인(匡人)들에게 위해를 당하게 되었을 때, "중국의 문화 전통이 나에게 이어져 있으니, 하늘이 이 문화를 없애려 하지 않는다면, 광인들이 나를 어찌할 수 있겠느냐?"(子畏於匡 曰 文王旣沒 文不在玆乎 天之將喪斯文也 後死者不得與於斯文也 天之未喪斯文也 匡人其如予何, 子罕 5)고 말하며 태연했다는 일화에서도 잘 드러나고 있다.

94) 子貢曰 如有博施於民而能濟衆 何如 可謂仁乎 子曰 何事於仁 必也聖乎 堯舜其猶病諸(雍也 28)

은 은덕을 입지 못하는 사람이 있으면, 바로 자기가 그들을 구렁 속에
밀어 넣어 고생시키는 것처럼 생각하였다. 그는 이렇듯이 천하에 대한
무거운 짐을 스스로 지고자 하였다.[95]

이렇게 이상적 인간은 사회적 책임을 강하게 느끼고, 이를 널리 실천
하는 사람이다. 그는 자기가 체득한 인의의 도를 통해 스스로의 깨끗함
을 견지하거나 대인관계에서의 인화를 도모하는 데만 머물지 않고, 다른
사람도 인의의 도를 체득하게 하고, 또 이를 그들과 더불어 실행하고자
하며, 더 나아가 이러한 인의의 은택을 그들이 누리도록 하려는 사회적
책임을 떠맡는 사람인 것이다. 즉 이상적 인간은 "다른 사람으로부터 선
을 취하여 이를 그들과 함께 행하려 하는데, 이것이 바로 남과 더불어 선
을 이루는 일이며, 군자에게 있어 이렇게 남과 더불어 선을 이루는 일[與
人爲善]보다 더 큰 일은 없는 것이다."[96]

이상적 인간이 이렇게 남과 더불어 선을 이루는 방법으로 유학자들이
제시하고 있는 것은 두 가지이다. 그 하나는 교육이고,[97] 또 하나는 현

---

95) 伊尹曰 何事非君 何使非民 治亦進 亂亦進 曰 天之生斯民也 使先知覺後知 使先覺
   覺後覺 予天民之先覺者也 予將以此道覺此民也 思天下之民 匹夫匹婦有不與被堯舜
   之澤者 若己推而內之溝中 其自任以天下之重也(『孟子』 萬章下 1)
96) 取諸人以爲善 是與人爲善者也 故君子莫大乎與人爲善(公孫丑上 8)
97) 군자와 성인은 교육을 통하여 교화를 베풂으로써, 사람들이 자신 속에 본래 갖추
   어져 있는 인의의 도를 깨닫도록 한다. 즉 이들은 "자신이 깨달은 밝은 도리로써
   사람들을 밝게 깨우쳐 줌으로써"(賢者以其昭昭 使人昭昭, 『孟子』 盡心下 20), "자
   기 스스로를 바르게 하고, 나아가서는 천하 만물도 바로 잡아 주는 사람"(有大人
   者 正己而物正者也, 盡心上 19)인 것이다. 그리하여 "이들이 지나간 곳의 백성들
   은 모두 교화되고, 이들의 덕을 속에 간직하면 마음이 신통하게 되어, 위아래가
   천지의 조화와 일치하여 흐르게 되는 것이다"(夫君子所過者化 所存者神 上下與天
   地同流, 盡心上 13).

실 정치에 참여하여 인정(仁政)을 펴는 일이다.[98] 이는 공자 이래 유학의 전통이 되어 왔다. 공자와 맹자 모두 제자들을 교육하면서, 현실 정치에 참여할 방법을 찾기 위해 동분서주하였던 것이다.

교육이나 정치 참여를 통해 사회적 책임을 자임하는 일을 『대학』에서는 '명명덕'(明明德)이라 제시하고 있다. 이는 누구나 태어날 때부터 밝은 덕을 갖추고 있다는 사실을 온 천하의 사람들이 밝게 깨닫도록 해 주는 일이다. 이렇게 이상적 인간은 자기의 인격수양이나 타인과의 조화로운 관계의 형성에 머무르지 않고, 천하 모든 사람이 화평하게 살아가도록 이끄는 사회적 책무를 기꺼이 자임하는 사람이라는 것이 유학자들의 기본적인 생각이다.

『순자』에서도 군자나 성인은 예의로써 윗사람이나 아랫사람을 잘 섬기거나 부리며, 그들과 경쟁하려 하지 않고 오로지 자기의 책임을 다하고 또 그들도 그들의 책임을 다하도록 도와줌으로써 사회적인 책무를 다하려는 사람으로 제시되고 있다.[99] 이렇게 군자나 성인은 "그 도를 닦고, 그 의를 행하여 천하 사람들이 함께 바라는 이익을 일으켜 주고, 그

---

98) 군자와 성인은 "그 마음과 생각을 다하고, 이어서 남에게 차마 하지 못하는 정치[不忍人之政]를 베풂으로써, 인(仁)이 천하를 덮고 가득 차게 하려 한다"(聖人……旣竭心思焉 繼之以不忍人之政 而仁覆天下矣, 『孟子』 離婁上 1). 이러한 인정(仁政)을 받고 있는 백성들은 "설사 자기를 죽인다 해도 원망할 줄 모르고, 자기를 이롭게 해 주어도 고마운 줄 모르며, 감화를 받아 날로 선(善)으로 옮겨 가도 누구 때문에 그렇게 되는지를 모르는"(王者之民……殺之而不怨 利之而不庸 民日遷善而不知爲之者, 盡心上 13) 태평성대를 구가하게 되는 것이다. 이렇게 "이들이 지키려 하는 바는 자기 몸을 닦아서 천하를 화평하게 하려는 것"(君子之守 修其身而天下平, 盡心下 32)일 뿐으로, 공자도 이미 지적하였듯이 이러한 사회적 책임을 다하는 일은 이상적 인간에게도 어려운 일이다(子貢曰 如有博施於民而能濟衆 何如 可爲仁乎 子曰 何事於仁 必也聖乎 堯舜其猶病諸, 『論語』 雍也 28).

99) 이 장의 주 44의 g·h·i 항목 참조.

들 모두에게 해가 되는 일을 제거해 주는 사람인 까닭에, 천하의 모든 사
람이 믿고 따르게 되는 것이다."[100]

2) 세 가지 특징의 통합: 인간의 존재 확대

이상에서 본 바와 같이, 유학자들이 보는 이상적 인간상의 제일의 특
징은 자기수련을 통한 자기완성[修己以敬·聖之淸·止於至善]이다. 군자
와 성인은 끊임없는 자기수련을 통해 스스로가 도덕 주체라는 사실을 확
고히 자각함으로써,[101] 자기가 바라야 할 것[所欲]과 바라서는 안 되는
것[所不欲], 해야 할 일[所爲]과 해서는 안 되는 일[所不爲]을 잘 분별하여,
소불욕(所不欲)은 억제하고 소욕(所欲)은 잘 간직하여 키워 나가며, 소불
위(所不爲)는 행하지 않고 소위(所爲)는 적극적으로 추구하는 도덕적 자
기완성을 이룬 사람들이다.[102] 그렇기 때문에 이들은 모든 일의 책임을
도덕 주체로서의 자기에게서 구하며[反求諸己],[103] 정서적으로 안정되어

---

100) 修其道 行其義 興天下之同利 除天下之同害 而天下歸之也(『荀子』 正論 5)

101) 君子喩於義 小人喩於利(『論語』 里仁 16); 君子深造之以道 欲其自得之也 自得之
則居之安 居之安 則資之深 資之深 則取之左右逢其原 故君子欲其自得之也(『孟子』
離婁下 14)

102) 無爲其所不爲 無欲其所不欲 如此而已矣(『孟子』 盡心上 17); 人有不爲也 而後可
以有爲(離婁下 8)

103) 君子求諸己 小人求諸人(『論語』 衛靈公 20); 君子病無能焉 不病人之不己知也(衛
靈公 18); 不患人之不己知 患不知人也(學而 16); 不患無位 患所以立 不患莫己知
求爲可知也(里仁 14); 不患人之不己知 患其不能也(憲問 32); 愛人不親 反其仁 治
人不治 反其智 禮人不答 反其敬 行有不得者 皆反求諸己 其身正 而天下歸之(『孟
子』 離婁上 4); 同遊而不見愛者 吾必不仁也 交而不見敬者 吾必不長也……失之己
而反諸人 豈不亦迂哉(『荀子』 法行 21-22)

있을 뿐만 아니라,104) 자기의 잘못을 고쳐 자기개선을 함으로써 자기향
상을 이룰 수 있다.105)

　군자와 성인은 이렇게 도덕적 자기완성을 이루는 데에만 머물지 않고,
이를 다른 사람에게 널리 펼침으로써 대인관계에서 인화를 이루고 있다.
그들은 자기 가족에 대한 도덕적 의무와 역할 수행을 통해 가족관계에서
조화를 이룬 다음에,106) 이를 다른 사람들과의 관계에서 요구되는 의무
와 역할 수행으로 확대해 가고, 타인들에 대한 관심과 배려에서 남들을
포용함으로써 널리 사람들을 사랑하고, 그들과 조화로운 대인관계를 이
루어 나간다.107)

　자기수련을 통해 도덕적 자기완성을 이룬 군자와 성인은 이렇게 다른

---

104) 君子不憂不懼……內省不疚 夫何憂何懼(『論語』 顔淵 4); 故君子之……於人也 寡
　　怨寬裕而無阿(『荀子』 君道 6)

105) 過則勿憚改(『論語』 學而 8); 見賢思齊焉 見不賢而內自省也(里仁 17); 君子以仁存
　　心 以禮存心……有人於此 其待我以橫逆 則君子必自反也 我必不仁也 必無禮也
　　……我必不忠(『孟子』 離婁下 28); 君子博學 而日參省乎己 則智明而行無過矣(『荀
　　子』 勸學 2); 見善 修然必以自存也 見不善 愀然必以自省也(修身 22)

106) 君子務本 本立而道生 孝弟也者 其爲仁之本與(『論語』 學而 2); 君子篤於親……故
　　舊不遺(泰伯 2); 人之所不學而能者 其良能也 所不慮而知者 其良知也 孩提之童 無
　　不知愛其親也 及其長也 無不知敬其兄也 親親 仁也 敬長 義也 無他 達之天下也
　　(『孟子』 盡心上 15); 仁之實 事親是也 義之實 從兄是也 智之實 知斯二者弗去是也
　　禮之實 節文斯二者是也(離婁上 27); 君子之於物也 愛之而不仁 於民也 仁之而不
　　親 親親而仁民 仁民而愛物(盡心上 45); 老吾老 以及人之老 幼吾幼 以及人之幼 天
　　下可運於掌……故推恩 足以保四海 不推恩 無以保妻子 古之人 所以大過人者無他
　　焉 善推其所爲而已矣(梁惠王上 7)

107) 君子和而不同 小人同而不和(『論語』 子路 23); 君子周而不比 小人比而不周(爲政
　　14); 君子尊賢而容衆 嘉善而矜不能(子張 3); 故君子度己以繩 接人則用抴 度己以
　　繩 故足以爲天下法則矣 接人用抴 故能寬容 因衆以成天下之大事矣 故君子賢而能
　　容罷 知而能容愚 博而能容淺 粹而能容雜 夫是之謂兼術(『荀子』 非相 17)

사람들을 널리 포용하여 조화로운 관계를 이룬 다음에, 온 천하의 사람
들을 편안하게 이끌어 주는 일을 자기에게 부여된 사명으로 알고, 이러
한 사회적 중책을 자임하고, 이를 일상생활에서 완수하려 한다. 그들은
현실 정치에 참여하여 인정(仁政)을 펼침으로써,108) 백성들이 인의의 은
택을 입어 편안하게 살 수 있도록 하는 일을 자기의 책임으로 여긴
다.109) 그러나 현실 정치에 참여하는 기회는 천명(天命)에 속하는 일이
어서 원한다고 해서 얻어지는 것이 아니다. 그러므로 그들이 정치 참여
보다 더욱 중시하는 것은 교육이다.110) 그들은 온 천하의 사람들에게 누
구나가 도덕성을 본유적으로 갖추고 있는 도덕 주체라는 사실을 직접 가
르치거나, 실생활에서의 행동 모범을 통해 깨우쳐 줌으로써, 스스로가
도덕적 완성을 이루어 평화로운 사회생활을 할 수 있도록 이끌어 주는
일을 자기들에게 부여된 사회적 책무라고 받아들여, 이를 완수하기 위해
평생을 노력하는 것이다.111) 이렇게 이들은 "인(仁)을 이루는 일을 자기
의 책임으로 받아들임으로써, 임무는 무겁고, 죽어서라야 그 책임에서

---

108) 聖人……旣竭心思焉 繼之以不忍人之政 而仁覆天下矣(『孟子』 離婁上 1)
109) 齊景公問政於孔子 孔子對曰 君君 臣臣 父父 子子(『論語』 顔淵 11); 子路曰 衛君
待子而爲政 子將奚先 子曰 必也正名乎(子路 3); 欲爲君 盡君道 欲爲臣 盡臣道
(『孟子』 離婁上 2); 遇君則修臣下之義 遇鄕則修長幼之義 遇長則修子弟之義 遇友
則修禮節辭讓之義 遇賤而少者 則修告導寬容之義 無不愛也 無不敬也 無與人爭也
恢然如天地之苞萬物 如是則賢者貴之 不肖者親之(『荀子』 非十二子 33)
110) 善政不如善敎之得民也 善政民畏之 善敎民愛之 善政得民財 善敎得民心(『孟子』
盡心上 14)
111) 子曰 若聖與仁 則吾豈敢 抑爲之不厭 誨人不倦 則可謂云爾已矣(『論語』 述而 33);
天之生此民也 使先知覺後知 使先覺覺後覺也 予天民之先覺者也 予將以斯道覺斯
民也 非予覺之而誰也(『孟子』 萬章上 7); 中也養不中 才也養不才……如中也棄不
中 才也棄不才 則賢不肖之相去 其間不能以寸(離婁下 7)

벗어나게 되는"112) 삶을 살아가는 사람들인 것이다.

(1) 군자와 성인에게서의 세 가지 특징의 통합

여기서 이상적 인간의 이러한 세 가지 특징은 한 사람 안에서 통합되는 것이라는 사실을 주목할 필요가 있다. 공자는 이상적 인간의 세 가지 특징[修己以敬·修己以安人·修己以安百姓]이 모두 수기(修己)를 바탕으로 하고 있다고 보아, 이러한 사실을 강조하고 있다. 이러한 수기의 기초는 바로 인의(仁義)이고, 따라서 이상적 인간은 모두 이러한 인의를 자각하여 체득했다는 공통점을 가지고 있다는 것이다. 그러므로 그들의 세 가지 특징은 이러한 인의가 상황과 처지에 따라 달리 표출되고 있을 뿐인 것이다. 이러한 사실은 다음과 같은 진술에서 잘 드러나고 있다.

> 공자께서 자산(子産)에 대해 평하여 말씀하셨다. "그는 군자의 도 네 가지를 간직하고 있었으니, 몸가짐은 공손하고, 윗사람을 섬김에는 공경스러웠으며, 백성을 기름에는 은혜로웠고, 백성들에게 일을 시킴에는 의로웠다."113)

여기서 몸가짐이 공손한 것은 '수기이경', 윗사람을 공경하는 것은 '안인'에 속하는 일이라면, 백성들을 은혜로 기르고 의롭게 일 시키는 일은 '안백성'에 속하는 일이라 할 수 있을 것이다. 이렇게 군자는 수기의 바탕

---

112) 士不可以不弘毅 任重而道遠 仁以爲己任 不亦重乎 死而後已 不亦遠乎(『論語』 泰伯 7)

113) 子謂子産 有君子之道四焉 其行己也恭 其事上也敬 其養民也惠 其使民也義(公冶長 15)

을 자기의 도덕적 인격적 완성, 대인관계에서의 조화의 달성, 그리고 사
회적 책무의 자임과 완수로 확대하여 가는 사람인 것이다.

맹자는 스스로가 배우고 싶은 사표(師表)인 공자야말로 이상적 인간의
세 가지 특징을 통합하고 있는 성인의 전형이라고 하여,[114) 공자와 마찬
가지로 이상적 인간상의 통합성을 강조하고 있다.

> 백이(伯夷)는 성인 중에서 가장 순수하고 깨끗한 분이고[聖之淸者], 이
> 윤(伊尹)은 성인 중에서 가장 사회적인 책임을 다한 분이고[聖之任者],
> 유하혜(柳下惠)는 성인 중에서 가장 융화를 도모한 분이며[聖之和者],
> 공자(孔子)는 성인 중에서 가장 시중(時中)을 취하신 분이다[聖之時
> 者]. 이 중에서 공자는 이들을 모두 모아서 크게 이루신 분이다.[115)

이 인용문에서 공자는 앞에 언급된 백이 · 이윤 · 유하혜의 청(淸) · 임
(任) · 화(和)를 모두 모아서 크게 이루신 분이라고 표현되고 있다. 이는
백이 · 이윤 · 유하혜가 어느 한쪽으로 편벽된 성인의 한 측면만을 이룬
것이라면, 공자는 이들을 모두 모아서 크게 이루어[集大成], 시의에 맞게
중용(中庸)을 취한 성인의 전형이라는 의미이다.

이렇게 이상적 인간은 순수함과 깨끗함, 대인관계에서의 조화 및 사회
에 대한 관심과 책임의 완수를 특징으로 하는 사람이라는 것이 공자와
맹자의 공통된 생각이다. 여기서 맹자도 공자와 마찬가지로 이상적 인

---

114) 然則夫子旣聖矣乎 曰 惡 是何言也……夫聖孔子不居 是何言也……吾未能有行焉 乃
　　所願則學孔子也(『孟子』 公孫丑上 2)

115) 伯夷聖之淸者也 伊尹聖之任者也 柳下惠聖之和者也 孔子聖之時者也 孔子之謂集大
　　成(萬章下 1)

간의 이러한 세 가지 특징이 모두 인의에 근거한 수기를 바탕으로 하고
있다고 보며, 따라서 이들의 세 가지 특징은 이러한 인의가 각자 처하고
있는 상황과 처지에 따라 달리 표현되는 것이라고 본다는 점에 주목해야
한다. 이러한 사실은 "백이·유하혜·이윤의 세 사람은 비록 그 길이 같
지는 않았지만, 지향하는 바는 한 가지였다. 이 한 가지는 바로 인(仁)이
었으며, 이렇게 군자는 역시 인일뿐이다. 어찌 반드시 똑같겠는가?"[116]
라는 맹자 자신의 진술에서 잘 드러나고 있다. 이렇게 이들은 "뜻을 얻으
면 백성들과 함께 도를 따르고, 뜻을 얻지 못하면 혼자서라도 그 도를 실
행하는"[117] 자유자재한 사람들로서, 이들의 세 가지 특징은 각각 별개의
것이 아니라 상황과 처지에 따라 달리 표출될 뿐인 것이다.

　순자에게 있어서도 이상적 인간의 여러 특징은 각각 별개가 아니라 상
호 연관되고 통합되어야 하는 것이다. 이러한 사실은 순자가 도를 밝게
깨닫고[察道] 이를 실행함으로써[行道] 도를 체현한 사람[體道者]을 온전한
이상적 인간으로 보고 있다는 점에서 잘 드러난다.[118] 그에 따르면 수양

---

116) 三子者不同道 其趣一也 一者何也 曰 仁也 君子亦仁而已矣 何必同(告子下 6): 仁
　　義의 道를 체득한 사람들은 비록 상황에 따라 그 처신이 달랐지만 "처지를 바꾸
　　면 똑같을 것이다"[易地則皆然]라는 맹자의 생각은 告子下 6장 이외에 舜과 文王
　　을 비교하여 기술한 離婁下 1(先聖後聖 其揆一也), 禹·稷·顏回를 비교하여 기
　　술한 離婁下 29(禹稷顏回同道……禹稷顏子易地則皆然), 이윤의 행실에 대한 세
　　인의 비판에 대해 그를 두둔하여 서술한 萬章上 7(聖人之行不同也 或遠或近 或
　　去或不去 歸潔其身而已矣) 등에도 표현되고 있다.
117) 得志 與民由之 不得志 獨行其道(滕文公下 2)
118) 心知道 然後可道 可道然後能守道 以禁非道……知道察 知道行 體道者也(『荀子』解
　　蔽 11-13): 여기서 道는 사람이 행해야 할 바의 人道를 말하는 것이다. 이는 "道
　　는 하늘의 도도 아니고, 땅의 도도 아니며, 사람이 행해야 할 바로서, 군자가 따
　　르는 것"(道者 非天之道 非地之道 人之所以道也 君子之所道也, 儒效 9-10)이라
　　는 人道論에서 분명히 드러나는 순자의 입장이다.

을 통해 "선을 쌓아서 온전하게 다 이룬 사람"119) 또는 "도를 갖추어 온전히 아름답게 된 사람"120)이 바로 성인인 것이다. 이러한 성인은 태어나면서부터 성인이 아니라, 사람이 할 일을 널리 배우고 닦아서 이루어지는 것이라고 순자는 강조하고 있는데,121) 이렇게 배우고 닦고 쌓은 다음이라야 이상적 인간이 갖추어야 할 제반 특징을 온전하게 갖출 수 있기 때문이다. 그러므로 "배우는 사람은 본래 성인이 되기 위해 배우는 것"122)이며, 이렇게 배운 내용을 실생활의 제반 분야(자기수양·대인관계·사회적 책임 완수)에서 실행하여 밝게 된 사람이 바로 이상적 인간의 전형인 성인123)이라고 순자는 보는 것이다.

(2) 존재 확대의 의의

군자와 성인 같은 이상적 인간이 이러한 세 가지 특징을 통합하여 간직하고 있다는 사실은 그들에게 있어서 인간의 존재 확대가 이루어지고 있음을 의미하는 것이다. 자기수양을 통해 개체로서의 인격수련이 이루어진 위에, 대인관계에서의 조화를 이룸으로써 관계당사자들을 자신 속에 받아들여 주변의 타인들에게로 존재 확대가 이루어지고, 이어서 사회인으로서 가지는 사회적 책무를 자임하고 이를 완수하려 노력함으로써

---

119) 積善而全盡 謂之聖人(儒效 36)

120) 聖人備道全美者也 是縣天下之權稱也(正論 6)

121) 涂之人百姓 積善而全盡 謂之聖人 彼求之而後得 爲之而後成 積之而後高 盡之而後聖 故聖人也者 人之所積也(儒效 36); 今使涂之人伏術爲學 專心一志 思索孰察 加日縣久 積善而不息 則通於神明 參於天地矣 故聖人者 人之所積而致也(性惡 14)

122) 聖人者道之極也 故學者固學爲聖人也(禮論 14)

123) 不聞不若聞之 聞之不若見之 見之不若知之 知之不若行之 學至於行之而止矣 行之明也 明之爲聖人 聖人也者……無他道焉 已乎行之矣(儒效 33)

함께 삶을 영위하고 있는 공동체까지도 자신에게로 받아들여 사회로까지 자기확대를 이루고 있는 사람이 곧 이상적 인간상이라는 입론이 유학사상의 관점인 것이다.

유학은 사회성·도덕성·가변성의 가치를 근거로 하여 인간을 이해하고자 하는 사상체계이다. 유학자들은 인간의 존재의의를 인간의 사회적 존재 특성에서 찾아, 인간을 '사회적 관계체'로 개념화하여 인식한다. 인간의 삶은 사회적인 관계 속에서 이루어질 수밖에 없으므로, 개체로서의 존재 특성에서 인간 삶의 의미를 찾을 수는 없고, 이는 오로지 사회관계 속에 드러날 수밖에 없다는 것이 유학자들의 의견이다. 이렇게 인간의 존재의의를 사회성에서 찾기 때문에 유학사상에서는 도덕성을 중시하여, 이를 인지·정서·욕구와 함께 인간의 심성을 구성하는 기본적인 구성 요소로 간주하는 사분체계의 심리구성체론을 제시한다.

뿐만 아니라 유학자들은 도덕성을 인간의 심리구성체 중의 핵심으로 보아, 인간을 '덕성 주체'로 받아들인다. 인간의 삶의 과정에서 도덕성은 중핵적인 요소로서, 인간의 심성을 구성하는 인지나 정서 및 욕구 같은 다른 요소들은 도덕성에 의해 조절되고 통제되어야 바른 삶을 영위할 수 있다고 여긴다. 이렇게 유학사상에서는 덕성중심주의의 기치를 높이 드러내는데, 이러한 관점은 인간의 존재의의를 사회성에서 찾는 입장에서 직접 도출되는 것이다.

이렇게 사회성과 도덕성을 중시하는 유학자들의 생각은 곧바로 인간을 무한한 가변성을 갖추고 있는 가능체라고 인식하는 자세와 연결된다. 곧 도덕의 근거를 본유적으로 갖추고 있는 인간은 스스로가 도덕 주체라는 사실을 인식하고, 일상생활에서 도덕성을 실천함으로써, 소인(小人)의 상태에서 태어나 군자(君子)의 상태에 이를 수 있는 '무한한 가능체'라는 것이 유학자들의 기본 논지이다.

　이와 같이 유학사상은 사회성·도덕성·가변성의 가치를 축으로 해서 인간 존재의 기본 특성을 파악하고, 또 이러한 세 가지 가치를 핵심으로 삼아 인간이 지향해야 할 삶의 양식을 제시하고 있는 철학체계이다. 이렇게 보면, 유학은 근본적으로 인간의 존재 확대를 도모하는 사상체계라고 정리할 수 있다. 유학자들은 인간이 인간 된 까닭에 관한 관점을 통해 존재 확대의 가능성(인성론)을 따져 보고, 존재 확대의 이상적 모형을 제시함으로써 이를 삶의 목표로 설정(군자론)한 다음, 그 목표를 이루기 위한 방법(도덕실천론·수양론)을 제시하고 있는 것이다. 이러한 인간의 존재 확대에 대한 강조는 유학사상에서 추구하는 가치들로부터 직접 도출된다.

　우선 '사회성'의 강조를 통해 유학자들은 '개체적 존재로부터 사회적 존재로의 확대'를 도모하였다고 볼 수 있다. 개체로서의 자기에 대한 관심과 배려를 관계를 맺고 있는 타인과 사회에 대한 관심과 배려로 확대하는 일이 올바른 삶의 자세라는 주장이 군자론·사회관계론·수양론의 이론적 핵심이다.

　다음으로 '도덕성'의 강조를 통해 유학자들은 '생물체적 존재로부터 도덕적 존재로의 확대'를 꾀하였다고 볼 수 있다. 도덕성을 통해 인간은 욕구적 존재에서 인간적이고 도덕적인 존재로 변모하게 되는데, 유학사상의 이론적 기반인 인성론에서부터 이러한 논리체계가 부각되고 있다.

　마지막으로 '가변성'의 강조를 통해 유학자들은 '미성숙한 존재에서 성숙한 존재로의 확대'를 꿈꾸었다고 볼 수 있다. 교육과 배움을 통해 스스로가 도덕 주체라는 사실을 인식하고, 이를 바탕으로 한 자기성찰과 자기반성의 결과 자기개선을 이룸으로써, 소인의 상태에서 벗어나 군자가 될 수 있다는 것이 수양론의 체계이다. 곧 인간은 도덕성의 씨앗을 가지고 태어나지만, 후천적으로 수양을 통해 본유적으로 갖추고 있는 도덕성의 씨앗을 활짝 꽃피울 수 있는 가능성을 가지고 있으며, 이를 통해 동물적이고 욕구적인 미성숙 개체로부터 사회적이고 도덕적인 성숙한 인간으로 발전할 수 있다는 것이 수양론에서 전개하는 존재 확대론의 논리적 근거이다.

이렇게 유학사상에서 제시하는 존재 확대의 길은, 타인에 대한 관심을 가지고 그들을 배려하여, 자기 자신뿐만 아니라 다른 사람들도 군자의 경지에 이르도록 도와줌으로써, 인간이 추구해야 할 도(道) 속에서 다른 사람과 자신의 일체화(一體化)를 이루는 일이다. 이렇게 타인에 대한 관심과 배려를 인간 삶의 기본적 동인으로 삼는 유학사상은 역사적으로 이를 기본 철학으로 삼고 살아왔던 동아시아 사회에 집단주의적인 삶의 양식이 꽃피게 한 사상적 배경이었던 것이다.

❋ 3. 군자의 특징과 정신건강의 기준

여기서 한 가지 고찰해 보아야 할 것은 동·서양을 막론하고 전통적으로 제시해 온 이상적 인간상은 그야말로 바람직한 목표 상태로서의 인간의 특징을 제시하고 있는 것이지, 현실의 삶 속에서 누구나 그러한 이상적인 상태를 이룰 수 있다는 말은 아니라는 사실이다.

매슬로에 따르면, 자기실현을 이루어 이상적 인간형의 상태에 도달한 사람은 극소수이어서, 인구의 1% 이하만이 이러한 상태에 도달할 뿐이다.[124] 나머지 대부분은 무엇인가의 결핍에 매달려, 자기중심적이고 자기집착적인 삶을 살고 있다는 것이다. 공자도 "자기를 닦음으로써 온 천하의 사람들을 편안하게 해 주는 수기이인백성(修己以人百姓)은 요(堯)나 순(舜) 같은 성인도 오히려 어렵게 여긴 경지"[125]라거나 "널리 사람들에게 은혜를 베풀고 뭇사람들을 구제하는 일[博施濟衆]은 …… 요와 순 같은 성인도 오히려 어렵게 여긴 경지"[126]라고 진술하여, 사회적인 책무의 자임과 달성이 매우 어려운 일임을 지적하고 있다.

이렇게 이상적 인간상에 도달하는 것은 매우 어려운 일이고, 따라서 이는 인간의 삶이 지향해야 할 고귀한 목표 상태로서의 의미를 갖는 것이다. 이 책의 맥락에서 중요한 것은 현실적인 삶의 과정이나 거기서 드러나는 심성적 행동적 특징에서뿐만 아니라, 그러한 목표 상태의 설정에서조차도 동·서 문화권의 차이가 극명하게 드러나고 있다는 사실인 것이다.

앞에서 보았듯이, 서구심리학에서는 개체로서의 개인의 자기실현에 초점을 맞추어 이상적 인간의 모습을 그려 내고 있는 데 반해, 유학사상에서는 사회적 존재로서의 인간의 타인 및 사회와의 관계에 초점을 맞추어 이상적 인간의 모습을 상정하고 있다. 그 결과 서구심리학에서는 이상적 인간의 발달 과정을 개체로서의 개인이 자기실현을 하는 데 필요한 긍정적 특성이 획득되는 과정이나 다양한 개인적 목표가 추구되고 획득되는 과정으로 파악한다. 이에 비해 유학사상에서는 인간의 개인으로서의 자기완성은 조화로운 대인관계의 달성이나 사회적인 책무의 자임과 완수를 위한 기본 조건이라는 전제 아래, 자기완성을 거쳐 관계완성과

---

124) Maslow, 1971.

125) 修己以安百姓 堯舜其猶病諸(『論語』 憲問 45)

126) 子貢曰 如有博施於民而能濟衆 何如……必也聖乎 堯舜其猶病諸(雍也 28)

사회완성을 지향하는 과정으로 이상적 인간형의 발달 과정을 정리해 내
고 있는 것이다.

앞 절에서 고찰한 바와 같은 군자의 세 가지 특징은 앞에서 언급했던
유학사상의 인간관과 이로부터 연유하는 동아시아인의 심성 및 행동 특
징과 직접적인 연관을 맺고 있다는 사실에 주목해야 한다. 유학사상은
사회성·도덕성·가변성의 가치를 기반으로 하여 구축되고 있는 이론
체계이다. 유학자들은 사회성의 가치를 중시하므로 인간을 '사회적 관계
체'로 인식하고, 도덕성을 인간의 고유특성이라고 간주하므로 인간을
'덕성 주체'로 보며, 가변성을 강조하므로 인간을 '가변적 과정적 존재'라
고 개념화하여 받아들인다. 바로 이러한 인간관은 군자론과 연결되어
이상적 인간상의 특징으로 구상화되어 나타나고, 결과적으로 유교 문화
권에서 바람직한 특성으로 상정하여 중시하는 정신건강의 기준으로 부
각되는 것이다.

1) 사회성 강조: 연계성·상호의존성·조화성 중시

인간의 존재의의를 각 개인의 개체성에서 찾으려 하는 서구 자유주의
에서와는 달리, 동아시아의 유학사상에서는 인간의 존재의의가 사회적
관계체로서의 사회성에서 나오는 것으로 여긴다. 이렇게 개체로서의 개
인을 중심으로 하여 인간을 인식하느냐 아니면 사회적 존재 특성을 중심
으로 하여 인간을 이해하느냐 하는 관점의 차이는, 사회생활의 과정에서
개인의 주의가 개체로서의 자기 자신에게 기울어지느냐 아니면 다른 사
람과 맺는 관계로 기울어지느냐 하는 주의의 초점을 다르게 한다.

개체성을 중시하는 개인주의 문화권에서는 주의의 초점이 개체로서

의 개인이 됨으로써 독립성·자율성·독특성을 강조하지만, 사회성을 중시하는 집단주의 문화권에서는 주의의 초점이 다른 사람과 맺는 관계로 집중됨으로써 사람들 사이의 연계성·상호의존성·조화성을 강조하는 것이다. 그러므로 개인주의 사회에서 정신적으로 건강한 사람이 집단주의 사회에서는 부적응자로 여겨질 수도 있고, 그 반대의 경우도 있을 수 있다.

개인주의 사회에서는 사회행위의 원동력을 능력·성격·정서·욕구 등 개인의 내적 속성에서 찾음으로써 개인의 독립성과 자율성 및 독특성을 강조하게 되고, 결과적으로 자기 자신과 그 내적 성향이 주의의 초점으로 부각된다. 따라서 이들은 스스로의 자율성과 독특성을 사실 이상으로 과장하여 지각하고, 행위의 원인을 자기의 내적 속성에서 찾는 성향귀인의 양상을 두드러지게 보인다. 또한 이들은 자기의 자율성과 독특성의 추구에 도움이 되는 분화적 정서를 권장하고, 자기의 주도성을 추구하려는 동기가 강한 경향이 있다.

그러므로 개인주의 사회에서는 일상생활에서 개인의 독립성과 독특성 및 수월성의 추구를 지향하게 되고, 여러 가지 점에서 독립적이고 독특하며 유능한 사람을 바람직하며 정신적으로 건강한 사람이라고 여겨 높이 평가하게 된다. 결과적으로 이들은 독립적이지 못하고 사회 규범이나 남들의 의견에 잘 동조하는 사람, 독특하지 않은 사람, 다른 사람보다 뛰어나지 못한 의견이나 태도를 보유하고 있는 사람, 그리고 여러 가지 점에서 남보다 못한 사람을 정신적으로 건강하지 못한 사람이라고 여겨 배척하게 된다.

이에 비해 집단주의 사회에서는 사회행위의 원동력을 사회관계 속의 역할과 규범 같은 상황적 속성에서 찾음으로써 개인 사이의 연계성과 상호의존성 및 조화성을 강조하게 되고, 결과적으로 타인과 맺고 있는 관계 속의 역할 및 규범이 주의의 초점으로 떠오르게 된다. 따라서 이들은 타인과의 유사성을 사실 이상으로 과장하여 지각하고, 행위의 원인을 내적 속성보다는 역할·의무·규범이나 상황적 조건에서 찾는 상황귀인의 양상을 두드러지게 보인다. 또한 이들은 타인과의 연계성과 조화성의 추구에 도움이 되는 통합적 정서를 권장하고, 타인과의 일체성을 추구하려는 동기가 강한 경향이 있다.

그러므로 집단주의 사회에서는 일상생활에서 타인과의 연계성과 조화성의 추구를 지향하게 되고, 타인과 잘 연계되고 상호의존적이며 원만한 관계를 유지하는 사람을 바람직하며 정신적으로 건강한 사람이라고 여겨 높이 평가하게 된다. 결과적으로 이들은 지나치게 독립성을 추구하여 사회 규범이나 남들의 의견에 동조하기를 거부하는 사람, 지나치게 독특한 사람, 다른 사람과 잘 어울리지 못하는 사람, 그리고 지나치게 자기주장이 강한 사람을 정신적으로 건강하지 못하거나 철이 없는 사람이라고 여겨 배척하게 된다.

이렇게 인간 존재의의의 출처에 관한 인식의 차이로부터 유도되는 주의의 초점 차원에서 보면, 독립적이고 독특하며 특출한 사람은 개인주의 사회에서는 바람직하지만 집단주의 사회에서는 철이 덜 든 사람일 뿐이며, 사회 규범에 잘 순응하고 모가 나지 않는 사람은 집단주의 사회에서는 바람직하지만 개인주의 사회에서는 정신적으로 종속적이어서 문제가 있는 사람일 뿐인 것이다.

동아시아 집단주의 사회에서 이렇게 연계성·상호의존성·조화성을 정신건강의 지표로 중시하는 경향은 유학의 군자론에서 '수기이안백성·성지임·명명덕'을 강조하는 관점으로부터 직접 유도되는 것이다.

곧 군자의 사람됨의 핵심적 특징인 사회적 책무의 자임과 수행은 인간 존재를 '사회적 관계체'로 파악하여, 사람을 다른 사람들과 맺는 '연계성' 속에서 이해하고, 남들과의 사이에 '조화성'을 이룩하려는 삶의 태도에서 비롯되는 것이다.

군자와 성인은 인간의 존재의의가 사람들 사이의 관계 속에서 드러나게 된다고 보아, 살아가는 과정에서 사회성을 강조하고 있다. 따라서 사람들은 항상 남들과 조화로운 연계성을 확보하고 이를 유지하는 삶을 살아야 하며, 이러한 과정에서 부과되는 사회적 책무를 회피하지 말고 수용하여야 한다고 유학자들은 주장하는 것이다. 이러한 맥락에서 보면, '사회적 책무의 자임과 수행'이라는 군자의 특징은 사회성에서 인간의 존재의의를 찾는 동아시아 집단주의 사회인이 주의의 초점 차원에서 강조하는 '연계성'과 '상호의존성' 및 '조화성'의 추구와 깊게 관련되는 것으로 볼 수 있다.

2) 도덕성 강조: 배려성 · 겸손성 · 자기억제 중시

동물과 다른 인간의 고유특성을 합리성의 근거인 이성에서 찾으려 하는 서구 자유주의에서와는 달리, 동아시아의 유학사상에서는 인간의 고유특성을 다른 사람에 대한 관심과 배려, 곧 자기 자신보다 타인을 앞세우는 도덕성에서 찾으려 한다. 이렇게 개인을 합리적 이성의 주체로 인식하느냐 아니면 도덕적 덕성의 주체로 인식하느냐 하는 관점의 차이는 통제의 대상을 외부 환경세계라고 보느냐 아니면 자기 자신의 욕구와 감정으로 보느냐 하는 차원의 차이를 유발한다.

개인을 합리적 이성의 주체로 인식하는 개인주의 사회에서는 외부 환경세계에 변화를 가하여 자기의 욕구를 추구하는 일을 당연하게 생각하여, 통제의 대상을 외부 환경세계라고 본다. 그러나 개인을 덕성 주체로 인식하는 집단주의 사회에서는 자기의 욕구와 감정을 조절함으로써 사회관계의 조화를 추구하려 노력하게 되고, 결과적으로 통제해야 할 대상은 자기 자신이라고 보게 되는 것이다.

개인주의 사회에서는 개인의 독특성과 수월성, 사적인 감정과 욕구 등 내적 속성의 표출을 인간의 자연적인 권리라고 보아 적극적인 자기주장을 강조한다. 이들은 개인의 목표를 무엇보다 우선시키고, 그 결과 적극성과 경쟁, 자기고양 및 솔직한 자기표현을 권장한다. 개인주의 사회의 성원들은 그것이 타인이든 상황 조건이든 간에 외적 대상과의 대립을 자연스러운 것으로 받아들여서, 경쟁과 대결을 통한 해결을 선호하며, 대인관계에서도 적극성·주도성·자발성·솔직성·외향성 등 자기를 드러내는 특성을 높이 평가한다. 이들은 환경을 자신에게 맞도록 변화시키려는 환경통제의 동기와 자율성을 추구하려는 동기가 강하다.

그러므로 개인주의 사회에서는 자기표현과 자기주장의 솔직성과 적극성을 추구하여 지향하는 과정에서, 적극적으로 자기를 드러내고 솔직하게 자기주장을 하는 사람을 바람직하며 정신적으로 건강한 사람이라고 여겨 높이 평가한다. 이 사회인들은 어려서부터 적극적으로 자기를 주장하는 훈련을 받으며, 남들과 함께 있는 장면에서도 남들의 반응에 신경 쓰지 않고, 무엇이라도 자기를 드러내도록 권장된다.

이들은 자기를 드러내지 않거나 솔직하게 자기주장을 하지 않는 것은 자신감이 없거나 솔직하지 못한 탓이라고 여겨 회피한다. 이들은 자기의 욕구나 감정을 표출하지 않는 것은 정신건강에 해를 끼치며, 장기적으로는 부적응을 유발하는 근본적인 원인이 되는 것으로 받아들인다.

이에 비해 집단의 통합과 조화를 중시하는 집단주의 사회에서는 집단 목표를 개인 목표보다 상위에 두고, 개인적 감정이나 욕구의 표출은 사회의 통합과 조화를 깨뜨릴 가능성이 있으므로 이를 드러내지 않을 것을 강조하며, 결과적으로 양보와 협동, 겸양 및 자기표현의 억제를 권장한다. 집단주의 사회의 성원들은 관계당사자들 사이의 대립을 매우 부자연스러운 것으로 받아들여서, 갈등 상황에서 양보와 중재를 통한 해결을 선호하며, 대인관계에서도 양보 · 협동 · 과묵함 · 내향성 등 자기를 통제하고 억제하는 특성들을 높이 평가한다.

이들은 정서와 욕구의 있는 그대로의 표출은 대인관계에서의 조화와 통합을 해칠 위험이 있다고 보아, 억제할 것을 권장한다. 특히 분노와 같이 대인관계를 해칠 위험성이 큰 정서는 적극적으로 억제할 것이 장려된다. 그리고 내집단의 규범을 개인적인 규범으로 내면화하는 경향이 강하고, 이는 내집단의 통합과 조화에 기여하므로 적극 권장되며, 결과적으로 자신을 내집단에 맞게 변화시키는 자기통제의 동기와 집단의 통합을 추구하려는 동기가 강하게 된다.

그러므로 집단주의 사회에서는 자기억제를 지향하게 되고, 자기의 사적 감정이나 욕구를 잘 억누름으로써 집단의 조화와 통합에 기여하는 사람을 바람직하며 정신적으로 건강한 사람이라 여겨 높이 평가하게 된다. 이들은 어려서부터 가능한 한 다른 사람과 잘 어울리고, 자기의 감정이나 욕구를 억제하도록 훈련을 받으며, 남들과 함께 있는 장면에서는 그들의 반응에 주의를 기울이도록 요구받는다.

이들은 자기의 사적 감정이나 욕구 또는 독특성을 있는 그대로 드러내는 것은 아직 철이 없는 탓이라고 여겨 회피한다. 이들은 자기를 있는 그대로 표출하고 적극적으로 자기주장을 하는 것은 사회의 통합에 해를 끼칠 뿐만 아니라, 장기적으로는 외톨이가 되도록 함으로써 정신건강에도 악영향을 미치게 되는 것으로 받아들인다.

이렇게 통제의 대상 차원에서 보면, 적극적으로 자기의 사적 감정과 욕구를 표출하고 자기 존대를 추구하는 사람은 개인주의 사회에서는 바람직하지만 집단주의 사회에서는 사회의 통합을 해치는 사람일 뿐이며, 자기의 감정과 욕구를 잘 억제하고 겸손을 추구하는 사람은 집단주의 사회에서는 바람직하지만 개인주의 사회에서는 솔직하지 못하거나 정신적인 문제를 일으킬 가능성이 높은 사람일 뿐인 것이다.

동아시아 집단주의 사회에서 이렇게 배려성·겸손성·자기억제를 정신건강의 지표로 중시하는 경향은 유학의 군자론에서 '수기이안인·성지화·친민'을 강조하는 관점으로부터 직접 유도되는 것이다. 곧 군자의 사람됨의 또 한 가지 특징인 조화로운 대인관계는 인간 존재를 '덕성 주체'로 파악하여, 모든 도덕적 바탕이 사람에게 본래부터 갖추어 있다는 사실에 대한 주체적 인식에서 비롯되는 것이다.

군자는 다른 사람들도 자기 자신과 똑같은 도덕성과 욕구 및 기호와 감정을 가지고 있다는 사실을 잘 깨닫고 있기 때문에, 다른 사람들과의 관계에서 '자기를 억제'하고 남들을 먼저 배려할 수 있는 사람이다. 이러한 맥락에서 보면, '조화로운 대인관계의 형성과 유지'라는 군자의 특징은 동아시아 집단주의 사회인이 자기표현의 양식 차원에서 강조하는 '자기억제'를 유발함이 명백하다. 그러므로 대인관계의 조화 추구라는 군자의 특징은 인간을 도덕 주체로 여기는 인간관에서 도출되는 것이라 볼 수 있다.

3) 가변성 강조: 유연성 · 자기성찰 · 자기개선 중시

인간을 완비된 실체로 인식하는 서구의 철학적 전통의 관점과는 달리, 동아시아 유학사상에서는 인간 존재의 무한한 가변성을 중시하여 인간을 가변적 과정적 존재로 받아들인다. 이렇게 인간을 완성적 실체로 인식하느냐 아니면 가변적 과정적 존재로 인식하느냐 하는 관점의 차이는 사회행동과 개인적 속성의 안정성과 일관성을 중시하느냐 아니면 이의 변이가능성을 중시하느냐 하는 차원의 차이를 유발한다.

개인주의 사회에서는 개인의 행동과 그 원인이 되는 성격 · 능력 · 욕구 · 의도 같은 내적 속성은 그리 쉽게 변하지 않는 일관성과 안정성을 가지고 있다고 본다. 그러나 집단주의 사회에서는 개인은 사회관계 속의 존재이므로, 관계의 종류가 달라짐에 따라 개인의 행동이 달라지는 것을 바람직하게 여긴다. 그리고 이 사회인들은 개인의 욕구와 의도 같은 것도 상황에 따라 달라질 수 있는 것으로 보며, 능력이나 노력도 개인이 하기에 따라 변화할 수 있다고 여긴다.

개인주의 사회에서는 개인의 지속적이고 안정된 고정적 성향이 사회행위의 원동력이라고 여김으로써 상황과 관계의 변이에도 불구하고 일관된 안정성을 유지할 것을 강조한다. 이들은 개인의 능력과 성격은 비교적 고정적이고 안정적인 실체이어서 쉽게 변화되지 않는다고 보는 경향이 강하다. 따라서 이들은 자기가 갖추고 있는 정적(正的)인 측면에 초점을 맞추어 자기를 규정하려고 하며, 자기향상의 통로를 긍정적인 안정적 속성의 확인과 증진에서 찾으려 한다. 그 결과 이들은 자기의 부적(負的)인 특성과 감정은 가능한 한 무시하거나 부인하려 하고, 반대로 정적인 특성과 감정을 추구하고 확충함으로써, 긍정적인 자기개념을 유지하려는 경향이 강하다. 그리고 이들은 자기의 제반 측면, 예를 들면 태도와 행동 사이, 또는 하나의 상황과 다른 상황에서의 행동 및 생각 사이의 일관성을 추구하려는 동기가 강하다.

그러므로 개인주의 사회에서는 가능한 한 자기의 부적 특성은 무시하고 정적 측면을 확충함으로써 긍정적인 자기상을 유지하려 하며, 이렇게 정적인 특성에 기초해서 긍정적인 자기개념을 유지하는 사람을 바람직하며 정신적으로 건강한 사람이라고 여겨 높이 평가하게 된다. 이들은 정서 경험에 있어서도 기쁨·자부심·유쾌감 등 정적인 감정에 민감하고 이를 추구하며, 이러한 정적 감정을 많이 체험하는 것을 정신건강의 지표라고 여겨 중시한다.

이들은 부적인 특성의 확인으로 인해 자기개념이 손상받거나, 부적 감정의 체험 빈도가 많아지는 것은 정신적인 부적응을 야기하는 첩경이라고 보아, 적극 회피하려 한다. 또한 이들은 자기의 내적 속성과 외적 행동 사이에 일치성이 없거나, 상황 조건에 따라 행동이 달라짐으로써 내적 속성의 일관성이 깨지는 것은 심각한 부적응의 증상이라고 보아 적극 회피하고, 이들 사이에 일치성과 일관성을 유지하기 위해 온갖 노력을 경주한다.

이에 비해 개인이 다양한 상황과 관계에 의해 규정된다고 보는 집단주의 사회에서는 상황과 관계의 변이에 따른 가변성을 인정하고 강조한다. 이들은 개인의 능력과 성격은 노력하기에 따라 변화될 수 있는 과정적인 것으로 보는 경향이 강하다. 따라서 이들은 변화 과정에 초점을 맞추어 자기를 규정하려고 하며, 자기의 단점이나 부적 특성을 찾아 고쳐 나가는 자기개선에서 자기향상의 방안을 모색한다. 그 결과 이들은 자기의 단점이나 부적인 특성 및 감정을 무리 없이 자기개념 속에 받아들이는 경향이 강하다. 이들은 자기를 상황과 관계의 변이에 따라 다르게 규정되는 존재로서 항상 변화 과정 속에 있다고 받아들이기 때문에, 자기의 제반 측면 사이 또는 상황의 변화에 따른 특성이나 행동 및 생각 사이에 일관성이나 일치성을 추구하려는 동기는 그리 크게 나타나지 않는다.

그러므로 집단주의 사회에서 자기의 단점이나 부적 특성으로 인해 자기개념이 손상되는 것으로 받아들이는 경향은 개인주의 사회보다 약하다. 이들은 자기의 장점과 정적 특성을 적극적으로 추구하기보다는, 단점이나 부적 특성을 찾아 고쳐 나가는 데에서 자기존중감이 높아지는 것으로 받아들이고, 이를 정신적으로 건강한 태도라고 여긴다.

이들은 정서 경험에 있어서도 수치심 같은 부적 정서를 자기발전의 통로라고 보아 중시하며, 자기의 단점이나 잘못에 대해 수치심을 느끼지 못하는 사람은 발전이 없다고 보아 낮게 평가한다. 또한 이들은 어느 상황에서나 또 누구에게나 일관적으로 똑같이 행동하는 것은 정신적으로 미숙한 상태라고 보아 회피하고, 반대로 상황에 따라 적절하게 자기의 모습이나 행동을 변화시키는 것을 높이 평가한다.

이렇게 행위 가변성의 차원에서 보면, 자기의 정적 측면을 자꾸 확충하여 드러내려 하고 적극적으로 일관성을 추구하려는 사람은 개인주의 사회에서는 바람직하지만 집단주의 사회에서는 지나치게 자기 과시적이거나 경직되고 유연성이 부족한 사람일 뿐이며, 자기의 부적 측면에 민감하고 상황에 따라 가변적인 사람은 집단주의 사회에서는 바람직하지만 개인주의 사회에서는 부적응 증상을 보이는 사람일 뿐인 것이다.

동아시아 집단주의 사회에서 이렇게 자기성찰·유연성·자기개선을 정신건강의 지표로 중시하는 경향은 유학의 군자론에서 '수기이경·성지청·지어지선'을 강조하는 관점으로부터 직접 유도되는 것이다. 곧 군자의 사람됨의 기본 특징인 자기수련은 '가변적 과정적 존재'로서의 인간에 대한 유학자들의 믿음을 그대로 반영하는 것이다. 이러한 자기수련은 노력에 따른 인간의 가변성에 대한 신념을 바탕에 깔고 있다. 이러한 맥락에서 '자기수련을 통한 인격체로서의 자기완성'이라는 군자의 특징은 동아시아 집단주의 사회인이 인간의 변이가능성 차원에서 강조하는 '자기성찰'과 '유연성' 및 '자기개선'과 밀접한 관련성을 갖는 것으로 추론할 수 있다.

4. 소인의 특징과 부적응의 기준

이상에서 고찰해 본 바와 같은 이상적 인간상에 관한 서구인과 동아시아인의 관점의 차이로부터 직접적으로 도출되는 심리학적 연구문제는 부적응 행동의 기준의 문제이다. 바람직한 이상적(理想的) 인간상에 대한 모습의 반대쪽에는 부적응적인 이상적(異常的) 인간의 모습이 놓여 있을 것이기 때문이다. 그러므로 누구나가 추구하려 하는 바람직한 인간상에 대한 입장의 차이는 어떠한 사람이 부적응적인 상태에 있는 사람인지에 대한 관점의 차이를 낳을 뿐만 아니라, 그 원인이 무엇인지에 대한 견해의 차이와 더불어, 어떠한 치료적 개입에 의해 부적응 상태에서 벗어나 바람직한 인간상에 근접하게 만들 수 있을 것인지에 대한 접근 양식의 차이를 유발하게 될 것이다.

현대 서구심리학에서는 "심리학의 중요한 목표 중 하나는 심리학의 연구를 통해 얻어진 지식을 활용하여, 심리적 부적응으로 인해 고통을 겪고 있는 사람들이 그러한 증상에서 벗어나도록 도와줌으로써, 더욱 효

과적이고 생산적이며 행복한 삶을 영위하도록 이끌어 주는 것"[127]이라
는 전제에서 연구를 진행해 왔다. 즉 현대 서구심리학에서 가장 많이 연
구되며, 또 가장 많은 학자들이 관심을 가지고 있는 문제는 바로 이러한
정신건강심리학의 문제인 것이다. 현대 심리학의 메카인 미국의 경우뿐
만 아니라, 그 영향을 고스란히 받고 있는 우리나라에서도 가장 많은 심
리학자들이 활동하고 있는 분야가 임상심리학과 상담심리학이라는 사
실은 이러한 경향을 잘 드러내 준다.

　정신건강과 심리치료에 관한 현대 서구심리학의 연구에서는 부적응
(不適應) 행동의 원인과 증상, 그리고 그 종류 및 이의 진단에는 보편적인
기준이 적용될 수 있을 것이라고 보는 입장이 주류를 이루어 왔다. 곧 제
반 부적응 행동은 문화권의 차이에 상관없이 동일한 원인에 의해 나타나
고, 보편적인 증상을 보이며, 그 종류도 문화권에 따라 똑같을 뿐만 아니
라, 이의 확인과 측정기법도 문화에 따라 달라지지 않는다는 것이다.

　그러나 조현병·우울증·신체화증상·약물중독 같은 가장 일반적인
부적응 행동에서조차 문화유형에 따라 그 개념 규정이나 원인 및 증상이
달라질 수 있다는 사실이 최근의 연구들을 통해 밝혀지고 있다.[128] 문화
유형별로 권장되는 정서의 종류가 달라지고 또한 그 표출 규칙(display
rule)이 달라짐에 따라,[129] 그리고 자기를 파악하는 입장이 달라짐에 따
라[130] 정상(正常)과 이상(異常)의 개념 규정이 달라지고, 주로 나타나는
부적응 행동의 증상이 달라질 뿐만 아니라, 이에 대한 처치 또는 사회적

127) Matsumoto, 2000, p. 251.
128) Draguns, 1997; Jenkins, 1994; Marsella, 1979, 1985; Matsumoto, 2000.
129) Jenkins, 1994.
130) Marsella, 1985.

개입의 양상이 달라지는 것이다.[131]

이렇게 부적응 행동의 개념 규정과 이에 대한 치료적 개입이 문화유형에 따라 달라지게 된다면, 지금까지 논의하여 왔듯이 인간을 파악하는 입장과 바람직한 상태로 설정하고 추구하는 이상적 인간상이 매우 다른 서구 개인주의 사회와 동아시아 집단주의 사회에서 보는 부적응 행동과 그 치료에 대한 입장이 서로 달라질 것이라는 사실을 쉽게 추론해 볼 수 있을 것이다.[132]

유학의 경전들에서 이상적 인간상인 군자와 대비되어 이상(異常)행동(abnormal behavior)의 전형으로 제시되고 있는 대상은 소인이다. 『논어』에서는 군자와 대비되어 소인이 모두 18개 장에서 제시되고 있는데,[133] 소인은 모두 군자의 세 가지 특징에 대비되는 심성과 행동특징을 보이는 것으로 제시되고 있다.

우선 군자는 인의(仁義)를 통해 인격수련을 이룬 사람임에 비해, 소인은 현실적인 사익(私益)과 욕구 추구에 몰두하는 사람으로 그려지고 있다. 곧 의(義)에 밝은 군자와는 달리 소인은 사적인 이익 추구에 밝아

---

131) Lefley, 1994.

132) 앞에서 논의하였듯이, 서구 개인주의 사회에서 이상적이라고 보는, 자기 독립성과 독특성을 추구하여 집단의 목표보다 개인적인 목표를 중시하는 자세, 집단의 조화보다는 자기감정을 솔직하게 표현하는 것을 중시하여 분노와 같은 감정도 적극적으로 표출하는 경향, 상황의 변화에도 불구하고 과도하게 안정성과 일관성에 집착하는 태도 등은 동아시아인들의 눈에는 철이 덜 들었거나 유연성이 부족한 것으로 보일 것이다. 반대로 동아시아인들이 바람직하다고 여기는, 개인의 목표보다 집단의 목표를 앞세우는 태도, 자기의 사적 욕구와 감정을 억누르고 집단의 조화를 앞세우는 경향, 상황의 변화에 맞추어 행동과 의견을 바꾸는 자세 등은 서구인들에게는 나약하거나 적응을 잘하지 못하는 증상으로 비칠 것이다.

133) 이 장의 주 31 참조.

서,134) 덕(德)과 도덕기준에 관심을 기울이는 군자와는 달리 소인은 항상 몸의 편안함과 이익 추구에 열중한다.135) 군자는 위로 천리(天理)에 통달하므로 인격수련을 이루게 되지만, 소인은 아래로 욕구 추구에 열중하므로 날로 퇴보하고 만다.136) 그리하여 군자는 정서적 안정을 이루고 살아가는 데 비해, 소인은 항상 근심과 걱정에 싸여 있거나137) 교만함에 빠지게 된다.138) 군자는 스스로가 도덕 주체임을 확실히 인식하고 있기 때문에 모든 일의 책임을 스스로가 지려 하지만, 소인은 모든 일의 책임을 남 탓으로 돌린다.139) 이렇게 자기개선에 노력하여 인격수양을 이루고 있는 군자와는 달리 항상 자기이익에만 집착하여 도덕 원칙을 무시하며 인격수양을 이루지 못한 소인의 상태에 머무는 것, 이것이 유학자들이 제시하는 부적응의 제1의 기준이다.

다음으로 군자는 널리 사람들을 사랑하여 대인관계에서 조화를 이루고 있지만, 소인은 자기이익에만 집중하여 사람들 사이에 조화를 이루지 못하는 사람으로 제시되고 있다. 곧 군자는 대인관계에서 조화를 추구할 뿐 이익은 붙좇지 않는데, 소인은 이익만 좇을 뿐 다른 사람들과 조화를 이루지 못하거나,140) 널리 사람들을 사랑하는 군자와는 달리 소인은 이익을 같이하는 사람과만 편당(偏黨)을 짓기를 좋아하는 것이다.141) 이

---

134) 子曰 君子喩於義 小人喩於利(『論語』 里仁 16); 子曰 君子義以爲上(陽貨 23)
135) 子曰 君子懷德 小人懷土 君子懷刑 小人懷惠(里仁 11); 子曰 君子固窮 小人窮斯濫矣(衛靈公 1)
136) 子曰 君子上達 小人下達(憲問 24)
137) 子曰 君子坦蕩蕩 小人長戚戚(述而 36)
138) 子曰 君子泰而不驕 小人驕而不泰(子路 26)
139) 子曰 君子求諸己 小人求諸人(衛靈公 20)
140) 子曰 君子和而不同 小人同而不和(子路 23)

렇게 도를 배워 널리 사람들을 사랑함으로써[142] 대인관계에서 조화를 추구하는 군자와는 달리 이익 추구와 편당을 짓는 일에 몰두하는 소인의 상태에 머무는 것, 이것이 유학자들이 제시하는 부적응의 제2의 기준이다.

이어서 군자는 주변 사람만이 아니라 모든 사람이 도덕 주체임을 깨달아 스스로가 갖추고 있는 아름다운 덕성을 이루고 나쁜 점은 개선하도록 도와주지만, 소인은 자기 자신에만 몰두함으로써 남의 장점은 무시하고 단점만을 파고드는 것으로 그려지고 있다.[143] 곧 군자는 모든 소소한 일을 다 알지는 못해도 천하 사람들을 선(善)으로 이끄는 책임을 맡을 수 있지만, 소인은 소소한 일에 집중하느라고 온 천하에 대한 걱정을 짊어지는 책임을 맡지는 못하는 것이다.[144] 이렇게 사회적인 책임을 자임하는 군자와는 달리 사회적인 책임을 저버리는 것, 이것이 유학자들이 제시하는 부적응의 제3의 기준인 것이다.

이상에서 보듯이, 유학의 경전들에서 도출되는 부적응의 기준은 군자론에서 이끌어 내어지는 이상(理想)적 인간상의 기준과 상반되는 것이다. 곧 자기수양을 이루지 못하고 자기이익의 추구에 몰두하고 있는 사람, 대인관계에서 조화를 이루지 못하고 자신에만 몰입되어 있는 사람, 그리고 사회에 대한 책임을 지려 하지 않고 이를 방기(放棄)해 버리는 사람이 곧 부적응 행동을 보이는 전형적인 소인이라는 것이 유학사상에서 도출되는 부적응의 기준이다. 말하자면, 존재 확대를 이루지 못하고 자

---

141) 子曰 君子周而不比 小人比而不周(爲政 14)

142) 君子學道則愛人(陽貨 4)

143) 子曰 君子成人之美 不成人之惡 小人反是(顏淵 16)

144) 子曰 君子不可小知而可大受也 小人不可大受而可小知也(衛靈公 33)

기몰입의 상태에 머물러 있는 것이 부적응 행동의 핵심적인 기준이라는 것이 바로 유학사상의 입장인 것이다.

✸ 5. 심리치료의 목표와 과정

이렇게 문화유형에 따라 부적응의 기준과 그에 기저하는 심리적 원인이 달라진다면, 이를 치료하기 위한 접근법도 문화적 맥락에 따라 달라질 것이라는 사실은 자명한 일이다. 사실 심리치료의 여러 접근법들은 이러한 문화적 맥락에 따른 '문화화'(culturalization)의 결과였다고 볼 수 있다. 현대 심리치료적 접근법의 뿌리는 프로이트(Freud, S.)에 의해 창시된 정신분석학에 있다고 볼 수 있는데, 이에는 유태인이었던 프로이트가 받아들인 유태 문화의 가치가 반영되어 있으며,[145] 이에 기초를 두고 미국에서 변형 발전된 다른 심리치료법들은 또 그들 나름대로 미국의 문화적 가치를 드러내고 있는 것이다. 다음 진술은 이러한 사실을 잘 드러내고 있다.

> 심리치료의 뿌리와 그 발달의 역사를 검토하면서, 어떤 학자들은 현대
> 심리치료의 기초인 정신분석학은 유태인의 문화적 맥락 내에서 특수
> 하게 발전된 것이며, 이는 유태인의 신비주의와 여러 가지 측면에서
> 공통성을 보유하고 있다는 사실을 지적하여 왔다. 사실 행동적 접근이
> 나 인본적 접근 같은 다른 심리치료 접근법의 발달은 전통적인 정신분
> 석학이 미국 문화와 사회에 '문화화'한 결과라 간주될 수 있다. 이렇게

---

145) Langman, 1997.

보면, 심리치료는 문화적 산물이어서 문화적 맥락을 반영할 뿐만 아니라, 재생산하고 있다고 생각할 수 있다 …… 이러한 의미에서 심리치료는 결코 탈가치적인 것이 될 수는 없다. 왜냐하면 모든 심리치료는 특정 문화 맥락에 구속되어 있으며, 문화란 필연적으로 도덕적 가치체계와 연관되어 있는 것이기 때문이다.146)

이러한 관점에서 보면, 이상적 인간상과 부적응에 대해 서로 다른 기준을 보유하고 있는 개인주의와 집단주의 사회에서 제시하고 있는 심리치료의 목표와 그 기법은 서로 달라질 수밖에 없을 것이다.

1) 심리치료의 목표

문화유형에 따라 부적응의 판정 기준과 그 밑바탕에 깔린 심리적 원인이 달라진다면, 이를 치료하기 위한 접근법도 문화적 맥락에 따라 달라질 것이라는 사실은 자명한 일이다. 앞에서 보았듯이, 심리치료의 여러 접근법들은 이러한 문화적 맥락에 따른 문화적응의 결과였다고 볼 수 있다. 이러한 관점에서 보면, 이상적 인간상과 부적응의 기준에 대해 서로 다른 기준을 보유하고 있는 서구 개인주의와 동아시아 집단주의 사회에서 제시하고 있는 심리치료의 목표는 서로 달라질 수밖에 없을 것이다. 각 사회에서 바람직한 인간상으로 강조하는 특성과 이에 부합하는 삶의 태도가 이러한 치료 목표에 반영될 것이기 때문이다.

---

146) Matsumoto, 2000, p. 265.

(1) 서구 개인주의 사회와 심리치료의 목표

개인주의 사회에서는 개인 존재를 자유의 보유자, 이성 주체, 그리고 안정적 실체라고 파악한다. 이 사회에서는 독립성과 자율성 및 독특성, 합리성과 적극성, 그리고 안정성과 일관성을 바람직한 개인의 특성으로 본다. 따라서 독립적이지 않거나 독특하지 못한 사람, 적극적으로 솔직하게 자기표현이나 자기주장을 하지 못하는 사람, 그리고 안정적이고 긍정적인 자기상을 가지고 있지 못하거나, 태도와 행동의 일치성 및 성격 특성의 상황 간 일관성이 결여된 사람을 정신적으로 문제가 있는 사람이라 간주한다. 따라서 개인주의 사회에서는 '개체로서의 자기의 독립성·자율성·독특성을 인식하고, 적극적으로 자기를 주장하며, 안정적이고 일관적인 정적 자기상을 보유하고 있는 사람'이 되도록 도와주는 것이 심리치료의 궁극적인 목표로 부각된다.

(2) 동아시아 집단주의 사회와 심리치료의 목표

집단주의 사회에서는 개인을 역할·의무·배려의 복합체, 덕성 주체, 그리고 가변적 과정적 존재라고 인식한다. 이 사회에서는 타인과의 연계성과 조화성, 자기억제와 겸손성, 그리고 자기개선과 가변성을 바람직한 개인의 특성으로 본다. 따라서 집단으로부터 고립되거나 집단의 성원들과 잘 어울리지 못하는 사람, 자기의 감정이나 욕구를 억제 또는 통제하지 못하는 사람, 겸손하지 못하고 지나치게 자기주장을 하는 사람, 그리고 자기의 단점이나 부적 측면을 부인하고 정적 측면만을 지나치게 추구하거나, 지나치게 일관성을 추구하는 사람을 정신적으로 문제가 있는 사람이라 간주한다. 따라서 집단주의 사회에서는 '더불어 함께 사는 존재로서의 상호의존성과 조화성을 인식하고, 될 수 있는 대로 자기의 사적 감정과 욕구를 억제하고 드러내지 않으며, 자기의 단점을 수용하고 상황에 따라 유연한 적응성을 보이는 사람'이 되도록 도와주는 것이 궁극적인 심리치료의 목표로 부각된다.

2) 심리치료의 과정

이렇게 문화유형에 따라 이상적 인간상과 부적응 행동의 기준 및 이를 치료하기 위한 심리치료의 목표가 달라진다면, 서구 개인주의와 동아시아 집단주의 사회에서 이루어지는 심리치료 과정의 특징과 그 과정에서 중시하는 내용에 커다란 차이가 나타나게 된다는 사실은 두말할 나위도 없이 분명한 일이다.

(1) 통찰의 내용

개인주의 사회에서는 독립적인 개인의 개체적 존재 특성을 강조하므로, 심리치료를 받으면서 통찰해야 할 핵심적인 내용은 자기의 독특성과 수월성에 근거를 둔 '자기에 관한 통찰'일 것이다. 이에 비해 집단주의 사회에서는 대인관계 속에 있는 개인의 사회적 존재 특성을 강조하므로, 심리치료 과정에서 자기와 타인 사이의 유사성과 같은 '인간 일반에 관한 통찰'을 해내야 할 것이다.

(2) 주의와 이해의 강조점

개인주의 사회에서는 개인의 사적 감정과 욕구를 있는 그대로 드러내는 것을 인간의 기본적인 권리라고 간주한다. 따라서 자기의 내밀한 사적 감정과 욕구를 솔직하게 적극적으로 표출하지 못하고 억압하게 되면,

심리적으로 부적응이 유발된다고 본다. 그러므로 개인주의 사회에서는 심리치료의 과정에서 '자기의 진실한 사적 감정과 욕구가 무엇인지에 대해 항상 주의를 기울이고, 이를 정확하게 파악하여 이해할 것'을 강조한다.

이에 비해 집단주의 사회에서는 개인의 사적 감정과 욕구를 있는 그대로 드러내는 것은 대인관계의 조화와 집단의 통합을 해치는 원인이 된다고 간주한다. 따라서 자기의 사적 감정과 욕구를 솔직하게 있는 그대로 드러내게 되면, 대인관계에 갈등을 유발하여 집단원들로부터 배척당하게 되므로, 결과적으로 심리적 부적응이 유발된다고 본다. 그러므로 집단주의 사회에서는 심리치료의 과정에서 자기 자신의 감정과 욕구에 주의를 기울이고 이해하려 하기보다는 '관계를 맺고 있는 상대방의 감정과 요구에 주의를 기울이고 이해할 것'을 강조한다.

(3) 자기확인의 내용

개인주의 사회에서는 자기가 가지고 있는 장점의 확충을 통한 자기만족감이 행복감과 자기존중감의 근원으로 작용한다. 따라서 이 사회에서는 자기의 단점을 부인하거나 무시하고, 그 대신 자기의 장점을 확충함으로써 정(正)적인 자기상을 유지하는 일이 중요해진다. 이들은 자기의 단점이 불어나거나 부(負)적 정서 체험의 빈도가 늘어남으로써 긍정적 자기상 대신 부정적인 자기개념을 가지게 되면, 심리적 부적응이 유발된다고 본다. 그러므로 개인주의 사회에서 확인하고 강화해야 할 자기의 측면은 '정적인 특성과 정적인 감정 경험'이다.

이에 비해 집단주의 사회에서는 자기의 단점을 찾아 이를 고쳐 나가는 자기개선이 행복감과 자기존중감의 근원으로 작용한다. 따라서 이 사회에서는 자기의 장점을 찾아 확충하려 하기보다는 자기의 단점을 찾아 이를 개선함으로써 자기향상을 이루는 일이 중요해진다. 그러므로 집단주의 사회에서 확인하여야 할 자기의 측면은 장점보다는 '단점이나 부적인 특성'이 된다.

(4) 자기 관련 훈련의 내용

개인주의 사회에서는 자기의 사적 감정과 욕구를 억제하고 드러내지 않는 일은 심리적 부적응의 직접적인 원인으로 작용하게 된다고 본다. 그러므로 이 사회에서는 심리치료 과정에서 적극적으로 자기를 주장하고, '자기의 감정과 욕구를 효과적으로 표현할 수 있는 훈련'을 강조한다.

이에 비해 집단주의 사회에서는 자기의 사적 욕구와 감정을 있는 그대로 드러내는 일은 집단 내에 갈등을 야기하고 조화를 해치게 되므로 심리적 부적응이 유발되는 원천으로 작용한다고 본다. 그러므로 이 사회에서는 심리치료 과정에서 적극적으로 자기를 드러내는 대신, '자기를 억제하고 절제하는 극기(克己) 훈련'을 강조한다.

6. 동아시아적 상담모형의 개발

우리나라에서 심리학의 연구와 보급을 이끌고 있는 유일한 단체인 한국심리학회에 소속되어 있는 회원 가운데 가장 많은 수가 제1분과학회인 한국임상심리학회와 제2분과학회인 한국상담심리학회에 소속되어 있다.[147] 이러한 사실은 우리나라에서 가장 많은 심리학자들이 관심을

147) 한국심리학회(http://www.koreanpsychology.or.kr) 및 분과학회 홈페이지 참조.

기울이고 활동하고 있는 분야가 정신건강 및 심리치료의 영역이라는 사실을 알려 준다.

정신건강의 기준과 심리치료 과정에서 강조해야 할 내용이 문화권에 따라 달라진다는 지금까지의 논의를 반추해 보면, 우리나라의 심리치료와 상담 활동은 서구심리학계에서 전개되고 있는 그것과는 매우 달라져야 할 것으로 보인다. 그런데도 불구하고 눈부신 경제 부흥을 통해 거의 세계 10대 경제대국에 오른 오늘날까지도 한국의 상담 관련 대학원생 및 수련생의 교육은 우리의 문화 모형에 걸맞는 이론이나 심리치료 모형 대신에 전적으로 서구심리학의 상담과 심리치료의 이론과 관행에 기울어져 있는 실정이다.

한국과 미국의 대학생 및 상담수련자들에게 아시아적 가치(집단주의적 가치) 검사와 서구적 가치(개인주의적 가치) 검사를 실시해 본 결과에서 보면,[148] 한국의 임상 및 상담심리학계에서 서구중심적 연구와 훈련의 경향이 얼마나 강고하게 지속되고 있는지를 잘 드러내 준다.

이 연구에서는 아시아적 가치 수준에서 한국(평균 3.91)과 미국(3.89)의 대학생들은 아무런 차이를 보이고 있지 않으나, 상담수련자들의 아시아적 가치 수준은 한국(3.59)의 경우가 오히려 미국(3.81)보다 낮은 것으로 조사되었다. 이는 아시아적 가치 수준에서 미국의 대학생과 상담수련자 사이에는 아무런 차이가 없으나, 한국에서는 상담수련자의 아시아적 가치 수준이 대학생들의 그것보다 유의미하게 낮음을 의미하는 결과이다. 이에 비해 서구적 가치 수준에서 한국의 대학생들(4.69)은 미국의 대학생들(5.21)보다 유의미하게 낮은 경향을 보이는데, 상담수련자들의

---

148) Yon, 2012.

서구적 가치 수준은 한국(4.89)이나 미국(4.80)과 아무런 차이가 없다. 즉 미국인들의 서구적 가치 수준은 대학생들이 상담수련자들보다 유의미하게 높지만, 한국에서는 상담수련자들의 서구적 가치 수준이 일반 대학생보다 높은 경향을 보이고 있는 것이다.

미국의 경우, 아시아적 가치(집단주의적 가치) 수준에서는 일반 대학생과 상담수련자들 사이에 차이가 없으나, 서구적 가치(개인주의적 가치) 수준에서는 일반 대학생이 상담수련자들보다 훨씬 높다는 이러한 결과는, 미국의 상담교육이나 상담활동은 개인주의적 가치가 미치는 부작용의 해소(?)에 관심을 기울이고 있음을 의미하는 것으로 해석할 수 있다. 반면에 한국의 경우, 아시아적 가치(집단주의적 가치) 수준에서는 일반 대학생이 상담수련자들보다 높으나, 서구적 가치(개인주의적 가치) 수준에서는 상담수련자들이 일반 대학생보다 높아, 한국의 상담교육 또는 상담활동은 미국보다도 더욱 개인주의적 모형에 의존하고 있음을 의미하는 것으로 보인다.

이러한 결과는 아직까지도 한국의 심리학계에서는 서구식 교육과 훈련이 주를 이루고 있으며, 따라서 한국의 심리학계, 특히 정신건강과 심리치료 분야에서는 아직 서구의존적이거나 서구중심적인 연구와 훈련의 경향이 지배적이라는 사실을 암시해 준다. 그러나 우리나라의 임상 및 상담심리학 분야 학자들이 모두 서구의 연구 경향을 맹목적으로 답습하고 있었던 것만은 아니다.[149]

---

149) 이 절의 진술은 졸저(조긍호, 2019, pp. 399-458)의 내용을 기반으로 구성하였다.

1) 성리학체계의 성격 및 적응심리학적 함의 연구

일단의 연구자들은 조선조 성리학자들의 저술에서 심리학설과 관련된 내용을 찾아, 이를 성격 및 적응심리학과 결부시켜 해석하려고 시도하였다. 이러한 시도는 주로 임능빈에 의해 집중적으로 이루어졌다.[150] 그는 조선조 성리학자 중 주로 퇴계 이황(退溪 李滉, 1501~1570)과 율곡 이이(栗谷 李珥, 1536~1584)의 사상체계를 중심으로 성리학 이론을 다루면서, 성격 및 적응심리학적 함의를 추출해 내려는 연구들을 계속 발표하였다. 그는 퇴계와 율곡을 통해 본 성리학체계는 기본적으로 도덕적 인격체를 지향하는 체계이어서, 도덕성을 성격체계의 핵심에 놓는 이론체계라는 특징을 갖는다고 보고, 그 성격 및 적응심리학적 함의를 도출해 내려 하였다.

뿐만 아니라, 그는 퇴계와 율곡의 이론과 언행의 기록으로부터 상담과 심리치료의 이론이나 실제에 활용할 수 있는 시사점을 모색하고자 했다. 한 예로, 그는 퇴계의 언행록이나 서간문에서 개인상담과 가족상담에 관련된 상담 사례를 찾아내서 이를 현대 정신치료의 관점에서 분석하여, 퇴계가 특히 적응 과정에서의 정서 통제의 문제를 중시했음을 밝혀냄으로써, 퇴계 사상의 적응심리학적 함의를 발굴해 내고 있다.[151]

이렇게 성격 및 적응심리학의 관점에서 성리학의 이론체계에 접근하는 연구들 중 가장 많은 관심의 대상이 되었던 것은 김성태의 성숙인격론(成熟人格論)에 관한 연구라고 볼 수 있다.[152] 그는 서구심리학에서 전

---

150) 임능빈, 1981a, b, 1982, 1983, 1995.
151) 임능빈, 1981a.
152) 김성태, 1976.

개된 이상적 인간형에 관한 연구들을 개관하고, 이를 성리학의 이상적 인간형과 비교 고찰하는 연구를 수행하였다. 이 연구는 성리학의 성숙 인격을 성리학의 거경(居敬)사상과 연결지어 찾아내고, 이를 서구심리학 에서 제시된 성숙인격의 이론과 결부시켜, 양자 간의 유사점과 차이점을 부각시킨 연구이다.

또한 이 연구에서는 성숙인격의 실제 모형으로 충무공 이순신(忠武公 李舜臣, 1545~1598)과 월남 이상재(月南 李商在, 1850~1927)를 들어서 그 들의 언행록을 직접 분석함으로써, 이 연구 내용의 적용 가능성을 보여 주고 있다. 또한 그는 주의 및 경계 과정으로 경사상을 해석하는 자기의 이론을 한국 문화의 특징을 분석하는 작업으로까지 확장하고 있다.[153]

2) 성리학체계의 일반 행동 모형화 작업

이러한 연구들은 정신건강 및 심리치료와 관련이 있는 연구들이기는 하지만, 조선조 성리학자들의 저술에서 이런 문제들에 대한 단편적인 논 의들을 이끌어 내어, 서구심리학의 연구 내용과 비교해서 양자의 같은 점과 다른 점을 단순히 대조 분석하는 수준의 연구들이었다는 한계를 갖 고 있다. 그러므로 이러한 연구들에서 유학적 심리치료의 새로운 모형 을 이끌어 내는 데에는 커다란 무리가 따른다.

한덕웅은 성리학의 체계로부터 전반적인 행동모형을 구축하려 시도 했다는 점에서 이 분야의 연구에 한 획을 긋고 있다. 성리학은 일상생활 에서 끊임없이 자기를 점검하여, 사람이 본유적으로 태어난 선한 상태를

---

153) 김성태, 1990.

간직하고 기름으로써, 사회생활에 확충하고자 하는 실천의 체계이다. 따라서 이는 자극의 수용과 처리 및 이에 반응하는 전체 과정에 걸친 심적 자기조절에 관한 이론이라 볼 수 있다. 이러한 관점에서 한덕웅은 퇴계와 율곡 및 다산 정약용(茶山 丁若鏞, 1762~1836) 등 조선조 성리학사에서 핵심적인 사상가의 이론체계로부터 인간 행동에 관한 성리학적 일반모형을 정립해 내려는 야심 찬 작업을 추진하여 왔다.154)

한덕웅에 따르면, 성리학에서는 '인의예지(仁義禮智)의 사덕(四德)을 갖춘 이상적 목표 상태 설정[存心·養性] → 올바른 행위를 하려는 마음갖춤새 유발[道心] → 사회적 자극에 당면해서 선한 정서 경험[四端] → 당위적 사회행동 규범[五倫]에 의한 사회행위 → 사회적 환경 속에서의 사회관계에 긍정적인 영향 → 성리학적 기준에 의한 환류 및 평가[省察] → 존심(存心)·양성(養性) 상태로의 재환류'의 과정을 거쳐, 사회관계에서 군자와 성인 같은 이상적 인간의 상태에 도달하게 되는 것으로 개념화하고 있다는 것이다.

이에 비해 본래의 선한 상태를 간직하지 못하면[放心·失心] 욕구에 휘둘리게 되고[人心], 결과적으로 사회적 자극에 당면해서 선하지 못한 정서[七情]를 경험하거나 당위적 사회행동 규칙을 따르지 못하게 됨으로써, 사회관계에 악영향을 끼치게 되고, 마침내는 성리학적 기준에 의한 환류와 평가가 이루어지지 못하는 악순환을 겪게 된다는 것이다. 따라서 일상생활에서 개인은 '존심·양성 → 도심(道心) → 사단(四端) → 오륜(五倫)에 합당한 행위 → 올바른 사회관계 형성 → 성찰(省察) → 존심·양성'의 행위 과정을 따르도록 노력해야 한다는 것이 성리학에서 제시하는

---

154) 한덕웅, 1994, 1999, 2003.

심적 자기조절의 논리체계라는 것이다.

한덕웅은 이 모형을 실증적으로 검토할 수 있는 방안에 대해서도 언급하고 있는데, 이러한 연구는 성리학의 심학(心學)체계를 현대 심리학적으로 해석하여 인간 행동에 관한 성리학적 일반모형을 정립시키려 한 시도로, 앞으로의 전개가 주목되고 있다.[155] 그러나 이를 위해서는 그가 제시하는 일반모형의 각 단계가 심리치료 과정에서 어떠한 문제와 관련되며 또한 어떠한 의미를 가지는지가 분명해져야 한다. 이러한 점이 좀더 분명해지기 전에는 이 모형을 유학적 심리치료 모형이라고 보기에는 약간의 문제가 있다 하겠다.

3) 유학과 불교 사상의 회통(會通):
새로운 동아시아 심리치료 모형의 가능성

우리나라에서 동아시아적 심리치료 모형을 개발하고자 하는 시도는 유학사상보다는 불교사상에 바탕을 두고 이루어져 왔다. "불교는 기본적으로 인간의 고통을 마음의 문제로 이해하고, 심리적 변화를 통한 해탈을 추구"하는 체계로서, "심리학적인 요소가 많은 동양종교"[156]이다. 불교는 이렇게 모든 고통을 마음에서 연유하는 것으로 봄으로써, 이러한 고통에서 벗어나는 길도 오로지 마음의 변화를 통할 수밖에 없다고 본다. 불교의 구체적인 이론들은 마음에서 고통이 생기는 과정 또는 기제를 분석하고, 이를 제거할 수 있는 다양한 수행의 방법들을 제시하려는

---

155) 한덕웅, 2003.
156) 권석만, 2000, p. 141.

것이다. 곧 불교사상은 그 자체 심리적 부적응의 생성과 치료에 관한 이론체계라고 볼 수 있다.

이러한 맥락에서 상담심리학자들은 불교사상에 관심을 기울이고, 이로부터 상담과 심리치료의 이론과 기법을 도출하려는 연구들을 진행하여 왔다. 이러한 분야에 지속적으로 관심을 가지고, 불교의 이론체계로부터 심리적 부적응의 원인을 추론하고, 이를 바탕으로 새로운 불교상담의 이론체계를 정립하려 한 대표적인 학자는 윤호균이다.[157]

불교의 이론체계 가운데 심리적 부적응의 생성과 관련하여 윤호균이 주목하고 있는 것은 십이연기(十二緣起)에 관한 이론이다. 이는 현실의 모든 사물 또는 사상(事象)은 그 자체 독립적으로 존재하는 것이 아니라 거대한 상호작용의 연쇄망 속에 들어 있어서, 앞선 사상이 뒤의 것을 일으키는 계속적인 계기(繼起)의 과정 속에서 영향을 주고받는다는 이론이다. 연기론(緣起論)에 따르면, "결국 생·노·병·사 및 기타의 괴로움은 일련의 연쇄과정을 거쳐 나타난다는 것이다. 즉 사물이나 사건의 본성에 대한 무지, 곧 무명(無明)이 무의식적으로 발동되어[行] 의식의 움직임[識]을 초래하고, 이것이 심리적 신체적 자극대상[名色]을 감각기관과 의식[六入]을 통해 감촉[觸]하여 그 결과 괴롭거나 덤덤한 감각적 느낌[受]을 경험하게 된다. 이러한 감각적 느낌이 일면 괴로운 느낌은 싫어하고 즐거운 느낌은 좋아하는 애증의 감정[愛]이 생기고, 잇따라서 좋아하는 것을 가까이하려 하고 싫어하는 것을 멀리하려는 집착심[取]이 발동된다. 이런 집착하는 마음이 일어나면 그에 따른 행동[有]을 하게 되고, 그에 따른 삶의 모습[生]을 초래하고, 이러한 삶의 모습에 따라 늙고 죽는 모습

---

157) 윤호균, 1982a, b, 1999, 2014.

[老死]이 달라진다는 것이다."158)

그는 이러한 십이연기의 전개 과정에서 핵심적인 원인이 되는 것은 사물이나 사상의 본성에 대한 무지인 무명(無明)과 사물과 사상에 대한 애증의 감정인 애(愛) 그리고 이에 대해 접근 또는 회피하려는 집착인 취(取)라 보고 있다.159) 이러한 무명, 애, 취는 각각 인지, 감정, 동기의 체계로서, 이렇게 보면 십이연기론은 곧 심성론(心性論)으로 정리될 수 있다.

이러한 관점에서 그는 이러한 연기론에 근거를 둔 인간 경험의 흐름을 '대상(사물과 현상) → 유기체적 경험(몸과 마음의 직접 경험) → 변별·평가체계(존재와 현상을 지각하고 생각하고 느끼고 대하는 틀: 자기관념·응어리·고정관념·습관 등) → 현상적 경험(지각·감정·생각·욕구) → 표현(말·행동) → 대상'으로 정리하고,160) 이 중 변별·평가체계에 의해 대상의 본성을 있는 그대로 경험하지 못하고 자기중심적으로 인식하고 경험함으로써, 이에 홀려 자기에게 유리하게 행동하려는 집착을 가지는 데에서 심리적 괴로움이 발생한다는 관점을 제시하고 있다.161)

이러한 입론을 바탕으로 하여 그는 '사물이나 현상을 있는 그대로 보기 → 변별·평가체계에서 벗어나 새롭게 보기 → 공상에서 벗어나 자재(自在)한 삶을 뜻대로 살기'의 과정이 심리치료 과정에서 심리적 괴로움에서 벗어나는 길이라 보아, 그 자세한 상담의 과정을 제시하고 이를 '온마음 상담'이라 명명하고 있다.162)

---

158) 윤호균, 1999, p. 331. (원문에 알기 쉽게 약간의 첨삭을 가함)
159) 윤호균, 1999, pp. 332-340.
160) 윤호균, 1999, pp. 340-350.
161) 윤호균, 2014, pp. 309-315.
162) 윤호균, 2014, pp. 315-339.

이렇게 윤호균은 불교 연기론의 심리학적 함의를 추출하고, 이를 바탕으로 심리적 부적응의 발생 과정과 그 치료를 위한 상담 및 심리치료의 모형을 제시하고 있다. 불교의 이론체계에 기반을 둔 이러한 '온마음 상담'의 모형은 서구의 상담과 심리치료 이론들과는 매우 다른 것으로, 현재 그리 널리 적용되고 있지는 못하지만, 앞으로의 발전이 기대되는 창의적인 업적이다.

유교와 불교는 물론 인간 삶의 목표 설정의 측면에서 서로 좁혀질 수 없는 커다란 차이를 보이는 것이 사실이다. 곧 유학은 현실세계를 최대한 긍정하는 관점에서 실생활 장면에서의 성덕(成德)을 삶의 목표로 설정하는 데 반해, 불교는 현실세계는 괴로움과 어리석음의 원천으로서 이에 대한 집착(執着)에서 벗어나 해탈(解脫)함으로써 대자유(大自由)를 얻어 현실세계를 초월하는 것을 삶의 목표로 설정하는 사상체계이다.

그러나 양자 사이에 유사한 측면이 없는 것은 아니다. 예를 들면, 불교의 연기론이 모든 것의 상호 관계 속에서 그 존재의 원천과 의의를 찾으려는 이론체계임을 생각해 보면, 이는 유학사상에서 사회적 관계체로서의 개인이 다른 사람과 맺는 관계 속에서 인간의 존재의의를 찾으려는 관점과 같은 것이라 볼 수 있다. 유학사상과 불교는 "이 세상에 존재하는 거의 모든 것은 다른 모든 것과의 상호 영향 속에 있다"[163]는 전제 위에 성립하며, 따라서 두 이론 체계 모두 조화(harmony)와 종합주의(holism)를 강조한다는 공통점이 있는 것이다.

이렇게 유학사상과 불교 사이에는 대부분의 세상사와 인간사가 상호의존적 관계라는 같은 이론적 틀에서 빚어지는 것이라고 본다는 유사점

---

163) Nisbett, 2003, p. 17.

이 있다. 이러한 관점에서 보면, 불교의 연기론에 바탕을 두고 정립된 윤호균의 '온마음 상담'의 모형이 유학의 체계에서 받아들여지지 못할 이유는 없다. 이러한 문제에 대해서는 앞으로 동아시아의 임상 및 상담심리학자들 사이에 활발한 논의와 연구가 있어야 할 것이다.

제2장 유학의 성격발달심리학

앞 장에서 보았듯이, 이상적 인간의 특징에 대한 서구와 동아시아의 관점은 판연히 다르다. 즉 서구에서는 자유주의 사조의 여파로 사회를 구성하는 기본단위인 개인의 자기실현이 이상적 인간의 핵심 특징으로 부각되지만, 동아시아에서는 유학사상의 영향으로 사회적 관계체로서 함께 관계를 형성하는 "타인을 자신 속에 포괄"[1]하여 자기의 적용범위를 넓히는 자기확대가 이상적 인간의 기본 특징으로 부각된다. 이렇게 이상적 인간의 기본 특징에 관한 관점이 달라지면, 이에 도달하는 단계에 관한 입론의 과정에서 고려해야 할 내용과 강조점이 달라질 것임은 당연한 일이다.

그러나 비록 이상적 인간의 상태에 도달하는 단계에서 중요하게 고려해야 할 내용과 강조점이 다를 수 있다고 하더라도, 그 이론화 과정 자체가 문화에 따라 달라질 것이라고는 볼 수 없다. 이러한 이론화 과정은 이상적 인간이 갖추어야 할 특징들이 연령단계에 따라 점차 증가해 가는 단계에 관한 사색과 이상적 인간의 상태에 점차 접근해 가면서 삶의 과정에서 추구하는 욕구의 변화 과정에 관한 사색의 두 가지로 집약된다.

---

1) Aron & Aron, 1986, p. 19.

전자는 특성 증가를 통해 이상적 인간상에 점차 접근해 간다는 점성설
(漸成說, epigenetic theory) 계열의 이론을 이루고, 후자는 추구욕구의 질적
인 변화 과정을 다루는 욕구위계설(欲求位階說, need-hierarchical theory)
계열의 이론을 형성한다.

　　여기에서는 우선 앞 장에서의 논의를 기초로 서구와 동아시아 사회에
서 개념화해 온 '사람됨' 곧 이상적 인간상의 차이를 살펴보고, 이어서 현
대 서구심리학에서 제시된 이상적 인간상에 도달하는 과정에 관한 두 방
향의 이론(점성설과 욕구위계설)을 통해 이상적 인간상의 발달과정에 관
한 이론의 논리적 구조를 살펴본 다음, 유학의 경전들에서 이끌어 내어
지는 이상적 인간상의 발달과정론을 정리하여 서구의 그것과 비교해 보
고, 마지막으로 이러한 논의들을 기초로 문화차 연구에서 고려해야 할
사항을 몇 가지 고찰해 보기로 하겠다.[2]

❊ 1. '사람됨'의 두 유형

　　앞 장에서 보듯이, 서구인들은 주체감을 가지고 자기의 현실을 있는
그대로 받아들이며, 통일된 인생관을 기초로 문제중심적으로 일에 몰두
함으로써, 자기의 독특성과 잠재력을 발휘하여 현실적인 성취를 이룬
'자기실현인'을 이상적 인간으로 규정하고 있다. 이러한 서구의 이상적
인간상은 개체성, 이성 및 완비적 실체성을 기반으로 하여, 개인의 독립

---

2) 이 장의 진술은 주로 졸저(조긍호, 2006, pp. 264-278; 2008, pp. 574-578; 2013,
　　pp. 153-171; 2017a, pp. 167-191; 2019, pp. 299-331)의 내용을 기초로 구성하
　　였다.

성·자율성·독특성 및 합리적 사고에 근거한 적극적 자기주장, 그리고 안정성과 일관성의 추구를 강조하여 인간을 이해하는 자유주의의 인간관으로부터 연유하는 것이었다.

이에 비해 동아시아인들은 자기수련의 과정에서 스스로의 단점을 확인하고 고쳐 나가는 자기개선을 통해 도덕적 인격체로서의 자기완성을 이루고, 다른 사람에 대한 관심과 배려를 확충하여 조화로운 사회관계를 이루려 하며, 몸담아 살고 있는 사회에 대한 책무를 스스로가 떠맡아 이를 수행하려 노력하는 '존재 확대인'을 이상적 인간으로 설정하고 있다. 이러한 동아시아의 이상적 인간상은 사회성, 도덕성 및 가변성을 바탕으로 하여, 사람들 사이의 연계성과 조화성 및 유사성, 타인에 대한 배려와 자기억제, 그리고 상황에 따른 변이와 유연한 적응을 강조하여 인간을 이해하는 유학사상의 인간관으로부터 연유하는 것이었다.

이렇게 '자기실현인'을 이상적 인간상으로 설정하는 서구의 모형과 '존재확대인'을 이상적 인간상으로 규정하는 동아시아의 모형으로부터 '의미 충만한 전체'로서의 '사람됨' 또는 '자기화'에 대한 동·서의 두 유형을 생각해 볼 수 있다.

1) 자기개체성의 견고화와 자기고양

인간의 존재의의를 자유의 보유자로서의 개인 존재가 갖는 개체성에서 찾으려는 개인주의 사회에서는 행위원동력으로서의 자기가 주의의 초점으로 부각되고, 결과적으로 이 사회에 살고 있는 사람들은 개인의 독립성과 자율성 및 독특성을 강조하고 삶의 과정에서 이를 추구하려 한다. 그러므로 서구인들은 자기와 타인을 평가하는 기준을 자기 자신에게서 찾음으로써 자기의 독특성을 과도하게 추구하고, 타인과 자신의 행동의 원인을 독특한 개인 내적 특성에서 찾는 경향이 확연하게 나타나며, 자부심 같은 자기중심적인 정서의 체험빈도가 높고, 개인지향적 동기의 강도가 강하다.

　이어서 여타 동물과는 다른 인간의 중핵특성을 이성 주체로서의 인간의 합리성에서 찾으려는 개인주의 사회에서는 통제의 대상을 환경세계로 보아 환경세계를 자기에게 맞추어 변화시키려 하고, 결과적으로 이 사회인들은 자기주장과 자기고양을 강조하고 추구하려 한다. 그리하여 서구인들은 경쟁과 대결을 통해 갈등을 해결하려는 경향이 높고, 자기와 타인의 행동 원인을 자기의 자존심을 고양시킬 수 있는 측면에서 찾는 자기고양의 경향이 강하며, 분노와 같이 대인관계를 해칠 가능성이 있는 감정일지라도 솔직하고도 적극적으로 표출하려 하고, 외적 환경을 변화시켜 자기에게 맞추려는 환경통제의 동기가 강하다.

　그리고 인간을 행동의 원인이 되는 제반 특성을 갖추고 있는 완비적인 실체로 개념화하여 받아들이는 개인주의 사회에서는 자기향상의 방안을 개인이 갖추고 있는 다양한 장점들을 찾아 확충하는 일에서 찾게 되고, 결과적으로 이 사회인들은 시간적 상황적 변이에도 불구하고 변치않는 안정성과 일관성을 강조하고 추구하려 한다. 이러한 맥락에서 서구인들은 개인의 성격과 능력은 상당히 안정적이어서 시간이나 개인의 노력에 따라 크게 변화하지 않는다고 인식하고, 스스로가 타고난 장점의 확충을 통해 자기발전이 이루어진다고 생각하여, 스스로의 긍정적 특성과 긍정적 감정을 중시하고 추구하는 경향이 강하다. 또한 그들은 자기 주변에서 일어나는 세상사를 매우 안정적인 것으로 보고, 성취의 결과를 안정적 요소인 능력에 귀인(歸因)하는 경향이 두드러지며, 일상생활에서 일관성 추구의 동기가 강하게 드러난다.

　이러한 결과들에서 보듯이, 삶의 과정에서 서구인들의 관심은 대체로 독립적인 자기의 개별성과 독특성 및 수월성을 확인하고 이를 드러내는 데에 쏠려 있다. 그들은 자기와 타인의 차이를 찾아내고, 이로부터 자기만의 고유성을 확인하여 이를 적극적으로 확충함으로써, 자기에 대한 만족감을 높여 가는 데에서 '사람됨' 또는 '자기화'(自己化)의 의미를 찾는다.

　그러므로 서구인들에게 있어서 자기존중감(自己尊重感)은 자기의 독특성과 수월성 및 자기에 대한 만족감을 바탕으로 하는 것이다. 이러한 사실은 일찍이 로젠버그(Rosenberg, M.)[3]가 제시하여 자기 관련 심리학의 연구에서 가장 많이 사용되는 '자기존중감척도'(Self-Esteem Scale: SES)의 문항들이 모두 자기 독특성이나 수월성 또는 자기만족감에 근거를 둔 것이라는 점에서 잘 드러난다.[4] 그렇기 때문에 서구인들은 이 척도에서 측정한 자기존중감의 수준이 매우 높은 것으로 드러나고 있다. 하이네(Heine, S.) 등은 많은 연구에서 SES로 측정한 자기존중감 점수를 사후종합분석(meta-analysis)해 본 결과, 서구인(주로 유럽계 미국인과 캐나다인)의 자기존중감의 분포는 대체로(약 93%) 이론적 중간점보다 상위에 편포하며, 중간점 이하인 사람은 7% 미만임에 반해,[5] 일본인의 자기존중감은 대체로 이론적 중간점에서 약간 하위에 분포하고 있다는 사실을 밝혀내었다.[6] 또한 로젠버그 이외의 다른 척도들로 서구인들의 자기존중감을

---

3) Rosenberg, 1965.

4) 이러한 문항들의 예로는 "나는 내가 좋은 특성들을 많이 가지고 있다고 생각한다", "다른 사람들과 동등한 기준에서 비교해 보면, 나는 충분히 가치있는 사람이다", "전반적으로 나는 나 자신에 대해 만족한다" 등이 있다.

5) Heine, Lehman, Markus, & Kitayama, 1999, Figure 1, p. 776.

6) Heine et al., 1999, Figure 2, p. 777.

측정한 연구들에서도 사용된 척도에 상관없이 서구인들의 자기존중감의 평균 또는 중앙치는 이론적 중간점보다 상위에 편포하고 있다는 사실이 확인되기도 하였다.[7]

서구인들이 이렇게 자기독특성을 주축으로 하는 자기관을 가지고 있다는 사실은 자기가 가지고 있는 능력과 긍정적인 특성의 독특성을 사실 이상으로 과장하여 인식하는 '허구적 독특성'(false uniqueness) 지각 경향이 서구인에게서 과도하게 나타난다는 사실에서도 드러난다. 미국 대학생들을 대상으로 한 연구에서 자기의 지도력이 평균 이상이라고 생각하는 학생은 70%에 이르고, 60%의 학생들은 남들과 잘 어울리는 능력이 상위 10% 안에 든다고 보고 있으며, 심지어 자기의 사교성이 상위 1% 이내에 든다고 생각하는 학생도 25%에 이르는 것으로 나타나고 있다.[8] 이러한 자기독특성의 과잉지각 경향은 서구인들로 하여금 '비현실적인 낙관주의'(unrealistic optimism)에 빠지게 만드는 원천으로 작용한다.[9]

이러한 사실들은 서구인들에게 있어 '자기화'는 자기의 독특성과 수월성을 주축으로 하는 자기만족감을 근거로 하여 이루어지는 것임을 알 수 있게 한다. 그들은 자기완비적이고 독립적이며 자율적인 개체로서의 자기가 갖추고 있는 독특성을 찾아내고 이를 확충함으로써, 점점 더 남들과 확실하게 구분되는 데에서 가치로운 존재로서의 자기의 의미를 찾으려 하는 것이다.[10] 이러한 과정에서 개인은 다른 사람들과 점점 더 견고한 경계를 가지는 '분리된 존재'(separated person)가 되어 가며, 이러

---

7) Baumeister, Tice, & Hutton, 1989.
8) Myers, 1987, 2010.
9) Heine & Lehman, 1995.
10) Markus & Kitayama, 1991a.

한 자기견고화와 자기고양을 통한 자기만족감의 추구가 서구인들이 이
상적 인간이 되는 길의 핵심으로 여기는 '자기실현'의 밑바탕이 되는 것
이다.

2) 상호연계성의 확대와 자기개선

　인간의 존재의의를 사회적 관계체로서의 인간의 사회성에서 찾으려
는 유학사상에서는 개인에게 영향을 미치는 타인과 집단이 주의의 초점
으로 부각되고, 따라서 이 사회에 살고 있는 사람들은 개인 사이의 연계
성과 조화성 및 사람들 사이의 유사성을 중시하고 이를 추구하려는 강한
지향성을 보인다. 그러므로 동아시아인들은 자기와 타인을 평가하는 기
준을 타인에게서 찾음으로써 타인과의 유사성을 과도하게 추구하고, 행
동의 원인을 외적 조건에서 찾는 경향이 나타나며, 공감과 동정심 같은
타인중심적 정서의 체험빈도가 높고, 집단지향적 동기가 두드러지게 나
타난다.

　이어서 인간 고유의 중핵특성을 덕성 주체로서의 인간의 도덕성에서
찾으려는 집단주의 사회에서는 통제의 대상을 자기 자신이라고 보아 자
기의 사적인 욕구와 감정을 드러내지 않으려 하고, 따라서 이 사회인들
은 삶의 과정에서 자기억제와 겸양을 강조하고 추구하려는 강한 경향성
을 띤다. 그리하여 동아시아인들은 양보와 중재를 통해 갈등을 해결하
려는 경향이 높고, 자기와 타인의 행동의 원인을 자기를 낮추고 상대방
을 높이는 방향으로 겸손하게 귀인하는 경향이 강하며, 자기의 감정, 특
히 대인관계를 해칠 가능성이 있는 분노 같은 감정을 잘 드러내려 하지
않고, 자기의 욕구를 억제하고 나를 타인과 외적 조건에 맞추려는 자기

통제의 동기가 두드러진다.

그리고 인간을 시·공간의 변화에 따라 달라질 수 있는 과정적 존재라고 보는 증가설적 신념체계에 따라 파악하는 집단주의 사회에서는 자기의 단점을 찾아 개선해 나가는 일이 자기향상의 길이라고 보고, 따라서 인간의 가변성과 유연성을 강조하고 높이 평가한다. 이러한 맥락에서 동아시아인들은 사람의 성격과 능력은 시간과 개인의 노력에 의해 달라지는 것으로 인식하고, 스스로의 단점을 확인하고 개선하는 데에서 자기발전이 이루어진다고 여긴다. 그리하여 이들은 스스로의 단점과 부정적 감정도 무리 없이 수용하는 경향이 강하다. 또한 이들은 성취의 결과를 가변적인 요인인 노력에 귀인하는 경향이 강하고, 일상생활에서 태도와 행동 또는 사적 자기(私的 自己)와 공적 자기(公的 自己) 사이에 일관성을 추구하려는 경향이 그리 크게 나타나지 않는다.

이러한 결과들은 일상생활의 과정에서 동아시아인들의 관심은 대체로 사회관계를 맺고 있는 사람들 사이의 연계성을 확인하고, 그들과 조화로운 관계를 유지하는 데에 쏠려 있다는 사실을 시사한다. 그들은 자기와 타인의 유사성을 찾아내고, 이로부터 관계당사자들 사이의 상호의존성을 확인하여 그들과의 조화로운 관계를 공고하게 만듦으로써, 타인과 집단의 인정을 받고 그들에게 수용되어 자기확대를 이루는 데에서 '사람됨' 또는 '자기화'의 의미를 찾는다.

동아시아인들에게 있어서 자기존중감은 독특성이나 수월성을 근거로 하는 것이 아니다. 사회행위의 원동력을 개인의 내적 특성에서 찾는 서구인들은 개인의 독립성과 자율성을 추구하고 중시하기 때문에, 내적 특성의 확인과 적극적 표현 등 자기독특성의 추구가 자기존중감의 근거가 된다. 이에 비해 행위의 원동력을 사회관계 속의 역할과 의무 같은 상황

요인에서 찾는 동아시아인들은 상호의존성과 연계성을 중시하기 때문에, 타인으로부터의 인정과 수용감, 그리고 자기조정과 억제 및 사회관계에서의 조화의 유지가 자기존중감의 근거로 떠오른다.[11]

　이러한 사실은 서구인들과 동아시아인들을 비교한 연구에서 서구인들은 자율성·독립성·개별성·독특성 같은 개인적 특성을 중시하여 자기존중감의 기초로 받아들이지만, 동아시아인들은 호의성·양보심·겸양·조화성 같은 관계적 특성을 중시하여 자기존중감의 근거로 받아들인다는 결과[12]에서 잘 드러난다. 또한 서구인들에게 있어서 행복감과 자기만족감은 자부심 및 독특성의 성취와 밀접한 관련이 있지만, 동아시아인들에게 있어서 행복감은 자부심이나 독특성의 성취와는 무관하고, 타인으로부터의 수용감과 밀접하게 관련된다는 결과[13]도 이러한 사실을 뒷받침하고 있다. 동아시아인들이 이렇게 호의성과 조화성 같은 관계적 특성을 자기존중감의 근거로 받아들인다는 사실은 독특성과 수월성 및 자기만족감을 바탕으로 하는 서구의 자기존중감척도[14]에서 동아시아인들의 점수가 낮게 나온 배경으로 작용했을 가능성이 높다.[15]

　이렇게 동아시아인들은 자기존중감과 자기만족감의 근거를 상호연계성과 타인으로부터의 수용감 같은 관계적 특성에서 찾으므로, 자기와 타인 사이의 유사성을 과장하여 인식하는 경향이 높다.[16] 필자의 연구에

---

11) Fiske et al., 1998; Heine, 2012; Kitayama, Markus, Matsumoto, & Norasakkunkit, 1997; Kunda, 2000; Markus & Kitayama, 1991a; Matsumoto & Juang, 2004.

12) Sedikides, Gaertner, & Toguchi, 2003.

13) Heine & Lehman, 1995.

14) 예: Rosenberg, 1965.

15) Baumeister et al., 1989; Heine et al., 1999.

16) Holyoak & Gordon, 1983; Srull & Gaelick, 1983.

따르면, 우리나라 사람 가운데 집단중심성향이 개인중심성향보다 더 높은 사람들은 반대의 경우보다 의견·기호·취미·가치관 등에서 자기와 친구와의 유사성을 훨씬 높게 인식하고 있는 것으로 드러났다.[17]

이러한 사실들은 동아시아인들에게 있어 '자기화'는 관계를 맺고 있는 다른 사람들과의 유사성과 연계성 및 다른 사람에게 수용됨으로써 얻게 되는 관계만족감을 근거로 하는 것임을 의미한다. 그들은 스스로나 타인을 사회적 관계체로 인식하여 이러한 관계를 조화롭게 유지하려 하며, 그러기 위해서 자기의 단점을 찾아 이를 고쳐 나가는 일을 삶의 과정에서 중요하게 여긴다. 그러므로 그들은 타인과의 유사성을 강조하여 타인을 자신 속에 수용하려 하고, 또 자기 자신도 타인에게 인정받고 받아들여지기 위해 자기개선의 노력을 기울인다. 동아시아인들은 이러한 과정에서 남들과 하나로 어우러진 '조화로운 존재'(ensemble person)가 되어 가며, 이러한 상호연계성의 확대와 자기개선의 추구가 동아시아인들이 상정하는 이상적 인간이 되는 길, 곧 '존재 확대'의 바탕이 되는 것이다.

❈ 2. 서구 성격심리학에서의 이상적 인간에 이르는 과정론

현대 심리학의 이상적 인간상에 관한 연구들에서는 이상적 인간이 현실적으로 드러내는 특성에 관한 특징론 이외에 이상적 인간의 상태에 도달하는 단계에 관한 과정론 계열의 연구들이 또 하나의 축을 형성하고

---

17) 조긍호, 2005.

있다. 이러한 과정론에 관한 연구는 특징론의 연구에 비해 그 수가 극히
적다. 이러한 이상적 인간의 상태에 도달하는 단계를 다루는 연구는 크
게 두 가지 방향의 것으로 나뉜다. 그 하나는 에릭슨(Erikson, E.)을 대표
로 하는 점성설적 이론의 계열이고, 또 하나는 매슬로를 대표로 하는 욕
구위계설적 이론의 계열이다.

이 양자의 이론은 그 논리적 구조가 매우 다른 양상을 보이고 있다. 에
릭슨은 성격발달의 관점에서 연령에 따라 긍정적 특성이 성격구조에 첨
가되는 과정으로 이상적 인간상에 도달하는 단계론을 제시하고 있음에
반해, 매슬로는 개인의 행동을 지배하는 욕구의 위계질서를 설정하고,
그 최상의 욕구단계에 도달한 상태를 이상적 인간상으로 간주하는 욕구
위계설을 제시하고 있다.

1) 에릭슨의 점성설

에릭슨은 인간의 성격은 신체적 요인, 심리적 요인 및 사회적 요인의
세 가지 특징을 함께 고려해야 이해할 수 있다는 종합적인 관점을 밝히
고 있다. 그는 이러한 "세 가지 요인의 영향력과 상호 관계를 함께 고려
해야만 모든 알려진 자료들의 적절성과 상대성을 서서히 밝혀낼 수 있을
것"[18]이라고 진술함으로써, 인간의 성격발달을 신체적 · 심리적 · 사회
적 요인의 통합적인 상호작용의 함수로 이해하려는 입장을 제시한다.
그는 사람이 살아가는 과정에서 이 세 요인 중 어느 하나라도 그 이전 상
태와 달라지면 그 개인의 전체 체계에 위기가 조성된다고 보아, 한 개인

---

18) Erikson, 1963/1988, p. 32.

을 정확하게 이해하기 위해서는 이 세 요인의 변화 과정을 잘 이해해야
한다고 주장한다.

　에릭슨은 이러한 위기가 심리적이고 사회적인 의미를 갖는다고 보아
'심리–사회적 위기'(psycho-social crisis)라 부르고, 이러한 위기가 각 개
인의 연령단계에 맞추어 제대로 잘 극복되느냐 또는 그렇지 못하느냐에
따라 형성되는 자아(自我, ego)의 특성이 달라진다고 본다. 즉 각 시기의
위기가 제대로 극복되면 바람직한 특성이 자아에 갖추어지고, 그렇지 못
하면 부정적인 특성이 갖추어진다는 것이다. 그에 따르면, 사람이 일생
동안 부딪치는 이러한 심리–사회적 위기는 연령단계에 따라 여덟 가지
로 달라지는데,[19] 따라서 그는 전 생애에 걸친 성격발달이론을 제시하
고 있는 것이다.

　에릭슨의 성격발달이론은 점성설의 형태를 띠고 있다. 점성설이란
"우리 몸의 부분들이 태내에서 정해진 순서로 발달하듯이, 우리의 자아
와 심리적 특징들도 생물학적으로 정해진 청사진에 따라 발달한다"[20]는
원칙을 말한다. 에릭슨은 사람은 살아가는 과정에서 일련의 중요한 경
험을 함에 있어서 '발달의 내적 법칙'(inner laws of development)을 따른
다고 보고 있는데, "여기서 '발달의 내적 법칙'이란 태아기 동안에 기관을
하나씩 차례로 형성하듯이"[21] 인간의 심리적 특징과 성격도 정해진 발
달 순서에 따라 특정 연령단계에 따라 특유한 특성이 차례로 형성되어
감을 말하는 것이다.

　그는 자기의 성격이론을 '점성적인 도표'(epigenetic chart)로 제시하면

---

19) Erikson, 1963/1988, pp. 285-320.

20) 홍숙기, 2004, p. 113.

21) Erikson, 1963/1988, p. 59.

서,22) "원칙적으로 인간의 성격이란 더 넓어진 사회적 영역을 향해 움직이고, 그 영역을 의식하고, 그 영역과 접촉하는 인간의 준비태세가 성장함에 있어서 사전에 결정된 단계에 따라 발달한다"는 가정과 "원칙적으로 사회는 상호작용에 대한 이러한 일련의 잠재력을 초대하고 충족시킬 수 있도록 구성되는 경향이 있으며, 이런 잠재력을 포용하는 적절한 비율과 연계성을 격려하고 또 안전하게 방어하려고 시도한다"23)는 가정 위에 자기의 이론체계가 근거하고 있음을 밝힘으로써, 자신의 이론이 점성적 원칙에 따르는 심리-사회적 발달이론이라는 사실을 드러내고 있다.

이렇게 점성설은 "인생 주기의 각 단계는 그것이 우세하게 출현되는 최적의 시간(결정적 시기)이 있고, 모든 단계가 계획대로 진행될 때 완전한 기능을 하는 성격이 형성됨을 암시한다."24) 에릭슨은 각각의 심리-사회적 단계는 신체적 심리적 성숙과 변화 및 해당 단계에 있는 개인에게 부과되는 사회적 요구로부터 유발된 개인 생애의 전환점(turning point) 곧 위기가 수반되고, 이의 극복 양상에 따라 해당 단계에서 획득되어야 할 특성이 얻어지게 된다고 보았다. 즉 각 연령단계마다의 특유한 '발달과업'(developmental task)이 있다는 것이다. 이러한 발달과업을 잘 수행함으로써 각 시기의 위기가 제대로 극복되어 자아에 바람직한 긍정적 특성들이 점성적으로 부가되는 과정을 통해 이상적인 인간의 상태 곧 '건전 성격'(healthy personality)의 상태에 도달하게 된다는 것이 에릭슨의 성격발달이론의 요지인 것이다.

---

22) Erikson, 1963/1988, pp. 314-320.
23) Erikson, 1963/1988, p. 315.
24) Hjelle & Ziegler, 1981/1983, p. 148.

이상에서 고찰한 바와 같이 에릭슨은 인생을 8단계(영아기-유아기-놀이 아동기-학령기-청년기-성인 초기-성인기-노년기)로 나누고, 각 단계마다의 고유한 심리-사회적 위기(생존욕구 충족의 완전한 의존성-배변훈련과 자기능력 시범-또래관계 형성-삶의 기본규칙과 기술의 습득-자기동일성 확립-경제적 정서적 독립-가족에 대한 배려와 보호-은퇴와 삶의 정리)를 제시하고 있는데, 각 단계에서 이를 잘 극복하면 여덟 가지의 바람직한 성격 특성이 갖추어진다고 보아, 사람의 성격은 태어나면서부터 늙어 죽을 때까지 지속적으로 발달한다는 견해를 피력하고 있다. 각 시기의 고유한 심리-사회적 위기를 제대로 극복해서 갖추어지는 성격 특성은 차례대로 '기본적 신뢰감(basic trust)-자율성(autonomy)-주도성(initiative)-근면성(industry)-정체성(identity)-친밀감(intimacy)-생산성(generativity)-자아통정(ego-integrity)'이다.

삶의 과정을 통해 이러한 자아의 제반 특성이 점성적으로 갖추어지게 되면, '희망(hope)-의지력(will)-목표의식(purpose)-유능감(competence)-충실성(fidelity)-사랑(love)-배려감(care)-지혜(wisdom)'의 덕성이 차례로 습득됨으로써,[25] '바라는 것을 이룰 수 있다는 신념'(희망)을 가지고, '자유 선택과 자기억제'(의지력)를 하며, '가치 있는 목표를 직시해서 추구해 나가는 용기'(목표의식)를 가지고, '과업을 완수하는 데 필요한 솜씨와 능력'(유능감)을 갖추게 된다. 이어서 '자유로이 맹세한 충절을 유지'(충실성)하고, '상호 헌신을 통해 적대감을 완화'(사랑)시키며, '의무감에서보다는 보호감'(배려감)을 가지고 책임을 다함으로써, 결국 '과거의 축적된 경험의 통합성'(지혜)을 유지하고 전달할 수 있는 '건전 성격'의 상

---

25) 민경환, 2002, p. 237; McAdams, 2001, p. 562.

태에 도달할 수 있게 된다는 것이 에릭슨의 점성론의 입장이라 볼 수
있는 것이다.

이와 같이 각 단계마다의 심리-사회적 위기를 극복하고, 이러한 여덟
가지의 바람직한 성격 특성을 갖추어 가는 과정이 바로 이상적 인간상에
도달하는 길이라는 것이 에릭슨의 입장이다.[26) 여기서 이러한 여덟 가
지 특성 중 영아기와 성인 초기의 위기 극복의 결과 갖추어지는 '신뢰감'
과 '친밀감'은 '따뜻한 대인관계'를 유도하는 특성들이고, 나머지는 모두
'개체로서의 정체성의 확립 및 자기 가능성의 성취'와 관련되는 특성들
이라고 볼 수 있다. 이렇게 보면, 에릭슨의 이론은 앞에서 고찰한 서구심
리학의 이상적 인간상의 특징론과 똑같은 논리 구조를 가지고 있는 것으
로 볼 수 있다. 즉 에릭슨도 독립적인 개체로서의 개인의 독특성의 실현
과 원만한 대인관계에 초점을 맞추어, 각각에 필요한 특성들의 연령단계
별 발달과정을 제시하고 있는 것이다.

2) 매슬로의 욕구위계론

매슬로는 인간의 욕구가 위계구조를 가지고 있다는 '욕구위계설'을 제
시하고, 그 최상의 목표인 '자기실현욕구'에 의해 개인의 삶이 지배되는
자기실현의 상태를 이상적 인간의 상태로 간주하는 입장을 표명하였다.
그는 자기실현(self-actualization)을 "자기가 가지고 있는 자질·역량·가
능성의 충분한 사용과 개발"[27)이라 보고, 이러한 자기실현인은 "자기 자

---

26) Erikson의 점성설적 견해의 자세한 내용은 졸저(조긍호, 2006, pp. 265-274) 참조.
27) Maslow, 1954, p. 260.

신을 충분히 성취하여 할 수 있는 최상의 것을 해내는 사람"[28]이라는 관점에서, 이러한 자기실현의 상태에 도달하는 과정을 욕구의 위계질서 속에서 찾으려 하였던 것이다.

매슬로는 인간의 욕구가 '생리적 욕구(physiological needs)-안전욕구(safety needs)-소속과 사랑 욕구(belongingness and love needs)-존중욕구(esteem needs)-자기실현욕구(self-actualization needs)'의 위계구조를 갖는데, 하위 단계의 욕구가 충족되어야 그다음 단계의 욕구가 출현하게 된다고 보았다.[29] 그는 "욕구의 단계는 모든 종에게 적용되는 것으로, 한 개인이 더 높은 단계에 올라갈수록 그는 더 많은 개성, 인정, 심리적 건강을 나타내게 될 것이라고 전제하고 …… 일반적으로 낮은 욕구단계일수록 그 강도와 우선순위가 강해지는 경향이 있다"[30]고 주장하였다. 이제 매슬로의 욕구위계를 낮은 단계부터 순서대로 살펴보면 다음과 같다.

첫째, 가장 낮은 단계의 욕구는 음식물, 수분, 산소, 성, 활동과 잠, 추위나 더위로부터의 보호 및 감각적 자극에 대한 욕구 등 생리적 수준의 욕구들이다. 이러한 생리적 충동들은 유기체의 생물학적 생존과 직접적으로 관련되어 있는 것으로, 개인은 이러한 기본적인 생리적 욕구가 충족되어야 그다음 단계의 욕구를 충족하기 위한 시도를 하게 된다.

둘째, 일단 생리적 욕구가 충족되면, 개인은 주변 환경과의 관계에서 안전을 추구하려는 데에 관심을 갖게 된다. 이러한 안전욕구가 생기는 주요한 이유는 "개인의 환경 내에서 확실성·정돈·조직 그리고 예측성

---

28) 김성태, 1976, p. 13.

29) Maslow, 1954, 1967, 1968, 1970, 1971.

30) Hjelle & Ziegler, 1981/1983, pp. 416-417.

을 알맞은 정도로 보장받고자 하기 때문"[31]이다.

셋째, 생리적 욕구와 안전욕구가 잘 충족되면, 타인들과 관계를 맺고 이들과 사랑을 주고받으려는 욕구가 강해진다. "이 단계에 동기 부여된 개인은 남들과의 애정적인 관계, 자기 가족 내에서의 위치, 준거집단 등을 갈망하여, 집단의식이 개인의 주요 목표가 된다."[32]

넷째, 소속과 사랑의 욕구가 제대로 충족되면 이 동기의 힘은 사라지고, 존중의 욕구가 나타난다. 이 욕구는 스스로 자기를 존중하고자 하는 자기존중의 욕구와 남들로부터 존중과 인정을 받고자 하는 욕구의 두 가지 형태로 나타나는데, 전자는 "강해지고 유능해지려는 노력, 자유와 독립의 추구로 나타나고, 후자는 흔히 명예와 지위 추구로 나타난다."[33]

다섯째, 이상의 모든 욕구가 충족되고 나면, 마지막으로 자기실현의 욕구가 등장한다. 자기실현욕구는 "자기향상(self-enhancement)을 위한 개인의 갈망이며, 잠재력으로 지닌 것을 실현하려는 욕망이다. 간단히 말해서, 자기를 실현한다는 것은 자기가 원하는 종류의 사람이 되는 것, 즉 자신의 잠재력을 최고로 발휘하는 것이다."[34] 매슬로는 자기실현이 자신의 본성에 진실하고 자신과 조화를 이루는 일이라고 보아, 이를 삶의 목표로 추켜올리고 있다.[35]

매슬로는 욕구위계에서 하위 단계의 네 가지 욕구, 즉 '하위 욕구'는 모두 무엇인가 외적 조건이 결핍되어 나타나는 '결핍동기'(deficiency motives)

31) Hjelle & Ziegler, 1981/1983, p. 418.
32) Hjelle & Ziegler, 1981/1983, p. 420.
33) 홍숙기, 2004, p. 311.
34) Hjelle & Ziegler, 1981/1983, pp. 422-423.
35) Maslow, 1970, p. 46.

라고 보았다. 이러한 결핍동기의 작용은 대체로 '긴장감소모형'(tension-reduction model)을 따른다. 즉 생리적 필요, 안전, 소속과 사랑, 자기 및 타인으로부터의 존중의 결핍은 불쾌한 긴장을 유발하고, 그것의 충족은 긴장을 감소시키고 만족을 가져오므로, 그 결핍으로부터 오는 긴장을 해소시키려는 방향으로 동기화된다는 것이다. 이러한 욕구들의 결핍 상태가 오래 지속되면, 신체적 정신적으로 건강이 악화되어, 신체적 질병이나 신경증 · 성격장애와 같은 부적응의 증상이 유발되기도 한다.

이에 비해 최상위의 자기실현욕구는 자기의 성장을 도모하려는 '성장동기'(growth motives)이다. 이는 "그 자체 결핍 상태에서 생겨나기보다는 존재(being) 자체에서 나오며, 긴장감소보다는 긴장증가를 추구한다."[36] 따라서 이를 '존재동기'(being motives)라 하는데, 이는 "개인의 잠재력을 실현하려는 선천적 충동과 연관된 원격의 목표를 추구하여 경험을 넓힘으로써 삶을 풍요롭게 하고, 그럼으로써 삶의 기쁨을 증가시키려는 것"[37]이다. 즉 결핍동기 곧 "하위 욕구의 충족은 하위의 기쁨, 만족과 현상 유지, 질병 없는 상태"를 가져오지만, 존재동기 곧 "상위 욕구의 충족은 상위의 기쁨, 행복과 성장, 긍정적 건강을 가져온다"[38]는 것이다. 이러한 존재동기가 충족되지 않으면, 완전한 인간성 또는 성장에 이르지 못한 데서 오는 무감각 · 소외 · 우울 · 냉소 등과 같은 '상위병리'(metapathology)가 나타나게 된다.[39]

매슬로에 따르면, 그들의 삶이 존재동기에 의해 지배되는 사람은 결핍

---

36) 홍숙기, 2004, p. 309.

37) Hjelle & Ziegler, 1981/1983, p. 426.

38) 차례대로 홍숙기, 2004, p. 309, 313.

39) Maslow, 1967.

동기에 의해 지배되는 사람과 세상을 보는 양식과 추구하는 가치에서 차이가 난다.[40] 즉, 결핍동기에 의해 주도되는 사람은 자기에게 결핍된 것을 중심으로 세상을 인식[D-인지(Deficiency-cognition)]하게 되지만, 존재동기에 의해 그 삶이 주도되는 사람은 전체성과 통일성을 기초로 세상사를 인식[B-인지(Being-cognition)]하게 되는 것이다. 여기서 B-인지로 세상을 인식하는 사람, 말하자면 존재동기에 의해 주도되어 자기실현을 위해 노력하는 사람은 그렇지 않은 사람과 세상을 보는 차원이 달라진다는 것이 매슬로의 주장이다. 이들에게 있어서 "경험이나 대상은 그 유용성·편의성 및 용도로서의 관련성과는 분리된 전체로서, 그리고 완전한 단위로서 인식"되어, "비교적 자아초월적(ego-transcending), 자기망각적(self-forgetful), 자아상실적(egoless)으로 세상사를 지각"하게 된다. 그리하여 이들은 "전체성·완전성·완성·정의·생동감·풍부함·단순성·진·선·미·독특성·무위·즐거움·자족성"[41] 등 '존재가치'[B-가치(Being values)]를 추구하는 삶을 살아가게 된다. 이러한 존재인지와 존재가치의 추구는 자기실현인의 삶의 기본적인 양식이라는 것이 매슬로의 견해이다.

매슬로에 따르면, 이렇게 자기실현을 이루어 이상적 인간형의 상태에 도달한 사람은 극소수뿐이어서, "인구의 1% 이하"[42]만이 이러한 상태에 도달한다고 한다. 그 까닭은 "많은 사람이 자신의 잠재력을 인식하지 못할 뿐더러, 자기향상이 주는 보상에 대해서도 이해하지 못하고", "억압적인 사회적 환경이 자기실현을 방해"함으로써 "안전욕구가 가져다주는

---

40) Maslow, 1968, p. 26.

41) 차례대로 Maslow, 1968, p. 74, 79, 83.

42) 민경환, 2002, p. 202; Hjelle & Ziegler, 1981/1983, p. 424.

강한 부정적 영향"[43]에 휘둘리기 때문이라는 것이다.

이렇게 자기실현의 성취는 매우 어려운 일이고, 따라서 이는 인간으로서 이루어야 할 가장 고귀한 목표이며, 이러한 목표를 달성하는 것이 바로 이상적 인간이 되는 길이라고 매슬로는 본다. 이상적 인간이 된다는 이러한 삶의 목표는 욕구위계에서 하위 욕구들이 모두 충족된 다음에 출현되는 최상위의 욕구인 자기실현욕구에의 상태에서 성취된다는 것, 즉 욕구위계를 통해 이상적 인간형에 도달하는 단계를 제시하고자 한 것이 바로 매슬로의 욕구위계설의 기본 논지이다.

✽ 3. 동아시아 유학사상에서의 이상적 인간에 이르는 과정론

유학의 경전들에서 제시되고 있는 이상적 인간이 되는 과정에 관한 이론은 이상적 인간상에 도달하는 과정에 관한 현대 서구심리학의 관점과는 매우 다르다. 그러나 비록 서구(자기실현)와 동아시아 사회(자기확대)에서 보는 이상적 인간의 기본 특징이 서로 다르며, 결과적으로 두 사회인들이 중시하는 내용과 강조점이 상이하다고 할지라도, 유학사상에서 제시되고 있는 군자 또는 성인의 상태에 도달하는 과정에 관한 입론화 과정은 현대 서구심리학의 입론화 과정과 매우 흡사한 것이 사실이다.

에릭슨을 대표로 하는 점성설 계열의 이론은 공자의 연령단계론 및 맹자와 순자의 단계론과, 매슬로를 대표로 하는 욕구위계설 계열의 이론은

---

43) 민경환, 2002, p. 202; Hjelle & Ziegler, 1981/1983, pp. 424-426.

『대학』의 욕구위계설과 그 논리적 구조가 같다고 볼 수 있다. 각 이론이
제시된 시대와 그 사상적 배경이 매우 다름에도 불구하고, 양 진영의 대
표적 이론들(공자 · 맹자 · 순자와 에릭슨, 그리고『대학』과 매슬로)의 논리구
조가 유사하다는 점은 상당히 흥미로운 일이다.

1) 선진유학의 단계론

어떠한 과정을 거쳐 이상적 인간의 상태에 이를 수 있는가 하는 문제
를 보는 유학자들의 견해에서 공통적인 점은 공자 · 맹자 · 순자 같은 선
진(先秦)시대 선구자들의 관점을 따라 성인을 군자보다 높은 단계로 보
는 입장을 견지하고 있다는 사실이다. 이러한 맥락에서 보면 공자 · 맹
자 · 순자의 이상적 인간상을 이루는 과정에 관한 이론은 엄밀한 의미에
서 서구의 점성설의 특징과 일치하는 것이라고는 볼 수 없다.

앞 절에서 보았듯이, '점성설'은 발달의 각 시기가 질적인 구조 변화에
따라 구획되어지는 것이 아니라, 기존의 적응 체제에 새로운 특성이 계
속 첨가되는 과정에 따라 발달이 이루어진다고 보는 입장으로, 에릭슨의
전 생애에 걸친 성격발달이론이 대표적이다. 이에 비해 '단계설'(段階說,
stage theory)은 외부 세계를 인식하고 이에 적응해 가는 심적인 구조가
각 단계마다 질적으로 변화해 간다고 보는 입장으로, 프로이트의 성격발
달의 5단계설과 피아제(Piaget, J.)의 인지발달의 4단계설이 대표적이다.
이 절에서 보게 되겠지만, 유학의 경전들에서 제시되고 있는 이상적 인
간상에 도달하는 과정에 관한 공자 · 맹자 · 순자의 이론들은,『대학』의
욕구위계설을 제외하고는, 에릭슨류의 엄밀한 점성설이 아니라, 점성설
적 특징을 갖춘 단계설이라고 보는 것이 정확할 것이다.

유학자들이 이상적 인간상을 표현하는 대표적 용어인 군자와 성인 중
에서 이상적 인간의 전형으로 받아들여지고 있는 것은 성인이다. 성인
에 대해서는 일찍이 공자도 "성인은 요(堯)·순(舜)도 이를 오히려 어렵
게 여겼거늘"[44] "성(聖)과 인(仁)을 내가 어찌 감히 넘보리오?"[45]라고 높
이 평가한 경지이다. 공자는 또한 "성인은 내가 아직 만나 보지 못하였
다. 그러니 군자라도 만나 볼 수 있다면 좋겠다"[46]거나 "군자에게는 두
려워할 것이 세 가지가 있으니, 천명(天命)과 대인(大人)과 성인(聖人)의
말씀이다"[47]라고 하여, 성인을 군자보다 상위 개념으로 잡고 있다.

맹자도 제자인 공손추(公孫丑)와의 문답에서 공손추가 "선생님은 이미
성인이십니까?"라고 묻자 "아! 그 무슨 말인가? …… 무릇 성인은 공자께
서도 스스로 이러한 경지에 있지 않다고 하셨거늘, 그 무슨 소리를 함부
로 하고 있느냐?"고 나무라면서, "나는 아직 이루지 못하였다. 나의 소망
은 오직 공자를 배우는 것일 뿐이다"[48]라고 하여, 성인의 경지를 높이 평
가하고 있다. 즉 성인은 시(時)·공(空)을 초월하는 절대적인 존재이기
때문에[49] "인류의 표준"[50]으로서 "백대 후에도 본받을 스승"[51]이 될 만

---

44) 子貢曰 如有博施於民而能濟衆 何如 可謂仁乎 子曰 何事於仁 必也聖乎 堯舜其猶病
諸(『論語』 雍也 28)
45) 若聖與仁 則吾豈敢(述而 33)
46) 子曰 聖人吾不得而見之矣 得見君子者斯可矣(述而 25)
47) 孔子曰 君子有三畏 畏天命 畏大人 畏聖人之言(季氏 8)
48) 然則夫子旣聖矣乎 曰 惡 是何言也……夫聖孔子不居 是何言也……吾未能有行焉
乃所願則學孔子也(『孟子』 公孫丑上 2)
49) 이러한 논지는 『孟子』에 나오는 성인에 대한 기술의 배경을 이루고 있는데, 이러
한 논점을 직접 언급하고 있는 구절도 많다. 예를 들면, 離婁下 1장에서는 舜과
文王을 비교하면서 "이 두 사람은 피차의 땅의 거리가 천 리 이상 떨어져 있고,
또 피차의 세대의 차이가 천 년 이상이나 된다. 그렇지만 두 분이 다 뜻을 이루어

큼 그 감화력이 위대한 존재라고 맹자는 보고 있는 것이다.

　순자도 이상적 인간의 최종 단계를 성인이라 보아, 군자보다 높게 평가하고 있다. 그는 "배움의 궁극적인 의의는 사(士)가 되는 데에서 시작하여 성인(聖人)이 되는 데에서 끝난다"[52]고 하여 성인의 최고의 등급에 올려놓고, 이에 도달하는 과정 또는 사-군자-성인의 차이를 수신(修身)·비상(非相)·유효(儒效)·애공(哀公)편 등에서 자주 언급하고 있다.[53]

　이러한 공통된 입장 이외에 공자·맹자·순자 등 초창기 유학자들은 각자 특유한 단계론을 제시하고 있다. 여기서는 각자에게 특유한 단계론을 중심으로 하여, 유학의 체계에서 도출되는 이상적 인간의 상태에 도달하는 단계론을 고찰해 보기로 하겠다.

(1) 공자의 연령단계론

　공자는 스스로의 경험에 비추어 인간의 발달과정을 연령의 함수로 보는 매우 독특한 이론을 제시하고 있다.

　　나는 열다섯에 배움에 뜻을 두었고[志于學], 서른에 도에 굳건히 설 수

중국에서 왕도·덕치를 행한 점이 마치 부절을 맞춘 듯이 일치한다. 즉 앞선 성인이나 뒤에 난 성인이나 그 법도는 하나였던 것이다"(地之相去也 千有餘里 世之相後也 千有餘歲 得志行乎中國 若合符節 先聖後聖 其揆一也)라고 기술하고 있다.

50) 聖人 人倫之至也(離婁上 2)

51) 聖人 百世之師也(盡心下 15)

52) 學惡乎始 惡乎終 其數則始乎誦經 終乎讀禮 其義則始乎爲士 終乎爲聖人(『荀子』勸學 12)

53) 荀書以士君子聖人爲三等 修身非相儒效哀公篇可證 故云 始士終聖人(『荀子集解』勸學 12)

있게 되었으며[而立], 마흔에는 외부 사물에 의해 미혹되지 않게 되었
고[不惑], 쉰에는 천명을 알게 되었으며[知天命], 예순에는 어떤 것을
들어도 저절로 깨닫게 되었고[耳順], 일흔에는 무엇이나 마음에 하고자
하는 바를 좇아도 도리에 어긋나지 않게 되었다[從心所欲 不踰矩].[54]

이 인용문의 각 연령 수준에서 공자가 도달했다고 밝힌 단계들이 심리
학적으로 어떤 의미를 갖는가 하는 점에 대해서는 앞으로 많은 연구가
뒤따라야 할 것이다. 예를 들면, 이립(而立)은 자아정체성(自我正體性,
ego-identity)의 확립과, 불혹(不惑)은 정서적 안정과, 지천명(知天命)은 통
일된 인생관의 확립과, 이순(耳順)은 자기객관화와, 그리고 종심소욕 불
유구(從心所欲 不踰矩)는 자기확대 및 자기통제와 관계가 있는 것으로 해
석해 볼 수 있을 것이다. 이렇게 공자가 각 연령단계에서 갖추어야 할 특
성을 나열함으로써 이상적 인간에 도달하는 과정을 제시하고 있다는 사
실은 공자의 연령단계론이 에릭슨의 점성설적 견해와 같은 논리구조를
보유하고 있음을 드러낸다.

그런데 이러한 연령단계 중 지학(志學)으로부터 불혹까지는 자기수양
과 밀접한 관계가 있는 특징들을 나타낸다. 이에 비해 지천명은 자기만
이 해야 할 역할의 인식과 관련이 있다. 이는 자기 인생의 존재의의가 현
실 정치에 참여하는 데 있는지 아니면 교육을 통한 도(道)의 전수(傳授)
에 있는지를 확실하게 이해하는 것을 의미한다. 이순은 대체로 어떤 것
을 들어도 저절로 깨우치게 되는 특징, 즉 지식의 확충으로 풀이하고 있
으나, 이는 자기객관화를 통한 편안하고 조화로운 상태를 이루는 단계로

---

54) 吾十有五而志于學 三十而立 四十而不惑 五十而知天命 六十而耳順 七十而從心所
欲 不踰矩(『論語』 爲政 4)

볼 수도 있다. 지천명을 통해 확인한 자기의 고유 역할을 실제 사회생활을 통해 펼치고, 그 결과 타인들과 조화로운 관계를 유지하는 자기객관화를 귀가 순조로워지는 이순의 핵심이라 볼 수 있을 것이다. 그리고 종심소욕의 상태는 이제 인간적으로 완성되어 항상 어떤 일을 하든지 사람의 도리에 맞는 삶의 경지에 도달한 상태, 즉 자기수양과 대인관계의 조화뿐만 아니라, 사회적 책임도 다함으로써 이루어진 완성된 삶의 상태를 지칭하는 것이라 생각할 수 있다.

　이와 같이 지천명으로부터 종심소욕까지는 수기(修己)의 결과를 안인(安人)과 안백성(安百姓)의 경지로 확대한 상태를 의미하는 것이라 볼 수 있다. 이렇게 보면, 공자의 연령단계론은 '수기 → 안인 → 안백성'의 확대론으로 정리할 수 있을 것이다. 공자의 연령단계론을 이와 같이 '수기 → 안인 → 안백성'의 점진적 확대론으로 볼 수 있다는 사실은 제자인 자로(子路)와의 문답 속에 제시된 '수기-안인-안백성'의 군자론에서부터 드러나고 있다. 공자는 제자인 자로의 군자에 대한 거듭되는 물음에 수기-안인-안백성의 순서로 대답한 다음, 맨 마지막에 "수기이안백성은 요·순도 오히려 어렵게 여긴 경지"라고 말하여,55) 이러한 확대론을 직접 피력하고 있다.

　공자는 또한 백성들에게 널리 베풀고 뭇사람들을 구제하는 안백성의 상태는 "요·순도 오히려 어렵게 여긴 경지"라고 하여, 확대론을 거듭 피력하고 있다. 공자는 제자인 자공(子貢)과의 이러한 문답 직후에 "무릇 인(仁)이란 자기가 서고자 하는 곳에 남을 먼저 세워 주고, 자기가 이루

---

55) 子路問君子　子曰　修己以敬　曰　如斯而已乎　曰　修己以安人　曰　如斯而已乎　曰　修己以安百姓　修己以安百姓　堯舜其猶病諸(憲問 45)

고자 하는 일을 남이 먼저 이루도록 해 주는 것이다. 능히 자기 몸 가까이에서 취하여 이를 미루어 갈 수 있으면, 인을 행하는 방도라고 이를 만하다"56)고 하여, 안인과 수기는 안백성의 전 단계임을 분명히 하고 있다. 이렇게 수기를 거쳐 안인의 상태에 이르고, 안인을 거쳐 안백성의 상태에 이르는 점진적 확대 과정이 이상적 인간상에 도달하는 단계라고 보는 것이 공자의 단계론의 기본 입장이다. 이러한 맥락에서 보면, 공자의 연령단계론은 점성설적 측면만이 아니라 단계론의 특징도 공유하고 있다고 할 수 있을 것이다.

(2) 맹자의 단계론

앞에 제시한 공자의 연령단계론은 맹자도 받아들이고 있는 것이다. 그는 제자인 공손추(公孫丑)와의 문답에서 공손추가 "선생님께서 제(齊)나라의 경상(卿相) 자리에 올라 도를 행하시게 되면, 비록 이로 말미암아 패왕의 공업을 이루신다고 해도 이상할 것이 없을 것입니다. 이렇듯이 임무가 막중하고 책임이 무거워도 선생님의 마음이 흔들리지 않으시겠습니까?"라고 묻자, "아니다. 나는 이미 마흔이 넘었으니 절대로 마음이 흔들리지 않는다"고 대답하였다.57) 여기서 사십부동심(四十不動心)은 공자가 말하는 사십이불혹(四十而不惑)과 같은 의미로, 따라서 맹자는 공자가 제시한 연령에 따른 발달단계론을 받아들이고 있는 것으로 볼 수 있다.

---

56) 子貢曰 如有博施於民而能濟衆 何如 可謂仁乎 子曰 何事於仁 必也聖乎 堯舜其猶病諸 夫仁者 己欲立而立人 己欲達而達人 能近取譬 可謂仁之方也已(雍也 28)
57) 公孫丑問曰 夫子加齊之卿相 得行道焉 雖由此霸王 不異矣 如此則動心否乎 孟子曰 否 我四十不動心(『孟子』 公孫丑上 2)

이러한 공자의 단계론은 주로 개인적 수양의 측면을 강조하는 입장이 강한데 비해, 맹자는 인간의 사회적 존재 특성을 강조하는 입장에서 독특한 단계론을 제시하고 있다. 이는 제자인 호생불해(浩生不害)와의 다음과 같은 문답에서 잘 드러나 있다.

> 모든 사람이 좋아하고 욕심내는 사람을 선인(善人)이라 하고, 선한 덕성을 자기 몸에 지녀 체득함으로써 믿음을 얻게 되면 신인(信人)이라 하고, 선을 힘써 실천하여 이를 꽉 채우면 미인(美人)이라 하고, 충실하고 또 그 덕업이 빛을 발휘하게 되면 대인(大人)이라 하고, 크면서도 생각하거나 노력함이 없이도 도와 일치하여 남을 감화하게 되면 성인(聖人)이라 하고, 성하면서 알 수 없는 경지에 이르면 신인(神人)이라 한다.58)

이 인용문 중의 신인(神人)에 대해 주희(朱熹)는 『맹자집주(孟子集註)』에서 정자(程子)의 말을 인용하여 "성불가지(聖不可知)란 성의 지극히 묘함을 사람이 헤아릴 수 없다는 말이지 성인의 위에 또 한 등급의 신인(神人)이 있다는 말은 아니다"59)라고 기술함으로써, 맹자의 입장을 '선인(善人) → 신인(信人) → 미인(美人) → 대인(大人) → 성인(聖人)'의 다섯 단계론으로 정리하고 있다.

여기서 선(善)은 개인적인 도의 체득의 측면, 신(信)과 미(美)는 대인관계의 측면, 그리고 대(大)와 성(聖)은 사회적 책임의 측면의 이상적 인간

---

58) 可欲之謂善 有諸己之謂信 充實之謂美 充實而光輝之謂大 大而化之之謂聖 聖而不可知之之謂神(盡心下 25)

59) 程子曰 聖不可知 謂聖之至妙 人所不能測 非聖人之上又有一等神人也(『孟子集註』)

의 특징과 결부되는 것이라 볼 수 있고, 따라서 맹자는 '도의 체득을 통한 깨끗함과 순수함의 견지 → 대인관계에서의 조화의 달성 → 사회적 책임의 완수'로 이상적 인간상에 도달하는 단계를 논하고 있는 것이라 할 수 있을 것이다. 이러한 점은 맹자의 과정론이 단계론의 특징을 강하게 띠고 있음을 말하는 것이다.

그러나 맹자의 과정론이 전형적인 단계설적 특징만을 갖는 것은 아니다. 맹자는 제자인 호생불해(浩生不害)가 노(魯)나라의 대부인 악정자(樂正子)는 어떤 사람인지 물어보자, "그는 선인(善人)이자 신인(信人)"이라고 못 박으면서, 앞의 인용문에서 제시한 "선인-신인-미인-대인-성인"을 차례로 설명한 다음, "그러니까 악정자는 아래의 두 단계(1·2 단계)에 있고, 그 위의 단계에는 미치지 못한다"라고 평가하고 있다.[60] 이렇게 한 사람이 나이가 아무리 많다고 해도 이상적 인간이 갖추어야 할 모든 특징을 다 갖추게 되는 것이 아니라 하위 단계의 특징만을 소유하고 있을 수 있다는 논점은 맹자의 단계론에 에릭슨의 점성설적 특징이 드러나고 있음을 보여 주는 것이다.

그러나 맹자의 단계론에서 보다 더 중요한 요점은 점진적 확대론의 관점이다. 맹자가 '성지청(聖之淸) → 성지화(聖之和) → 성지임(聖之任)'의 점진적 확대론을 제시하고 있다는 사실은 그가 직접 "군자에게 있어서 다른 사람들과 더불어 선을 이루는 일보다 더 큰 일은 없다"[61]고 표현하고 있다는 점에서도 잘 드러난다. 또한 각각 성지청과 성지화의 전형으

---

60) 浩生不害問曰 樂正子何人也 孟子曰 善人也 信人也……樂正子 二之中 四之下也 (盡心下 25)

61) 大舜有大焉 善與人同 舍己從人 樂取於人以爲善 自耕稼陶漁 以至爲帝 無非取於人者 樂取人以爲善 是與人爲善者也 故君子莫大乎與人爲善(公孫丑上 8)

로 평가하고 있는 백이(伯夷)와 유하혜(柳下惠)[62]에 대해 맹자 스스로가 "백이는 좁고, 유하혜는 소홀하다"[63]고 비판하기도 하였지만, 성지임의 전형인 이윤(伊尹)에 대해서는 시종 높이 평가하고 있다[64]는 사실에서도

---

[62] 伯夷聖之淸者也 伊尹聖之任者也 柳下惠聖之和者也 孔子聖之時者也 孔子之謂集大成(萬章下 1)

[63] 孟子曰 伯夷隘 柳下惠不恭 隘與不恭 君子不由也(公孫丑上 9)

[64] 이 세 사람에 대한 기술은 『孟子』 전편을 통하여 백이는 8개 장(公孫丑上 2, 9; 滕文公下 9; 離婁上 13; 萬章下 1; 告子下 6; 盡心上 22; 盡心下 15), 유하혜는 5개 장(公孫丑上 9; 萬章下 1; 告子下 6; 盡心上 28; 盡心下 15), 그리고 이윤은 8개 장(公孫丑上 2; 公孫丑下 2; 萬章上 6, 7; 萬章下 1; 告子下 6; 盡心上 31; 盡心下 38)에서 산견된다. 이 중 백이와 유하혜를 비판한 公孫丑上 9장을 제외하고는 대체로 백이는 聖之淸의 전형으로, 유하혜는 聖之和의 전형으로, 그리고 이윤은 聖之任의 전형으로 표현되고 있어, 맹자가 이 세 사람을 얼마나 높이 평가했는지를 잘 알 수 있다.

　이 세 사람 중 이윤은 전혀 맹자의 비판을 받고 있지 않다는 점에서 맹자가 가장 높이 평가하고 있는 것으로 볼 수 있으며, 公孫丑上 9장에서 "백이는 좁고, 유하혜는 소홀하다"라고 비판한 것은 맹자 자신의 처신에 대한 합리화를 위한 탄식이 아니었을까 추측된다. 즉 맹자가 처했던 전국(戰國) 시대도 백이가 처했던 은(殷)나라 말기의 주(紂)왕 때와 마찬가지로 난세였는데, 백이는 이 혼란을 피해 숨어 버려서 청(淸)을 견지했음에 반하여, 맹자는 인의왕도를 실현하려는 꿈을 버리지 않고 제후국을 순방하였으며, 그렇다고 유하혜 같이 낮거나 높은 관직을 가리지 않고 맡아 항상 화(和)를 추구하지도 못하고, 가는 곳마다 자기의 뜻이 받아들여지지 않으면 버리고 떠났으므로, 맹자 자신이 보기에 인의왕도를 펴 보려는 뜻도 가지지 않고 숨어 버린 백이는 지나치게 좁고, 인의왕도를 펼 만한 자리가 아닌데도 머무르곤 했던 유하혜는 지나치게 소홀했다고 비판해야 자기의 처신이 합리화될 수 있다고 생각한 것은 아닐까 추측할 수 있는 것이다. 그러나 이윤은 역시 난세인 하(夏)나라 말기의 걸(桀)왕 때에 탕(湯)을 도와 은나라의 성립에 결정적 역할을 했으므로, 맹자가 추구하는 인의왕도의 실현을 이룬 인물로 나무랄 점을 찾기 어려웠을 것이며, 또한 그를 추켜올림으로써, 이를 통해 자기의 처신을 합리화하는 발판을 삼으려 했다고 생각할 수도 있을 것이다.

　어떻든 백이 · 유하혜 · 이윤의 세 인물은 성인의 특징 각각을 전형적으로 대표할 수 있는 인물이라고 맹자가 보고 있는 것만은 틀림없는 사실인 것이다.

그가 '성지청 → 성지화 → 성지임'의 점진적 확대론을 견지하고 있음을 확인할 수 있다. 이렇게 보면, 맹자가 제시하는 이상적 인간상에 도달하는 과정론은 점성설과 단계론의 특징을 고루 갖춘 점성설적 단계론이라고 할 수 있을 것이다.

(3) 순자의 단계론

순자는 이상적 인간에 도달하는 단계를 '사(士) → 군자 → 성인'의 3단계로 설정하고 있다. 이러한 사실은 "배움의 궁극적인 의의는 사(士)가 되는 데에서 시작하여 성인이 되는 데에서 끝난다"[65]는 구절에서 잘 드러나고 있다. 왕선겸(王先謙)은 『순자집해(荀子集解)』에서 이 구절을 해설하면서 "『순자』에서는 사·군자·성인을 세 등급으로 보고 있다"[66]라 하여, 이러한 사실을 확인해 주고 있다. 이러한 '사 → 군자 → 성인'의 단계에 대해 순자는 다음과 같이 진술하고 있다.

> 예를 좋아하여 이를 실행하는 사람이 사(士)이다. 뜻을 확고히 하여 도를 이행하는 사람이 군자(君子)이다. 두루 밝게 통달해서 막힘이 없는 사람이 성인(聖人)이다.[67]

> 저 배움이란 이를 실행하면 사가 되고, 행한 위에 더욱 힘쓰면 군자가 되고, 모든 일에 두루 통해서 알게 되면 성인이 된다.[68]

---

65) 學惡乎始 惡乎終……其義則始乎爲士 終乎爲聖人(『荀子』 勸學 12)

66) 荀書以士君子聖人爲三等(『荀子集解』 勸學 12)

67) 好法而行士也 篤志而體君子也 齊明而不竭聖人也(修身 36): 『荀子集解』에서는 첫 구절의 法을 禮로, 둘째 구절의 篤을 固, 體를 履道로 풀고 있다.

68) 彼學者 行之曰士也 敦慕焉君子也 知之聖人也(儒效 13-14): 『荀子集解』에서는 敦

그러므로 배우는 사람은 성왕(聖王: 성인과 선왕)을 스승으로 삼고, 성
왕의 제도를 법으로 삼아야 한다. 그리하여 그 법을 본받아 만사의 근
본적인 원칙을 구하고, 그 사람됨을 닮도록 노력해야 한다. 이를 향해
힘쓰는 사람이 사이고, 이와 비슷하게 되어 가까이 이른 사람이 군자
이며, 이를 완전히 통달하여 알게 된 사람이 성인이다.[69]

이 세 인용문에서 보듯이, 성인(聖人)은 도를 완전히 통찰하고 있는 사
람이다. 순자는 "성인은 그 원하는 바를 따르고, 자기의 정(情)을 다 겸비
하되, 리(理)에 따라 정도에 맞는 것이다. 그런데 억지로 할 것이 무엇이
있으며, 참아 내야 할 것이 무엇이 있으며, 조심할 것이 무엇이 있겠는
가?"[70]라 하여, 도와 일체가 된 사람이 바로 성인이라 보고 있는 것이다.
따라서 성인은 "백왕의 법을 익혀 이를 흑백을 구별하듯이 하고, 당시의
변화에 응하기를 하나 둘의 수를 세듯이 한다. 또한 예를 행하고 절도를
지키기를 사지를 가지고 태어난 듯이 편안히 하며, 때에 따라 공을 세우
기를 사계절이 비추듯이 자연스럽게 한다. 정치를 공평하게 하고 백성
들을 조화롭게 하는 솜씨도 뛰어나서, 억만이나 되는 많은 사람에게 하
기를 마치 한 사람에게 하듯 두루 베푼다"[71]는 것이다.

이에 비해 군자(君子)는 성인의 상태에 가까이 가기는 했지만, 아직 이

慕를 둘 다 勉으로 보아, 이 구절을 行而加勉 則爲君子라 풀고 있다.

69) 故學者以聖王爲師 案以聖王之制爲法 法其法以求其統類 以務象效其人 嚮是而務士
    也 類是而幾君子也 知之聖人也(解蔽 26)
70) 聖人縱其欲 兼其情 而制焉者理矣 夫何彊何忍何危(解蔽 22)
71) 修百王之法 若辨白黑 應當時之變 若數一二 行禮要節而安之 若生四枝 要時立功之
    巧 若詔四時 平正和民之善 億萬之衆 而博若一人 如是則可謂聖人矣(儒效 19-20):
    『荀子集解』에서는 平正의 正을 政으로, 博若一人의 博을 傳로 보고 있다.

에 이르지는 못한 상태를 가리킨다. 즉 이들은 "행위가 바르고 뜻이 견고
하며, 들은 바 도를 닦아 바르게 함으로써 자기의 본성을 고치고 꾸미기
를 좋아한다. 그러나 그 말이 대체로 합당하기는 하되 그 내용을 충분히
깨달은 것은 아니고, 그 행실이 대체로 합당하기는 하되 아직 편안한 상
태는 아니며, 그 지려가 대체로 합당하기는 하되 아직 빈틈없이 짜여 있
지는 못하다. 그럼에도 불구하고 이들은 위로는 자기가 높이는 도를 크
게 확장시킬 수 있고, 아래로는 자기만 못한 사람을 깨우쳐 인도할 수 있
는 것이다."[72]

끝으로 사(士)는 "행위가 바르고 뜻이 견고하며, 사욕으로 인해 들은
바 도를 혼란스럽게 하지는 않는 사람이다."[73] 즉 사는 배움의 길에서
도를 배우고 이를 실천하려고 노력하기는 하되, 아직 크게 미숙한 상태
를 이르는 것이다.

이와 같이 순자는 "지(志)·행(行)·지(知)의 세 방면에서 인격의 등급
을 논하고 있다."[74] 이러한 사실은 순자의 다음과 같은 진술에서 잘 드
러나고 있다.

> 뜻[志]은 애써 사욕을 억제한 뒤에야 비로소 공평해지고, 행실[行]은 애
> 써 자기 성정을 억제한 뒤에야 비로소 닦이며, 지식[知]은 있으나 남에
> 게 즐겨 물어 본 뒤에야 비로소 재능을 발휘하게 된다. 이렇게 되어 뜻
> 이 공평해지고, 행실이 닦이고, 재주가 갖추어진 사람은 소유(小儒)라

---

72) 行法至堅 好修正其所聞 以橋飾其情性 其言多當矣 而未喩也 其行多當矣 而未安也
其知慮多當矣 而未周密也 上則能大其所隆 下則能開道不己若者 如是則可謂篤厚君
子矣(儒效 19): 『荀子集解』에서는 첫 구절의 法은 正, 至는 志로 보고 있다.

73) 行法至堅 不以私欲亂所聞 如是則可謂勁士矣(儒效 19)

74) 蔡仁厚, 1984, p. 495.

할 만하다. 그러나 아무런 인위적인 노력 없이도 뜻[志]은 저절로 공평
하고, 행실[行]은 저절로 닦였으며, 지식[知]은 모든 법도와 원리에 통
달했으면 대유(大儒)라 할 만한 것이다.75)

　이와 같이 지(志)·행(行)·지(知)를 닦는 과정에 있는 사람이 사(士)이
고, 상당히 닦여 있지만 아직 미진한 상태에 있는 사람이 군자(君子)이
며, 완전히 도와 일체가 되어 억지로 노력함이 없이도 스스로 편안하게
된 사람이 성인(聖人)이라는 것이 바로 순자의 생각인 것이다. 즉 "성인
은 사람이 쌓아서 이루는 것"76)으로서, 이들은 태어나면서부터 보통 사
람과 다른 것이 아니라, 후천적인 쌓음의 정도가 다를 뿐이라는 것이
다.77) 이렇게 보면, 뜻·행실·지식의 세 측면에서의 점진적인 축적78)
의 과정을 통해 '사 → 군자 → 성인'의 단계를 거쳐 이상적 인간의 상태
에 도달하게 된다는 '다방면 동시점진주의'(多方面 同時漸進主義)가 바로
순자가 보는 이상적 인간형 발달단계론의 핵심이라 할 수 있을 것이다.

---

75)　志忍私 然後能公 行忍情性 然後能修 知而好問 然後能才 公修而才 可謂小儒矣 志
　　安公 行安修 知通統類 如是則可謂大儒矣(儒效 37-38).
76)　涂之人百姓 積善而全盡 謂之聖人 彼求之而後得 爲之而後成 積之而後高 盡之而後
　　成 故聖人也者 人之所積也(儒效 36)
77)　故聖人之所以同於衆 其不異於衆者性也 所以異而過衆者僞也(性惡 7); 凡人之性者
　　堯舜之與桀跖 其性一也 君子之與小人 其性一也(性惡 11); 材性知能 君子小人一也
　　好榮惡辱 好利惡害 是君子小人之所同也 若其所以求之之道則異矣……故熟察小人
　　之知能 足以知其有餘可以爲君子之所爲也(榮辱 28-30); 可以爲堯禹 可以爲桀跖
　　可以爲工匠 可以爲農賈 在勢注錯習俗之所積耳(榮辱 31-32)
78)　이 세 측면에서의 축적을 표현하는 순자의 진술은 위의 인용문(儒效 37-38) 이외
　　에도 榮辱 28; 非相 15, 19; 王霸 3; 君道 7, 16; 天論 28; 正論 6, 28-29; 解蔽
　　13 등 여러 곳에서 산견된다.

2) 『대학』의 욕구위계론

『대학』의 첫머리인 경(經)에는 앞에 논의된 삼강령(三綱領) 이외에 수양의 단계론을 제시한 팔조목(八條目)이 제시되고 있다.

> 옛날에 자기가 가진 밝은 덕을 온 천하에 밝게 드러내고자 하는 사람은 먼저 자신의 나라를 다스렸고, 자기의 나라를 다스리고자 하는 사람은 먼저 자신의 집을 가지런히 하였으며, 자기의 집을 가지런히 하고자 하는 사람은 먼저 자신의 덕을 닦았다. 자기의 덕을 닦고자 하는 사람은 먼저 자신의 마음을 바로잡았고, 자기의 마음을 바로잡고자 하는 사람은 먼저 자신의 뜻을 참되게 하였으며, 자기의 뜻을 참되게 하고자 하는 사람은 먼저 자신의 지식을 넓혔다. 이렇게 지식을 넓히는 것은 사물의 이치를 궁구하는 데 달렸다. 그러므로 사물의 이치를 구명한[格物] 후에야 지식이 극진하게 되고, 지식이 극진하게 된[致知] 후에야 뜻이 참되어지고, 뜻이 참되어진[誠意] 후에야 마음이 바로잡히고, 마음이 바로잡힌[正心] 후에야 덕이 닦이고, 덕이 닦인[修身] 후에야 집이 가지런해지고, 집이 가지런해진[齊家] 후에야 나라가 다스려지고, 나라가 다스려진[治國] 후에야 천하가 화평하여지는[平天下] 것이다.79)

---

79) 古之欲明明德於天下者 先治其國 欲治其國者 先齊其家 欲齊其家者 先修其身 欲修其身者 先正其心 欲正其心者 先誠其意 欲誠其意者 先致其知 致知在格物 物格而后知至 知至而后意誠 意誠而后心正 心正而后身修 身修而后家齊 家齊而后國治 國治而后天下平(『大學』 經)

이것이 『대학』에 나오는 유명한 '격물(格物) → 치지(致知) → 성의(誠意) → 정심(正心) → 수신(修身) → 제가(齊家) → 치국(治國) → 평천하(平天下)'의 수양의 팔조목이다. 이는 매슬로의 욕구위계설과 같은 논리적 구조를 가지고 있는 이론체계이다. 즉 하위 단계의 욕구가 충족되어야 그다음 단계의 욕구가 출현한다는 것이다. 『대학』에서는 사물의 이치를 궁구하는 격물이 가장 하위의 욕구이고, 온 천하를 화평하게 하는 평천하가 최상위의 욕구라고 보는 셈이다.

여기서 '격물욕구'와 '치지욕구'는 사물의 이치를 궁구하여 지혜를 극진하게 하고자 하는 '인지적 동기'라 볼 수 있다. 그다음 '성의욕구'와 '정심욕구' 및 '수신욕구'는 뜻을 참되게 하고, 마음을 바르게 함으로써, 덕을 닦으려 하는 '자기수양의 동기'라고 볼 수 있다. 이어서 '제가욕구'는 집을 정돈하여 집안 사람들과의 올바른 관계, 즉 인륜(人倫)을 다하려는 '조화의 추구 동기'라고 볼 수 있다. 다음으로 '치국욕구'와 '평천하욕구'는 이러한 바탕 위에서 사회의 모든 사람에게 스스로가 도덕 주체로서 명덕(明德)을 보유한 존재임을 밝게 깨닫게 함으로써, 평화로운 사회를 이룩하려는 '사회적 책무의 자임(自任) 동기'라고 볼 수 있다.

이렇게 보면, 『대학』에서 제시되는 욕구들은 '인지적 동기 → 자기수양의 동기 → 조화의 추구 동기 → 사회적 책무의 자임 동기'의 위계 구조를 가지는 것으로 생각할 수 있을 것이다. 이러한 위계는 공자가 제시하는 '수기 → 안인 → 안백성'의 위계, 맹자의 '성지청 → 성지화 → 성지임'의 위계, 순자의 '사 → 군자 → 성인'의 위계 및 『대학』의 '지어지선 → 친민 → 명명덕'의 위계에서 의미하는 '점진적 확대론'과 같은 의미구조를 갖는 것이다.

이렇게 『대학』에서 제시되는 여덟 가지 욕구는 인지적 동기에 해당되는 격물과 치지의 욕구를 제외하고는, 모두 자기를 닦고 다른 사람들에게 덕을 베푸는 것과 관련된 욕구들로서 도덕적 동기라고 볼 수 있는 것들이다. 따라서 『대학』에서도 인지적 동기와 도덕적 동기의 위계 관계 및 도덕적 동기를 구성하는 요소 동기들(자기수양-관계의 조화-사회적 책무 자임) 사이의 위계구조를 설정하고 있는 것이라 하겠다. 이렇게 『대학』에서는 도덕적 동기를 상위에 있는 동기로 봄으로써, 사람에게 있어 가장 중핵적 동기는 도덕적 동기가 되어야 한다는 점, 그리고 도덕적 동기 중에서도 사회적 책무 자임의 동기를 가장 상위에 둠으로써, 사회의 모든 사람에게 인의를 베풀고자 하는 강한 책임감이 욕구 승화의 정점이 된다는 사실을 강조하는 입장을 전개하고 있는 것이다.

이렇게 이상적 인간형은 '자기완성 → 관계완성 → 사회완성'의 욕구 위계에 따라 발달해 가며, 그의 모든 삶이 사회완성의 동기에 의해 지배되는 상태가 인간이 이룰 수 있는 최종 정착점이 된다는 것이 『대학』의 욕구위계설의 본지이다. 다만 『대학』에서는 유학의 다른 경전들과는 달리, 이러한 이상적 인간상의 점진적 확대를 욕구의 확대 과정으로 치환하여 해석하고 있다는 사실이 특이할 뿐이다. 이러한 『대학』의 위계설은 매슬로의 욕구위계설과 동일한 논리구조 위에 구축되고 있기는 하지만, 이는 사회성에서 인간의 존재의의를 찾는 유학의 입장에서 당연하게 도출되는 것으로서, 개체로서의 개인의 자기실현욕구에만 초점을 맞추는 매슬로의 입장과는 근본적인 차이를 보이는 것이다.

✵ 4. 문화차와 동 · 서 접근의 회통

앞 장에 이어서 이 장에서도 이상적 인간상의 제반 특징과 그에 도달
하는 과정이라는 같은 문제에 접근하고 이론화하는 서구와 동아시아의
차이를 중심으로 논의를 전개하여 왔다. 서구와 동아시아 사이에는 생
태 조건과 삶을 영위하는 방식의 차이에서 비롯되는 철학적 배경과 인간
을 파악하는 관점에 차이가 유발되며, 결과적으로 지 · 정 · 의 등 제반
심성과 행동 양식에 각각의 인간관에 걸맞는 다양한 차이가 유발된다는
사실들이 밝혀져 왔다. 그리하여 서구인들은 '자기개체성의 견고화와 자
기고양'이 바람직한 '사람됨'의 근간이라고 믿고, 동아시아인들은 '상호
연계성의 확대와 자기개선'이 이상적 인간이 되는 지름길이라고 여기며
살아왔던 것이다.

인간의 삶의 과정에서 이러한 문화차는 결코 좁혀질 수 없는 것인가?
서구인들은 서구에서 태어나 살고 있다는 굴레 때문에 인간 존재의 사회
성을 무시할 수밖에 없고, 동아시아인들은 동아시아인으로 태어났다는
차꼬에 갇혀 계속 개체성의 추구를 백안시하며 살아갈 수밖에 없는 것인
가? 인간의 삶의 과정에서 문화차는 과연 숙명일 뿐인가? 다행스럽게도
현대 문화비교연구들을 통해 문화차는 인간에게 있어 숙명과 같은 족쇄
는 아니라는 사실이 속속 밝혀지고 있다.

1) 한국문화는 집단주의적이기만 한가

지금까지 한국 · 중국 · 일본 같은 동아시아 국가를 집단주의라는 하
나의 커다란 우산으로 묶고, 이들의 공통적인 심성과 행동 특징을 서구

개인주의 문화권과 비교하여 고찰해 보았다. 문화를 집단주의-개인주의 같은 서로 대비되는 하나의 커다란 유형으로 분류하는 것을 문화에 대한 '구조적 정의'라고 한다.[80]

이렇게 문화에 거대한 우산을 씌워 대범주로 분류하는 구조적 정의를 채택하면, 하나의 명칭으로 전체 사회를 특징짓는 과일반화의 위험을 안게 된다. 곧 한 문화유형 속에 살고 있는 수많은 개인의 차이뿐만 아니라, 이러한 대범주에 속한 국가나 사회들의 차이를 무시하고 획일화함으로써, 이들의 전반적인 공통 특성만을 고려하는 위험을 안게 되는 것이다. 이러한 맥락에서 우선적으로 고려해 보아야 할 두 가지 문제점이 도출된다. 그 하나는 한국의 문화는 이웃 중국이나 일본의 문화와 과연 아무런 차이를 보이지 않는가 하는 점이고, 한국인은 누구나가 다 집단주의자인가 하는 점이다.

한국의 문화가 유학사상이라는 같은 이념적 배경을 공유하고 있는 중국이나 일본의 문화와 아무런 차이를 보이지 않는가 하는 문제에 대해서는 두 가지 측면에서 고찰해 볼 수 있다. 우선 호프스테드가 제시한 문화 비교의 네 차원 중 한국·일본·중국은 강한 집단주의의 경향성을 띤다는 공통점이 있다. 권력거리 차원에서도 세 나라는 비슷하게 비교대상이 된 53개 문화권 중 중간 정도에 위치하고 있다. 그러나 남성성·불확실성 회피 차원에서는 세 나라 사이에 커다란 차이를 보이는 것으로 밝혀지고 있다.

남성성 차원에서 일본은 53개 문화권 가운데 1위를 차지하여 강한 남

---

80) Berry, Poortinga, Segall, & Dasen, 1992, pp. 165-170; Kroeber & Kluckhohn, 1952, p. 181; Matsumoto, 2000, pp. 18-19.

성적 문화의 보유국으로 밝혀지고 있는데 반해, 한국과 중국은 상당히
여성적 문화에 속하는 것으로 드러나고 있다. 이는 일본의 문화는 무사
(武士) 문화의 전통이 강하고, 한국과 중국은 문민(文民) 문화의 전통이
강함을 알려 주는 결과이다.[81] 또한 불확실성 회피 차원에서도 일본과
한국은 그 경향이 매우 강한 경향을 보이고 있지만, 중국은 53개 문화권
가운데 중간 정도의 경향을 보이고 있는 것으로 드러나고 있다.[82] 이러
한 결과에 비추어 보면, 한국 · 중국 · 일본의 동아시아 3국은 집단주의
문화를 보유하고 있다는 공통점이 있지만, 남성성과 불확실성 회피의 차
원에서는 커다란 차이를 보이는 문화를 보유하고 있는 것이다.

　그렇다면 한 · 중 · 일 3국의 집단주의는 같은 성격을 갖는 것으로 볼
수 있는가? 이 문제와 관련해서 생각해 보아야 할 것은 집단주의와 개인
주의의 '수직성-수평성' 차원의 분류이다.[83] 여기서 수직적 유형은 불
평등을 수용하고 위계질서를 강조하는 반면, 수평적 유형은 평등과 동등
성을 강조한다. 따라서 '수직적 개인주의자'(vertical individualist: VI)는 경
쟁적이며 남들을 이기는 것을 중시하고, '수평적 개인주의자'(horizontal

---

81) 이러한 까닭은 여러 가지를 생각해 볼 수 있겠으나, 중요한 요인으로 중국에서
　는 한(漢) 무제(武帝) 이후 2,100여 년 동안, 그리고 한국에서는 고려 광종(光宗)
　이후 1,000여 년 동안 과거제를 통해 국가를 경영하는 관리들을 선발하여 국가의
　운영이 문사들에 의해 이루어져 왔으나, 일본에서는 19세기 중엽 에도(江戶)막부
　말기까지 국가의 경영이 쇼군(將軍)을 정점으로 하는 무사들에 의해 이루어져 왔
　다는 사실을 들 수 있을 것이다.
82) Hofstede, 1991/1995, p. 52, 표 2.1; p. 87, 표 3.1; p. 128, 표 4.1; p. 169, 표
　5.1 참조.
83) 집단주의와 개인주의를 수직 · 수평 차원으로 나누어, 네 종류로 분석한 논의는 Singelis,
　Triandis, Bhawuk, & Gelfand(1995), Triandis(1995, pp. 44-48), Triandis & Gelfand
　(1998) 참조.

individualist: HI)는 개인의 독립성과 자율성을 중시한다. 반면, '수직적 집단주의자'(vertical collectivist: VC)는 집단과 가족을 개인보다 우선시하고, '수평적 집단주의자'(horizontal collectivist: HC)는 평등한 동료들 사이의 동료애와 협동을 중시한다.[84]

앞에서 일본은 강한 남성적 문화의 보유국이지만, 한국과 중국은 여성성이 높은 문화의 보유국임을 고찰하였다. 이러한 맥락에서 보면, 일본은 수직적 집단주의의 경향이 강하고, 한국과 중국, 특히 남성성 차원에서 53개 문화권 중 41위를 보여 강한 여성적 문화를 보유하고 있는 한국은 수평적 집단주의 문화를 보유하고 있을 가능성이 높다. 즉 동아시아 3국은 집단주의라는 같은 범주에 묶일 수 있기는 하지만, 구체적인 장면에서 드러나는 색깔은 상당히 다를 가능성이 있는 것이다.

다음으로 고찰해 볼 것은 한국인은 누구나가 다 강한 집단주의의 성향을 보유하고 있는가 하는 문제이다. 문화차에 관한 논의를 할 때는 '생태학적 오류'(ecological fallacy)의 함정에 빠지지 않도록 조심해야 한다.[85] 생태학적 오류란 집단 수준에서 밝혀진 차이를 해당 집단의 모든 개인에게 일반화하여 해석하는 오류를 말한다.[86] 예를 들면, 미국 사회가 개인주의적이고 한국 사회가 집단주의적이라고 해서, 모든 미국인이 모든 한

---

84) Triandis(1995, pp. 44-48, 89-90)는 미국은 40%의 HI와 30%의 VI로 이루어진 개인주의 사회이고, 영국은 20%의 HI와 50%의 VI로 이루어진 개인주의 사회인 반면, 일본은 25%의 HC와 50%의 VC로 이루어진 집단주의 사회이고, 중국은 30%의 HC와 40%의 VC로 이루어진 집단주의 사회로 보고 있다. 이 책에서 한국의 결과는 제시되지 않고 있는데, 한국은 아마도 일본이나 중국보다 HC의 비율이 더 높은 집단주의 사회일 가능성이 높다.

85) Hofstede, 1980, pp. 23-25.

86) Smith, Bond, & Kagitcibasi, 2006, p. 43.

국인보다 더 개인주의적이라거나 모든 한국인이 모든 미국인보다 더 집
단주의적이라고 해석하는 것이 생태학적 오류이다.

문화차는 문화 사이의 상대적인 문제일 뿐이지 한 문화 안의 모든 사
람에게 덧씌워지는 우산 같은 것이 아니다. 한국의 문화가 국가 또는 사
회 수준의 분석에서 집단주의의 성향을 보유하고 있다고 해서, 한국인이
누구나 서구와 같은 개인주의 문화권의 성원들보다 더 집단주의적이거
나, 한국인이 개인주의적인 특징을 전혀 가지고 있지 않은 것은 아니라
는 말이다. 즉 어느 한 사회의 문화가 집단주의 또는 개인주의라고 해서
그 사회의 성원들이 모두 집단주의자 또는 개인주의자는 아니며, 한 개
인은 집단주의의 성향과 개인주의의 성향을 모두 보유하고 있는 것이다.
다만 개인주의 성향의 보유자보다 집단주의 성향의 보유자가 더 많다면
그 사회의 문화는 개인주의보다 집단주의의 특징을 띠게 될 뿐이다.[87]

한 사회의 성원들의 문화성향을 이렇게 다르게 하는 요인들은 다양하
지만, 대표적인 것으로 연령, 교육 수준, 거주 지역, 경제적 풍요 및 아동
양육 방식 같은 요인들을 들 수 있다. 곧 연령이 낮을수록,[88] 고등교육
을 받았을수록,[89] 도시에 거주할수록,[90] 경제적으로 풍요로울수록,[91]
그리고 부모가 아동 양육 과정에서 독립성을 강조했을수록[92] 개인중심

---

87) Bond & Smith, 1996; Schwartz, 2004; Smith et al., 2006, pp. 38−54; Triandis,
    1995, pp. 5−6, 35−36, 62−68; 이 문제에 관해서는 졸저(조긍호, 2003, pp. 109−
    113; 2007a, pp. 440−445) 참조.

88) Gudykunst, 1993; Triandis, Bontempo, Villareal, Asai, & Lucca, 1988.

89) Triandis, 1995, p. 66.

90) Kagitcibasi, 1996; Triandis, 1990.

91) Hofstede, 1980, 1991/1995; Triandis, 1990, 1995.

92) Adamopoulos & Bontempo, 1984; Markus & Kitayama, 1991a.

성향이 강하고, 반면에 연령이 높아지거나, 교육 수준이 낮거나, 농촌에 거주하거나, 가난하거나, 아동 양육 과정에서 의존성을 강조했을수록 집단중심성향이 강한 것이다.[93] 한국에서도 젊은 세대일수록 기성세대에 비해,[94] 고등교육을 받은 사람일수록 교육 수준이 낮은 사람에 비해,[95] 그리고 도시인일수록 농촌 지역에 거주하는 사람에 비해[96] 개인중심성향이 강한 것으로 드러나고 있다. 이러한 사실은 집단주의 사회나 개인주의 사회 어디에도 개인중심성향자와 집단중심성향자가 혼재해 있음을 의미하는 것이다.

이렇게 한국에서도 교육 수준이 높고, 도시에 거주하는 젊은 사람들은 집단주의의 경향보다 개인주의의 경향을 강하게 보이는 것이 사실이다. 따라서 이들만을 놓고 보면, 한국이 아직까지도 집단주의 문화가 지배하는 사회인지 의심이 간다. 그러나 문화비교 연구의 결과들은 대부분 미

---

93) 도시화, 고등교육 및 경제적 풍요 같은 요인이 개인주의와 관련이 깊다는 생각(Hofstede, 1980, 1991/1995; Triandis, 1990, 1995)은 개인주의와 근대화(modernization)가 관련이 깊다는 가정을 그럴 듯하게 보이도록 한다(Bond, 1994; Kagitcibasi, 1997). 이러한 관점을 Hofstede(1991/1995)는 "근대화는 개인주의화와 상응된다" (p. 74)고 표현하고 있다. 이러한 입장에서 간주하는 근대화는 대체로 도시화와 서구화 및 경제성장을 의미하는 것이었는데(Kagitcibasi, 1997; Marsella & Choi, 1994), 근대화가 곧 서구화와 도시화를 유도하는 것만은 아니고(Kagitcibasi, 1996; Marsella & Choi, 1994; Sinha & Tripathi, 1994), 또한 근대화와 개인주의화가 곧 경제발전의 원동력이라는 사실의 근거가 희박하다는 사실이 밝혀짐으로써(Schwartz, 1994), 근대성이 곧 개인중심성향과 일치한다는 등식은 성립할 수 없는 것으로 드러나고 있다(Bond, 1994; Kagitcibasi, 1997; Marsella & Choi, 1994; Schwartz, 1994). 이에 관해서는 졸저(조긍호, 2003, pp. 110-113, 주 5) 참조.

94) 김의철, 1997; 한규석 · 신수진, 1999; Han & Ahn, 1990.

95) 나은영 · 민경환, 1998; 나은영 · 차재호, 1999; 차재호 · 정지원, 1993; 한규석 · 신수진, 1999; Han & Ahn, 1990.

96) 장성수 · 이수원 · 정진곤, 1990.

국 · 캐나다 · 호주 · 영국 · 네덜란드 같은 서구의 대학생들과 한국 · 중
국 · 일본의 같은 연령층의 대학생들의 비교연구에서 확인된 것이었다.
한국의 젊은이들은 같은 한국 사회에 살고 있는 나이든 사람들의 눈으로
보면 지극히 개인주의적인 것 같지만, 같은 연령층의 서구의 젊은이들과
비교해 보면 아직도 지극히 집단주의적인 경향을 강하게 보이고 있는 것
이다. 문화차는 문화집단 간의 차이의 문제이지, 같은 사회 내의 세대차
를 말하는 것은 아닌 것이다.

　하지만 급속하게 변화하고 있는 한국과 같은 사회에서 문화이중성(文
化二重性)의 문제는 심각하게 고려해야 할 중요한 과제이다. 문화이중성
이란 "명시적 공식적 규범과 암묵적 비공식적 행동의 불일치"[97]를 말하
는 것인데, 급격한 사회변화로 인한 큰 세대차로 말미암아 문화의 이중
구조가 심화될 가능성이 높기 때문이다. 고연령 세대일수록 명시적 규
범(예: 법과 규칙)과 암묵적 행동원리(예: 유교적 신념과 선호) 사이에 괴리
가 큰 이중성을 보이게 되어, 현대 사회의 급격한 변화에 적응하는 데 어
려움을 겪을 가능성이 커진다.

　이러한 이중성의 근원은 급속한 근대화 과정에서 겉으로 드러나는 규
범적 측면만 근대화되고, 내면에는 아직도 유교적 전통이 강하게 남아
있는 데에 있을 수 있다. 한국 사회의 바람직한 발전을 위해서는 이러한
문화이중성의 문제에 대한 해결책을 찾는 일이 시급히 요청되는 것으로
보인다.

---

97) 나은영 · 민경환, 1998, p. 75.

2) 문화차는 숙명인가

앞에서도 논의했듯이, 문화차의 문제를 논의할 때는 생태학적 오류를 극복하고 상대주의적 관점을 견지해야 한다. 문화차의 결과는 집단 간의 평균적인 차이를 반영할 뿐이다. 곧 문화차는 문화집단 사이의 상대적인 차이일 뿐이지, 해당 사회의 모든 사람에게 일률적으로 적용되는 차이는 아닌 것이다. 동아시아인보다 더 집단주의적인 서구인도 있을 수 있고, 서구인보다 더 개인주의적인 동아시아인도 있을 수 있다. 그러므로 문화비교 연구의 결과도 상대주의적으로 받아들여야 한다. 앞에서 논의된 모든 차이는 분명 서구와 동아시아의 절대적인 차이를 반영하는 것은 아닌 것이다.

아무리 상대적인 차이라 할지라도, 실제적인 자료를 통해 나타나는 이러한 두 문화 사이의 차이는 앞으로도 계속 지속될 것인가? 심리학적인 연구 결과들은 서로 다른 문화가 대립하는 장면에서 서로 섞이게 되면, 두 문화가 중간의 어느 지점에서 통합을 이룰 것이라는 사실을 시사해 준다.[98] 상대방의 문화에 접촉하여 그 사회에서 살게 되면, 비록 그 기간이 짧을지라도 상대 문화의 사고방식(cognitive style)을 받아들여 세상사를 인식하는 경향이 증가하게 된다는 결과[99]나 서구에 이주한 동아시아인들은 전형적인 서구인과 동아시아인의 중간적인 사고방식을 보인다는 결과[100]는 통합설을 지지하는 증거라 볼 수 있다.

오늘날 전 지구를 휩쓸고 있는 세계화가 진행됨에 따라 서구와 동아시

---

98) Nisbett, 2003.

99) Kitayama, Duffy, Kawamura, & Larsen, 2002.

100) Heine & Lehman, 1997; Nisbett, 2003; Peng & Knowles, 2003.

아는 서로를 잘 알게 되고, 상대방의 문화를 고유문화 속에 받아들이고
있다. 이미 동아시아의 교육은 그 체제와 내용 면에서 서구 교육체제와
내용을 답습하고 있으며, 동아시아에서 교육을 받은 학생들의 가치관과
행동은 서구 학생들의 그것과 매우 유사하다.[101] 동아시아의 교육열은
세계 최고수준이어서 2010년대에 한·중·일 3국의 고등학교 진학
률은 80~99%, 대학교 진학률은 50~80%에 이르고 있다. 그러므로 동
아시아인들, 특히 동아시아의 젊은이들은 서구의 문화에 대해 잘 알고,
심지어 익숙해 있기까지 하다.

　서구에서도 동아시아 문화에 대한 이해와 동경은 이제 무시할 수 없는 추
세로 자리 잡고 있다. 동아시아의 음식·종교·의술 및 건강법에 관해 서구
인들은 열광하고 있으며, 서구의 지나친 개인주의가 인간소외(alienation)를
초래한다고 믿게 된 많은 서구인이 이제 동양적인 공동체를 통하여 사회
적 문제를 해결하려 노력하고 있다.[102]

　이러한 상황에 근거해서 보면, 서구와 동아시아의 많은 사람이 이제
이중문화적(bicultural)이며, 이러한 경향은 세계화에 따라 문화 사이의
접촉이 늘어나면서 더욱 심해질 것이라고 생각할 수 있다. 이러한 이중
문화자(二重文化者)들은 두 문화의 중간에 해당하는 가치나 신념을 가지
고 있을 뿐만 아니라, 특정 상황에 따라 유연하게 둘 중 하나를 선별하여
사용한다.

　역사적 경험에 의해 전형적인 이중문화자인 홍콩인들은 백악관이나
자유의 여신상 같은 서구의 이미지에 노출되어 서구 문화에 점화(點火,

101) Nisbett, 2003; Peng, Nisbett, & Wong, 1997.

102) Nisbett, 2003.

priming)되면 타인의 행동 원인을 서구식으로 귀인하고, 천안문이나 만리장성 같은 중국의 이미지에 노출되어 동아시아 문화에 점화되면 동아시아식으로 귀인한다.[103] 최근의 연구들에서는 서구와 동아시아의 대학생들에게 다양한 방식으로(예: 문장 속에서 각각 일인칭 복수 단어—we, our, us—와 일인칭 단수 단어—I, my, me—에 괄호를 치게 함) 집단주의 성향과 개인주의 성향을 점화시키면, 각각 점화된 문화의 가치관이나 자기관 또는 행동양식을 보임이 확인되고 있다.[104]

이러한 맥락에서 우리는 서구인과 동아시아인이 개념화하는 자기화와 사람됨의 차이는 절대로 두 문화권 사람들에게 어쩔 수 없는 숙명은 아니라고 볼 수 있다. 현대 사회에 살고 있는 사람들은 모두 어느 정도 이중문화자들이다. 그러므로 서구인이라고 해서 언제나 '자기개체성의 견고화와 자기고양'을 기초로 하여 자기화하려 하지는 않고, 동아시아인이라고 해서 언제나 '상호연계성의 확대와 자기개선'을 축으로 하여 자기화하려 하지는 않는다. 그러한 경향이 서구와 동아시아에서 일반적으로 나타나는 것이긴 하지만, 우리는 처하게 되는 상황에 따라 서구식 자기화가 두드러지기도 하고(예: 토론회에서 경쟁하는 상황), 동아시아식 자기화가 두드러지기도 하는 것이다(예: 국가 간 운동경기에서 자기 나라를 응원하는 상황). 인간은 본질적으로 개체적 존재이면서 사회적 존재이기 때문이다.

---

103) Hong, Chiu, & Kung, 1997.

104) Hong, Morris, Chiu, & Benet-Martinez, 2000; Kühnen, Hannover, Schubert, 2001; Lee, Aaker, Gardner, 2000.

3) 문화의 혼융화: 동·서 접근의 회통(會通)

오늘날 지구촌을 휩쓸고 있는 '세계화'(globalization)를 통해 문화 사이의 접촉이 활발해지고, 문화 간 경계의 장벽이 허물어지면서, 이러한 세계화가 몰고 올 문화적 효과에 대해 관심이 증폭되고 있다. 이 분야의 논자들에 따르면, 세계화가 가져오게 될 문화적 효과에 대한 논의는 대체로 '동질화'(homogenization), '양극화'(polarization), '혼융화'(hybridization)의 세 가지로 정리될 수 있다.[105]

'동질화' 명제는 세계화에 따라 전 세계의 문화가 서구 특히 미국 문화에 동화되어, 서구 문화 곧 미국 문화로 균일화될 것이라는 관점이다. '양극화' 명제는 세계화가 진행되면서 서로 다른 문화 사이의 차이가 더욱 두드러져 양극화되고, 문명 사이의 갈등이 심화되어, 결국 문명 사이의 충돌로 이어질 것이라는 관점이다. '혼융화' 명제는 세계화가 진행되어 서로의 문화에 대해 잘 이해하게 됨으로 말미암아, 상대방 문화의 장점을 수용하여 자신들의 문화 내용과 결합함으로써, 문화의 혼융 현상이 나타날 것이라는 관점이다.

이러한 맥락에 비추어 본다면, 이 책에서 진행하고 있는 바와 같은 작업 곧 서구심리학과는 다른 유학심리학을 정립하려는 시도는 심리학 연구의 미래에 어떠한 효과를 미칠 것인가? 심리학 연구가 서구심리학 특

---

105) 이 분류의 영어 원어는 Holton(1998, pp. 167-180)의 용어이다. 이를 강정인(2002, pp. 225-227)은 동질화·양극화·혼융화라고 번역하여 사용하고 있다. Nisbett (2003, pp. 219-229)은 사고양식의 동·서 차이가 겪게 될 미래상을 예측하면서, 똑같은 분류를 각각 서구화(westernization), 지속적 차이(continued divergence) 및 동·서의 접근(covergence)이라 표현하고 있다: 이 문제에 대해서는 강정인 (2002), 졸저(조긍호, 2007a, pp. 453-477), Nisbett(2003, pp. 219-229) 참조.

히 미국심리학으로 동질화하는 데 기여할 것인가? 아니면 동·서의 심리학이 서로 각자의 길을 달려서, 결과적으로 서로의 차이가 심화될 것인가? 그것도 아니라면, 이러한 연구들을 통해서 서로의 차이와 그 원인에 대한 이해 수준이 높아짐으로써, 둘을 아우르는 그야말로 보편적인 심리학이 나올 수 있을 것인가?

이 가운데 첫 번째 가능성은 유학심리학 자체가 성립될 논리적 터전이 없다면 모를까, 그렇지도 않은 상황에서는 가능성이 없는 일이다. 우선 이 책과 같이 유학심리학을 구축하자고 주장하는 논의 자체가 미국심리학에 의한 심리학의 통일 가능성을 일축하고 있다. 미국심리학은 미국의 문화특수적인 토착심리학일 뿐이지, 더 이상 전 세계를 끌어안는 보편심리학은 아닌 것이다.[106]

그렇다면 새로운 동양심리학을 구축하려는 시도는 심리학의 양극화를 부추겨 문화차를 확산시키게 될 것인가? 그럴는지도 모른다. 기존의 서구심리학을 보편심리학으로 받아들이고 있는 사람들에게 이러한 시도는 그 자체로 양극화 또는 문화차 확산의 위험을 내포하는 시도로 비칠 수도 있다.

그러나 이러한 시도는 동·서 심리학의 혼융화를 꾀하는 새로운 시도로 여겨질 수도 있다. 현재로서는 이것이 가장 바람직한 인식의 방향일

---

106) 1970년대에 시작되어 1980년대 이후 본격적으로 전개되고 있는 문화비교심리학의 연구들에서 밝혀지고 있는 가장 기본적인 내용은, 서구심리학은 서구의 문화특수적인 토착심리학일 뿐이지 더 이상 전 세계인을 끌어안는 보편심리학은 아니라는 사실이다(Berry et al., 1992, p. 378; Greenfield, 2000, p. 231; Kim, 2000, pp. 284-285; Yang, 2000, pp. 245-250). 이러한 사실에 대해서는 졸저(조긍호, 1998, pp. 44-54; 2003, pp. 29-74; 2006, pp. 25-84; 2007a, pp. 20-33, 57-75) 참조.

것이다. 이러한 새로운 유학심리학이 정립되고, 그 연구 성과가 현재의 서구심리학만큼 쌓여 대등한 관계에 이른다면, 이 두 진영의 심리학은 제삼의 보편심리학으로 통합될 수 있는 가능성을 열게 될 것이기 때문이다. 그렇지 않고 현재의 상태에 만족하고 만다면, 심리학계에 진정한 의미의 보편심리학의 꿈은 이루어질 수 없을 것이다.

그렇다면 어떻게 해야 새로운 유학심리학이 심리학의 양극화라는 치명적인 결과를 빚지 않고, 보편심리학의 모색을 위한 중간 단계의 중책을 담당할 수 있을 것인가? 그것은 아마도 연구의 자세에 따라 달라질 것이다. 문화 사이의 차이를 찾아내어 자꾸 벌려 놓기만 해서는 양극화의 오류에서 벗어나기 힘들 것이다. 그렇게 되면 서로 간의 차이만 확대해서 부각시키는 결과가 될 것이다. 그 대신 그러한 차이의 원인을 정확히 밝혀내고, 그 원인이 삶의 과정에서 갖는 의미를 천착하는 작업을 계속한다면, 문화차는 단지 다양성일 뿐이라는 인식에 도달하거나, 또는 문화 간의 차이는 단지 겉보기에 드러난 현상일 뿐이고, 그 배경의 맥락은 유사하다는 이해에 도달할 수 있을 것이다.

이러한 예를 한 가지만 들어 보기로 하자. 문화비교에 관한 초기의 연구들에서는, 서구인들은 자기의 독특성을 과장하여 생각하는 '허구적 독특성 지각 경향'이 동아시아인들보다 크다는 사실들이 지속적으로 밝혀져 왔다. 이러한 연구자들의 견해는, 서구인들은 개인주의 사회에서 강조하고 중시하는 여러 가지 능력(지능·기억력·운동 능력)이나 개체성 특성(독립성·자립성·자기주장성)뿐만 아니라, 집단주의 사회에서 중시하는 배려성 특성(동정심·배려심·타인 사정 이해심)에서도 비교 대상이 되는 다른 사람보다 자기가 더 특출하다고 생각한다는 것이었다.[107] 그들은 문화차에 관해 가지고 있는 기존 관념에 기대어 모든 특성과 능력을 통합하여 전체적으로 분석함으로써, 개인주의 사회인이 보이는 허구적 독특성 지각 경향이 집단주의 사회인이 보이는 그것보다 항상 크다는 결과를 거듭 제시하고 있었던 것이다.

그러나 얻어 낸 자료를 특성 유형별로 분석해 보면, 허구적 독특성 지각 경향은 개인주의 사회에서만 나타나는 특징이 아니라는 사실이 바로 드러난다. 곧 능력이나 개체성 특성의 경우에는 개인주의자가 집단주의자보다 허구적 독특성 지각 경향을 크게 보이지만, 배려성 특성의 경우에는 집단주의자의 허구적 독특성 지각 경향이 개인주의자의 그것보다 더 큰 것이다.

이는 필자의 연구에서 확인되고 있다.[108] 필자는 우리나라 고등학생(연구 1)과 대학생(연구 2)을 개인중심성향자와 집단중심성향자로 나누고, 이들에게 3개씩의 능력(지적 능력·기억력·운동 능력), 개체성 특성(독립성·자립성·자기주장성), 배려성 특성(동정심·따뜻한 마음씨·타인 사정 이해성)을 제시해 준 다음, "같은 학교 학생들 중 이들 각각의 특성에서 자기보다 우수하다고 생각되는 비율"을 추정토록 하였다. 그 결과, 개인주의 사회에서 중시하는 능력과 개체성 특성에서는 개인중심성향자가 집단중심성향자보다 스스로의 독특성을 과대평가하였으나, 집단주의 사회에서 중시하는 배려성 특성에서는 집단중심성향자가 개인중심성향자보다 스스로의 독특성을 과대평가함이 확인되었다.

이러한 결과는 이 현상에 대한 해석을 완전히 새로운 시각에서 하도록 요구한다. 곧 문화유형에 따라 권장하고 강조하는 특성이 다르고, 해당

---

107) Myers, 1987, 2010; Markus & Kitayama, 1991b.

108) 조긍호, 2002.

사회에서 권장하는 특성에 대해서는 어느 사회에서나 허구적 독특성의
지각 현상이 나타난다는 것이다. 이러한 해석을 통해 정적(正的) 자기상
의 추구는 개인주의 사회만의 특징이라고 생각하던 이전까지의 관점이
변화하게 되었다. 곧 정적 자기상의 추구는 어느 사회에서나 중요하지
만, 정적 자기상을 낳는 특성들에서는 문화 간에 차이가 있을 수 있다는
좀 더 성숙한 해석이 유도되었던 것이다. 이러한 연구들을 통해 보편적
인 현상(정적 자기상의 추구)과 문화특수적인 현상(정적 자기상의 근원)을
구분해서 볼 수 있게 되는 것이다.

 이러한 연구의 태도가 문화비교 연구에 확산되는 것이 문화 현상의 이
해를 위해 바람직할 것으로 보인다. 단순한 문화차의 나열이 아니라, 심
층적인 보편적 심리 현상과 표층적인 현상적 차이를 구분해서 보는 성숙
한 태도로 문화비교 연구를 진행한다면, 새로운 유학심리학 또는 동아시
아심리학의 정립이 문화차를 확산하는 잘못된 시도라는 비난에서 벗어
나, 진정한 보편심리학의 구축을 위한 대안이라고 받아들여질 수 있을
것이기 때문이다.

 인간은 개체로서의 존재이기도 하고 동시에 사회적인 존재이기도 하
다. 다만 이 중에서 어느 한쪽의 측면을 더 중시하느냐 하는 관점에 따라
문화차가 나고 있을 뿐이다. 곧 서구는 개체적 존재 특성을 사회적 존재
특성보다 더 중시하고, 동아시아는 사회적 존재 특성을 개체적 존재 특
성보다 더 중시할 뿐, 그 반대의 측면을 전혀 가지고 있지 않은 것은 아
닌 것이다. 인간이 이 두 측면을 동시에 갖추고 있는 존재라는 사실은 인
간 존재가 당면하는 굴레이다. 이렇게 보면 어느 한 문화에 소속되어 있
다는 사실이 아니라, 두 가지 문화 내용을 동시에 갖추고 있지 않을 수
없는 문화이중성이 인간의 숙명이라고 볼 수도 있을 것이다.

　문화비교 연구의 결과들에 따르면 상대 문화에의 접촉이 늘어날수록 상대 문화의 내용을 받아들여 이에 동화되는 정도가 늘어나는 것으로 밝혀지고 있다.[109] 세계화가 분명한 대세로 자리 잡은 오늘날의 상황에서는 어느 사회 어느 문화권에 살고 있는 사람이든지 간에 자기 문화 이외의 문화에 대해서도 이를 인식하고 어느 정도는 받아들이고 있다. 이러한 맥락에서 보면 양자의 회통(會通)을 통한 동·서 문화의 혼융화는 이제 피할 수 없는 세계문화의 대세인 것이다.

---

109) Kitayama et al., 2002; Nisbett, 2003.

제 2 부

도덕실천론과 사회관계론:
사회적 삶의 양상과 심리학의 문제

유학사상에서는 지성 · 감성 · 욕구 이외에 도덕성의 체계가 인간에게 본유적으로 갖추어져 있으며, 인간의 심성을 구성하는 이 네 체계 중에서 전자의 세 가지는 동물들도 어느 정도는 갖추고 있으나 도덕성은 인간만이 갖추고 있다고 본다. 유학자들이 개념화하여 받아들이는 도덕성이란 기본적으로 사회관계를 맺고 함께 살아가고 있는 다른 사람에 대한 관심과 배려의 체계를 말한다. 이는 인간 존재를 사회성의 바탕 위에서 파악하는 유학의 기본이념에서 직접적으로 도출되는 관점이다.

고대 그리스 시대 이래 서구의 역사를 지배해 온 대세는 개인화의 흐름이었다. 서구인들은 개인 존재가 갖추고 있는 개체성에서 인간의 존재의의를 찾아 개인을 '자유와 권리의 보유자'라고 간주할 뿐만 아니라, 다른 동물과 구별되는 인간의 고유한 특성을 합리적 인식의 근거인 이성이라고 보아 인간을 '이성 주체'라고 받아들인다. 이러한 바탕 위에서 서구인들은 자유의 보유자로서 인간은 사회관계에서 자기이익을 최대로 추구하려 하고, 이러한 과정에서 발생하는 이익 갈등을 이성의 선택을 통해 합리적으로 공정하게 해결하려 한다는 사회관계론을 제시한다. 사회 권력과 국가 형성의 근거를 자유로운 개인들의 합리적 계약에서 찾으려는 사회계약설(社會契約說)은 서구인들의 사회관계론의 이념적 뿌리이다.

이에 비해 사회성과 도덕성의 가치를 통해 인간 존재를 이해하는 동아시아 유학사상에서는 개체성보다는 사회성에서 인간의 존재의의를 찾아 사람을 '사회적 관계체'라고 간주하며, 여타 동물과 다른 인간의 고유한 특성을 도덕성이라고 보아 인간을 '덕성 주체'라고 인식한다. 그러므로 유학사상에서는 인간의 삶의 목표를 사회관계에서 자기에게 주어진 사회적 역할(役割)을 충실히 수행함으로써 타인과 사회에 대한 관심과 배려의 책무를 다하고, 그 결과 관계 상대방들과 조화로운 삶을 유지하는 일에서 찾는다. 이것이 유학의 경전들에서 도출되는 사회관계론, 곧 도덕실천론의 핵심이다.

여기에서는 유학의 도덕실천론으로부터 연유하는 사회 및 조직심리학의 문제들에 대해 살펴보기로 하겠다. 유학사상에서 인간을 '사회적 관계체'라고 이해하는 것은 인간을 사회관계 속의 역할의 연쇄망을 기반으로 하여 파악한다는 사실을 뜻한다. 그러므로 유학사상에서는 인간의 삶을 각자에게 주어진 역할의 인식과 실행의 과정이라고 인식하는 것이다. 그리고 이러한 역할의 인식과 실행의 과정에서 유도되는 작업의 동기와 그 결과의 공정한 분배의 문제 및 역할의 인식과 실천 사이의 관계의 문제들이 유학의 도덕실천론에서 부각되는 연구 주제들이다. 이러한 맥락에서 여기에서는 구체적으로 역할심리학의 문제(제3장), 분배정의(分配正義)의 문제(제4장), 작업동기(作業動機)와 보상체계(報償體系)의 문제(제5장), 도덕인식과 도덕실천의 합일[知行合一]의 문제(제6장)를 다루어 보고자 한다.

제3장 유학의 역할심리학

　현대 서구심리학의 대표적인 사회관계론은 사회교환이론(社會交換理論, social exchange theory)인데, 그 뿌리는 17세기 자유주의자들의 사회계약설에서 찾을 수 있다. 사회계약론자들은 아무런 인위적인 통제가 가해지기 이전의 자연상태(自然狀態)를 상정하고, 이러한 자연상태에서의 자연인(自然人)의 본성을 추론함으로써 이론을 시작한다. 그들은 자연상태를 완전한 자유를 누리는 자연인 사이의 이익 갈등이 만연하고 있는 혼란의 상태로 규정하고, 자연인들은 이러한 혼란에서 탈피하여 제한된 범위에서나마 각자의 이익을 보장해 줄 수 있는 상황을 만들기 위해서는 각자의 자유를 어느 정도만큼씩 공정하게 양보하기로 하는 계약을 서로 맺을 수밖에 없다는 사실을 깨닫게 되는데, 이러한 계약의 결과 배태된 것이 사회 및 국가체제라고 주장한다. 이렇게 계약론자들은 인간은 자유로운 자기이익 추구자이면서 동시에 합리적으로 이익 갈등을 방지하는 방안을 강구할 수 있는 이성의 주체라고 인식한다.

　이러한 사회계약설에 바탕을 두고 있는 사회교환이론에서는 사회관계를 맺는 당사자들이 사회관계를 통해 이루려는 궁극적인 목표는 자기이익의 최대화에 있다고 간주하고, 관계당사자들은 이러한 과정에서 필연적으로 빚어지는 이익 갈등을 공정한 교환을 통해 합리적으로 해결하

려 한다고 본다. 곧 사회관계의 목표는 자기이익 최대화에 있으며, 사회
관계 유지의 규범은 공정교환의 규칙일 뿐이라는 두 가지 명제를 기반으
로 하여 성립되고 있는 것이 현대 서구심리학의 사회관계론의 핵심인 것
이다.

이에 비해 동아시아 사회를 오랫동안 지배해 온 유학사상은 인간의
사회성과 도덕성에 대한 신념을 기반으로 하여 구축되고 있는 이념체계
이다. 유학자들은 인간은 다른 사람들과의 관계 속에서 살아가는 사회
적인 관계체로서 사회관계를 떠나서는 삶 그 자체가 영위될 수 없으므
로, 인간의 삶의 의미는 사회관계 속에서 제대로 드러나게 된다고 본다.
유학사상에서는 이러한 사회관계를 가능하게 하는 심성적 기초를 타인
에 대한 관심과 배려의 체계인 도덕성에서 찾는다. 곧 사회관계를 맺고
있는 관계 상대방을 우선적으로 고려하고 배려함으로써 그들과 조화로
운 관계를 유지하는 것이 인간 삶의 바람직한 모습이라는 것이다.

유학자들은 사회생활의 목표인 조화로운 관계의 형성과 유지는 사회
관계 속에서 각자에게 주어지는 역할(役割)을 바로 인식하고 이를 사회
관계 속에서 제대로 수행하는 데에서 이루어질 수 있다고 본다. 각각의
사회관계 속에서 각자의 역할을 충실히 수행함으로써 조화로운 관계를
유지하는 것이 평화로운 사회를 이루는 핵심이라는 사실을 유학의 창시
자인 공자는 유명한 정명론(正名論)을 통해 제시함으로써, 유학적 사회
관계론인 도덕실천론(道德實踐論)의 초석을 놓고 있다.

이와 같이 유학사상에서는 사회생활의 목표를 조화로운 사회관계를
맺는 것이라고 보며, 이러한 조화로운 사회관계는 각각의 관계 속에서
각자에게 주어지는 역할을 충실히 수행하는 데에서 유지된다고 인식한
다. 곧 유학의 사회관계론에서 도출되는 핵심적인 연구 주제는 곧 역할

심리학의 문제인 것이다. 여기에서는 서구와 동아시아의 사회관계론의
차이를 우선 살펴보고, 이어서 유학사상에서 도출되는 역할심리학의 여
러 문제에 대해 고찰해 보기로 하겠다.[1]

🎆 1. 서구와 동아시아의 사회관계론

현대 서구 개인주의 사회의 대표적 사회관계론인 사회교환이론은
17~18세기 자유주의자들의 사회계약설에서 이론적 근거를 찾을 수 있
고, 동아시아 집단주의 사회의 사회관계론은 유학사상의 도덕실천론을
바탕으로 하고 있다. 이 두 사상적 배경은 사회구성의 기본단위와 인간
존재의 기본특성에 대한 이해에 차이를 보이고 있으며, 이러한 차이로부
터 사회관계의 목표와 사회관계 유지의 규범 같은 사회관계의 기본특징
에 대한 견해차가 도출된다.

1) 사회구성의 기본단위: 평등한 개인과 상황 속의 관계

자유주의자들과 유학자들은 사회구성의 기본단위에 대한 관점에서
차이를 보인다. 홉스(Hobbes, T.)와 로크(Locke, J.), 루소(Rousseau, J.-J.)
같은 자유주의자들은 사회가 형성되기 이전의 자연상태를 상정하고, 이
자연상태에서의 인간의 존재 특성에 대한 이론적 가정에 기초해서 사회
형성의 근거를 도출해 내려 한다.[2] 이러한 자연상태에 대한 가정은 이들

---

1) 이 장의 진술은 졸저(조긍호, 2012, pp. 748-754, 773-783, 866-886, 913-916)의
   내용을 기반으로 하였다.

이 제시하는 사회계약설이 도출되는 이론적 바탕이다. 사회계약론자들은 자연상태에서의 인간은 누구나 평등한 자유의 주체로서, 모든 사람이 자기의 생명과 재산에 대한 평등한 권리를 가지고 있다고 전제한다. 그들은 독립적이고 평등한 자유의 주체로서의 개인들이 자발적으로 합의하여 사회계약을 맺음으로써 사회가 형성된다고 주장한다. 즉 사회의 기본적인 구성단위는 평등한 개인들이라는 것이다.

이러한 입장은 현대 서구 개인주의 사회의 교환이론가들이 그대로 이어받고 있다. 호만스(Homans, G.), 티보(Thibaut, J.)와 켈리(Kelley, H.) 및 월스터(Walster, E.), 버샤이드(Berscheid, E.)와 월스터(Walster, G.) 같은 교환이론가들은 모든 사회적 상호작용은 평등한 개인들 사이의 교환의 과정으로 분석할 수 있다고 전제한다.[3] 이렇게 사회적 상호작용을 교환의 관점으로 이해하는 배경에는 교환당사자인 개인들이 서로 평등하고 자발적인 선택의 주체라는 관념이 놓여 있다. 즉 교환이론가들도 평등한 자유의 주체로서의 개인들의 자발적인 교환행동이 모든 사회행위의 근원으로서, 사회는 바로 이러한 평등한 개인들을 기본단위로 하여 구성된다고 보는 것이다.

사회란 바로 이렇게 상호 평등한 자유와 권리의 주체들로 구성되는 집합체이므로, 사회의 이해를 위해서는 그 구성인자로서의 개인들의 속성의 이해가 우선되어야 한다는 것이 사회계약론자들로부터 이어지는 개인주의 사회의 기본 신념이다. 사회계약설이 자연상태의 인간의 속성에 대한 전제로부터 도출되는 배경에는 바로 이렇게 사회구성의 기본단위

---

2) 이들 사회계약론자들의 이론은 졸저(조긍호, 2012, pp. 291-441; 조긍호 · 강정인, 2012) 참조.

3) 이들 사회교환이론가들의 이론은 졸저(조긍호, 2012, pp. 442-513) 참조.

를 상호 독립적이고 평등한 개인으로 간주하는 관념이 놓여 있는 것이다.

　　이에 비해 유학사상에서는 그 창시자인 공자로부터 인간은 다른 사람들과 맺는 사회관계 속의 존재로서, 사회관계를 떠나서는 그 존재의의 자체가 상실된다고 본다.4) 개인이 이렇게 관계를 형성하고 있는 가장 기본적인 사람들이 부모·형제·부부 같은 가족들이다. 이 외에 붕우와 군신 같은 관계는 이러한 가족관계의 연장선상에서 이해할 수 있다. 그러므로 유학자들은 개인을 그 속에 포함하고 있는 이러한 관계들, 그중에서도 특히 모든 사회관계의 원형인 가족관계가 사회를 이루는 기본단위라고 본다. 이러한 관점은 맹자와 순자의 다음 인용문에 잘 드러나 있다.

　　사람이 편안히 살고 가르침이 없으면 새나 짐승과 같아질 수밖에 없으므로, 성인이 이를 걱정하여 다섯 가지 사람의 도리를 가르치게 하였다. 이는 "부모와 자식 사이에는 친애함이 있어야 하고[父子有親], 군주와 신하 사이에는 의로움이 있어야 하며[君臣有義], 부부 사이에는 분별함이 있어야 하고[夫婦有別], 어른과 아이 사이에는 차례가 있어야 하며[長幼有序], 친구 사이에는 신의가 있어야 한다[朋友有信]"는 것이다.5)

　　군신·부자·형제·부부의 관계는 처음이자 마지막이고, 마지막이자 처음으로서, 천지와 더불어 이치를 같이 하고, 만세를 통하여 영구히

---

4) 孔子·孟子·荀子 등 유학의 창시자들인 선진(先秦)시대 유학자들의 도덕실천론은 졸저(조긍호, 2012, pp. 520-633) 참조.

5) 人之有道也 飽食暖衣 逸居而無敎 則近於禽獸 聖人有憂之 使契爲司徒 敎以人倫 父子有親 君臣有義 夫婦有別 長幼有序 朋友有信(『孟子』 滕文公上 4)

지속되는 것으로, 무릇 이를 일러 '위대한 근본'[大本]이라 한다.[6]

앞의 인용문에서 맹자는 부자 · 군신 · 부부 · 장유 · 붕우 사이의 관계에서 각각 친(親) · 의(義) · 별(別) · 서(序) · 신(信)이 있도록 하는 것이 바로 사람이 지켜야 할 다섯 가지 도리[五倫]라고 지적하고 있다. 이는 각각의 개인 존재가 아니라, '부모와 자식이라는 묶음, 군주와 신하라는 묶음, 남편과 아내라는 묶음, 형과 아우라는 묶음, 친구라는 묶음'으로 묶인 개인들 사이의 관계가 사회구성의 기본단위라는 사실을 드러내는 것이다. 그러므로 이러한 오륜설(五倫說)을 통해 맹자는 사람의 도리는 사람들 사이의 관계에서 찾을 수밖에 없고, 따라서 인간은 개별적인 존재로 태어나고 살아가는 것이 아니라, 이러한 관계 속에서 태어나고 살아가는 존재, 곧 사회적 관계체인 존재라는 유학사상의 인간 파악의 기본관점을 단적으로 드러내고 있는 것이다.

다음의 인용문에서 순자도 인간의 사회성을 강조하며, 따라서 사회관계가 인간의 존재 특성을 규정하는 것으로 파악하고 있다. 순자는 군신 · 부자 · 형제 · 부부 같은 사회관계가 지니는 보편성을 지적하여, 이러한 사람들 사이의 관계가 사회의 가장 궁극적인 단위라는 관점에서 이를 '위대한 근본' 곧 대본(大本)이라 제시하고 있다.

이러한 입장은 공자 · 맹자 · 순자 같은 선진유학자들만의 생각은 아니다. 12세기의 주희(朱熹, 1130~1200)와 16세기의 퇴계(退溪) 이황(李滉, 1501~1570) 및 율곡(栗谷) 이이(李珥, 1536~1584) 같은 성리학자들도 사람을 대인관계 속의 존재로 개념화하여 인식함으로써, 사회란 오륜과 같

---

6) 君臣父子兄弟夫婦 始則終 終則始 與天地同理 與萬歲同久 夫是之謂大本(『荀子』王制 19-20)

은 관계를 주축으로 하여 구성되고 있음을 강조하고 있다.[7] 그들은 아동
기로부터 교육의 핵심을 이러한 인간관계를 조화롭게 유지하기 위해 각
자가 해야 할 일을 충실히 수행하는 일에서 구하고 있는데, 이러한 사실
은 그들이 선진유학자들을 이어받아 사회구성의 기본단위를 사람들 사
이의 관계에서 찾고 있다는 사실을 여실히 보여 주는 것이다.

사회를 이루는 기본단위를 이렇게 상호 독립적이고 평등한 개인이 아
니라 개인들로 이루어진 집합적 관계라고 보게 되면, 사회의 이해를 위
해서는 그 구성단위인 관계의 속성을 이해하는 일로부터 비롯해야 한다
는 관점이 나온다. 유학의 이론체계가 개인적 속성의 분석에 초점을 맞
추지 않고, 오륜(五倫)과 같은 관계적 속성에 치중하고 있는 것은 바로
이러한 배경에 연원이 있는 것이다.

이렇게 사회구성의 기본단위를 평등하고 독립적인 개인이라고 보느
냐(서구 개인주의 사회) 아니면 다른 사람과 맺는 관계라고 보느냐(동아시
아 집단주의 사회) 하는 차이는 두 문화권에서 제시되는 사회관계론에 차
이를 가져오는 요인으로 작용한다. 사회구성의 기본단위에 대한 인식의
차이로부터 사회관계론에서 다루어야 할 내용의 차이가 도출될 것이기
때문이다.

2) 인간존재의 기본특성: 합리적 계산자와 타인/집단에의 배려자

사회구성의 기본단위에 대한 인식의 차이와 더불어 문화권에 따른 사
회관계론의 차이를 가져오는 또 다른 요인은 인간의 기본특성에 대한 견

---

7) 이들 성리학자(性理學者)의 사회관계론은 그들의 교육론을 중심으로 논의한 졸저
   (조긍호, 2012, pp. 634-754) 참조.

해의 차이이다. 홉스와 로크 및 루소 같은 사회계약론자들은 정도의 차이가 있기는 하지만, 자유와 이성을 주축으로 하여 인간을 이해하려는 공통점이 있다. 그들은 혼란한 자연상태(홉스와 루소) 또는 개인의 재산권 보호에 취약성을 내포하는 자연상태(로크)에서 평화로운 사회상태로 이행하기 위한 사회계약을 자발적으로 체결하게 되는 근거는 자유의 주체로서의 인간이 이성을 갖춘 합리적 계산자라는 사실에서 도출된다고 간주한다.

그들은 자연상태에서 인간이 갖추고 있는 이성은 인간에게 고유한 합리적 계산능력이라고 개념화한다. 즉 개인에게 널려 있는 다양한 선택지 중에서 자기의 생명과 재산 및 자유를 지켜낼 수 있는 가장 유리하고도 합리적인 방안을 선택할 수 있는 능력은 그가 본유적으로 갖추고 있는 이성으로부터 나온다는 것이다. 그들은 자연상태의 혼란이나 취약성으로부터 개인에게 가장 유리한 방안을 합리적으로 계산하여 나오게 되는 최종적인 결과가 바로 사회계약을 통한 사회의 설립이라고 본다.

이렇게 이성을 통한 합리적 계산을 사회행위의 근거로 보는 관점은 현대 교환이론가들에게 그대로 이어지고 있다. 교환이론가들은 보상과 부담을 주고받는 교환의 과정에서 개인들은 자기에게 가장 유리한 행동을 계산하고, 사회교환의 장면에서 이를 추구하게 된다고 가정한다. 즉 사회적 교환의 과정이란 각자가 자기에게 가장 유리한 결과가 이루어지도록 하는 합리적 계산의 과정으로 개념화할 수 있다는 것이 교환이론가들의 주장인 것이다.

이와는 대조적으로 공자 · 맹자 · 순자와 같은 유학의 창시자들은 인간을 인간답게 만드는 속성은 다른 동물들과는 달리 인간이 본유적으로 갖추고 있는 도덕성에서 찾을 수 있다고 본다. 덕성의 주체로서 인간은

본유적으로 다른 사람과 소속집단원에 대한 관심을 가지고 그들을 자기
자신과 마찬가지로 배려하고자 하는 존재라는 것이 유학자들의 관점이
다. 공자에게 있어 모든 덕의 핵심인 인(仁)은 곧 타인에 대한 관심과 배
려를 말하는 것이며, 맹자는 곤경에 빠진 사람을 보고 측은하게 느끼는
마음이나 남에게 양보하는 마음 같은 덕의 기초가 인간에게 본유적으로
갖추어져 있다고 본다. 순자는 이러한 도덕성이 다른 동물과 달리 인간
을 인간으로 만드는 근거라고 주장한다. 이러한 사실은 이 세 유학자의
다음과 같은 진술들에 잘 드러나고 있다.

> 자공(子貢)이 "한마디 말로써 평생 동안 행해야 할 만한 것이 있습니
> 까?"라고 여쭙자, 공자께서는 "그것은 '자기를 미루어 남에게까지 미쳐
> 가는 일'[恕]일 것이다. 이는 곧 자기가 바라지 않는 일을 남에게 베풀
> 지 않는 일이다"라고 대답하셨다.[8]

> 남의 불행에 대해 측은하게 느끼는 마음[惻隱之心]을 사람이라면 누구
> 나 다 갖추고 있고, 착한 일을 하지 못하는 것을 부끄러워하는 마음[羞
> 惡之心]을 누구나 다 갖추고 있으며, 어른과 타인을 공경하려는 마음
> [恭敬之心]을 누구나 다 갖추고 있고, 옳고 그름을 가리려는 마음[是非
> 之心]을 누구나 다 갖추고 있다. 측은지심은 인(仁)이고, 수오지심은
> 의(義)이며, 공경지심은 예(禮)이고, 시비지심은 지(智)이다. 인의예지

---

8) 子貢問曰 有一言而可以終身行之者乎 子曰 其恕乎 己所不欲 勿施於人(『論語』 衛靈
公 23): 인(仁)의 핵심을 '타인에 대한 관심과 배려'에서 구하는 이러한 공자의 입장
은 이외에도 雍也 28(夫仁者 己欲立而立人 己欲達而達人), 顔淵 1(顔淵問仁 子曰
克己復禮爲仁), 顔淵 2(仲弓問仁 子曰……己所不欲 勿施於人), 顔淵 22(樊遲問仁
子曰 愛人) 등에서 거듭 제시되고 있다.

의 도덕성은 밖으로부터 사람에게 스며들어 온 것이 아니라, 사람에게 본래부터 갖추어져 있는 것이다.[9]

사람이 사람된 까닭은 단지 사람들이 다른 동물들과는 달리 두 발로 직립하여 서고, 또 몸에 털이 없기 때문만은 아니다. 이는 사람이 옳고 그름을 가려[辨] 도덕적으로 행동할 수 있기 때문이다. 무릇 새나 짐승들에게도 부모와 자식의 관계는 있지만 부모와 자식 사이의 친애함은 없으며, 수컷과 암컷은 있지만 남녀 사이의 분별함은 없다. 그러므로 옳고 그름을 가려 도덕적으로 행동하는 것은 본디부터 갖추어져 있는 사람의 본성이므로, 사람의 도리에 옳고 그름을 가려 도덕적으로 행동하지 않을 수가 없는 것이다.[10]

유학자들은 인간은 이렇게 타인에 대해 관심을 가지고 그들을 자신처럼 배려하고자 하는 존재로서, 이러한 타인에의 관심과 배려가 사회행위의 기반으로 작용한다고 본다. 선진유학자들의 이러한 입장은 성리학자들에게 그대로 이어지고 있다. 그들은 아동기부터 교육을 통하여 부모·형제·친구 같은 사람들에 대한 관심과 배려를 어떻게 행동으로 옮겨 드러낼 것인가를 함양해야 한다고 본다. 이와 같이 유학자들은 인간이 본유적으로 갖추고 있는 타인에 대한 관심과 배려를 사회관계가 형성되는 기초라고 간주하는 것이다.

---

9) 惻隱之心 人皆有之 羞惡之心 人皆有之 恭敬之心 人皆有之 是非之心 人皆有之 惻隱之心 仁也 羞惡之心 義也 恭敬之心 禮也 是非之心 智也 仁義禮智非由外鑠我也 我固有之也 弗思耳矣(『孟子』 告子上 6)

10) 人之所以爲人者 非特以其二足而無毛也 以其有辨也 夫禽獸有父子 而無父子之親 有牝牡 而無男女之別 故人道莫不有辨(『荀子』 非相 9-10)

이렇게 사회행위의 근거를 이성에 기초한 합리적 계산에서 찾느냐(서구 개인주의 사회) 아니면 덕성에 기초한 타인에 대한 관심과 배려에서 찾느냐(동아시아 집단주의 사회) 하는 차이도 두 문화권에서 제시되는 사회관계론에 차이를 가져오는 요인으로 작용한다. 인간의 기본특성에 대한 인식의 차이로부터 사회관계에서 추구해야 할 목표와 사회관계 유지의 규범에 대한 인식이 달라지기 때문이다.

3) 사회관계의 목표: 자기이익 최대화와 사회관계의 조화

이상에서 대비해 본 사회구성의 기본단위와 인간의 기본특성에 대한 서구와 동아시아 사회의 지배적인 관점의 차이는 두 문화권에서 특유의 사회관계론이 제시되는 배경으로 작용한다. 사회계약론자들은 사회구성의 기본단위는 자유의 주체로서의 평등한 개인이라고 본다. 그리고 자유의 주체로서의 개인은 이성 능력을 가진 합리적 계산자이기도 하다는 것이 그들의 관점이다. 그들은 자유의 주체로서 개인들은 삶의 과정에서 자기이익을 최대화하려는 이기적 관심을 가지고 있으며, 합리적 계산을 통해 다양한 선택지 가운데에서 자기이익을 최대로 보장해 줄 수 있는 방안에 따라 행동하게 된다고 가정한다. 이렇게 자기이익의 최대화를 도모하는 과정에서 나오는 것이 사회계약을 통해 사회를 형성하기로 합의하는 것이라는 주장이 그들이 제시하는 사회계약설의 핵심이다.

이렇게 사회관계의 목표를 자유와 이성의 주체로서의 독립적이고 평등한 개인이 자기이익을 최대화하려는 데에서 찾으려는 관점은 현대 서구 사회과학자들의 사회교환이론에 그대로 이어지고 있다. 사회교환론자들은 이기적 욕구 추구에 관심이 큰 개별적이고 독립적인 개인을 사회

구성의 궁극적 단위라고 보아, 사회관계를 보상과 부담을 주고받는 교환
의 관점에서 이해한다. 이들은 사회관계를 이기적 존재인 개인이 자기
와 똑같이 평등하고 독립적인 타인과 보상과 부담을 주고받는 거래를 하
는 것이라고 본다. 따라서 각 개인은 이러한 거래관계 속에서 각자가 추
구하는 이익을 최대화하려고 노력하며, 결국 최대의 개인적인 이익의 추
구가 바로 사회관계의 기본목표라고 보는 것이 교환이론의 관점이다.
이렇게 교환이론의 관점은 바로 인간을 쾌락 추구적이며 이기적인 존재
라고 보는 데에서 출발하여, 이러한 이기적 존재인 개인들이 사회관계를
통해 각자 이익의 최대화를 도모하려는 것이 사회관계의 기본목표라고
간주한다.[11]

이와는 대조적으로 유학자들은 사회적 관계체로서의 사람들이 다른
사람과 맺는 관계가 사회구성의 기본단위라고 본다. 또한 덕성의 주체
로서 인간은 이러한 관계를 통해 하나의 단위로 묶인 다른 사람에 대한
관심을 가지고 그들을 우선적으로 배려하려는 존재이기도 하다는 것이
그들의 관점이다. 이렇게 관계 상대방에 대한 관심과 배려를 통해 일상
생활에서 도덕성을 실천하는 것이 사회관계의 핵심이라는 도덕실천론
이 유학자들이 제시하는 사회관계론이다. 공자의 복례론(復禮論), 맹자
의 여인위선론(與人爲善論) 및 순자의 군거화일론(群居和一論)은 바로 일
상적 도덕실천을 사회관계의 핵심이라고 보는 유학사상의 사회관계론
인 것이다.

도덕적 관심에 따라 선화(善化) 가능성이 큰 존재인 사람들 사이의 관

---

11) Homans, 1974, pp. 16-45; Thibaut & Kelley, 1959, p. 10, pp. 13-30; Walster,
    Berscheid, & Walster, 1976, p. 2; Walster, Walster, & Berscheid, 1978, p. 6.

계를 사회구성의 궁극적인 단위라고 인식하는 유학사상에서는 사회관계의 목표를 이기적인 자기이익의 추구에서 찾지 않고, 조화로운 사회관계의 형성에 두는 사회관계론이 도출된다. 유학사상에서 도덕적 지향성은 다른 사람에 대한 관심과 그들에 대한 우선적 배려를 핵심으로 하는 것이다. 그러므로 유학사상에서는 자기보다는 관계를 맺고 있는 타인이 관심의 초점으로 부각되며, 그와 조화로운 관계를 맺는 것이 사회생활에서 추구하는 중심적인 일이 될 수밖에 없다. 공자가 주장하는 "예의 체계로 돌아가는 복례(復禮)", 맹자가 말하는 "다른 사람과 함께 선을 이루는 여인위선(與人爲善)", 그리고 순자가 제시하는 "더불어 모여 살면서 조화롭게 통일을 이루는 군거화일(群居和一)"은 모두 조화로운 사회관계의 형성을 목표로 하는 도덕실천론의 체계들인 것이다.

　공자는 개체가 지닌 이기적 욕구와 감정을 억제하는 극기(克己)가 이루어진 다음에, 일상적 도덕의 체계인 예(禮)로 돌아가는 복례를 통해 사회관계의 조화를 도모하는 일이 도덕실천의 목표라고 보는 복례론을 제시하여, 유학적 사회관계론의 초석을 놓고 있다. 공자는 인을 행하는 세목을 묻는 안연(顏淵)에게 예를 통한 일상생활의 통제를 주장함으로써, 이러한 관점을 드러내 보이고 있다.

> 안연이 인(仁)에 대해 여쭙자, 공자께서 "자기를 극복하고[克己], 예(禮)로 돌아가는 것[復禮]이 인을 이루는 일이다. 하루라도 자기를 극복하고 예로 돌아간다면, 천하가 인을 따르게 될 것이다. 인을 이루는 일은 자기에게 달려 있는 일이지, 남에게 달려 있는 일이겠느냐?"라고 대답하셨다. 안연이 그 세목을 청하자, 공자께서는 "예가 아니거든 보지도 말고, 예가 아니거든 듣지도 말며, 예가 아니거든 말하지도 말고,

예가 아니거든 움직이지도 말아라"라고 대답하셨다.[12]

공자는 예가 없으면 사람의 자격을 갖추어 설 수가 없다고 보아,[13] 항상 예로써 자기 몸을 단속할 것을 강조하였다.[14] 그리하여 그는 예를 배우는 일을 배움의 가장 중요한 내용으로 중시하였던 것이다.[15] 공자가 이렇게 복례를 강조하는 까닭은 예를 통해 사회관계의 질서와 조화를 이룰 수 있기 때문이다.[16] 이와 같이 예의 근본으로 돌아가 일상생활에서 이를 실천함으로써 사회관계의 질서와 조화를 이루는 일, 이것이 도덕 실천의 근본 목표라고 보는 것이 공자의 복례론의 핵심이다.

이러한 공자의 복례론에 바탕을 두고, 맹자는 고대의 성인인 순(舜)임금을 예로 들면서 "다른 사람들과 함께 선(善)을 이루는 일"을 통해 사회관계에 질서와 조화가 이루어져 관계의 융합이 도모된다는 여인위선론을 기본적인 사회관계론으로 제시하고 있다.[17] 이어서 순자는 "도(道)는 하늘의 도나 땅의 도가 아니라 사람이 하는 일에서 찾아야 한다"[18]는 인

---

12) 顔淵問仁 子曰 克己復禮爲仁 一日克己復禮 天下歸仁焉 爲仁由己 而由人乎哉 顔淵 曰 請問其目 子曰 非禮勿視 非禮勿聽 非禮勿言 非禮勿動(『論語』 顔淵 1)

13) 子曰……不知禮 無以立也(堯曰 3); 子曰……立於禮(泰伯 8); 不學禮 無以立(季氏 13)

14) 子曰 君子博學於文 約之以禮 亦可以不畔矣夫(雍也 25; 顔淵 15); 顔淵喟然歎 曰……夫子循循然善誘人 博我以文 約我以禮(子罕 10)

15) 子所雅言 詩書執禮 皆雅言也(述而 17); 他日又獨立 鯉趨而過庭 曰 學禮乎 對曰 未 也 不學禮 無以立 鯉退而學禮(季氏 13)

16) 仲弓問仁 子曰 出門如見大賓 使民如承大祭 己所不欲 勿施於人 在邦無怨 在家無怨 (顔淵 2); 有子曰 禮之用 和爲貴 先王之道 斯爲美 小大由之 有所不行 知和而和 不 以禮節之 亦不可行也(學而 12); 恭近於禮 遠恥辱也(學而 13)

17) 大舜有大焉 善與人同 舍己從人 樂取於人以爲善 自耕稼陶漁 以至爲帝 無非取於人 者 取諸人以爲善 是與人爲善者也 故君子莫大乎與人爲善(『孟子』 公孫丑上 8)

도론(人道論)의 근거 위에서, 이러한 인도의 표준인 예의 체계[19]를 일상
적으로 실천함으로써 사회생활의 조화와 통일을 이루는 것[群居和一]이
도덕실천의 목표라는 군거화일론을 제시하고 있다.[20]

　12~16세기의 성리학자들은 이러한 선진유학자들의 도덕실천론을 그
대로 물려받고 있다.[21] 그들은 일상생활에서 인심(人心)을 억제하고 도
심(道心)을 간직하는 자기억제를 사회관계의 조화를 이룰 수 있는 기초
과정이라고 보아, 사회관계의 조화를 강조한다. 또한 그들은 거경(居敬)
을 도덕실천을 위한 삶의 자세로 강조하여, 항상 경 상태에 머물러 자신
을 성찰함으로써 다른 사람에 대한 관심과 배려를 강화하고 관계의 조화
를 꾀할 수 있다고 본다. 즉 성리학자들도 조화로운 사회관계의 형성을
인간의 도덕실천의 목표로 설정하고 있는 것이다.

　이렇게 서구와 동아시아 사회에서 제시되고 있는 사회관계론에서는
각각 자기이익의 최대화(서구 개인주의 사회)와 사회관계의 조화(동아시아
집단주의 사회)를 사회관계의 목표로 설정하는 차이를 보이고 있다. 이러
한 사회관계의 목표는 두 종류의 사회관계론의 제1명제라고 볼 수 있다.

---

18) 道者非天之道　非地之道　人之所以道也　君子之所道也(『荀子』儒效 9-10)

19) 禮者人道之極也(禮論 13)

20) 夫貴爲天子　富有天下　是人情之所同欲也　然則從人之欲　則勢不能容　物不能贍也　故
先王案爲之制禮義以分之　使有貴賤之等　長幼之差　知賢愚能不能之分　皆使人載其事
而各得其宜　然後慤祿多少厚薄之稱　是夫群居和一之道也(榮辱 39-40)

21) 성리학자들도 선진유학자들과 마찬가지로 조화로운 관계의 형성을 사회관계의 목
표로 삼고 있다는 사실은 그들의 인심도심설(人心道心說)과 거경(居敬)사상에서
잘 드러나고 있는데, 이에 대해서는 졸저(조긍호, 2007a, pp. 404-418; 2012,
pp. 718-737) 참조.

4) 사회관계 유지의 규범: 공정한 교환과 역할의 쌍무적 수행

이러한 사회관계 형성의 목표에 관한 명제에 이어, 모든 사회관계론의 이론적 초점은 이러한 사회관계의 목표를 달성하기 위하여 현재의 사회관계를 지속하고 유지할 필요가 생기는데, 이렇게 사회관계를 유지하고 지속하는 데 필요한 규범은 어떠한 것인가에 관한 것이다. 이러한 사회관계 유지의 규범이 사회관계론의 두 번째 핵심 명제를 형성한다.

사회계약론자들은 자연상태의 혼란함이나 취약성으로부터 벗어나 사회를 형성하기로 하는 사회계약을 체결할 때, 계약의 당사자들은 자기들이 자연상태에서 가지고 있던 무제한적인 권리를 사회에 양도하는 대신 사회로부터 안전과 평화를 보장받는 교환을 하는 것이라고 개념화한다. 이러한 사회계약은 계약자들의 측면에서는 자기들의 권리를 동등한 만큼씩 새로 구성되는 사회에 양도한다는 점에서 공정성을 전제로 하고 있을 뿐만 아니라, 계약자인 개인들과 계약의 결과 생성되는 사회 사이에도 권리와 안전 및 보호를 맞바꾸는 교환이 이루어지고 있다는 점에서 공정한 교환을 전제로 하고 있는 것이다. 이처럼 사회계약론자들은 사회의 형성과 유지의 근거를 공정한 교환에서 찾고 있다.

사회계약설의 현대판 전개인 사회교환이론의 관점에서는 이기적인 존재인 개인들은 모두 자신의 이익을 최대화하려 하므로, 이들이 모이게 되면 필연적으로 이들 사이에 갈등이 야기된다고 본다. 자기이익의 최대화를 추구하는 사람들 사이에 야기되는 이익 갈등은 마치 사회계약론자들이 전제하는 자연상태와 같은 상황을 조성한다는 논리이다. 따라서 이 이론의 관점에서는 이러한 갈등의 회피를 위한 규정을 상정할 필요가 생기는데, 여기서는 이를 교호성(交互性) 규범(reciprocity norm) 또는 공정성(公正性) 규범(fairness norm)으로 제시하고 있다. 즉 교환이론에서는 상호 간의 공정한 교환을 통해 성원들 사이에 야기될 수 있는 갈등을 해소함으로써 사회관계의 유지가 가능하게 된다고 간주하고, 결과적으로 사회에서는 이러한 규범을 발전시켜서 사회화 과정을 통해 성원들에게 강요하게 된다고 보는 것이다.

이와는 대조적으로 도덕적 관심에 따라 선화(善化) 가능성이 큰 존재인 사람들 사이의 관계를 사회구성의 궁극적인 단위라고 인식하는 유학사상에서는 사회관계의 목표를 조화로운 사회관계의 형성에 두고, 이러한 사회관계의 유지 규범을 사람들 사이의 관계에 내포되어 있는 각자의 역할(役割)을 충실히 수행하는 것에서 찾으려 한다. 유학사상에서 도덕적 지향성은 다른 사람에 대한 관심과 그들에 대한 우선적 배려를 핵심으로 한다. 그러므로 유학사상에서는 자기보다는 관계를 맺고 있는 타인이 관심의 초점으로 부각되며, 그와 조화로운 관계를 맺는 것이 사회생활에서 추구하는 중심적인 일이 될 수밖에 없는 것이다. 이렇게 다른 사람과 조화로운 관계를 형성하고 유지하기 위해서는 각자가 자기에게 부여된 역할을 충실히 수행하는 일이 핵심적으로 중요해진다. 이는 공자의 정명론(正名論)으로부터 비롯되는 유학의 전통이다.

공자는 '수기'와 '안인·안백성'이 이루어지는 영역인 가족생활과 사회생활에서 각자가 자기에게 부여되어 있는 역할을 정확하게 인식하여 이를 충실히 수행하는 일을 '이름을 바로잡는 일', 곧 정명(正名)이라 하여, 사회관계 유지의 핵심으로 잡고 있다.

> 제(齊)나라 경공(景公)이 공자께 정사(政事)에 대해 여쭈었다. 이에 대해 공자께서는 "군주는 군주의 역할을 다하고, 신하는 신하의 역할을

다하며, 부모는 부모의 역할을 다하고, 자식은 자식의 역할을 다하는 것입니다"라고 대답하셨다. 이 말을 듣고 경공은 "좋습니다. 진실로 군주가 군주의 역할을 다하지 못하고, 신하가 신하의 역할을 다하지 못하며, 부모가 부모의 역할을 다하지 못하고, 자식이 자식의 역할을 다하지 못한다면, 비록 곡식이 있은들 내가 그것을 얻어먹을 수 있겠습니까?"라고 말하였다.[22]

공자는 이렇게 각자가 할 일을 분명히 하는 정명은 정사의 근본이므로, 자기에게 정사를 맡겨 준다면 각자의 할 일을 분명하게 하는 일부터 하겠다고 말하고 있다. 이러한 정명을 통해 정령이 순조롭게 시행되고, 사람들이 교화되며, 사법제도가 제대로 시행되는 것과 같이 모든 일이 제대로 이루어지게 되어, 사회생활에 조화가 이루어지게 되기 때문이라는 것이 공자가 정명론에서 주장하고자 하는 요점이다.[23] 이렇게 공자는 사회관계를 유지하는 핵심 규범을 각 관계에 내재되어 있는 역할의 충실한 수행에서 찾고 있는 것이다. 이러한 정명론은 이후 모든 유학자가 받아들이는 유학사상의 기초가 되었다.

이렇게 하나의 단위로 결합한 관계(예: 부모-자식, 군주-신하, 남편-아내, 형-아우, 친구-친구) 속에서 각자에게 부여된 역할을 충실히 수행하는 것이 조화로운 관계를 이루는 일이 될 뿐만 아니라, 일단 이루어진 조화로운 관계를 유지하는 관건이기도 하다는 것이 공자로부터 이어지는

---

22) 齊景公問政於孔子 孔子對曰 君君 臣臣 父父 子子 公曰 善哉 信如君不君 臣不臣 父不父 子不子 雖有粟 吾得而食諸(『論語』 顔淵 11)

23) 子路曰 衛君待子而爲政 子將奚先 子曰 必也正名乎……名不正 則言不順 言不順 則事不成 事不成 則禮樂不興 禮樂不興 則刑罰不中 刑罰不中 則民無所措手足 故君子名之必可言也 言之必可行也 君子於其言 無所苟而已矣(子路 3)

유학사상의 핵심적인 주장이다. 이러한 공자의 정명론은 맹자의 진도론(盡道論)과 순자의 수분론(守分論)의 바탕이 되고 있다. 맹자와 순자의 진도론과 수분론의 요체는 다음 인용문에 잘 드러나고 있다.

군주다운 군주가 되려면 군주가 해야 할 일을 다 해야 하고[盡君道], 신하다운 신하가 되려면 신하가 해야 할 일을 다 해야 한다[盡臣道]. 이 두 가지는 모두 요(堯)·순(舜)을 본받아야 한다. 신하인 순이 군주인 요를 섬겼듯이 자기 군주를 섬기지 않으면 이는 자기 군주를 공경하지 않는 것이고, 요임금이 자기 백성들을 다스렸듯이 자기 백성을 다스리지 않으면 이는 자기 백성을 해치는 것이다. 공자께서도 이미 "도는 인(仁)을 지키느냐 아니면 인을 지키지 못 하느냐의 두 가지가 있을 뿐이다"라고 말씀하신 바 있다.[24]

남의 부모[人父] 노릇하는 방법은 자식들에게 너그럽게 베풀되 예를 지키는 것이고, 남의 자식[人子] 노릇하는 방법은 부모를 경애하면서 그들에게 지극히 공손한 것이다. 남의 형[人兄] 노릇하는 방법은 아우에게 자애로우며 우애를 보여 주는 것이고, 남의 아우[人弟] 노릇하는 방법은 형을 공경하여 굽히고 어긋나지 않는 것이다 …… 이러한 역할 수행의 도를 한쪽만 지키면 둘 사이의 관계가 혼란스럽게 되지만[偏立而亂], 양쪽이 다 지키면 두 사람 사이의 관계에 조화와 질서가 이루어지게 될 것이니[俱立而治], 잘 상고해 보아야 할 것이다.[25]

---

24) 欲爲君 盡君道 欲爲臣 盡臣道 二者皆法堯舜而已矣 不以舜之所以事堯事君 不敬其 君者也 不以堯之所以治民治民 賊其民者也 孔子曰 道二 仁與不仁而已矣(『孟子』 離婁上 2)

25) 請問爲人父 曰寬惠而有禮 請問爲人子 曰敬愛而致恭 請問爲人兄 曰慈愛而見友 請 問爲人弟 曰敬詘而不悖……此道也 偏立而亂 俱立而治 其足以稽矣(『荀子』 君道

이렇게 사회관계에서 요구되는 역할의 충실한 수행이 사회관계 유지의 근간이라는 관점은 성리학자들에게도 그대로 이어지고 있다. 성리학자들은 아동기의 교육의 핵심은 조화로운 관계의 형성과 유지를 위해 각 관계에서 요구되는 역할을 삶의 과정에서 수행하는 데에 있다고 강조함으로써, 공자로부터 이어지는 정명론의 체계를 답습하고 있는 것이다. 율곡(栗谷)은 이를 다음과 같이 진술하고 있다.

> 사람이 이 세상에 살면서 배우지 않으면 사람다운 사람이 될 수 없다. 이른바 배운다는 것은 이상한 별개의 사건이나 사물을 말하는 것이 아니다. 이는 다만 어버이 된 사람은 마땅히 자애로워야 하고, 아들 된 사람은 마땅히 효도해야 하며, 신하 된 사람은 마땅히 충성해야 하고, 부부 된 사람들은 마땅히 직분을 나누어 해야 하며, 형제 된 사람들은 마땅히 우애로워야 하고, 아랫사람 된 사람은 마땅히 어른을 공경해야 하며, 친구 된 사람들은 마땅히 믿음이 있도록 해서, 일상생활을 영위할 때 일에 따라 각각 그 마땅한 바를 행할 뿐이다.26)

---

5): 이 인용문에서 부모-자식, 형-아우의 관계를 남의 부모[人父]와 남의 자식[人子], 남의 형[人兄]과 남의 아우[人弟]의 관계로 표현하고 있다는 사실에 주의를 기울일 필요가 있다. 이는 인간관계란 부모-자식이나 형-아우 같은 가족관계일지라도 개체로서의 상대방과의 관계를 전제로 하는 것으로, 각자가 해당 관계에서 수행해야 할 역할이 일반적인 관점에서 정리될 수 있는 것이라는 사실을 강조하기 위한 표현법이라고 생각할 수 있다. 이렇게 보면 이 인용문은 각자의 역할을 충실히 수행해야 모르는 사람 사이에서도 조화로운 관계가 유지되는 것처럼, 부모-자식이나 형-아우 같은 가까운 관계에서도 조화로운 관계 유지의 핵심 방안은 각자의 역할의 쌍무적인 수행에서 찾아야 한다는 사실을 강조하고 있는 것이다.

26) 人生斯世 非學問無以爲人 所謂學問者 非異常別件事物也 只是爲父當慈 爲子當孝 爲臣當忠 爲夫婦當別 爲兄弟當友 爲少者當敬長 爲朋友當有信 皆於日用動靜之間 隨事各得其當而已(『栗谷全書 二』 擊蒙要訣, 序 82): 이는 成均館大學校 大東文化

이렇게 각각의 사회관계에서 각자에게 부여된 역할을 충실히 수행함으로써 각 관계에서 요구되는 질서와 조화가 이루어지도록 하는 일이 사람으로서 마땅히 해야 할 일이라는 주장은 성리학자들의 한결같은 관점이다.

이상에서 보듯이, 서구와 동아시아 사회에서 제시되고 있는 사회관계론에서는 각각 공정한 교환(서구 개인주의 사회)과 사회관계 속에 내포되고 있는 역할의 인식과 수행(동아시아 집단주의 사회)을 사회관계 유지의 규범으로 설정하는 차이를 보이고 있다. 이러한 사회관계 유지의 규범 체계는 두 종류의 사회관계론을 구성하는 제2명제이다.

5) 동·서 사회관계론의 차이 종합

지금까지 논의한 사회계약설에 토대를 두고 있는 서구의 사회교환이론과 선진유학과 성리학에 토대를 두고 있는 도덕실천론의 차이는 사회관계의 목표와 사회관계 유지의 규범이라는 두 가지 명제의 차이로 귀환하여 이해할 수 있다.

서구 교환이론은 이기적인 존재인 독립체로서의 개인이 사회관계를 통해 자기의 이익을 최대화하려 한다는 사회관계의 목표를 규정한 명제와 공정한 교환을 통해 상호 간의 이익 갈등을 해소하려 한다는 사회관계의 유지 규범에 관한 명제로 구성되어 있다. 인간의 사회관계를 이해하는 이러한 조망에서는 이기적 본성을 가지고 있는 상호 평등하고 독립된 개인이 자기의 이익극대화를 위해 어떤 행동을 선택하고 결정하는지

研究所 刊(1971)『栗谷全書』제2권의 擊蒙要訣 중 序의 p. 82를 가리킨다. 앞으로 栗谷의 인용은 이 예를 따른다.

하는 문제와, 서로 간의 이익 갈등을 필연적으로 내포하는 사회관계가 어떻게 형성되고 유지되는지 하는 문제에 관심을 기울이게 된다. 교환이론의 관점에서는 전자의 문제는 합리성을 기초로, 후자의 문제는 공정성을 기초로 하여 접근하려 한다고 생각할 수 있으며, 전자는 합리적 의사결정에 관한 연구를, 후자는 분배정의 및 친교관계 형성과 유지에 관한 연구를 이끌게 되었다고 볼 수 있다.

이에 비해 유학사상에서는 사람과 사람 사이의 관계를 사회구성의 기본단위로 인식하여, 이러한 관계의 융합이나 조화롭게 통일된 관계를 형성하는 것을 사회관계의 목표로 본다. 그리고 이러한 관계의 융합이나 조화로운 관계는 모두 사회관계 속에 내포된 역할의 분명한 인식과 충실한 수행을 통해 이루어지는 것으로 본다. 이러한 관계중심적인 관점에서는 복례(공자), 여인위선(맹자) 및 군거화일(순자)의 방안으로서 사회관계에 내포되어 있는 역할의 정확한 인식과 이의 충실한 수행의 문제가 연구 주제로 떠오르게 된다.

✳ 2. 유학의 사회관계론과 역할심리학의 문제

유학은 지행합일(知行合一)을 지향하고 있는 윤리체계이다. 유학자들은 스스로가 도덕 주체라는 사실에 대한 인식과 자기수련을 통한 도덕적 완성에 그치지 않고, 이를 일상생활에서 실행하는 것이 사회적 관계체인 인간이 그 존재의의를 달성하는 길이라고 본다. 실생활에서 도덕을 실천하여 사회관계의 조화를 달성함으로써 이상적인 공동체를 이룰 수 있게 된다는 것이다. 이렇게 도덕실천론은 바람직한 사회생활의 양태란 어떠한 것인지에 관한 유학자들의 이론체계라고 볼 수 있다. 이러한 도덕실천론에서는 사회관계에서 인간이 추구해야 할 것은 무엇이며, 사회관계를 유지하기 위해 해야 할 일이 무엇인지 하는 문제에 관한 심리학적 함의를 이끌어 낼 수 있다.

유학사상에서 도덕실천의 전형은 군자와 성인 같은 이상적 인간의 상태에 이른 사람들의 사회적인 삶의 양태에서 찾을 수 있다. 공자의 복례론, 맹자의 여인위선론 및 순자의 군거화일론은 군자와 성인의 사회적인 삶의 양상을 통해 일상적 사회관계의 모습을 제시하려 한 유학적 사회관계론의 체계들이다.

서구의 현대 사회심리학에서 사회관계를 보는 기본틀은 모든 대인관계를 교환의 관점에서 보는 합리적 계산자 모형(計算者 模型)이다.27) 이 모형은 정보·도움·보상·애정 들을 주고받는 교환을 통해 사람들은 자기의 이익을 최대화하려는 이기적 존재라는 기본 전제에서 출발한다. 이것이 사회관계의 목표를 구성하는 명제이다. 곧 사회관계의 궁극적인 목표는 이러한 사회관계를 통해서 자기이익을 최대화하는 데 있다는 것이다.

---

27) 보통 '사회교환이론'(social exchange theory)이라고 통칭되는 이 관점은, 한 개인의 사회행동을 분석하는 거대 이론인 "학습이론과 의사결정이론의 두 가지를 토대로 구축"(Taylor, Peplau, & Sears, 2003, p. 10)되어, 둘 이상의 사람의 관계를 분석하는 데 사용되어 온, 현대 사회심리학의 가장 기본적인 이론체계 가운데 하나이다(Brehm, 1992, p. 157; Emerson, 1992, pp. 30-31; Shaw & Constanzo, 1982/1985, p. 90). 이러한 "교환의 관점은 (심리학뿐만 아니라) 사회과학 전체에 걸쳐 광범위하게 연구자들의 관심을 사로잡아 온 이론틀이다"(Gergen, Greenberg, & Willis, 1980, p. viii). 현대 사회과학에서 제시된 대표적인 사회교환 관점의 이론들에는 Blau(1964), Homans(1961, 1974), Thibaut와 Kelley(1959, 1986), Walster, Berscheid와 Walster(1976; Walster, Walster, & Berscheid, 1978)의 이론들이 있다.

이렇게 자기이익 최대화를 꾀하는 과정에서는 필연적으로 관계당사
자들 사이에 이익 갈등이 빚어질 수밖에 없으므로, 이를 해소하고 원만
한 관계를 유지하기 위해서 공정한 교환의 규범이 필요하게 된다. 이것
이 관계 유지를 위한 규범을 구성하는 명제인데, 이 관점에서는 사회관
계를 통해 얻게 될 이익과 부담의 철저한 계산과 공정한 교환을 강조한
다.28) 이렇게 교호성(交互性)과 공정성(公正性)의 원칙을 바탕으로 한 합
리적 계산의 과정으로 사회관계를 개념화하는 것이 현대 사회심리학에
서 전개하는 사회관계론의 핵심이다.

이와 같이 '자기이익 추구 → 이익과 부담의 철저한 계산 → 공정하고
교호적인 교환에 따른 관계 유지'의 과정으로 사회관계를 개념화하는 사
회교환이론들은 기본적으로 개인주의 사회에서 인간을 파악하는 기본
관점을 잘 따르고 있다. 개인주의의 이념적 바탕인 자유주의 사상체계
에서 개인 존재를 자유의 보유자, 이성 주체 그리고 안정적 실체라고 개
념화하고 있다는 사실은 이미 보아온 바와 같다. 이러한 관점에서는 개
인이 자기의 사적 소유와 이익을 확대할 수 있는 자유와 권리(재산권)를
갖추고 있고, 이를 위해 이성에 바탕을 둔 합리적 계산에 따라 자기에게
가장 유리한 방안을 선택할 수 있으며, 자기이익 최대화라는 안정적 목
표를 일관성 있게 추구하는 존재라고 본다. 이러한 관점이 바로 합리적
계산자 모형에 따른 사회교환이론의 논리적 바탕이 되고 있는 것이다.

---

28) 자유주의 이념에서 "이성은 본질적으로 자기이익을 가장 효과적으로 추구할 수
있게 하는 계산능력"(노명식, 1991, p. 41)을 의미하므로, 이 모형에서 전제하는
이성에 근거를 둔 합리성의 추구란 곧 자기이익에 대한 철저한 계산을 의미하는
것이다. 앞에서 '사회교환이론'을 '합리적 계산자 모형'이라고 이름 붙인 것은 바로
이러한 맥락에 그 까닭이 있다.

이와는 대조적으로 유학사상에서 개념화하는 인간은 기본적으로 관계를 맺고 있는 타인에 대한 관심을 가지고 그들을 우선적으로 배려하는 도덕성을 갖추고 있는 존재이다. 이러한 관점에서는 사람들 사이의 관계에서 요구되는 질서와 조화를 추구하는 것이 사회관계의 목표라고 전제하는 사회관계론이 도출될 수밖에 없다. 사회관계는 일상생활에서 도덕성을 실천하는 장(場)이기 때문이다. 이는 상호 독립적인 개인이 아니라, 사람들 사이의 관계가 사회구성의 기본단위라고 보는 데서 필연적으로 유추되는 관점인 것이다.

이러한 입장에 서게 되면, 독립적인 개인 사이의 공정한 교환을 통한 이익 추구가 사회관계의 목표가 아니라, 일상생활에서 자기를 다하고 타인에게까지 도덕실천을 미루어 가는 충서(忠恕)의 통합(공자),[29] 특정 관계 당사자들[君臣・父子・夫婦・長幼・朋友] 사이에서 요구되는 기본적인 조화[親・義・別・序・信]의 추구와 달성(맹자)[30] 및 함께 모여 살면서 조화롭게 통일을 이루는 일[群居和一](순자)[31]과 같이 조화로운 사회관계를 이루는 것이 사회관계의 목표로 부각된다.

나아가 유학사상에서는 이러한 조화의 달성은 각 관계에 본유적으로

---

29) 子曰 參乎 吾道一以貫之 曾子曰 唯 子出 門人問曰 何謂也 曾了曰 夫子之道 忠恕 而已矣(『論語』里仁 15); 子貢問曰 有一言而可以終身行之者乎 子曰 其恕乎 己所 不欲 勿施於人(衛靈公 23)

30) 人之有道也 飽食暖衣 逸居而無教 則近於禽獸 聖人有憂之 使契爲司徒 教以人倫 父 子有親 君臣有義 夫婦有別 長幼有序 朋友有信(『孟子』滕文公上 4)

31) 夫貴爲天子 富有天下 是人情之所同欲也 然則從人之欲 則勢不能容 物不能瞻也 故 先王案爲之 制禮義以分之 使有貴賤之等 長幼之差 知賢愚能不能之分 皆使人載其 事 而各得其宜 然後愨祿多少厚薄之稱 是夫群居和一之道也(『荀子』榮辱 39-40): 王先謙(1891)의 『荀子集解』에서는 知賢愚에서 知는 智로 읽어야 하고, 賢은 원문 에서 삭제되어야 하며, 愨祿은 穀祿이 되어야 한다고 본다.

내포되어 있는 역할의 수행을 통해 이루어진다고 보아, 역할 수행을 사회관계 유지의 핵심 규범으로 본다. 이것이 이른바 "군주는 군주의 역할을 다하고, 신하는 신하의 역할을 다하며, 부모는 부모의 역할을 다하고, 자식은 자식의 역할을 다해야 한다"[32])는 정명론의 체계인 것이다. 맹자와 순자도 공자의 정명론 체계를 이어받아, 역할 수행이 관계 유지의 핵심 규범이라고 보고 있다. 맹자는 자기의 상태를 타인에게 미루어 가 상대방을 배려하는 추기급인(推己及人)과 다른 사람들과 걱정과 즐거움을 함께하는 여민동지(與民同之)를 통해 이루어지는 여인위선(與人爲善)이 사회생활의 목표로서, 이는 각자의 역할 수행을 통해 관계융합이 이루어져야 가능한 일임을 주장하고 있다.[33]) 순자도 사회관계의 조화와 통일은 관계 속에 내재한 역할을 명료하게 인식하고[明分] 이를 수행[守分]하는 데서 이루어진다고 봄으로써, 공자의 정명론을 이어받고 있다.[34])

이렇게 공자·맹자·순자가 제시하는 사회관계론은 모두 관계 속에 내재하고 있는 역할의 인식과 그 수행의 문제로 집약된다. 이러한 역할의 인식과 수행은 사회관계 유지의 규범이 될 뿐만 아니라, 사회관계가 추구하는 목표인 조화 달성을 이루는 전제이기도 한 것이다. 이러한 맥락에서 보면, 관계 속에 내재한 역할의 인식과 그 수행의 문제가 유학사

---

32) 齊景公問政於孔子 孔子對曰 君君 臣臣 父父 子子(『論語』 顔淵 11)

33) 欲爲君 盡君道 欲爲臣 盡臣道(『孟子』 離婁上 2)

34) 遇君則修臣下之義 遇鄕則修長幼之義 遇長則修子弟之義 遇友則修禮節辭讓之義 遇賤而少者 則修告導寬容之義 無不愛也 無不敬也 無與人爭也 恢然如天地之苞萬物 如是則賢者貴之 不肖者親之(『荀子』 非十二子 33); 農以力盡田 賈以察盡財 百工以巧盡械器 士大夫以上至於公侯 莫不以仁厚知能盡官職 夫是之謂至平(榮辱 40); 請問爲人父 曰寬惠而有禮 請問爲人子 曰敬愛而致恭 請問爲人兄 曰慈愛而見友 請問爲人弟 曰敬詘而不悖……此道也 偏立而亂 俱立而治 其足以稽矣(君道 5)

상의 사회관계론에 바탕을 두고 정립될 유학심리학에서 탐구해야 할 중
요한 연구문제로 떠오르게 되는 것이다.

1) 심리학과 역할 연구의 문제

이상에서 보듯이, 유학자들의 사회관계론에서 도출되는 연구 주제는
사회관계 유지의 규범인 역할의 인식 및 수행과 관련된 역할심리학의 문
제이다. 이 문제는 선진(先秦)유학뿐만 아니라 그 후의 모든 유학사상의
사회관계론에서 도출되는 핵심 주제라고 볼 수 있다. 그러나 이러한 역
할의 문제는 지금까지 사회학자들의 관심사였지 심리학자들의 관심 대
상은 아니었다. 역할의 문제가 사회학자들의 관심의 표적이 되어 왔다
는 사실은 사회학자가 사회학의 관점에서 정리한 '사회심리학' 교과서에
서 현대 사회학적 사회심리학의 기본 이론체계를 네 가지로 잡고 있는데
(상징적 상호작용론, 사회교환이론, 사회비교이론, 역할이론),[35] 역할이론이
그중의 하나에 들고 있다는 사실에서 잘 드러난다.

이에 비해 심리학자가 심리학의 관점에서 정리한 '사회심리학'에서 현
대 심리학적 사회심리학의 기본 이론체계를 여섯 가지로 보고 있는데
(동기이론, 학습이론, 인지이론, 의사결정이론, 사회교환이론, 사회문화적 관
점),[36] 이 중에 역할이론은 들어 있지 않다. 이렇게 현대 심리학에서 널

---

35) Rosenberg & Turner, 1992.
36) Taylor, Peplau, & Sears, 1994, 1997, 2000, 2003: 이 중 '사회교환이론'은 2000년
　　의 10판과 2003년의 11판에서 '상호의존성이론'이라고 기술하여, 교환 당사자들
　　사이의 상호관계에 초점을 맞추는 표현으로 바꾸고 있으며, 10판부터는 '진화사회
　　심리학'(evolutionary social psychology)을 첨가하여, 일곱 가지 이론적 관점으로
　　모든 사회행동을 아울러 설명하고 있다.

리 사용되고 있는 '사회심리학'의 교과서에서는 역할의 문제가 전혀 다루어지지 않거나,[37] 기껏해야 성역할(sex role)의 관점이나[38] 의사소통 구조(communication structure)와의 관련에서[39] 간단히 언급되고 있을 뿐이다. 그러나 최근에 심리학적 사회심리학에서도 문화가 주요한 연구 주제로 등장하면서 사회적 역할(social role)의 문제가 문화비교 연구의 주된 개념틀의 하나로 제기되고 있는데,[40] 이는 이제 심리학자들도 서서히 역할의 문제에 관심을 갖기 시작했음을 시사하는 현상이라 하겠다.

지금까지 심리학자들이 역할의 문제를 도외시해 왔던 것은 '사회적 역할'이란 것이 개인의 심리적인 내용 속에 있는 것이 아니라 객관적인 현실로서 제반 사회의 규정(social prescriptions) 속에 존재하는 것, 곧 개인 속에 내재하는 것이 아니라 개인 밖에 외재하는 것이라는 생각이 배경에 깔려 있었던 것이 아닌가 싶다. 그러나 유학자들에 따르면, 역할의 문제는 사회구성 다음에 필요한 사회제도의 한 가지로 생겨나는 것이 아니라, 인간 존재가 본래부터 지닌 특성이다. 개인 존재는 역할의 연쇄망을 벗어나서는 존재할 수 없을 뿐만 아니라, 역할의 인식과 실천은 곧 도덕성의 인식 및 실천과 통하는 인간의 본질적 특성이기 때문이다.

이렇게 역할의 문제를 유학사상에서처럼 개인 존재에 내포되어 있는 존재의 근거 자체라고 봄으로써 이를 개인의 심리 내용 속의 본유적인 개념으로 인식하게 되면, 이는 중요한 심리학적인 연구대상으로 떠오르

---

37) Aronson, 1988/1990; Baron & Byrne, 1997; Jones & Gerard, 1967.
38) Raven & Rubin, 1983; Taylor et al., 2003.
39) Raven & Rubin, 1983.
40) Taylor et al., 2003, pp. 10-13.

게 될 것이다. 이러한 사실은 성역할의 문제도 제도적으로 엄격하게 구
분되어 상호 불가침의 관계였던 남성의 일과 여성의 일이 사회로 진출하
는 여성의 수가 급증함으로 인해 그 경계가 모호해졌고, 그 결과 성역할
을 생물학적 성(sex)에 의해서가 아니라 사회문화적으로 형성된 개념
(gender) 또는 각자가 받아들인 심리 내용 속의 개념으로 인식하기 시작
한 이후에 본격적으로 심리학적 조명을 받기 시작한 것으로 볼 수 있다
는 시사에서[41] 그 개연성의 일단을 찾아볼 수 있을 것이다.

순자도 역할 구분의 근거이며 예의 체계인 도에 대해 "마음이 도를 인
식하[知道] 연후에야 도를 옳은 것으로 받아들이게 되고[可道], 그런 후에
야 도를 지키고[守道] 도가 아닌 것을 금할 수[禁非道] 있게 된다"[42]고 봄
으로써, 예에 의한 역할 구분의 규범이 개인의 심리적인 인식과 수용을
전제로 하여 실제에 실행될 수 있는 것임을 시사하고 있다. 그는 또한
"올바름[義]을 바른 것으로 받아들여서 이를 행하는 것이 바로 도덕적 행
위"[43]라고 여김으로써, 예의의 실행은 이의 개인 내적 인식을 근거로 함
을 말하고 있다.

이런 진술들은 모두 예(禮)의 개인 심리 내용으로의 전화(轉化)가 바로
화성(化性)이라는 사실[44]과 결부시켜 보면, 예의 체계인 역할과 몫의 구
분이 바로 개인 심리적 문제가 됨을 말하는 것으로 볼 수 있다. 이렇게
되면 역할의 문제는 바로 심리학적 연구 문제가 되는 것이며, 따라서 선
진유학자들에게서 도출되는 역할과 예의 문제는 사회학의 문제가 아니

---

41) Taylor et al., 2003, pp. 335-369.

42) 心知道 然後可道 可道 然後能守道 以禁非道(『荀子』 解蔽 11)

43) 正義而爲 謂之行(正名 3)

44) 조긍호, 1995, pp. 10-12; 蔡仁厚, 1984, pp. 392-398.

라 심리학의 문제로 떠오르게 되는 것이다. 그러므로 사회적 존재인 인간의 상호관계의 형성과 유지 과정을 포괄적으로 이해하기 위해서는 사회적 역할 인식과 그 수행의 문제에 대한 탐구가 앞으로 사회심리학에서 본격적으로 전개될 필요가 있으며,[45] 이것이 바로 공자 · 맹자 · 순자 같은 선진유학자들의 사회관계론이 현대 사회심리학에 던져 주는 중요한 시사점이라고 볼 수 있을 것이다.

2) 유학과 역할심리학 도출의 배경

개인은 이기적 존재이든 아니면 도덕적 존재이든 모여서 사회생활을 하지 않을 수 없다. 사회관계를 형성하고 유지하여야 하는 것은 인간 삶의 기본 조건인 것이다. 여기서 사회관계를 형성하는 것은 사회관계의 목표 설정과 관련되는 문제이고, 사회관계를 유지하는 것은 사회관계의 갈등 해소와 관련되는 문제이다.

서구 개인주의 사회와 같이 사회관계를 교환의 관계로 파악하느냐 아니면 유학사상에서와 같이 도덕실천의 과정으로 파악하느냐에 따라, 사회관계를 통해 이루어야 할 목표에 대한 관점의 차이가 빚어진다. 이렇게 사회관계를 통해 이루고자 하는 목표에 대한 인식에 차이가 나면, 궁극적으로 동 · 서 두 진영에서 전개될 사회관계론의 모습이 근본적으로 달라진다. 또한 사회관계를 유지하는 데는 자유의 제한과 같은 개인에 대한 제약이 따르게 마련이다. 그러므로 사회관계론에서는 이러한 제약

---

45) 이수원(1993, 1994)은 이미 '역할'이 개인 내의 심리 내용에 근거를 두고 있음을 밝혀내고, 이로부터 파생되는 외계 인식의 틀인 '조망'이 사회행동의 근거임을 제시함으로써, 이러한 연구의 새로운 가능성을 보여 주고 있다.

을 극복하고 사회관계를 유지하는 데 필요한 규범들을 설정할 수밖에 없
게 된다.

　서구의 사회교환이론에서는 사회관계의 목표를 개인이익의 최대화라
고 보고, 그 과정에서 필연적으로 빚어지는 이익 갈등을 공정한 교환의
규범에 따라 해소함으로써 사회관계가 유지된다고 본다. 이에 비해 유
학의 도덕실천론에서는 사회관계의 목표를 조화로운 사회관계를 형성
하고 유지하는 데에서 찾고, 이는 사회관계에서 각자에게 요구되는 역할
을 명확하게 인식하고 수행하는 데에서 이루어진다고 본다. 즉 유학적
도덕실천론에서는 관계 속에서 요구되는 역할의 인식과 실천이 핵심적
인 연구문제로 부각되는 것이다.

(1) 사회관계의 목표와 역할에 대한 관심

　개인주의의 배경이 되고 있는 자유주의의 체계에서는 개체성·합리
성·실체성을 기반으로 하여 인간을 이해하려 한다. 이러한 맥락에서
서구인들은 사회관계를 안정적이고 고정적인 내적 속성을 갖추고 있는
독립적이고 개별적인 개인들이 합리적 선택을 통한 계약과 거래를 하는
것이라고 본다. 이러한 계약과 거래를 통해 정보·보상·도움·애정 등
을 주고받는 교환을 하는 것이 사회관계의 핵심이라는 것이다.

　사회교환이론의 핵심 전제는 상호 평등하고 독립적인 개인들이 사회
구성의 기본단위이며, 사람들은 교환관계를 통해 자기이익을 최대화하
려는 욕구를 가지고 있다고 보는 것이다. 이성의 주체로서 개인들은 합
리적인 선택을 통해 교환관계에서 자기에게 이익을 가져오는 행위는 계
속 수행하고, 부담을 지우는 행위는 하지 않으려 한다고 가정된다. 서구
인들은 상호 독립적이며 이익 추구적인 개인 사이의 계약과 교환의 과정

을 통해 각자가 자기이익을 최대로 보장받을 수 있다고 여긴다. 이렇게 서구의 교환이론에서는 인간을 쾌락 추구적인 존재로 보아, 사회작용에서 얻게 되는 자기이익의 최대화에서 사회관계의 목표를 찾는 것이다.

이와는 대조적으로 유학사상에서는 사회관계를 다른 사람들에 대한 관심과 배려를 실천하는 장(場)이라고 본다. 서로에 대해 관심을 가지고 있는 개인들이 서로를 배려하는 것이 사회관계의 바람직한 모습이라는 것이다. 그러므로 사회관계란 도덕 주체로서의 자기가 다른 사람과 사회에 대한 책임을 수행하기 위한 활동의 공간이라는 의미를 갖는다. 이러한 사실은 『논어』에서 공자와 그 제자인 증자(曾子)의 다음과 같은 문답에 잘 드러나 있다.

공자께서 증자에게 "삼(參은 증자의 이름임)아! 나의 도(道)는 하나의 이치로 꿰뚫어져 있다"고 말씀하시자, 증자가 "알겠습니다"라고 말씀 드렸다. 그리고 나서 공자께서 방에서 나가시자, 그 자리에 있던 문인들이 "무슨 말씀입니까?"라고 증자에게 물어보았다. 이에 대해 증자는 "선생님의 도는 충(忠)과 서(恕)일 뿐이다"라고 대답하였다.[46]

주희(朱熹)는 이 문답에 나오는 충과 서에 대해 "자기가 할 일을 다 하는 일이 충(忠)이고, 자기의 마음을 다른 사람에게까지 미루어 가는 일이 서(恕)"라고 풀이하여,[47] 스스로가 도덕 주체임을 인식하는 일이 충이고, 이를 사회관계에서 타인에게까지 미루어 가서 이를 실천함으로써 그들

---

46) 子曰 參乎 吾道一以貫之 曾子曰 唯 子出 門人問曰 何謂也 曾子曰 夫子之道 忠恕 而已矣(『論語』 里仁 15)
47) 盡己之謂忠 推己之謂恕(『論語集註』)

과의 사이에 조화를 이루는 일이 서의 핵심이라 보고 있다. 이러한 충서의 통합은 곧 도덕성의 인식과 실천의 통합을 말하는 것으로, 공자는 이 인용문에서 이를 사회관계의 목표로 부각시키고 있는 것이다.

공자는 이러한 목표가 사회관계에서 모든 사람이 각자의 역할을 충실히 수행함으로써 이루어진다고 보는 정명론을 편다.[48) 맹자는 사회관계의 목표를 대인관계에서 조화를 달성하는 일[五倫][49) 및 일상생활에서 다른 사람들과 함께 선을 이루는 일[與人爲善][50)로 잡고, 이러한 목표는 각자가 자기의 역할을 다하는 데서 이루어진다고 보고 있다.[51) 순자도 조화롭고 통일된 사회관계를 이루기 위해서는 역할의 정확한 인식과 수행이 전제되어야 한다고 본다.[52)

이와 같이 유학의 도덕실천론에서는 조화로운 관계의 형성을 사회관계의 목표로 잡고 있는데, 이는 해당 관계 속에서 각자에게 요구되는 역할을 인식하고 수행하는 데서 이루어지는 것이라고 전제한다. 여기에서 사회관계와 관련하여 역할심리학의 문제가 유학심리학의 핵심 연구 주제로 부각되는 근거를 만나게 된다.

(2) 사회관계 유지의 규범과 역할에 대한 관심

서구의 사회교환이론에서는 개인들이 사회관계를 통하여 각자의 이익을 최대화하려 노력하게 된다고 전제한다. 그러나 한 사회가 보유하

---

48) 『論語』 顏淵 11; 子路 3.

49) 『孟子』 滕文公上 4.

50) 公孫丑上 8.

51) 離婁上 2.

52) 『荀子』 榮辱 39-40; 非十二子 33; 王制 20; 王霸 16-17; 君道 5.

고 있는 자원에는 한계가 있는 것이 보통이고, 공동작업을 통해 이루어
내는 성과도 제한되어 있게 마련이다. 이러한 상황에서 상호작용을 하
고 있는 각자가 자기이익의 최대화를 위해 경쟁하다 보면, 그들 사이에
필연적으로 이익 갈등이 빚어질 수밖에 없게 된다. 그러므로 이러한 이
익 갈등을 최소화하고, 사회관계를 유지하기 위한 규범이 필요하게 되는
것이다.

사회교환이론에서는 관계당사자들 사이에 이득과 부담의 공정한 교
환이 이루어져야 사회관계가 유지될 수 있다고 본다. 곧 합리적 계산에
따른 공정성의 추구가 사회적 갈등을 해소하고 두 당사자들을 계속 기존
의 관계 속에 묶어 두는 핵심이라는 것이다. 그러나 이러한 공정한 교환
은 관계 유지의 최소 충족 요건일 뿐이다. 공정한 교환이 이루어지면 관
계가 깨지지 않을 뿐, 그에 만족하게 되거나 또는 그 관계가 더 강화되는
것은 아니다.

이러한 맥락에서 교환이론들에서는 공정한 교환을 통한 관계 유지
에 대해서와 마찬가지로, 관계의 만족도에 영향을 미치는 요인들에 대해
서도 관심을 쏟는다. 티보와 켈리의 '상호의존성이론'이 그 대표적인 예
인데,53) 이 이론에서는 개인이 교환관계에서 얻은 자기 성과의 마땅함
(deservingness)을 평가하는 '비교수준'(comparison level)이 관계의 만족도
를 판단하는 기준이 된다고 보아 중시한다. 비교수준보다 높은 성과는
만족을 가져오지만, 낮은 성과는 불만을 유발한다는 것이다. 이렇게 사
회교환이론에서는 '공정성'을 관계 유지의 규범으로, 자기가 얻는 성과
가 자기의 노력에 비해 '마땅한 정도'를 관계의 만족도를 판단하는 기준

---

53) Thibaut & Kelley, 1959, 1986.

으로 제시하고 있다.

이와는 대조적으로 유학사상에서는 관계 속에 내재한 역할을 충실히 수행하는 것이 관계를 지속하게 만들 뿐만 아니라, 이를 더 강화하기도 한다고 본다. 공자의 정명론, 맹자의 진도론, 순자의 명분·수분론은 사회관계에서 자기에게 부여되어 있는 역할을 분명하게 인식하고 수행하는 일이 사회관계를 조화롭게 유지하는 핵심이라고 보는 이론들이다. 한 걸음 더 나아가 순자는 "그러므로 역할과 몫을 나누지 않는 것은 사람의 커다란 재앙이고, 역할과 몫을 나누는 것은 천하의 근본적인 이익"[54]이라고 진술하여, 역할의 명확한 인식과 수행이 천하를 근본적으로 이롭게 하는 일이 된다고까지 표현하고 있다.

여기서 역할 수행과 관련하여 한 가지 더 살펴보아야 할 것은 이러한 역할의 수행이 쌍무적으로 이루어져야 한다는 사실이다. 곧 부모가 자기의 역할을 다하는 것과 자식이 자기의 역할을 다하는 것이 함께 이루어져야 부모와 자식 사이에 친애함이라는 조화와 질서가 이루어지지, 어느 한쪽만의 역할 수행에 따라서는 이루어지지 않는다고 유학자들은 보고 있는 것이다. 유학자들은 서로 하나의 단위를 이루는 사람들의 쌍무적인 역할 수행을 강조하여, 예를 들면 항상 군주와 신하[君臣], 부모와 자식[父子]의 동시적이고도 쌍무적인 역할 수행을 부각시키고 있다.[55] 이러한 사실을 가리켜 순자는 "역할 수행의 길은 한쪽만 자기 역할을 수행하면 어지러워지지만, 양쪽이 모두 자기 역할을 수행하면 사회관계에 질서가 이루어지게 될 것"[56]이라 진술하고 있다. 이렇게 보면, 유학자들

---

54) 故無分者 人之大害也 有分者 天下之本利也(『荀子』 富國 7)

55) 『論語』 顔淵 11; 『孟子』 離婁上 2; 『荀子』 君道 5.

56) 此道也 偏立而亂 俱立而治(『荀子』 君道 5)

은 교환물의 공정성이 아니라, 쌍무적인 역할 수행의 공정성을 강조하고 있었던 것이라 생각할 수 있다. 요컨대, 추구하는 공정성의 내용이 다른 것이지, 유학사상이라고 해서 공정성을 완전히 외면하는 것은 아니라는 말이다.

이렇게 유학의 도덕실천론에서는 조화로운 사회관계를 유지하기 위한 규범도 관계 속의 역할의 인식과 쌍무적인 수행에서 구한다. 사회관계 속에서 요구되는 역할을 동시에 함께 수행하는 것은 조화로운 사회관계를 형성하는 요체일 뿐만 아니라, 사회관계의 조화를 유지하는 관건이기도 하다는 것이다.

✳ 3. 역할의 유형과 그 부여 근거

이렇게 유학자들은 역할의 인식과 수행이 사회관계의 목표(복례를 통한 충서의 통합-공자; 여인위선-맹자; 군거화일-순자)를 이루기 위한 전제가 된다고 보아, 역할의 문제를 중시하고 있다. 그렇다면 역할의 인식과 수행이 복례를 통한 충서의 통합·여인위선·군거화일이라는 사회관계의 목표, 더 나아가서는 인간 삶의 목표를 이룰 수 있는 전제가 되는 까닭은 무엇인가? 이러한 역할의 정확한 인식은 어떻게 해서 이루어질 수 있는가? 역할의 인식과 수행 사이의 관계는 어떠한가? 역할의 인식이 그대로 그 충실한 수행으로 이루어지는 것은 아닌데, 역할의 충실한 수행에 개재하는 요인에는 어떠한 것들이 있는가? 한 개인이 동시에 다양한 역할을 수행할 경우, 역할 사이에 개재하는 갈등은 어떻게 해결할 것인가? 앞으로 유학사상에 토대를 두고 정립될 유학심리학은 역할의 인식과 수행을 둘러싸고 있는 이와 같은 문제들을 집중적으로 탐구해야 할 것이다.

이러한 여러 문제들은 사람들에게 주어져 있는 역할의 종류에는 어떤 것들이 있으며, 그러한 역할들이 인간에게 주어져 있는 근거는 무엇인가 하는 문제로부터 탐구해야 할 것이다. 그것이 분명해져야 역할의 인식이 명확해지고, 그러한 바탕 위에서 역할의 충실한 수행이 이루어질 수 있을 것이기 때문이다.

1) 오륜설과 역할의 종류

유학사상의 역할이론 하면 제일 먼저 떠오르는 것이 맹자의 오륜설(五倫說)이다. 맹자는 "사람이 편안히 살고 가르침이 없으면 금수와 같아질 수밖에 없으므로 학교를 세워 다섯 가지 사람의 기본적인 도리를 가르치게 하였는데, 이는 '부자유친(父子有親)·군신유의(君臣有義)·부부유별(夫婦有別)·장유유서(長幼有序)·붕우유신(朋友有信)'의 다섯 가지이다"[57]라고 진술하여, 오륜설의 기초를 제시하고 있다.

이러한 오륜설을 통해 맹자가 주장하려고 한 요지는 '사회를 구성하는 기본단위는 사람들 사이의 관계인데, 이들 중 가장 근본적인 것은 부모-자식[父子], 군주-신하[君臣], 남편-아내[夫婦], 형(어른)-아우(아이)[長幼], 친구-친구[朋友]의 다섯 가지 관계'라는 사실과 '각각의 관계에서는 추구해야 할 목표[친애함(親)·의로움(義)·분별함(別)·차례(序)·신뢰성(信)]가 있는데, 이는 각 관계당사자들이 각자에게 부여되는 역할을 충

---

57) 人之有道也 飽食暖衣 逸居而無敎 則近於禽獸 聖人有憂之 使契爲司徒 敎以人倫 父子有親 君臣有義 夫婦有別 長幼有序 朋友有信(『孟子』 滕文公上 4)

실히 수행하는 데서 이루어진다'라는 사실이다. 각 관계에서 요구되는 이러한 역할의 수행을 공자는 '이름을 바로잡는 일' 곧 정명(正名), 맹자는 '각자의 도를 다하는 일' 곧 진도(盡道), 순자는 '각자의 몫을 바로 인식하고 지키는 일' 곧 명분(明分)·수분(守分)이라 진술하고 있다. 이러한 역할 수행을 통해 각 관계에서 달성해야 할 목표[親·義·別·序·信]가 이루어지면 곧 각 관계에 조화가 도모되어, 결국 사회 전체의 조화와 평화가 달성된다는 것이 유학자들의 관점이다.

유학사상에서는 이렇게 부자·군신·부부·장유·붕우 사이의 관계가 사회를 구성하는 가장 기본적인 역할의 관계라고 인식한다. 그런데 사회구성의 기본단위인 이 다섯 가지 역할관계는 크게 두 가지 종류로 대별할 수 있다는 것이 성리학자인 주희(朱熹)의 주장이다. 『성리대전(性理大全)』에서 주자는 이를 다음과 같이 지적하고 있다.

사람에게 큰 윤리가 다섯 가지가 있는데, 옛날 성현들로부터 이 오륜은 모두 하늘이 펴낸 것으로 사람이 만든 것이 아니라고 여겼다. 그러나 지금 살펴보건대, 이 중에서 부모-자식과 형제 사이의 관계는 '하늘이 낳은 천속'[天屬]이지만, 나머지 세 가지는 '타인끼리 결합한 관계'[以人合者]이다. 이에 대해서는 의심이 없을 수 없는데, 남편과 아내는 천속(天屬)이 그로 말미암아 이어지는 관계이고, 군주와 신하는 천속이 그에 의존하여 완전하게 되는 관계이며, 붕우는 천속이 그에 의존하여 바르게 되는 관계이다. 그러므로 이 세 가지는 인도(人道)의 기강(紀綱)으로 사람으로서 해야 할 표준을 세운 것으로서, 그 어느 것도 단 하루라도 없어서는 삶을 영위할 수 없다. 이 세 가지는 비록 타인끼리 결합한 관계일지라도 실제로는 천리(天理)에 따라 그렇게 결합한 것이어서 반드시 서로 결합하지 않을 수 없는데, 이들은 모두 하늘이

펴낸 것으로 사람이 만든 것이 아니기 때문이다.58)

　　이 인용문에서 보듯이, 주희는 오륜의 다섯 가지 관계를 태어날 때부터 갖추어진 자연적인 '천륜(天倫)의 친속(親屬)' 곧 천속(天屬)과 후천적으로 맺어진 '타인들 사이의 결합'[以人合者]의 두 가지 종류로 나누고 있다. 전자의 '천속'에 속하는 것은 부모-자식과 형-아우와 같이 개인적 선택이 개입하지 않고 자연적으로 주어지는 관계이고, 후자의 '타인들 사이의 결합'으로 이루어지는 관계는 남편-아내, 군주-신하, 친구-친구와 같이 개인적 선택을 통해 후천적으로 맺어지는 관계이다.

　　이 두 가지 종류 가운데 자연적으로 주어지는 부-자와 형-제 같은 천속이 핵심적인 관계이고, 후천적으로 개인의 선택에 따라 맺어지는 부-부와 군-신 및 붕-우 같은 인위적인 결합은 천속에 종속되는 보완적인 관계라는 것이 주희의 생각이다. 그러므로 주희는 인간관계에서 각자에게 부여된 역할을 수행하는 일은 가까이 가족관계에서 부모에게 효도하고 형제에게 우애롭게 하는 일부터 시작해야 한다고 본다. 그는 이러한 사실을 다음과 같이 진술하고 있다.

　　사람이 해야 할 일을 다한다는 것은 효제(孝弟)를 다하는 일을 말하는

---

58) 人之大倫別有五 自昔聖賢皆以爲天之所敍 而非人之所能爲也 然以今考之 則有父子 兄弟爲天屬 而以人合者居其三焉 是則若有可疑者 然夫婦者 天屬之所由以續者也 君臣者 天屬之所賴以全者也 朋友者 天屬之所賴以正者也 是則所以紀綱人道 建立 人極 不可一日而偏廢 雖或以人而合 其實皆天理之合然 有不得不合者 此其所以爲 天之所敍 而非人之所能爲者也(『性理大全』 卷五十三, 學二, 人倫 811): 이는 光成 文化社 刊(1975) 朱熹의 『性理大全』 卷53의 學二 중 人倫 p. 811을 가리킨다. 앞 으로 『性理大全』의 인용은 이 예를 따른다.

것이다. 무릇 자기 한 몸으로부터 미루어 말하자면, 내 몸이란 부모로
부터 말미암아 혈기를 받아 태어난 것이다. 그러므로 사람의 할 일을
다한다는 것은 자기 몸을 삼가 존중하는 것이고, 자기 몸을 삼가 존중
하는 것은 능히 자기 부모를 공경하는 일이 된다. 사람으로서 할 일을
다하지 못하면 자기 몸을 삼가 존중하지 못하게 되고, 자기 몸을 삼가
존중하지 못하면 자기 부모를 공경하지 않는 것이 된다. 사람이 할 바
를 다하는 일이 효제에서부터 출발한다 함은 이를 일러 말하는 것이
아니겠는가? 정자(程子)는 "사대부가 군주로부터 직분을 받아 그 책임
을 다하려고 기약하는 것은, 마치 부모로부터 몸을 받아 자기가 할 일
을 다해야 하는 것과 마찬가지이거늘, 어찌 사람으로서 할 일을 다하
지 않을 수 있겠는가?"라고 말하였다.[59]

　이렇게 인륜을 다하는 것이 부모와 형제 사이에서 요구되는 역할을 충
실히 수행하는 일로부터 시작한다는 사실은 선진유학자들로부터 이어
지고 있는 관점으로, 이를 맹자는 인의예지(仁義禮智) 같은 인간 삶의 기
본도덕은 부모와 자식 및 형과 아우라는 가족관계에서의 역할 수행에 근
거를 두고 있다는 논의를 통해 제시하고 있다.

　인(仁)의 핵심은 어버이를 모시는 것이고, 의(義)의 핵심은 형을 따르
　는 것이며, 지(智)의 핵심은 이 두 가지를 깨달아 버리지 않는 것이고,
　예(禮)의 핵심은 이 두 가지를 조절하고 아름답게 꾸미는 것이다.[60]

---

59) 盡其道謂之孝弟　夫一身推之　則身者資父母血氣以生者也　盡其道者　則能敬其身　敬
　　其身者　則能敬其父母矣　不盡道　則不敬其身　不敬其身　則不敬父母　其斯之謂歟　程子
　　曰　今士大夫受職於君　期盡其職　受身於父母　安可不盡其道(『性理大全』卷五十三,
　　學二, 人倫 809)

　　이렇게 태어날 때부터 주어져 있는 부-자와 형-제 같은 천속이 가장 기본적인 관계이기는 하지만, 부-부와 군-신 및 붕-우 등 후천적으로 개인의 선택을 거쳐 맺어지는 타인 사이의 결합이 인간의 삶에서 부차적인 의미만을 가지는 것은 절대로 아니다. 부-부는 천속을 이어 주는 관계[天屬所由以續者]이고, 군-신은 천속을 온전하게 해 주는 관계[天屬所賴以全者]이며, 붕-우는 천속을 바르게 해 주는 관계[天屬所賴以正者]로서, 이 세 가지 인위적인 결합이 없다면 천속이 유지되는 기반이 상실되기 때문이다. 그러므로 이인합자(以人合者)인 부-부와 군-신 및 붕-우 사이의 관계도 역시 인간 삶의 바탕이 되는 관계임에는 틀림없다는 것이 주희의 주장이다.

　　그러므로 하늘의 질서 그 자체인 오륜의 각 관계에서 수행해야 할 일들은 각각 별개의 것이 아니라 서로 밀접하게 연관되어 있어서, 어느 하나만을 수행하고 다른 것은 버려둘 수 있는 성질의 것이 아니라는 점이 주희를 비롯한 성리학자들이 이어받은 유학사상의 기본적인 견해이다. 이러한 사실을 주희는 오륜 중 가장 경시하기 쉬운 붕우 사이의 관계를 예로 들어 설명하고 있다.

> 군신 · 부자 · 형제 · 부부의 관계에서 서로 그 해야 할 일을 다 실천하여 어그러짐이 없도록 하려면, 붕우 사이에 서로 선(善)을 행하도록 독려하여 그 인(仁)을 이루도록 돕지 않는다면, 그 누가 그렇게 할 수 있겠는가? 그러므로 붕우 사이의 관계는 인륜에 있어 그 형세가 가벼운 것 같으나 그 연관된 바가 매우 중하고, 그 정분이 소원한 것 같으나 그

---

60) 仁之實 事親是也 義之實 從兄是也 智之實 知斯二者弗去是也 禮之實 節文斯二者是也(『孟子』 離婁上 27)

관계된 바가 지극히 친밀하며, 그 할 일이 작은 것 같으나 맡은 바가 매우 크니, 이는 옛 성인이 도를 닦는 가르침을 세울 때에 반드시 붕우 관계를 중하게 여겨 감히 소홀하게 하지 않았던 까닭이다.[61]

이 인용문에서 보듯이, 오륜 각각에서 수행해야 할 일들은 서로 깊은 연관성을 가지고 있다는 것이 유학자들의 관점이다. 이러한 사실은 주희가 "사대부가 군주로부터 직책을 받아 그 역할을 다하려고 함에는 어찌 부모로부터 몸을 받아서 부모 섬기는 도리를 다하듯이 하지 않을 수 있겠는가?"[62]라고 하여, 군-신 사이에 직분의 수행을 다하려고 하는 데에는 부모-자식 사이에서 그 할 일을 다함으로써 자기 몸을 삼가고 존중할 뿐만 아니라, 부모를 정성껏 공경하는 일을 바탕으로 삼아야 된다고 언급하고 있다는 점에서도 잘 드러나고 있다. 이렇게 성리학자들도 공자와 맹자 및 순자 같은 선진유학자들과 마찬가지로, 인간 삶의 기반인 대인관계에서 각자에게 부여된 역할을 충실히 수행하는 일을 도덕실천의 핵심 내용으로 간주하고 있는 것이다.

---

61) 必欲君臣父子兄弟夫婦之間　交盡其道而無悖焉　非有朋友以責其善輔其仁　其孰能使之然哉　故朋友之於人倫　其勢若輕而所繫爲甚重　其分若疎而所關爲至親　其名若小而所職爲甚大　此古之聖人修道立教　所以必重於此　而不敢忽也(『性理大全』卷五十三, 學二, 人倫 811): 『小學』「小學集註總目」의 明倫 중 明朋友之教에도 朱子의 이 말이 인용되고 있다.

62) 今士大夫受職於君　期盡其職　受身於父母　安可不盡其道(『性理大全』卷五十三, 學二, 人倫 809)

2) 사회등급 · 사회윤리 · 사회직분에 따른 역할 구분

앞에서는 오륜의 관계를 두 가지 유형으로 분류할 수 있음을 살펴보았다. 인간은 사회생활을 하면서 오륜 이외에도 수많은 사회관계 속에 쌓여서 살아가고 있다. 이러한 수많은 사회관계 속의 제반 역할이 부여되는 기준은 무엇인가?

유학자들 가운데 역할의 문제에 대해 집중적으로 논의하고 있는 사람은 순자이다. 그는 이러한 역할을 귀천(貴賤)으로 대표되는 사회등급, 장유(長幼)로 대표되는 사회윤리, 그리고 지 · 우(智 · 愚)와 능 · 불능(能 · 不能)으로 대표되는 사회직분의 차이로 나누고 있다. 이러한 사실은 다음과 같은 진술문에 잘 나타나 있다.

사람이 욕구를 무한정 좇게 되면, 자연의 형세는 이를 다 충족시킬 수 없고, 물자는 부족하기 마련이다. 그러므로 선왕이 이를 감안해서 예의를 정해, 각자의 역할과 이에 따른 몫을 나누어 주었다. 그리하여 귀천의 등급, 장유의 차이, 지혜와 능력의 나뉨이 있도록 하여, 사람들로 하여금 모두 그 해야 할 역할을 맡아 수행하도록 함으로써, 각각 그 합당함을 얻도록 하였다 …… 이것이 바로 '사회생활을 하면서 조화롭게 통일을 이루는 길'[群居和一之道]이다.[63]

역할의 나뉨이란 무엇을 말하는가? 귀천에 등급이 있게 하고, 장유에

---

63) 從人之欲　則勢不能容　物不能贍也　故先王案爲之制禮義以分之　使有貴賤之等　長幼之差　智愚能不能之分　皆使人載其事　而各得其宜……是夫群居和一之道也(『荀子』榮辱 39-40)

차이가 있게 하며, 빈부에 가벼움과 무거움이 있게 하여, 모두가 각각
의 알맞음을 누리게 하는 것을 말한다.[64]

이 인용문들에서 표현되고 있듯이, 순자는 귀천과 같이 사회제도에 수
반되는 신분(身分)상의 역할, 장유와 같은 사회윤리상의 역할, 능력과 지
능의 차이에 따른 사회직분상의 역할을 인간의 세 가지 역할의 유형으로
구분하고 있다. 다음의 진술을 보면 이러한 역할의 유형이 좀 더 분명하
게 드러난다.

가정과 조정 및 군대의 의례가 예에 의해 하나로 통일된다. 귀천과 같
은 사회적 신분과 그에 따른 역할의 실천도 예에 의해 통일되고, 군
신ㆍ부자ㆍ형제 같은 사회윤리적 역할 실천도 예에 의해 통일되며,
사ㆍ농ㆍ공ㆍ상 같은 사회직분의 역할 실천도 예에 의해 통일된다.[65]

여기서 가정과 조정 및 군대의 의식(儀式)은 역할의 구분과 실천을 의
미하는 것이 아니므로 제외하고 보면, 순자는 귀천과 같은 사회적 신분,
군신ㆍ부자ㆍ장유(형제)의 사회윤리, 각자의 능력에 따른 사ㆍ농ㆍ공ㆍ
상의 사회직분의 세 가지를 사회적 역할의 근거로 제시하고 있다고 할
수 있다.

이 중에서 사회윤리상의 역할은 사람이 태어날 때부터 갖추고 있는 것

---

64) 曷謂別 曰 貴賤有等 長幼有差 貧富輕重 皆有稱者也(禮論 2): 富國 5에도 禮者貴賤
有等 長幼有差 貧富輕重 皆有稱者也라는 말이 나오고 있어, 순자가 사회등급ㆍ사
회윤리ㆍ사회직분의 세 가지를 역할 구분의 삼요소로 중시하고 있음을 드러낸다.
65) 故喪祭朝聘師旅一也 貴賤殺生與奪一也 君君臣臣父父子子兄兄弟弟一也 農農士士
工工商商一也(王制 20)

이다. 인간은 이러한 관계 속에서 태어나서 살아가기 때문이다. 이러한 관점에서 이는 인간에게 부여되어 있는 가장 기본적인 역할이라 볼 수 있으며, 이러한 맥락에서 공자와 맹자는 사회윤리 관계의 역할을 가장 중시하고 있는 것이다.[66]

이와는 대조적으로 사회적 신분에 따른 역할은 타고나는 것이 아니라, 개인의 도덕적 수양의 결과에 따라 주어지는 것이다. 이는 유학의 군자론과 성인론의 핵심적 요지로서, 도덕적 자기수양이 사회신분에 따른 역할의 차이를 유발하는 근거이다. 사회직분에 따른 역할의 차이도 개인이 개발한 능력의 차이를 근거로 하는 것이다.

이러한 맥락에서 보면, 인간에게 주어지는 다양한 역할은 사회윤리 관계에서 주어지는 것이어서 개인이 하기에 따라 달라지지 않는 항구적인 역할, 개인의 도덕적 수양에 따라 달라지는 사회신분(등급)상의 역할 및 개인의 능력 개발의 결과에 따라 달라지는 사회직분상의 역할로 나뉜다는 것이 순자를 비롯한 유학자들의 역할관이라 하겠다.

3) 역할 구분의 근거: 수양의 정도인 덕에 따른 형평

앞 장에서 군자(君子)와 대인(大人)을 소인(小人)과 대비하여 진술하고, 유학자들은 이들 각자가 할 일이 다르다고 제시하고 있음을 보았다. 그렇다면 앞에서 보았던 군자 및 대인과 소인의 차이는 사회적 역할을 구분하는 근거가 되는 것이라고 보아야 할 것이다. 즉 군자와 대인은 사회

---

66) 공자는 正名論(『論語』顔淵 11)을 통해서, 맹자는 五倫說(『孟子』滕文公上 4)과 盡道論(離婁上 2) 및 推己及人說(梁惠王上 7)에서 사회윤리 관계에서의 역할의 인식과 수행을 강조하고 있다.

와 소인들을 다스리는 직책을 맡게 되고, 소인은 그들의 다스림을 받음으로써 조화로운 사회를 함께 이루어 가야 할 직책을 떠맡게 된다는 것이 군자와 소인의 대비를 통해 유학자들이 전달하고자 하는 요지인 것이다.

공자는 군자는 덕을 밝게 깨달아 항상 덕을 생각하는 사람이고, 소인은 이익에 밝아서 항상 이익과 재산을 생각하는 사람이라고 보는데,[67] '정사란 덕을 기반으로 하는 것'이므로 다스리는 직책은 군자에게 주어져 있고 '마치 북극성이 제자리를 지키고 있으면 뭇 별들이 그를 향하여 벌리어 서듯이' 소인들은 군자의 다스림을 따라야 한다고 보아,[68] 이러한 입장을 제시하고 있다.

공자는 군자가 다스리는 직책을 맡는 것은 수양을 통하여 덕을 이루었기 때문이지 태어날 때부터의 출신성분에 의해 결정되는 것은 아니라고 보았다. 즉 덕을 이루어 군자가 되면 누구나 다스리는 직책을 맡을 수 있다는 것이다. 그는 이러한 사실을 "얼룩소의 새끼라 하더라도 색깔이 붉고 또 뿔이 제대로 났다면, 비록 그 어미가 얼룩소라 하여 산천의 제사에 희생(犧牲)으로 삼지 않고자 할지라도, 제사를 받는 산천의 신(神)이 그대로 버려두겠는가?"[69]라는 비유를 통해 암시하고 있다. 즉 도덕적 수양의 정도에 따른 형평이 사회적 역할 구분의 근거가 되어야 한다는 것이 공자의 입장인 것이다.

맹자도 대인은 마음을 쓰는 사람이고 소인은 힘을 쓰는 사람인데, 마음을 쓰는 사람은 남을 다스리고 힘을 쓰는 사람은 남의 다스림을 받는

---

67) 君子懷德 小人懷土 君子懷刑 小人懷惠(『論語』 里仁 11); 君子喩於義 小人喩於利 (里仁 16)

68) 子曰 爲政以德 譬如北辰居其所 而衆星共之(爲政 1)

69) 子謂仲弓曰 犁牛之子騂且角 雖欲勿用 山川其舍諸(雍也 4)

다고 하여,[70] 역할 구분의 근거를 대인이냐 소인이냐에 두고 있다. 그는 "사람의 몸에는 귀한 것도 있고 천한 것도 있으며, 큰 것도 있고 작은 것도 있는데, 작고 천한 것(생물체적 이기적 욕구의 기관인 이목지관—耳目之官)으로 크고 귀한 것(도덕성의 기관인 심—心)에 해를 끼쳐서는 안 된다. 그 작은 것을 기르는 사람은 소인이 되고, 그 큰 것을 기르는 사람은 대인이 된다"[71]고 보아, 개인의 수양의 정도에 따라 남을 다스리는 직책을 갖게 되느냐 아니면 남의 다스림을 받는 직책을 갖게 되느냐가 구분된다고 본다.

맹자는 대인이 되느냐 소인이 되느냐 하는 것은 태어날 때부터 정해져 있는 것이 아니라, 누구나 대인과 군자가 될 수 있다고 보았다.[72] 그는 교육을 통해 누구나 덕을 쌓으면 대인과 군자가 될 수 있다고 보았는데, "맹자가 가르침을 베푸는 데 있어, 가는 사람은 좇지 않고 오는 사람은 거절하지 않았으며, 배우겠다고 찾아오는 사람은 누구나 받아들일 뿐"[73]이었다. 그러므로 배움을 통해 쌓은 덕의 정도가 사회적 역할 구분의 근거가 되어야 한다는 것이 맹자에게서도 드러나고 있는 유학의 전통인 것이다.

이러한 입장은 순자에게도 이어지고 있다. 그는 각 개인이 후천적으로 이룬 현실태(現實態)인 덕(德)과 능(能)을 기준으로 하여 사회적 직분이 나뉘어야 한다고 보아, 다음과 같이 진술하고 있다.

---

70) 有大人之事 有小人之事……故曰 或勞心 或勞力 勞心者 治人 勞力者 治於人 治於人者 食人 治人者 食於人 天下之通義也(『孟子』 滕文公上 4)

71) 體有貴賤 有小大 無以小害大 無以賤害貴 養其小者爲小人 養其大者爲大人(告子上 14); 從其大體爲大人 從其小體爲小人(告子上 15)

72) 曹交問曰 人皆可以爲堯舜 有諸 孟子曰 然(告子下 2)

73) 夫子之設科也 往者不追 來者不拒 苟以是心至 斯受之而已矣(盡心下 30)

각 사람의 덕에 비추어서 차례를 정하고, 능력을 헤아려서 관직을 수
여함으로써, 모든 사람으로 하여금 각자의 일을 하도록 맡기고, 각각
그 마땅한 바를 얻도록 해야 한다.[74]

또한 그는 다른 곳에서 "덕은 반드시 그 지위에 알맞게 하고[稱], 지위
는 보수에 알맞게 하며, 보수는 그 공로에 알맞게 해야 한다"[75]거나, "그
능력을 기준으로 올바른 원칙에 알맞도록 하면[稱義] 두루 미치게 될
것"[76]이라고 표현하고 있기도 하다. 이렇게 순자는 후천적으로 인위적
인 노력[僞]에 의해 이루어 낸 현실태로서의 덕과 능력의 수준에 따라 사
회적 역할과 직분을 부여해 주는 것이 중요하다는 사실을 지적하는 것
이다.

❋ 4. 역할 수행

공자가 각자 '자기에게 주어진 이름(역할)에 걸맞게 하는 일' 곧 정명
(正名)의 대의를 밝힌 이래, 유학자들은 사회관계의 조화와 융합을 이루
는 유일한 길은 사회관계에서 각자에게 주어지는 역할을 충실하게 수행
하는 일이라는 점을 거듭거듭 강조해 왔다. 맹자는 이렇게 충실하게 역
할을 수행하는 일을 '사람의 도리(역할)를 다하는 일' 곧 진도(盡道)라고

---

74) 論德而定次 量能而授官 皆使其人載其事 而各得其所宜(『荀子』 君道 12)
75) 德必稱位 位必稱祿 祿必稱用(富國 5): 『荀子集解』에서는 맨 마지막의 用을 庸으
　　로 보아 勳으로 해석하고 있다.
76) 其能以稱義徧矣(君道 13)

진술하고 있으며, 순자는 좀 더 구체적으로 '각자의 몫(역할)을 분명히 인식하고, 이를 수행하는 일' 곧 명분(明分)·수분(守分)이라 표현하고 있다. 이러한 관점은 주희 이후 성리학자들도 그대로 이어받고 있는 유학의 기본 논지이다.

1) 역할 수행의 효과

계속 언급해 온 대로, 유학자들은 사회관계에서 자기에게 요구되는 역할을 분명하게 인식하고 이를 실생활 장면에서 수행하는 일은 사회관계의 조화와 통일을 이루는 핵심이라고 주장한다. 그러므로 사회관계에서 역할을 구분하는 일은 사회생활이 이루어지는 기반이다. 이러한 사실을 순자는 다음과 같이 진술하고 있다.

사람은 사회생활을 하지 않을 수 없다. 그런데 사회생활을 하면서 역할의 나뉨이 없으면 서로 다투게 되고, 서로 다투면 혼란해지며, 혼란해지면 곤궁하게 된다. 그러므로 사회관계에서 역할의 나뉨이 없는 것은 사람에게 커다란 재앙이 되고, 역할을 나누는 것은 천하에 근본적인 이익을 가져온다.[77]

이렇게 사회관계에서 역할을 나누어 각자가 역할을 수행하는 것은 천하의 통의(通義)로서 사회의 근본이 된다. 이렇게 역할을 나누는 것은 온 천하 사람들을 두루 잘 기르는 방편이라는 것이 유학자들의 관점이다.

---

[77] 人之生不能無群 群而無分則爭 爭則亂 亂則窮矣 故無分者 人之大害也 有分者 天下之本利也(『荀子』富國 6-7)

해야 할 역할이 똑같게 되면 두루 미치지 못하고, 세력이 가지런하면 통일되지 못하며, 사회생활을 하면서 누구나 똑같은 일을 하면 서로 영향을 미쳐 필요한 것을 얻지 못한다 …… 세력과 지위가 나란하고, 하고 싶은 것과 싫어하는 것이 같은데 자원이 풍부하지 못하면, 반드시 다투게 된다. 다투면 혼란해지고, 혼란해지면 곤궁해진다. 선왕(先王)은 이러한 혼란을 싫어하여, 예의를 제정해서 각자의 역할을 나누어 주었다. 그리하여 사회직분과 신분의 차이가 있게 함으로써 서로 겸하여 마주 대하기에 충분하게 하였다. 이렇게 역할을 나누는 것이 바로 천하 사람들을 고루 기르는 근본인 것이다.[78]

이렇게 역할의 구분은 사회생활을 영위하는 근본이기 때문에 각자가 자기에게 주어져 있는 역할을 충실히 수행하는 것은 사회생활을 조화롭게 통일시키는 유일한 길이 된다. 이는 사회윤리나 사회신분상의 역할 수행에서 뿐만 아니라, 사회직분상의 역할 수행의 경우에도 마찬가지이다.

농민은 힘을 다해 농사일에 맡은 역할을 수행하고, 상인은 세밀하게 살펴 재물을 늘리는 역할을 수행하며, 여러 기술자는 도구와 그릇을 만드는 역할을 충실히 수행하고, 사대부 이상 공후(公侯)에 이르기까지는 누구나 어짊과 후덕함 및 지혜와 능력으로써 관직에서 맡은 역할을 충실히 수행해야 한다. 그렇게 되면 '지극한 평화'[至平]가 이루어진다.[79]

---

78) 分均則不偏 勢齊則不壹 衆齊則不使……勢位齊 而欲惡同 物不能澹 則必爭 爭則亂 亂則窮矣 先王惡其亂也 故制禮義以分之 使有貧富貴賤之等 足以相兼臨者 是養天下之本也(王制 5-6)

4. 역할 수행   217

이 인용문에서 기술되고 있듯이, 각자가 자기에게 주어져 있는 역할을 충실히 수행하게 되면 조화로운 사회관계가 형성됨으로써 지극히 평화로운 사회를 이룰 수 있게 된다는 것이 유학자들의 관점이다. 즉 조화로운 사회관계의 형성과 유지는 오로지 각자가 자기에게 주어져 있는 사회윤리 · 사회신분 · 사회직분상의 역할을 충실히 수행함으로써만 가능해진다는 것이다.

2) 역할 수행의 점진적 확대

한 개인에게 주어져 있는 사회윤리와 사회신분 및 사회직분상의 다양한 역할 사이에 갈등이 있거나 그 수행의 선후 문제가 발생할 때 유학자들은 이러한 문제를 어떻게 풀려고 하는가? 이 문제에 대해 유학자들은 도덕실천의 점진적 확대론을 통해 제시하고 있다.

공자는 '충(忠) → 서(恕)'[80]의 확대, 맹자는 '친친(親親) → 인민(仁民) → 애물(愛物)'[81]의 확대, 그리고 순자는 '지도(知道) → 가도(可道) → 수도(守道) → 금비도(禁非道)'[82]의 확대를 도덕실천의 확대론으로 제시하고 있다. 이는 모두 도덕실천은 '도덕적 자기수양 → 조화로운 대인관계

---

79) 農以力盡田 賈以察盡財 百工以巧盡械器 士大夫以上至於公侯 莫不以仁厚知能盡官職 夫是之謂至平(榮辱 40)

80) 子曰 參乎 吾道一以貫之 曾子曰 唯 子出 門人問曰 何謂也 曾子曰 夫子之道 忠恕而已矣(『論語』 里仁 15); 子貢問曰 有一言而可以終身行之者乎 子曰 其恕乎 己所不欲 勿施於人(衛靈公 23)

81) 孟子曰 君子之於物也 愛之而弗仁 於民也 仁之而弗親 親親而仁民 仁民而愛物(『孟子』 盡心上 45)

82) 心知道 然後可道 可道 然後能守道 以禁非道(『荀子』 解蔽 11)

의 형성 → 사회적 책무의 자임(自任)과 수행'의 단계로 확대되어야 함을 의미하는 것이다. 즉 유학자들은 자기수양에 머무르지 말고, 이러한 도덕적 주체 인식을 다른 사람과의 관계와 사회적 책무의 자임의 단계에까지 확대하는 것이 군자의 도덕실천의 자세라고 보고 있는 것이다.

이러한 도덕실천의 확대론은 역할 수행의 확대론을 전제로 성립하는 이론체계라고 볼 수 있다. 앞에서 논의한 사회윤리 관계는 사람이 태어나는 바탕으로, 가족관계가 그 근간이 되는 것이다. 사회신분 관계는 도덕적 자기수양의 결과로 갖추어지는 역할의 체계이고, 시회직분 관계는 능력의 개발 결과에 따라 주어지는 역할의 체계이다. 그러므로 사회윤리 관계가 사회신분이나 시회직분의 관계보다 선행되는 가장 기본적인 사회관계를 이루는 것이며, 따라서 사회윤리 관계의 역할 수행이 나머지 역할의 수행보다 선행되어야 하는 것이다. 이러한 사실은 도덕 원칙에 관한 유학자들의 관점에 잘 드러나고 있다.

유학자들은 인간은 타인 및 집단과 맺는 관계 속에서 존재의의를 찾을 수밖에 없다고 보므로, 자기확대를 비전으로 하는 타인 및 집단에 대한 배려에서 도덕성의 본질을 찾는다. 유학자들은 인간에게서 사회성을 제거해 버리면 인간은 존재의의 자체를 상실하게 된다고 본다. 이러한 관점에서 개인의 권리와 객관적인 정의의 원칙은 절대적이거나 보편적인 것이 아니라 이차적인 중요성을 가질 뿐이며, 이보다는 관계 상대방에 대한 관심과 배려 및 책임감이 더 중요하게 된다. 이러한 사실을 공자는 다음과 같이 제시하고 있다.

섭공(葉公)이란 사람이 공자께 "우리 무리에 정직하게 행동하는 사람이 있습니다. 그는 자기 아버지가 남의 양을 훔치자, 관가에 고발하여

이를 증거하였습니다"라고 말씀드렸다. 이에 대해 공자께서는 "우리
무리의 정직한 사람은 이와 다릅니다. 아버지는 자식을 위하여 숨겨
주고, 자식은 아버지를 위하여 숨겨 줍니다. 정직함은 바로 이러한 가
운데에 있는 것입니다"라고 말씀하셨다.[83]

 객관적인 정의의 원칙보다 부모-자식 사이의 윤리가 더욱 중요하며,
구태여 정의의 원칙을 내세우지 않아도 사람들 사이의 관계가 바로 정립
되면, 저절로 바른 행위가 이루어진다고 보는 것이 공자의 입장이었다.
사람들 사이의 관계 윤리, 즉 타인에 대한 배려와 책임이 객관적이고 보
편적인 행위 원칙보다 우선한다고 공자는 보고 있는 것이다.

 물론 이 인용문에서 공자가 객관적인 정의의 원칙을 무시하는 것이 옳
다고 보는 것은 아니다. 다만 객관적 원칙보다는 모든 행위 원칙의 출발
원천으로서의 대인관계, 그중에서도 특히 부모-자식 사이의 관계에서
서로 간에 배려하고 상대방의 복지에 대해 책임을 지려 하는 자세가 더
욱 중요함을 역설하고 있을 뿐인 것이다. 대인관계에서 서로 간의 배려
와 책임이 도외시되거나 무시되면, 객관적인 행위 원칙의 도출 근거 자
체가 사라지게 된다고 공자는 보고 있었던 것이라 생각할 수 있다. 이렇
게 다른 사람에 대한 배려와 책임감에서 도덕성의 근거를 찾으려 하는
것이 '배려의 도덕성'(the morality of caring)으로, 동아시아 집단주의 사회
에서는 이러한 관점에서 도덕성을 개념화하고 있다.[84]

---

83) 葉公語孔子曰 吾黨有直躬者 其父攘羊 而子證之 孔子曰 吾黨之直者異於是 父爲子
   隱 子爲父隱 直在其中矣(『論語』 子路 18)

84) 조긍호·이재영, 2007; Fiske et al., 1998; Gilligan, 1982; Miller, 1994, 1997a, b;
   Miller & Bersoff, 1992, 1994.

이렇게 배려의 도덕성은 도덕성의 출처를 대인관계에서의 타인에 대한 관심과 배려 및 책임감에서 찾으려 하는 입장이다. 개인이 스스로의 권리나 자유 또는 이익보다는 관계를 맺고 있는 타인에 대한 배려와 책임을 우선시하는 데에서 도덕성이 나오게 된다고 보는 것이 집단주의 사회의 특징이다. 즉 "집단주의 사회에서 개인의 욕구와 권리에의 관심은 사회적 의무보다 부차적이며, 개인 간의 근본적인 상호의존성에서 나오는 대인 간 책임감은 강력한 도덕적 '선'으로 경험되는 것이다."[85]

이러한 맥락에서 보면, 부자·부부·형제 같은 가족관계에서 비롯되는 사회윤리 관계에서의 역할 수행이 사회신분이나 사회직분 등 다른 모든 역할 수행보다 선행되어야 한다는 것이 유학자들의 관점이다. 그것이 바로 개인의 도덕실천의 근거이자 도덕적 자기수양의 본질을 이루는 것이기 때문이다.

85) Fiske et al., 1998, p. 941.

제4장 유학의 분배정의론

"진리가 사상체계의 제일 덕목이라면, 정의는 사회제도의 제일 덕목
이다."[1] 이는 현대 사회철학의 거장인 롤스(Rawls. J.)의 촌철살인의 명
언이다. 롤스가 언명한 대로 정의의 문제는 인류 역사를 통하여 가장 중
시해 온 문제였는데, 아리스토텔레스(Aristoteles) 이래 정의에 대한 탐구는
주로 분배정의(分配正義, distributive justice)의 문제로 집중되어 왔다.[2]

어떤 사회에서나 정의를 표방하고 추구한다. 정의로운 사회가 이룩되
어야 한다는 것은 인간의 이상이었다고 볼 수 있다. 그러나 어떻게 하는
것이 정의로운가 하는 정의 판단의 기준에 대해서는 집단이나 개인에 따
라 생각이 다르다. 때문에 사회 현실에서 개인 또는 집단 간의 대립과 분
쟁이 야기되며, 크게는 이념적 대립이 나타나기도 한다.[3] 그러므로 정
의는 객관적 실체가 아니라 개인의 심리적 과정이 능동적으로 개입하여
구성되는 심리적 구성체로 이해되어야 한다.[4] 이러한 관점에서 정의에
관한 사변적 당위적 접근과는 다른 사실적 현상적 수준에서의 심리학적

---

1) Rawls, 1971, p. 3.

2) Cohen & Greenberg, 1982.

3) Sampson, 1983.

4) Austin, 1979.

접근의 필요성을 생각해 볼 수 있다.

분배정의란 한 사회가 보유하고 있는 유한한 자원이나 공동작업의 성과를 성원들에게 어떻게 분배하는 것이 정의로운가 하는 문제이다. 이때 어떠한 경우에나 받아들여지는 정의의 기준은 공정성(公正性, fairness)이다. 즉 사회 성원들이나 공동작업자들에게 토지나 권력 같이 일정하게 한정되어 있는 사회자원이나 공동작업의 성과를 공정하게 분배해 주는 것이 바로 정의의 핵심이라는 것이다.

그렇다면 어떻게 분배하는 것이 공정한 분배인가? 정의로운 분배원칙의 선호는 문화에 따라 달라지는가? 유학자들은 분배정의에 관해 어떠한 입장을 가지고 있었는가? 그리고 정의가 깨어진 것을 목격하였을 때 이에 대한 반응은 문화에 따라 차이가 있는가? 구체적으로 유학자들은 이 문제에 대해 어떤 관점을 가지고 있는가? 여기서는 이러한 문제에 대해 집중적으로 고찰해 보기로 하겠다.[5]

❋ 1. 분배정의의 원칙과 그 선호 조건

다양한 분배 상황에서 사람들이 사용하는 공정한 분배원칙의 종류에 대해서는 학자들마다 의견이 분분하지만,[6] 이러한 다양한 분배원칙 중에서 가장 보편적이고 또 인류 역사를 통하여 가장 널리 적용되어 온 것은 형평(衡平)원칙(equity principle) · 균등(均等)원칙(equality principle) ·

---

5) 이 장의 진술은 졸저(조긍호, 1992, pp. 127–182; 2012, pp. 186–190, 490–498, 541–556, 627–632, 886–919)의 내용을 기반으로 구성하였다.

6) Greenberg & Cohen, 1982; Mikula, 1980.

필요(必要)원칙(need principle)의 세 가지이다.[7] 이러한 세 가지 분배원칙은 유한한 자원이나 공동작업의 성과를 분배하는 양식에서 차이가 있을 뿐만 아니라, 각각에 따라 분배가 이루어졌을 때 집단이나 그 성원들에게 미치는 효과의 면에서도 차이가 있기 때문에 상황에 따라 선호되는 분배원칙이 달라진다.

1) 분배의 세 원칙과 그 효과

형평원칙은 투입이나 기여의 크기에 비례하여 성과를 분배하는 원칙이다. 따라서 투입이나 기여가 큰 사람은 큰 몫을 분배받게 되고, 그것이 작은 사람은 작은 몫만을 분배받게 된다. 이러한 형평원칙에 따른 분배는 성원들로 하여금 더 많은 성과를 얻기 위하여 더 열심히 개인적 목표를 추구하도록 동기화하기 때문에 생산성이 제고된다는 긍정적 효과를 가져온다.[8]

그러나 이러한 형평원칙에 따른 분배는 집단 내에 경쟁적 분위기를 조성하고,[9] 집단목표와 소속감에의 흥미를 상실하게 하거나[10] 동료에 대해 적대감을 느끼게 하는 등 인간관계의 긴장을 야기하며,[11] 기여량에 기초한 권위·지위·권력의 분할이 나타나 더 강력한 성원은 다른 성원보다 자신의 이익에 배타적으로 유리하게 작용하는 요인을 투입요인으

---

7) Deutsch, 1974, 1975; Leventhal, 1976; Mikula, 1980; Schwinger, 1980.

8) Leventhal, 1976.

9) Schwinger, 1980.

10) Lawler, 1971.

11) Deutsch, 1975; Mikula & Schwinger, 1978.

로 상정하도록 영향력을 행사함으로써 부익부 빈익빈의 현상이 초래되어 집단원 사이의 조화가 깨어지는 부작용을 유발한다.[12] 즉 생산성 제고라는 긍정적 효과에 반해, 집단 성원 사이의 조화의 붕괴와 상호 배척감의 생성이라는 부정적 효과가 나타나는 것이다.

균등원칙은 투입이나 기여의 크기에 상관없이 모든 성원에게 똑같이 성과를 분배하는 원칙이다. 이러한 균등원칙에 따라 자원이나 성과를 분배하게 되면, 성원들 사이에 지위와 소유의 평준화가 이루어짐으로써 상대적 박탈감이 최소화되고,[13] 성원들 사이의 유사성이나 공동운명이 강조됨으로써 집단성원들 사이에 유대감과 조화가 증진될 뿐만 아니라 협동적 활동이 늘어난다.[14]

그러나 유대감과 지위균등 보장책의 일환으로 집단이 경쟁을 금지하는 비공식적인 규범을 만들어 결국은 집단생산성이 감소하는 결과가 초래되기도 하고,[15] 자기 능력껏 기여하지 않는 성원에 의해 집단이 착취당할 가능성도 배제할 수 없으며,[16] 또한 성원들 사이의 지위평준화에 모든 성원 특히 고지위의 성원들이 동의하지 않을 때 불만족과 긴장관계가 조성될 수도 있다. 즉 집단 성원 사이의 유대감과 조화감의 제고라는 긍정적 효과에 반해, 생산성의 저하와 집단에의 불만족이라는 부정적 효과가 유발된다.

필요원칙은 성원 각자의 필요에 따라 자원이나 성과를 분배하는 원칙

---

12) Walster & Walster, 1975.

13) Leventhal, Karuza, & Fry, 1980.

14) Deutsch, 1975; Leventhal, 1976; Mikula, 1980; Schwinger, 1980.

15) Burnstein & Katz, 1972; Sampson, 1969.

16) Schwinger, 1980.

이다. 따라서 분배될 자원이나 성과에 대한 필요가 크거나 급박한 성원
은 그렇지 않은 성원보다 더 큰 몫을 받게 된다. 이러한 필요원칙에 따른
분배에 의해 개인은 자기의 생존 또는 발전에 급박한 필요를 충족시킬
수 있으므로 성원 각자의 발전과 복지가 증진되며,[17] 또한 필요원칙의
사용은 성원들 각자에 대한 긍정적 관심의 표현이므로 성원들 사이에 친
밀관계가 조성된다.[18] 뿐만 아니라 필요원칙에 따른 분배는 사회의 부
족한 자원을 보호하고 낭비를 방지하는 목적에도 기여할 수 있다.[19]

그러나 이러한 필요원칙에 따른 분배는 많은 필요를 느끼는 궁핍한 사
람의 의존성을 장기화하여 성원들 사이의 기존 차이를 강조함으로써 긴
장을 고조시킬 수도 있으며,[20] 또한 성원들이 자기의 몫을 늘리기 위해
그 필요를 과장하는 경우 집단이 새로운 양식으로 착취당할 가능성도 배
제할 수 없다. 게다가 누군가가 이런 식으로 행동할 수도 있다는 의심은
사회관계의 유지와 존속에 치명적이 될 가능성도 있다.[21] 즉 성원들의
복지 증진이라는 긍정적 효과에 반해, 작업의욕 상실과 집단에 대한 의
존성의 장기화 및 성원들에 대한 신뢰성의 상실이라는 부정적 효과가 유
발된다.

---

17) Leventhal, 1979; Mikula, 1980.
18) Mikula & Schwinger, 1978.
19) Leventhal et al., 1980.
20) Leventhal, 1976; Mikula, 1980.
21) Lerner & Miller, 1978.

2) 특정 분배원칙의 선호 조건

이상에서 보듯이, 각 분배원칙은 그 각각을 적용하였을 때 얻어지는 효과에 차이가 있다. 이러한 효과들은 크게 두 가지로 나누어 볼 수 있다. 그 하나는 과제수행 또는 경제적 생산성과 관련된 측면의 효과이고, 또 하나는 성원들 사이의 사회-정서적 유대와 관련된 측면의 효과이다.[22] 과제수행 또는 경제적 생산성의 측면에서 가장 효과적인 분배원칙은 형평원칙이다. 균등원칙이나 필요원칙은 생산성 제고와는 무관하거나 경우에 따라서는 역효과를 가져오게 된다. 사회-정서적 관계의 측면에서 세 원칙은 특이한 차이를 보인다. 형평원칙은 경쟁적 적대관계를 조성하게 된다. 이에 비해 균등원칙은 유대감이 강하며 조화로운 협동관계를 창출하고, 필요원칙은 상대방의 발전과 복지에 관심을 갖는 친밀관계를 조성하는 데 기여한다.

(1) 수단적 선호론의 관점

이러한 세 분배원칙의 효과에 비추어 보면, 어떤 분배원칙이 어떤 경우에 선택될 것인지가 드러난다. 즉 특정 상황에서 어떤 분배원칙이 선호되느냐 하는 것은 주로 그 분배 상황에서 집단과 그 성원들이 추구하는 목표가 무엇인지 그리고 성원들 사이의 관계가 어떠한지에 의해 결정되는 것이다. 이 분야의 연구자들은 대체로 이러한 분배원칙들이 집단과 개인이 추구하는 최종목적을 달성하기 위한 수단으로서의 기능을 하는 것으로 봄으로써, 주어진 조건에서 요구되는 목적 달성을 위한 수단

---

22) Mikula, 1980.

으로서 분배원칙이 결정된다고 보는 '수단적 선호론'(手段的 選好論)의 관점을 견지하고 있다.[23]

이렇게 수단적 선호론은 공정분배를 집단이 추구하고 있는 최종목적을 위한 수단으로 보는 입장으로서, 특정 분배 상황에서 가능한 여러 분배원칙 중 어느 것을 선택하여 분배하느냐의 결정은 전적으로 각 분배원칙의 효과가 집단이 추구하는 최종목적에 얼마나 부합하느냐 하는 데 달려 있다고 본다. 그리하여 경제적 생산성의 제고가 제일 목표인 집단에서는 형평원칙이, 조화로운 사회관계의 형성과 유지가 제일 목표인 집단에서는 균등원칙이, 그리고 각 성원의 발전과 복지의 증진이 제일 목표인 집단에서는 필요원칙이 지배적인 분배정의의 원칙으로 선호될 것이라는 사실에 대체로 동의하고 있다. 즉 이들은 각 분배원칙의 적용 효과 그 자체가 그 선호 조건을 내포하고 있다는 입장에서 연구를 진행시켜 왔던 것이다.[24]

그러나 여러 분배원칙은 그 적용 효과에서 차이가 있을 뿐만 아니라, 그 적용을 위한 전제 조건이나 각 원칙의 특정 상황에의 적합성 등에서도 차이가 있으므로, 이들도 포괄적으로 고려하여야 분배원칙의 선호 조건을 통합적으로 이해할 수 있다.[25] 예를 들면, 형평원칙이 적용되기 위해서는 각 성원의 기여도가 신뢰롭게 측정될 수 있어야 하고, 필요원칙

---

23) Deutsch, 1975; Leventhal, 1976, 1980; Leventhal et al., 1980; Mikula, 1980; Sampson, 1975; Schwinger, 1980: 이 분야의 연구자들은 자기들이 제시하고 있는 이론을 '할당선호론'(割當選好論, allocation preference theory)이라 부르고 있으나, 이때의 할당선호는 추구하는 목표 달성을 위한 수단의 성격을 띤다는 점에서 여기서는 알기 쉽게 이를 '수단적 선호론'이라 부르기로 하겠다.

24) Deutsch, 1975.

25) Mikula, 1980; Schwinger, 1980.

이 적용되기 위해서는 각 성원의 필요의 특성과 강도 및 급박성 등에 관한 유용한 정보가 얻어져야 한다. 그러나 균등원칙을 적용하기 위해서 필요한 선행 조건은 없다. 따라서 균등원칙은 형평원칙이나 필요원칙보다 그 적용을 위한 전제 조건이 훨씬 단순하므로, 원칙의 결정에 시간 제약이 있다든지 성원 간의 의사소통에 부담이 많이 따른다든지 하는 경우에 더 많이 선호되는 분배원칙이 될 수도 있다.[26]

또한 형평원칙은 분배된 재화가 독립적인 작업에 의해 획득되고 그 양이 각 성원의 기여의 크기에 연관되어 있는 상황, 즉 주로 경제적 지향을 가진 사회관계에서 적합한 분배원칙이다. 이에 비해 균등원칙은 성원들 간의 유대감과 조화성을 향한 기본지향을 가진 사회관계나 성원 간에 유사성이 높은 사회관계에 적합한 분배원칙이고, 필요원칙은 성원들의 필요충족이 전적으로 분배되는 재화에 의존하고 있어서 분배자가 피분배자의 복지에 책임을 지고 있는 상황, 즉 성원 간에 친밀한 정서적 관계가 오래 지속되는 가족과 같은 관계에서 적합한 분배원칙이다.[27]

이러한 점들을 고려하여 보면, 특정 분배 상황에서의 분배원칙의 선택은 각 분배원칙을 적용하는 데 필요한 전제 조건의 확인, 각 분배원칙이 현재의 분배 상황에 내재한 사회관계에 적합한지의 확인, 그리고 각 분배원칙이 설정된 집단의 분배목표를 달성할 가능성이 있는지의 확인 등 아주 복잡한 의사결정 과정을 통해 이루어지는 것이라는 사실을 확인할 수 있다.[28]

이상에서 본 바와 같이, 분배원칙의 선택은 기본적으로 분배 상황에서

---

26) Austin & Hatfield, 1980.

27) Mikula, 1980; Schwinger, 1980.

28) Mikula, 1980.

집단이 추구하는 목표에 직접적으로 연관되어 있다고 간주하는 것이 수단적 선호론이다. 즉 분배원칙의 선호는 집단이 설정한 목표에 따라 달라지며, 선호되는 분배원칙은 이러한 목표 달성의 도구로 볼 수 있다는 것이 수단적 선호론의 입장인 것이다. 이러한 관점에서 이 분야의 연구들에서는 대체로 "형평원칙은 집단의 생산성을 극대화하려 하거나 주어진 과제가 협동이 요구되지 않는 경우에 선호되고, 성원 사이의 사회-정서적 관계와 조화를 극대화하고 개인 간의 갈등을 극소화하려 할 때는 균등원칙이 선호되며, 개인 간의 관계가 친밀하고 분배자가 피분배자의 안녕과 복지에 책임이 있는 경우에는 필요원칙이 선호된다"[29]는 사실이 밝혀지고 있는 것이다.

(2) 정의동기이론의 관점

이렇게 각 분배원칙이 가져오는 긍정적 효과의 측면에 초점을 맞춘 복잡한 의사결정 과정으로 분배원칙의 선호 조건을 이해하려는 수단적 선호론과는 달리, 인간이 가지고 있는 정의동기(正義動機, justice motive)의 실현 과정으로 분배원칙의 선호 조건에 접근하려는 '정의동기이론'의 관점도 있다. 인간은 인지발달의 결과 필연적으로 정의실현의 동기를 갖게 되는데, 각 분배원칙들은 특정 조건하에서 이러한 정의동기에 합치되는 것으로 지각되기 때문에 선호될 뿐이라고 보는 것이 이 이론의 골자이다.[30]

정의동기이론에서는 개인이 아동기 동안의 인지발달의 필연적인 결

---

29) 장성수, 1987, p. 13.
30) Lerner, 1974, 1975, 1977, 1981, 1982; Lerner, Miller, & Holmes, 1976.

과로서 누구든지 각자의 권리와 자격(deservingness)에 합당한 몫만큼 분배받게 된다는 생각에 기초한 '공정한 세상이라는 신념'(just-world belief)을 갖게 되며, 이것이 개인에게 있어서 사회관계에서 정의를 추구하는 동기로서 작용하게 된다고 본다. 이 이론에서는 주어진 분배 상황에서 자신과 타인이 어떻게 분배받아야 공정한지, 즉 주어진 분배 상황에서 각자의 자격에 합당한 몫은 어느 정도인지에 대한 지각은 개인이 타인과의 관계를 어떻게 지각하며, 또 이때 지각의 초점이 무엇이냐에 따라 달라진다고 개념화한다.

정의동기이론가들은 개인이 지각하는 타인과의 관계를 '동일시'(identity)와 '결합'(unit) 및 '비결합'(non-unit)의 세 관계로 분류하고, 각각의 관계에서 지각자가 상대방 '개인'(person)을 초점으로 지각하느냐 혹은 상대방의 상황적 '처지'(position)를 초점으로 지각하느냐에 따라 여섯 개 조건 '지각된 관계(3) × 지각초점(2)'에서 정의롭다고 인식되는 분배원칙이 달라진다고 주장한다.

여기서 '동일시 관계'는 타인을 자신처럼 지각하는 관계이고, '결합 관계'는 자신과 타인이 유사하여 같은 내집단에 함께 소속된 것으로 지각하는 관계이며, '비결합 관계'는 자신과 타인이 서로 이익 갈등을 하는 경쟁적 상태에 있는 것으로 지각하는 관계이다. 또한 지각의 초점이 '개인'일 때는 상황초월적인(trans-situational) 특유한 특성을 가진 개인으로서의 상대방이 주의(注意)의 대상이 되는 것이고, 상대방의 '처지'가 지각의 초점일 경우에는 상대방이 누구이냐 하는 것은 상관없이 상대방이 처한 초개인적인(trans-personal) 위치나 상황이 지각의 대상이 되는 것이다.

자신을 상대방처럼 지각하는 '동일시 관계'에서 지각의 초점이 '개인'으로서의 상대방이 될 경우(동일시-개인)에는 필요원칙이 정의로운 분배원칙으로 지각된다. 이때는 동일시하는 상대방에게 공감(共感, empathy)하게 되어 상대방의 고통이나 즐거움이 자신의 그것으로 지각되기 때문에, 자연히 상대방의 고통을 감소시키고 안녕과 복지를 증가시키려 한다는 것이다.

한편 '동일시 관계'에서 상대방의 '처지'가 지각의 초점이 될 경우(동일시-처지)에는 권리 및 사회적 의무의 정의(justice of entitlement, social obligations)가 분배원칙이 된다. 이 조건에서는 지각의 초점이 상대방 개인이 아니라 그가 처해 있는 상황이기 때문에, 그러한 처지에 있는 사람이 구체적으로 누구이냐에 상관없이 지각자 자신이 처한 상황으로서 공감된다. 이와 같이 상대방이 처한 상황이 중시될 때는 그가 현 상황에 처하게 된 역사와 그에게 이후 초래될 장래의 결과가 중시되어, 상대방의 현재의 고통과 안녕 문제에 대한 즉각적인 해결보다는 장기적인 관점에서 그의 안녕의 증가가 주 관심이 될 것이므로, 이러한 맥락에서 상대방의 처지를 동일시하게 되면 그가 현 처지에 이르게 된 역사를 평가하는 권리 및 사회적 의무에 따른 분배원칙이 정의로운 것으로 인식된다는 것이다.

자신과 상대방이 함께 소속된 '결합 관계'에서 상대방을 '개인'으로 지각하는 경우(결합-개인)에는 균등원칙이 정의로운 분배원칙으로 인식된다. 이때는 지각자가 상대방과 함께 소속되어 있다는 유사성이 강조되기 때문에, 균등원칙이 정의로운 것으로 부각된다. 왜냐하면 개인 간의 성과가 다르다는 것은 개인들이 어떤 측면에서 서로 다르다는 것을 의미하게 되어 성원 사이의 유사성이 허물어지기 때문이다.

반면, '결합 관계'에서 상대방의 '처지'가 지각의 초점이 될 경우(결합-처지)에는 형평원칙이 정의로운 원칙으로 인식된다. 지각의 초점이 상대방의 처지가 될 때에는 처해 있는 상황 간의 차이가 그 상황에 처한 사람들의 과거와 미래에 관련되는 것으로 인식되므로, 이러한 시간 차원이 개인의 투자와 지출 및 이익을 평가하는 기준으로 부각된다. 따라서 개인의 투입에 따라 성과가 분배되는 형평원칙은 개인 사이의 상호 동등한 자격에서 적절한 측면에서의 개인차를 기준으로 분배하는 원칙이므로, 이 경우에 적합한 정의 원칙으로 인식된다는 것이다.

마지막으로 상호 갈등적 경쟁적인 '비결합 관계'에서 상대방을 '개인'으로 지각할 경우(비결합–개인)에는 상호 경쟁적 관심과 개인차가 주목되기 때문에, 법에 의한 분배(justice of law) 또는 경쟁의 승패에 따른 분배(competitive, Darwinian justice) 원칙이 정의로운 것으로 인식된다.

이에 비해 '비결합 관계'에서 지각의 초점이 상대방의 '처지'가 될 경우(비결합–처지)에는 분배될 자원의 부족함이 중시되어 여러 분배원칙 중에서 자신에게 유리한 분배원칙이 정당하다고 인식되므로, 소위 정당화한 이기적 분배(justified self-interest) 원칙이 우세하게 된다.

이렇게 정의동기이론은 분배 상황에서의 각 성원 사이의 관계에 초점을 맞추어 분배원칙의 선호 조건을 분석하려 한다. 곧 '동일시 관계'에서는 대체로 상대방에게 유리한 원칙이, '결합 관계'에서는 관계당사자 모두에게 유리한 원칙이, 그리고 '비결합 관계'에서는 자기에게 유리한 원칙이 정의로운 분배원칙으로 인식된다는 것이 정의동기이론의 주장이다.

이러한 점은 집단이 추구하는 목표에 따라 분배원칙의 선호 조건을 분석하는 수단적 선호론의 견해와 차이가 있는 것이다. 그러나 수단적 선호론의 경우에도 집단이 추구하는 목표의 상당 부분이 성원 사이의 관계와 관련이 있다는 사실을 염두에 두면, 이러한 차이는 크게 좁혀질 수 있을 것으로 보인다. 그리하여 구체적인 장면에서 수단적 선호론과 정의

동기이론이 예상하는 결과 사이에 별 차이가 없을 수도 있겠지만, 이 두 이론의 근본적 차이가 분배원칙의 선호 과정을 철저한 합리적 계산에 따른 의사결정 과정(수단적 선호론)으로 개념화하느냐 아니면 단순히 과거 학습 과정에서 습득된 동기의 발현 과정(정의동기이론)으로 개념화하느냐 하는 관점의 차이에서 연유하고 있다는 사실에서 두 이론은 분명한 차이를 보이고 있는 것이다.

3) 문화유형과 분배원칙 선호도의 차이

앞에서 살펴본 것처럼 분배원칙의 선호가 집단의 성원들이 사회관계를 통해 추구하는 목표 또는 정의동기의 실현을 위한 노력에 따라 달라지는 것이라면, 사회를 보상과 부담을 주고받는 평등하고 독립적인 개체들로 구성되는 것이라고 인식하여, 이러한 개인들 사이에 형성되는 사회관계에서 각자가 자기이익을 최대로 추구하는 것을 사회관계의 목표라고 개념화하여 받아들이는 서구 개인주의 사회인들은 각자의 기여도에 따라 비례적으로 성과를 분배하는 형평규범을 공정한 분배원칙으로 선호할 것이라고 예측할 수 있다. 그렇게 해야 자기가 기여한 만큼의 성과를 얻을 수 있을 것이고, 그 결과 자기의 기여도를 높이기만 하면 그에 따라 최대의 성과를 분배받을 수 있을 것이기 때문이다.

이와는 대조적으로 타인에 대한 관심과 배려의 주체인 사람들 사이의 관계를 사회구성의 기본단위라고 인식하여, 사람들 사이에 조화로운 관계를 형성하는 것을 사회관계의 목표라고 개념화하여 받아들이는 동아시아 집단주의 사회인들은 모든 성원에게 똑같이 분배해 주는 균등규범 또는 개인의 필요에 우선적으로 관심을 기울이는 필요규범을 공정한 분배원칙으로 선호할 것이라고 예측할 수 있다. 이러한 분배원칙을 통해서라야 성원들 사이의 유대감이 강화되어 결과적으로 조화로운 관계를 형성할 수 있을 것이기 때문이다.

분배원칙의 선호에 대한 많은 문화비교 연구의 결과들에서는 이러한 예측이 사실로 확인되고 있다. 강한 개인주의적인 가치체계를 가지고 생활하고 있는 미국인들은 공동작업의 성과를 분배할 때나 직장에서 보수를 책정할 때 개인의 기여도에 따라 차등적으로 지급하는 형평원칙에 따른 분배를 공정한 분배원칙으로 선호하는 경향을 보인다.[31] 개인별 기여도를 엄격하게 계산하여 이에 따라 보상의 액수를 산정하는 엄격한 성과연동 개인별 보상체계는 '과학적 경영관리'의 전통을 따르는 미국식 경영관리의 기본인 것이다.[32]

이에 비해 동아시아인들은 집단작업의 성과를 성원들 사이에 균등하게 분배하려는 경향이 미국인들보다 강하다. 중국인과 일본인들은 미국인들보다 내집단 성원들에게 분배할 때는 특히 균등원칙에 따라 성과를 분배하려 한다. 이는 분배자의 기여도가 내집단의 다른 성원(피분배자)보다 큰 경우에도 예외 없이 나타난다. 그러나 외집단 성원들에게 분배할 때에는 중국인과 일본인들도 형평원칙에 따른 분배를 하려는 경향을 보인다. 하지만 중국인과 일본인들은, 미국인과 비교해 보면, 외집단 성원들에게 분배할 때에도 엄격하게 기여도에 따라 나누는 경향이 줄어들어, 내-외 집단에게 분배된 결과의 차이는 미국인에 비해 작아진다.[33]

이러한 결과는, 특히 내집단 성원들과의 분배에서 그것이 자기에게 불

---

31) Erez, 1997; Gerhart & Milkovich, 1992.
32) Erez, 1997, pp. 213-217.
33) Bond, Leung, & Wan, 1982; Leung & Bond, 1984.

리할지라도 균등분배를 선호하는 경향은, 집단주의 사회인들이 집단의 조화를 이루는 수단으로 분배규범을 선택하는 경향이 있다는 사실을 잘 드러내는 것이다. 집단주의 사회인들이 외집단과의 관계에서도 기여에 따른 엄격한 형평원칙을 지키지 않아 두 집단의 차이를 줄어들게 만든다는 사실은 사람들 사이의 관계를 중시하는 문화적 가치관을 반영하는 것이라 볼 수 있다.

집단주의 사회에서는 이렇게 집단의 조화를 도모하는 균등원칙에 따른 분배자를 공동작업의 동료로서나 상사로서 선호하는 경향을 보인다. 한국인들은 균등분배자를 형평분배자보다 동료나 상사로서 더 좋아하는 데 반해, 미국인들은 형평분배자를 균등분배자보다 동료나 상사로서 더 선호하는 경향을 보이는 것으로 밝혀지고 있다.[34] 이러한 결과도 집단주의 사회에서 성원들 사이의 조화를 중시하는 경향이 강함을 드러내 준다.

그러므로 집단주의 사회인들은 공동작업의 성과를 분배할 때 각자의 기여도를 엄격하게 따지지 않고 모두에게 균등하게 분배함으로써 집단 성원들 사이의 격차를 줄이려 하며, 결과적으로 이러한 분배를 통하여 집단의 조화를 이루려 한다. 그리하여 집단주의 사회인들은 이렇게 집단 성원들을 배려하고 집단의 조화를 도모하는 사람을 사회적으로 높이 평가하게 되는 것이다.

그러나 이러한 예측이나 연구 결과들과 꼭 일치하지는 않는 연구 결과들도 있어, 상황이 그렇게 녹록하지만은 않다는 사실을 드러내고 있다. 분배원칙 선호에 관한 25개 문화비교 연구의 결과를 사후종합분석

---

34) Leung & Park, 1986.

(meta-analysis)한 어떤 연구에 따르면, 집단주의 사회에서 개인주의 사회보다 균등원칙을 선호하는 약간의 경향성을 보이기는 하지만, 집단주의-개인주의 문화유형과 분배원칙 선호 사이에 일관된 경향성을 찾기는 힘들다는 결과가 밝혀지고 있다.[35]

그 대신 이 연구에서는 권력거리(power distance) 차원이 분배원칙 선호 양상과 관련성이 큰 것으로 드러나고 있다. 즉 상위자와 하위자 사이의 권력거리가 큰 사회일수록 형평원칙을 선호하는 경향이 크다는 것이다. 이러한 결과는 집단주의 사회라고 해서 누구나 균등원칙을 형평원칙보다 선호하고, 개인주의 사회라고 해서 누구나 형평원칙을 선호하는 것이 아니라, 개인에 따라 다르다는 사실을 암시해 준다.

이러한 개인차 요인으로 생각해 볼 수 있는 것이 집단주의와 개인주의의 수직성-수평성 차원이다.[36] 여기서 수직적 유형은 불평등을 수용하고 위계질서를 강조하는 반면, 수평적 유형은 평등과 동등성을 강조한다. 따라서 '수직적 개인주의자'(VI)는 경쟁적이며 남들을 이기는 것을 중시하고, '수평적 개인주의자'(HI)는 개인의 독립성과 자율성을 중시한다. 반면 '수직적 집단주의자'(VC)는 집단과 가족을 개인보다 우선시하고, '수평적 집단주의자'(HC)는 평등한 동료들 사이의 동료애와 협동을 중시한다.

중국인을 대상으로 한 어떤 연구에서는[37] 성원들 사이의 조화를 중시하는 '수평적 집단주의자들'은 균등원칙을 선호하고, 상·하의 직위에

---

35) Fisher & Smith, 2003.

36) 집단주의와 개인주의를 수평·수직 차원으로 나누어, 네 종류로 분석한 논의는 Singelis et al.(1995) 및 Triandis (1995, pp. 44-48) 참조.

37) He, Chen, & Zhang, 2004.

따른 구분과 집단이익을 개인이익보다 앞세우는 '수직적 집단주의자들'
은 작업수행 성과에 따른 형평원칙을 공정분배의 원칙으로 선호하는 것
으로 나타나고 있다. 이러한 결과도 성원들 사이의 조화의 추구를 중시
할 때에는 균등의 원칙을, 경제적 이익의 추구를 중시할 때에는 형평의
원칙을 선호함을 드러낸다. 집단주의 사회인들은 집단 성원과의 조화가
목표로 부각되는 내집단 성원에게 분배할 때는 균등원칙을 선호하고, 전
혀 낯선 외집단 성원에게 분배할 때는 형평원칙을 선호하지만, 개인주의
자들은 내집단 성원이나 외집단 성원에게 모두 형평원칙으로 분배해 주
는 것으로 밝혀진 결과는 이러한 추론을 지지해 준다.[38]

그러므로 전반적으로 볼 때 집단 성원들 사이의 조화를 중시하는 집단
주의 사회의 성원들은 개인주의 사회의 성원들보다 균등원칙을 공정한
분배원칙으로 선호할 가능성이 높다고 볼 수 있다. 한국인과 미국인을
대상으로 한 연구에서 이런 결과가 얻어지고 있다.[39] 이 연구에서 한국
인은 균등원칙을 형평원칙보다 더 선호하고, 미국인은 형평원칙을 균등
원칙보다 선호하는 것으로 드러나고 있다.

❋ 2. 부정의의 지각과 정의 회복을 위한 노력

분배정의에 관한 서구심리학의 연구에서 분배원칙의 선호 조건과 함
께 가장 많이 연구되었던 문제는 어떠한 조건에서 분배가 불공정한 것으

---

38) Hui, Triandis, & Yee, 1991; Leung & Bond, 1984.
39) Leung & Park, 1986.

로 지각되며, 그러한 경우 이에 대한 반응은 어떠한가 하는 문제이다. 이 문제는 주로 월스터 등이 제시한 형평이론(衡平理論, equity theory)[40]의 주 관심사로 다루어져 왔다. 월스터 등의 형평이론은 아리스토텔레스로부터 비롯되어 호만스와 애덤스(Adams, J.)에 의해 구체화된 분배정의의 문제를 구체화하고 이를 확장함으로써, 사회관계를 이해하는 보편이론으로 정립하려는 시도에서 개발된 이론이다.[41]

이 이론은 사람들은 타인과의 교환을 통해 자기이익을 최대화하려 하는데(명제 1), 이를 보장하기 위해 사회는 한정된 자원이나 공동작업의 성과를 성원들에게 공정하게 분배하는 원칙을 각자의 투입에 비례해서 성과를 분배하는 형평규범으로 정립하고, 이의 준수를 성원들에게 강요하며(명제 2), 이러한 형평의 규범이 자원과 성과 분배의 장면뿐만 아니라 사회관계의 여러 장면에 통용되는 일반적인 원칙으로 작용할 것이라는 전제에서 출발하고 있다. 즉 사회관계의 형성과 유지의 과정에서 가장 중요한 것은 형평이라는 공정성의 원리라는 것이다.

이 이론은 나아가 이러한 공정한 교환의 원칙이 지켜지지 않을 때 사람들은 '부정의'(不正義, injustice)를 경험하게 되고, 이러한 부정의감은 상호작용 당사자들에게 '심리적 불편감'(psychological distress)을 느끼게 만들어(명제 3), 그들은 결과적으로 부정의를 해소함으로써 심리적 불편감에서 해방되려는 심리적 및 실제적 노력을 하게 될 것(명제 4)이라고

---

40) Walster et al., 1976, 1978.

41) Adams와 Freedman(1976)은 "형평이론은 결국 사회관계에 대한 포괄적인 이론이 될 것이다. 현재 이 이론은 명확하게 구조화되어 있고, 경제적으로 우수하며, 예언 범위가 점증하고 있다는 점에서 우리를 매료시키고 있다"(p. 44)고 진술하여, 이 이론을 치켜세우고 있다.

주장한다. 월스터 등은 이 이론이 특히 사업관계·도움관계·친밀관계 및 착취관계(exploitative relationships)의 상호작용 장면에 적용력이 크다고 보고 있다.[42] 이 중에서 그들이 가장 집중적으로 연구하고 있는 분야는 착취관계의 문제이다.[43]

　분배의 공정성을 확보하기 위한 분배규범으로는 성원 각자의 투입에 비례하여 분배하는 것이 공정하다는 형평규범 이외에도, 모든 성원에게 똑같이 나누어 주는 것이 공정하다는 균등규범과 성원들의 필요에 따라 나누어 주는 것이 공정하다는 필요규범이 있을 수 있다. 월스터 등은 균등규범은 "누구나 평등하게 창조된 존재이므로 똑같이 분배받을 자격이 있다"는 논리에 근거하고 있고, 필요규범은 가족관계 같이 "각자의 필요에 상응하는 자원의 이용"을 강조하는 장면에서 적용되지만, 이들은 누구나가 평등하고 존엄한 존재라는 사실(균등규범)과 각자의 필요만을 투입 요인으로 보는 경우(필요규범)의 형평규범에 불과하다고 본다. 즉 형평규범만이 이 모든 규범을 통합할 수 있는 '단일한 일반적 원칙'(a single general principle)이라고 주장한다.[44] 이러한 입장을 '형평원칙 유일론'(唯一論)이라 하는데, 이에 비해 형평원칙 이외에 균등원칙과 필요원칙도 공정한 분배의 원칙으로 인정해야 한다는 '다원칙론'(多原則論)을 주장하는 사람들도 많이 있다.[45]

---

42) Walster et al., 1976, pp. 9-10.

43) Walster 등(1976)의 논문에서 착취관계의 분석은 전체 38쪽 가운데 20쪽(pp. 7-26)에 이르러, 도움행동(pp. 26-31), 친밀행동(pp. 31-36)에 비해 압도적으로 많은 양을 할애하고 있다. 그들의 책(1978)에서도 착취관계의 문제(pp. 21-83)는 도움행동(pp. 84-113), 사업관계 행동(pp. 114-142)이나 친밀행동(pp. 143-200)보다 비중 있게 다루어지고 있다.

44) Walster et al., 1978, p. 7.

다원칙론자들은 형평원칙 유일론이 사람들이 가지고 있는 일상적 정의감에 합치하지 않는 단지 이론적 절약의 목표를 위한 형식적 통일에 불과할 뿐이라고 주장한다. 그들은 또한 균등·형평·필요의 세 원칙에 따라 분배할 때 결과적으로 야기되는 효과가 달라진다는 사실에 근거하여, 어떤 상황에서 어떤 분배원칙을 선택할 것인지 하는 문제가 새로운 문제로 대두된다며, 각 원칙의 선호 조건에 관한 연구에 관심을 쏟는다.[46]

그러나 형평원칙 유일론이든 아니면 다원칙론이든 공정성을 자원과 성과 분배의 기본 원칙으로 보고, 사회 장면에서 이것에 위배되는 교환이 이루어지면 사회관계가 붕괴될 위험이 초래된다고 보는 점에 있어서는 공통적이다. 하지만 이 문제에 대해서는 월스터 등이 집중적으로 연구하고 있을 뿐 다원칙론자들은 각 분배원칙의 선호 조건의 확인에 주관심을 쏟는다.

월스터 등은 분배 장면에서 형평 분배가 이루어지지 않으면, 결과적으로 분배를 통해 이익을 본 사람과 손해를 본 사람이 발생하게 되는데, 그들은 전자를 '착취자'(exploiter), 후자를 '피해자'(victim)라 부르고, 이 두 사람의 차후 행동에 대해 관심을 기울인다. 이러한 '불형평'(inequity) 관

---

45) 장성수, 1987; Deutsch, 1975; Lerner, 1982; Leventhal, 1980; Mikula, 1980; Sampson, 1983.

46) 이들 다원칙론자들의 연구에서는 균등원칙은 성원 간의 조화의 증진이라는 긍정적 효과가 있는 반면 집단 전체의 생산성의 저하라는 부정적 효과가 있고, 형평원칙은 생산성의 증대라는 긍정적 효과가 있지만 성원 간의 조화가 깨진다는 부정적 효과를 유발하며, 필요원칙은 성원 각자의 복지의 증진이라는 긍정적 효과가 있지만 무임승차자의 문제 등 부정적인 효과를 유발하게 된다는 사실이 밝혀지고 있다: 다원칙론자들과 월스터 등 형평유일론자 사이의 대립에 대해서는 졸저(조긍호, 1992, pp. 127-182) 참조.

계는 정의롭지 못한 관계이어서, 양자 모두에게 '심리적 불편감'을 느끼
게 만든다(명제 3)는 것이 이들의 주장이다. 형평한 분배가 이루어지는
것이 상호작용에서 가장 편안하고 선호되는 상태이기 때문이다.

이러한 심리적 불편감은 '보복불편감'(報復不便感, retaliation distress)과
'자기개념 불편감'(self-concept distress)의 두 가지가 있는데, 착취자와 피
해자는 각각 '보복에의 공포'(fear of retaliation)와 '분노'(anger)의 형태로
보복불편감을 느끼고, 또 '죄책감'(guilt)과 '자기비하감'(self-derogation)의
형태로 자기개념 불편감을 경험한다는 것이다.[47] 물론 "피해자가 느끼
는 심리적 불편감은 가해자의 그것보다 심하고"[48] "불형평이 클수록 심
리적 불편감이 커지고, 불형평을 해소하기 위한 노력의 강도도 커진
다"[49]는 것이 그들의 주장이다.

불형평으로 인한 심리적 불편감을 해소하기 위한 노력은 불형평 관계
를 타파하고 형평 관계를 회복하려는 노력으로 이루어지는데, 이는 '심
리적 회복'(psychological restoration)과 '실제적 회복'(actual restoration)의
두 가지 방법으로 이루어진다. 심리적 회복은 현실을 왜곡하여 불형평
관계를 형평 관계로 오인함으로써 불형평이 없는 것으로 보려는 것으로,
착취자는 '피해자에 대한 비난'(blaming), '피해자의 고통의 부정과 최소

---

47) 이러한 불편감을 예로 들면 다음과 같다: 착취자가 느끼는 보복불편감은 "상대방
(피착취자)이 나에게 보복을 할지도 모른다"는 '보복에의 공포'이고, 피착취자의
보복불편감은 "상대방(착취자)이 나에게 부당하게 대우한 만큼 되갚아 주어야지"
하는 '분노'이며, 착취자가 느끼는 자기개념 불편감은 "남(피착취자)을 이렇게 부
당하게 대우하다니 내가 잘못했어" 하는 '죄책감'이고, 피착취자의 자기개념 불편
감은 "제 몫도 남(착취자)에게 빼앗기고 못 찾아 먹다니 나는 바보임에 틀림없어"
하는 '자기비하감'이다.
48) Walster et al., 1978, p. 43, Derivation 1.
49) Walster et al., 1978, p. 23.

화 인식' 그리고 '피해자의 고통에 대한 책임의 회피', '사과'(apology) 등
으로 이루어지고,[50] 피해자의 측면에서는 '불형평 관계에 대한 정당
화'(justification)[51]와 '용서'(forgiveness) 등으로 이루어진다[52]는 것이 월
스터 등의 연구에서 밝혀진 사실이다.

심리적 회복의 방법으로도 불형평이 해소되지 않으면, 실제의 행동을
통해 불형평을 해소하려 한다는 것이 형평이론가들의 주장이다. 이때
착취자는 피해자의 성과를 증진시켜 주거나 피해자의 투입을 감소시켜
주는 '보상'(補償, compensation), 자신의 투입을 늘리거나 성과를 감소시
키는 '자기탈핍'(self-deprivation) 등의 방법으로 둘 사이의 형평관계를 회
복하려 하고, 피해자는 자기의 투입을 줄이거나 성과에 대한 보전을 요
구하는 '보복'(retaliation)의 방법으로 깨어진 형평관계를 회복하려 시도
하게 된다.

이상에서 보듯이, 형평이론은 대인관계의 장면에서 사람들은 스스로
의 성과를 최대화하기 위해 노력하는데(명제 1), 사회에서는 이를 형평분
배의 규범으로 체계화하여 사회화 과정을 통해 성원들에게 강요하고, 성
원들은 이러한 형평의 관계를 공정하고 정의로운 관계로 받아들여 준수
하게 된다(명제 2)는 사실을 전제로 하여 성립된다. 그 결과 이러한 형평
관계가 깨어지면 사람들은 심리적 불편감을 느끼게 되고(명제 3), 대인관
계에서 이를 회복하기 위해 동기화된다(명제 4)고 주장한다. 이러한 맥락
에서 형평이론가들은 보상과 부담의 공정한 교환(형평적 교환)이 모든 대
인관계 행동의 기본적인 원칙이라고 보아, 이 원칙에 따라 사업관계 행

---

50) Walster et al., 1978, pp. 30-33.
51) Walster et al., 1978, pp. 46-56.
52) Walster et al., 1976, pp. 20-21.

동·도움행동·친밀행동 등에서 나타나는 상호작용을 분석하고 이해하려 하는 것이다.

✿ 3. 유학사상과 분배정의의 문제

한 사회가 보유하고 있는 유한한 자원을 사회 성원들이 나누어 사용하거나 공동작업의 성과를 성원들이 나누어 가지는 과정에서 느끼는 공정감은 해당 사회가 제대로 기능을 하면서 유지되는 기본이다. 이러한 분배공정성의 문제가 가지는 중요성은 고대 동아시아 사회라고 해서 예외일 수는 없었다.

유학사상은 인간의 존재의의가 사회적 관계체로서의 인간의 사회성에서 연유하는 것으로 인식하여, 다른 사람들과 조화로운 사회관계를 형성하고 유지하는 것을 이상으로 삼고 있는 이념체계이다. 그러므로 분배정의의 문제는 전통적으로 유학의 체계에서도 핵심적으로 중요하게 추구되는 문제일 수밖에 없었다.

1) 유학의 사회이론

앞에서 보았듯이, 문화유형에 따른 분배원칙 선호도의 차이에 관한 연구 결과들에서는 동아시아 집단주의 사회에서는 집단의 조화를 꾀할 수 있는 균등분배와 필요분배 원칙을 선호하는 경향이 강하게 나타나고 있는데, 이는 사회 성원들 사이의 조화로운 관계의 형성과 유지를 강조하는 유학사상의 영향이기도 하다. 유학자들이라고 해서 형평원칙을 분배원칙으로 받아들이지 않는 것은 아니었지만, 유학자들이 형평보다 더 우선적인 분배원칙으로 강조한 것은 사람들 사이의 조화로운 관계의 형성이나 어렵고 곤궁한 사람을 우선적으로 보살피기 위한 균등원칙이나 필요원칙이었다. 이러한 사실은 유학의 이상사회에 대한 『예기(禮記)』의 진술과 공자·맹자·순자의 경전에 직접 논술되고 있다.

(1) 사회 형성의 배경에 관한 관점

유학사상의 초점은 인간의 윤리적인 사회생활에 맞추어져 있을 뿐, 사회가 형성되는 배경이나 기초에 대한 논의는 찾아보기 힘들다. 유학자들은 사회가 형성된 이후에 함께 모여 살면서 조화롭고 덕스러운 사회생활을 하는 문제에 관심을 기울였을 뿐이었다. 그리하여 『논어』에서는 사회형성이론의 실마리가 될 만한 내용을 찾아볼 수 없으며, 이는 『맹자』에서도 마찬가지이다.

선진유학자들 가운데 사회 형성의 기초에 대해 비교적 명확한 견해를 밝히고 있는 사람은 순자이다.[53] 순자는 인간과 동물의 차이에 관한 논의에서부터 사회 형성의 논리를 찾는다. 순자는 동물과 다른 인간의 특유성을 두 가지 근거에서 찾고 있다. 이는 다른 동물들과는 달리 인간만이 '옳고 그름을 변별할 수 있는 능력'[辨][54]과 '윤리적 행위 능력'[義][55]을 갖추고 있다는 사실이다. 순자는 이러한 특유성을 갖추고 있는 인간

---

53) 馮友蘭, 1948/1977, pp. 202-204.

54) 人之所以爲人者 非特以其二足而無毛也 以其有辨也 夫禽獸有父子 而無父子之親 有牝牡 而無男女之別 故人道莫不有辨(『荀子』 非相 9-10)

55) 水火有氣而無生 草木有生而無知 禽獸有知而無義 人有氣有生有知 亦且有義 故最爲天下貴也(王制 20)

은 천지의 화육(化育)에 참여하여 '질서를 부여할 수 있다'[治]56)고 본다. 즉 우주에 질서를 부여하여 조화로운 삶을 영위할 수 있는 능력이 인간에게 갖추어져 있으며, 이렇게 질서를 부여하는 것이 '하늘의 도'[天道]나 '땅의 도'[地道]와는 다른 '사람의 도'[人道]57)라는 것이 순자의 생각이다.

순자는 인간생활의 질서는 사회생활을 통해 이루어질 수 있다고 본다. 그에게 있어 사람은 기본적으로 사회조직을 떠나서는 살 수 없는 존재 곧 필연적으로 사회를 형성하여 모여 살 수밖에 없는 존재인 것이다.58) 순자가 사회 형성의 배경 요인으로 제시하는 것으로는 세 가지를 들 수 있다.

순자는 태어날 때부터 무력한 인간이 다른 동물과의 경쟁에서 살아남기 위해서 단결할 필요성이 있고,59) 일상생활에서 요구되는 물자를 충당하기 위해서도 다른 사람과 상부상조할 필요성이 있으며,60) 또한 물자는 부족한데 똑같은 사물을 추구하는 욕구는 많으므로 여기서 생기는 혼란을 잠재울 필요가 있다61)는 사실에서 사회 형성의 근거를 찾고 있다.

그러나 앞에서 논의하였듯이, 순자를 제외한 공자와 맹자 및 이후의

---

56) 天有其時 地有其財 人有其治 夫是之謂能參(天論 23)

57) 道者非天之道 非地之道 人之所以道也 君子之所道也(儒效 9-10)

58) 故人生不能無群(王制 21); 人之生不能無群(富國 6)

59) 力不若牛 走不若馬 而牛馬爲用 何也 曰人能群 彼不能群也 人何以能群 曰分 分何以能行 曰以義 故義以分則和 和則一 一則多力 多力則彊 彊則勝物……故人生不能無群 群而無分則爭 爭則亂 亂則弱 弱則不能勝物(王制 20-21)

60) 故百技所成 所以養一人也 而能不能兼技 人不能兼官 離居不相待則窮 群而無分則爭 窮者患也 爭者禍也 救患除禍 則莫若明分使群矣(富國 2-3)

61) 埶位齊而欲惡同 物不能澹 則必爭 爭則亂 亂則窮矣 先王惡其亂也 故制禮義以分之 使有貧富貴賤之等 足以相兼臨者 是養天下之本也(王制 6); 欲惡同物 欲多而物寡 寡則必爭矣(富國 2)

유학자들은 사회 형성의 근거나 그 배경에 대해서는 별로 논의를 전개하지 않았다. 그들은 인간을 '정치적 동물'(사회적 동물)이라 명명하고, 사회의 형성을 인간의 본능에서 나오는 자연스러운 일이라고 본 아리스토텔레스[62] 같은 고대 서구의 철학자들이나 마찬가지로 인간의 사회성을 전제하고, 이러한 근거 위에서 사회는 인간에게 원초적으로 주어져 있는 것으로 상정한 다음, 다만 사회 형성 이후의 조화로운 사회생활의 문제에 이론적 초점을 맞추어 왔던 것이다. 이러한 관점에서 유학자들은 사회 형성의 근거에 대한 논의 대신, 이미 주어진 사회라는 조건 안에서 조화로운 사회생활이라는 유학의 목표가 실현된 이상사회에 관한 논의를 전개해 왔다고 볼 수 있다.

(2) 유학적 이상사회: 대동사회

이렇게 대체로 유학자들은 사회생활을 인간의 원초적인 삶의 모습으로 상정하고 있다. 그렇다면 유학의 이상이 실현된 사회생활의 모습은 어떠한 것인가? 『예기(禮記)』「예운(禮運)」편에 제시된 '대동(大同)사회'는 유학적 삶의 이상이 실현된 이상사회의 대명사이다.

> 대도(大道)가 행해질 때는 천하가 공공(公共)의 것이었다[天下爲公]. 어질고 능력 있는 사람을 등용하여 신의(信義)를 가르치고 화목(和睦)을 닦았다. 그러므로 사람들은 자기의 어버이만을 어버이로 여기거나, 자기의 자식만을 자식으로 여기지 않았다. 노인은 편안히 여생을 마치도록 하였고, 젊은이는 자기의 능력을 발휘할 수 있도록 하였으며, 어

---

62) Barnes, 1982/1989, p. 145.

린이는 잘 자라나도록 하였다. 홀아비·과부·고아·늙어서 자식이 없는 사람·몹쓸 병을 앓는 사람 등이 모두 먹고 살 수 있도록 하였으며, 남자들은 직업이 있고, 여자들은 시집갈 곳이 있게 하였다. 재물이 낭비되는 것은 미워했지만 반드시 자기가 소유하려고 하지는 않았으며, 몸소 일을 하지 않는 것을 미워했으나 반드시 자기만을 위해서 일하지는 않았다. 그러므로 간사한 음모가 생겨나지 않았고, 도둑이나 난리도 일어나지 않았다. 그리하여 문을 밖으로 하여 잠그지도 않았다. 이를 일러 '대동'(大同)이라 한다.[63]

이러한 대동사회는 천하를 공공의 것으로 여기는 '천하위공'(天下爲公)의 사회이다. 이는 천하의 모든 재화를 공적인 것으로 여겨 이를 공유하거나, 사적 소유를 인정하더라도 그에 대해 그리 집착하지 않는 상태를 말하는 것으로 해석하는 것이다.[64] 그리하여 대동사회에서는 재화에 대한 집착에서 벗어나 남의 물건을 탐내거나 훔치려 하지 않는다.

이와 같이 대동사회는 사적 소유의 문제에서 벗어나 있으므로 해서 타

[63] 大道之行也 天下爲公 選賢與能 講信脩睦 故人不獨親其親 不獨子其子 使老有所終 壯有所用 幼有所長 矜寡孤獨廢疾者 皆有所養 男有分 女有歸 貨惡其棄於地也 不必藏於己 力惡其不出於身也 不必爲己 是故 謀閉而不興 盜竊亂賊而不作 故外戶而不閉 是爲大同(『禮記』 禮運 290): 이는 王夢鷗 註譯(1969) 『禮記今註今譯』(臺北: 臺灣商務印書舘)의 禮運篇 p. 290을 가리킨다. 앞으로 『禮記』의 인용은 이 예에 따른다. 본문의 번역은 이상익(2001, 『유가 사회철학 연구』, p. 87)을 그대로 따랐다.
[64] 이상익(2001, p. 89)은 대동사회는 사적인 "이기심이 전혀 작용하지 않거나 또는 부정되는 사회"로서 "천하의 모든 재화를 공유"하는 사회로 보고 있으나, 강정인(2005, p. 240)은 『書經』의 요순 치세(治世)에 대한 분석을 통해 "대동사회에서도 인간의 이기심은 존재하되, (소강사회에 비해) 그 정도에 있어서 차이"가 있었을 뿐이라고 본다. 강정인(2010, p. 12)은 또한 율곡(栗谷)의 관점에 기대어, "대동사회에서도 초보적인 형태의 사유재산이 형성되어 있었다"고 진술하고 있다.

인에 대한 관심과 배려가 자연스럽게 발휘되며, 이러한 타인에의 배려도 자기 가족이나 아는 사람에게만 국한되지 않고 모든 사람에게 확대되어 있는 사회, 곧 완전한 자기확대가 이루어진 이상적인 사회였다. 말하자면, '안백성'이 자연스럽게 이루어지고 있었던 사회가 바로 대동사회였고, 따라서 유학적 이상이 구현된 사회였다. 즉 대동사회는 타인에 대한 관심과 배려를 기반으로 하여 사회관계의 조화를 이루려는 목표가 실현된 사회였던 것이다. 이렇게 대동사회는 사회관계의 목표가 자연스럽게 달성되고 있는 사회였으므로, 어떻게 보면 철저하게 필요규범에 의해 사회가 운용되는 사회였다고 볼 수 있다.

(3) 이상사회의 현실적 실현: 소강사회

유학의 전통에서 사회 운용의 규범 자체가 아직 필요하지 않은 대동사회는 요(堯)·순(舜)의 치세에 국한하는 것으로 받아들여진다. 그 이후 하(夏)·은(殷)·주(周)의 삼대(三代) 시대에는 이미 대동이 무너지고, 사회규범이 필요한 '소강(小康)사회'로 이행했다는 것이다.

> 이제 대도(大道)가 이미 숨어 천하가 개인의 가(家)처럼 되었다[天下 爲家]. 그리하여 각각 자기의 어버이만 어버이로 여기고, 자기의 자식만 자식으로 여기며, 재물과 힘을 자기를 위해 사용하게 되었다. 천자(天子)와 제후(諸侯)의 자리를 부자간에 전승하거나 형제간에 전승하는 것을 예로 여기고, 성곽과 구지(溝池)를 견고하게 하였으며, 예의(禮義)로 기강(紀綱)을 세웠다. 이로써 군신관계를 바르게, 부자관계를 돈독하게, 형제관계를 화목하게, 부부관계를 조화롭게 하였다. 또한 이로써 제도(制度)를 베풀고, 경작지와 마을을 세웠으며, 용기와 지

3. 유학사상과 분배정의의 문제

식이 있는 사람을 훌륭하게 여기고, 공(功)을 자기의 것으로 삼았다.
그러므로 꾀를 씀이 생겨나고, 전쟁이 이로써 일어나게 되었다. 우
(禹)·탕(湯)·문(文)·무(武)·성왕(成王)·주공(周公)은 이러한 상
황에서 선출된 사람들이다. 이 여섯 군자는 예를 삼가지 않은 사람이
없었다. 이로써 의(義)를 밝히고, 신(信)을 이루고, 허물을 밝히고, 인
(仁)을 모범으로 삼고, 겸양(謙讓)을 가르쳐서, 백성들에게 떳떳한 법
도를 보여 주었다. 만일 이러한 것에 말미암지 않은 군주가 있다면, 백
성에게 재앙을 끼치는 군주라 하여 폐출(廢黜)하였다. 이를 일러 '소
강'(小康)이라 한다.[65]

이 인용문에서 소강사회는 하(夏)의 우(禹), 은(殷)의 탕(湯), 주(周)의
문왕(文王)·무왕(武王)·성왕(成王)·주공(周公)의 치세를 가리키는 것
으로 진술되어 있는데, 이는 그 전의 대동이 '천하위공'의 사회였던 데 비
해 천하를 사적인 집으로 여기는 '천하위가'(天下爲家)의 사회로 묘사되
고 있다. 즉 "대동사회가 자(自)·타(他)의 구별을 벗어난 사회였다면, 소
강사회는 자·타의 구별을 전제로 한 사회"로서, "자·타의 구별이 존재
함으로써, 이제 사람들은 자신의 이익, 자기 가족의 행복, 자기 국가의
번영을 추구하는 사회가 되었다"[66]는 것이다. 소강의 천하위가는 대동
의 천하위공과 두 가지 점에서 차이가 있다.

---

65) 今大道旣隱 天下爲家 各親其親 各子其子 貨力爲己 大人世及以爲禮 城郭溝池以爲
　　固 禮義以爲紀 以正君臣 以篤父子 以睦兄弟 以和夫婦 以設制度 以立田里 以賢勇
　　知 以功爲己 故謀用始作 而兵由此起 禹湯文武成王周公 由此其選也 此六君子者 未
　　有不謹於禮者也 以著其義 以考其信 著有過 刑仁講讓 示民有常 如有不由此者 在
　　埶者去 衆以爲殃 是爲小康(『禮記』禮運 290)

66) 이상익, 2001, pp. 88-89.

우선 통치권의 향방과 책무의 측면에서 대동이 선양(禪讓)을 통해 통치권이 이양되고 그 직무가 백성의 교화에 집중되었다면, 소강사회에서는 통치권이 세습적으로 전승될 뿐만 아니라, 군신·부자·형제·부부 사이의 인륜(人倫)의 규범을 설정하여 백성들을 교화하고, 나아가 제도(制度)를 정비하여 실행하며, 국가를 부강하게 하여 안전을 지킴으로써 사회를 혼란으로부터 건져 내야 하는 책무를 통치자가 짊어지게 된다. 즉 소강사회에서 통치자의 기본 임무는 사회의 규범(예와 제도의 법)을 설정하고, 이를 실천에 옮기도록 사회 성원들을 독려함으로써 조화로운 사회를 이루는 일이다. 다시 말해, 대동과 소강의 가장 기본적인 차이는 전자의 사회에서는 사회 유지의 규범이 필요하지 않았으나, 후자의 사회에서는 그것이 필요하게 되었다는 사실에 있는 것이다.

다음으로 소강의 천하위가 사회는 사적인 '이기심이 작용하거나 긍정되는 사회'로서, '천하의 모든 재화를 가족 단위로 분할하여 사유'하는 사회이다. 그러나 "소강이라 하더라도 인간의 이기심을 전면적으로 긍정하고 수용하는 것이 아니라, 인의예지신(仁義禮智信) 등의 기강과 법제 등의 제도적인 장치들로써 통제"[67]하는 법치(法治)의 사회이다. 인륜이나 제도 등으로 구체화된 사회 규범이 재화의 사유 문제에도 적용되는 것이다.

이러한 맥락에서 보면, 소강사회는 자기와 타인이 구별되는 현실적 상황에서 요구되는 질서와 규범을 정비하고, 이를 실생활의 장면에서 실천하려 한 사회라고 볼 수 있다. 즉 사회관계의 조화 추구라는 사회관계의 이상적 목표는 대동사회에서 설정되고 있지만, 이의 현실적 실현을 위한

---

67) 이상익, 2001, p. 89.

규범은 소강사회에서 정비되고 있는 것이다.

앞에서 유학은 사회성과 도덕성을 인간 존재의 기본으로 설정하고 있는 이론체계임을 고찰하였다. '대동사회'와 '소강사회'는 이 두 특성의 범위 설정에서 차이를 보이고 있다고 볼 수 있다. 대동은 '천하위공'의 관점에서 인간의 사회적 특성과 도덕적 특성을 전체 인민으로 확대하여 이해하는 관점이다. 곧 천하의 모든 사람과의 관계성 속에서 스스로의 존재를 확인하고, 모든 사람에 대해 관심을 가지고 배려하는 '천하위공'의 사회가 대동사회인 것이다. 그러므로 이 사회에서는 대인관계의 조화가 아무런 규범이 없이도 자연스럽게 이루어지는 사회였다. 아직 사회관계 유지의 규범이 필요하지 않은 사회였던 것이다.

그러나 소강은 '천하위가'의 관점에서 인간의 사회성과 도덕성을 가족관계에 국한해서 파악하는 사회이다. 사회관계의 원형을 부부 · 부자 · 형제 같은 가족관계에서 찾으려 하였으며, 다른 사람에 대한 관심과 배려도 우선 가족의 성원에게로 지향되었다. 이렇게 소강사회에서는 스스로의 존재의의를 가족관계 속에서 찾으려 하였으며, 인간에게 요구되는 도덕성도 가족의 성원에 대한 관심과 배려를 원형으로 삼게 되었다. 따라서 삶의 장면에서 실행해야 하는 규범체계도 관계 대상에 따라 별도로 설정되는 것으로 파악하였다. 곧 부부 사이에는 조화와 책무의 나눔[別], 부모와 자식 사이에는 친애함[親], 형제 사이에는 우애와 질서[序] 같은 덕목이 관계의 조화를 이루는 핵심으로 설정되었다.

2) 유학사상에서 선호되는 분배원칙

소강사회라고 해서 인간의 삶이 가족관계에서만 이루어지는 것은 아니고, 사회와 국가 등 더 넓은 범위에서 이루어질 수밖에 없다. 그러므로 소강사회에서는 가족관계의 규범을 가족을 넘어서는 사회와 국가로 확대할 필요가 대두되었다. 그리하여 가족관계의 윤리 규범을 군주와 신하 그리고 친구들 사이로 넓혀, 군주와 신하 사이에는 올바른 질서[義], 친구들 사이에서는 서로 간의 신뢰[信]가 각 관계의 조화를 이루는 핵심 요건으로 상정되었다. 즉 대동사회에서는 자연스럽게 온 천하 사람들과 조화로운 관계[安百姓]가 형성되었으나, 소강사회에서 '안백성'(安百姓)은 '안인'(安人)을 거쳐 확대되어야 하는 것이었다. 그런데 가족관계 안의 조화를 핵으로 하는 안인은 비교적 쉽게 달성될 수 있으나, 이를 안백성으로까지 확대하는 데에는 커다란 노력이 요구되었다. 여기에서 소강을 유지하기 위한 제반 규범이 필요하게 되는 근거가 도출되었다고 볼 수 있다. 공자·맹자·순자 같은 유학의 창시자들은 바로 소강사회에서 요구되는 분배를 포함한 제반 사회 규범을 제시하려고 하였던 것이다.

(1) 공자: 주급(周急)과 환불균(患不均)

공자는 분배의 제일 원칙을 급박하게 필요로 하는 사람을 주휼(賙恤)해 주는 것이라고 보아 필요원칙에서 찾고 있다. 공자의 이러한 입장은 다음과 같은 진술에서 잘 드러나고 있다.

공자께서는 "군자는 궁핍하여 급하게 필요로 하는 사람을 돌보아 주지[周急] 부유한 사람에게 계속 대주지는 않는다"라고 말씀하셨다. 원사

(原思)가 공자의 가신(家臣)이 되어 공자가 곡식 구백을 봉록으로 주
니 그가 사양하고 받지 않자, 공자께서는 "사양하지 말고 받아 두었다
가 네 이웃과 마을의 필요한 사람에게 나누어 주거라"라고 말씀하셨
다.[68]

이 인용문에서 드러나듯이, 공자는 급박하게 필요한 사람에게 재물을
나누어 주는 주급(周急), 곧 필요 분배를 재화 분배의 기본원칙으로 제시
하면서, 자기가 그렇게 할 뿐만 아니라 남에게도 이러한 태도를 권장하
고 있다. 공자의 이러한 관점은 그 제자들에게도 이어져, 노(魯)나라의
군주인 애공(哀公)의 신하가 된 유약(有若)과 애공의 다음과 같은 대화에
서도 드러나고 있다.

애공이 "흉년이 들어 재용이 부족하니 어찌 했으면 좋겠는가?"라고 묻
자, 유약이 "왜 소산의 10분의 1을 세금으로 거두어들이는 철법(徹法)
을 시행하지 않습니까?"라고 대답하였다. 그러자 애공이 "이미 10분의
2를 세금으로 거두어들이는데도 부족한데, 어떻게 철법을 쓸 수 있겠
는가?"라고 응답하자, 유약이 "백성들이 풍족하다면 군주께서는 누구
와 더불어 부족하실 것이며, 백성들이 부족하다면 군주께서는 누구와
더불어 풍족할 수 있겠습니까?"라고 대답하였다.[69]

이 인용문에서 유약은 백성들이 궁핍할 때는 세금을 줄여 주고 백성들

---

68) 子曰……君子周急 不繼富 原思爲之宰 與之粟九百 辭 子曰 毋 以與爾隣里鄉黨乎
   (『論語』 雍也 3)
69) 哀公問於有若曰 年饑用不足 如之何 有若對曰 盍徹乎 曰 二吾猶不足 如之何其徹
   也 對曰 百姓足 君孰與不足 百姓不足 君孰與足 (顔淵 9)

이 풍족할 때는 세금을 늘려 받는 방식, 곧 군주의 필요에 따라서가 아니라 백성들의 필요에 따라 세금을 신축적으로 거두는 것이 국가를 운영하는 옳은 방안임을 분명히 하고 있다. 이는 나의 필요에 의해서가 아니라 상대방의 필요에 맞추어 분배하는 필요 분배를 강조한 것으로, 사람들 사이에 조화를 이루도록 분배와 거출을 하는 것이 가장 좋은 정사의 요체임을 지적한 것이다.

그러나 공자가 필요 분배만을 유일한 분배양식으로 제시하고 있는 것은 아니다. 그는 사람들 사이에 조화를 이루도록 하는 균등 분배도 좋은 분배양식이라고 보았으며, 이를 사회를 안정되게 유지하는 기초라고 인식하였다.

> 나는 "나라와 집안을 거느리는 사람은 재화의 부족을 걱정하지 말고 고르지 못함을 걱정해야 하며[患不均], 가난함을 걱정하지 말고 안정되지 못함을 걱정해야 한다[患不安]"고 들었다. 대체로 균등하면 가난한 사람이 없게 되고[均無貧], 조화를 이루면 부족하지 않게 되며[和無寡], 안정되면 나라나 집안이 무너지지 않는 법이다[安無傾].[70]

이는 균등 분배가 사회관계를 조화롭게 하여 사회의 안정을 이루는 기초임을 역설한 것이다. 여기서 고르게 분배하는 균(均)이 성원들에게 똑같은 양을 분배하는 균등 분배를 말하는 것인지 아니면 각자의 필요에 상응하여 빠짐없이 골고루 분배하는 것, 즉 필요 분배를 말하는 것인지는 알 수 없다. 어느 경우이든 분명한 것은 공자는 자원 분배의 목표를

---

70) 丘也聞 有國有家者 不患寡而患不均 不患貧而患不安 蓋均無貧 和無寡 安無傾(季氏 1)

성원들 사이의 조화에 두고 있다는 사실이다.

공자는 "군자는 의(義)에 밝고, 소인은 이(利)에 밝아서"[71] "이익을 함
부로 좇다 보면 사람들 사이의 조화가 깨어져 남의 원망을 많이 받게 된
다"[72]고 보아, 이익 추구를 타기하는 입장을 취하였다. 이렇게 그는 필
요나 균등에 의한 분배를 권장하고, 형평 분배는 사회관계의 조화를 깨뜨
릴 위험이 있는 것이라 하여 경계하였던 것이다. 그러나 "공자는 분배 결
과의 고르지 않음을 걱정하는 환불균(患不均)의 문제를 제기하기는 하였
으나, 어떻게 고르게 분배하는가 하는 방법을 제시하지는 못하였다."[73]
이 문제에 대해 비교적 명확한 방법을 제시하고 있는 것은 맹자와 순자
이다.

(2) 맹자: 보부족(補不足)과 과욕(寡欲)

맹자는 필요에 따른 분배를 어진 정사[仁政]를 베푸는 핵심이라고 보았
다. 그는 부족한 자원을 보충해 주는 보부족이 사회의 안정을 이루어 백
성들의 삶을 평화롭게 이루는 요체라고 보아 군주에게 적극 권장하고 있
다. 그는 천자(天子)가 자신이 다스리고 있는 경내를 두루 돌아다니는 순
수(巡狩)의 목적은 바로 백성들의 살림을 살펴 부족한 것을 보충해 주는
데 있다고 보아, 다음과 같이 진술하고 있다.

천자는 천하를 순수하면서, 봄에는 경작하는 상태를 살펴서 부족한 것
을 보충해 주고[補不足], 가을에는 수확하는 상태를 살펴서 부족한 것

---

71) 子曰 君子喩於義 小人喩於利(里仁 16)

72) 子曰 放於利而行 多怨(里仁 12)

73) 정인재, 1992, p. 53.

을 도와주어야 한다[助不給].[74]

　이렇게 부족한 것을 보충해 주는 데에도 순서가 있다는 것이 맹자의 생각이다. 그는 남에게 의지하지 않으면 살아가기 힘든 사람들을 우선적으로 배려하여 그들의 필요를 최우선적으로 충족시켜 주어야 사회에 조화와 안정이 이루어질 수 있다고 보았다. 이러한 사람들 중 대표적인 것이 노인과 어린아이 및 보살펴 줄 사람이 없는 홀아비·과부·고아·독거노인[鰥寡孤獨] 들이다.

　　우리 집 노인을 노인으로 대접하여 남의 노인에게로 미쳐 가고, 우리 집 어린아이를 어린아이로 보살펴 남의 어린아이에게로 미쳐 가야 한다. 이렇게 하면 천하는 손바닥 위에 놓고 다스리듯이 쉽게 다스려질 것이다 …… 그러므로 은혜를 미루어 나가면 천하를 보전할 수 있지만, 은혜를 미루어 나가지 않으면 자기 처자식도 보전할 수 없을 것이다. 옛사람들이 보통 사람보다 크게 뛰어났던 까닭은 다른 데 있는 것이 아니다. 이는 그 해야 할 일을 잘 미루어 나간 데 있을 따름이다.[75]

　　늙어서 아내가 없는 남자를 홀아비[鰥]라 하고, 늙어서 남편이 없는 여자를 과부[寡]라 하며, 늙어서 자식이 없는 사람을 독거노인[獨]이라 하고, 어려서 부모가 없는 아이를 고아[孤]라 한다. 이 네 종류의 사람은 천하의 곤궁한 백성으로서 어디 가서 하소연할 데가 없는 사람들이다. 주(周)나라의 창시자인 문왕(文王)은 정사를 펴고 인(仁)을 베푸시되,

---

74) 春省耕而補不足 秋省斂而助不給(『孟子』 梁惠王下 4; 告子下 7)

75) 老吾老 以及人之老 幼吾幼 以及人之幼 天下可運於掌……故 推恩 足以保四海 不推 恩 無以保妻子 古之人所以大過人者 無他焉 善推其所爲而已矣(梁惠王上 7)

반드시 이 네 종류의 사람들에게 먼저 하셨다.76)

이와 같이 맹자는 노인·어린아이·홀아비·과부·고아·독거노인
[老·幼·鰥·寡·孤·獨]같이 남에게 의지하여 살아갈 수밖에 없는 사람
들이 가장 재화의 부족을 많이 느낄 것이므로, 이들의 부족분을 우선적
으로 보충해 주는 일이 사회를 조화롭고 안정되게 만드는 최선의 방책이
라고 여겨, 필요원칙을 공정한 분배의 핵심으로 삼고 있다.

　여기서 한 가지 고찰해 볼 것은 유학적 이상사회인 대동사회는 노·
유·환·과·고·독·폐질자(廢疾者)도 보통의 젊은 사람과 마찬가지로
보호를 받는 사회로 그려지고 있다는 사실이다.77) 이러한 맥락에서 유
학사상은 필요원칙에 따른 분배를 통해 사회의 조화와 안정을 꾀하려고
하는 이론체계라고 볼 수 있다. 즉 유학에서 보는 이상적 분배규범은 필
요 분배의 원칙인 것이다.

　이러한 대동사회는 온 천하의 사람들이 천하를 공공의 것으로 여기는
천하위공(天下爲公)의 사회이기 때문에, 현능(賢能)한 성인의 교화를 받
아 누구나 이러한 곤궁하고 불쌍한 사람들을 자기보다 먼저 보살피는 일
을 자연스럽게 행하게 되는 사회이다. 그러나 이러한 요·순의 시대가
지나고 사람들이 천하를 개인의 집안일처럼 여기는 천하위가(天下爲家)
의 소강사회에 이르러서는 개인의 이기심이 작용하게 되어, 구체적으로
사람 사이의 도리[人倫]를 가르치지 않으면 노·유·환·과·고·독 같

---

76) 老而無妻曰鰥 老而無夫曰寡 老而無子曰獨 幼而無父曰孤 此四者 天下之窮民而無
　　告者 文王發政施仁 必先斯四者(梁惠王下 5)

77) 故人不獨親其親 不獨子其子 使老有所終 壯有所用 幼有所長 矜寡孤獨廢疾者 皆有
　　所養(『禮記』禮運 290)

은 불쌍하고 곤궁한 사람을 우선적으로 배려하지 않게 되었다. 그리하여 상(庠)·서(序)·학(學)·교(校) 같은 교육기관을 설립하여 사람들에게 인륜을 가르치고[78] 사회제도를 완비하고 사회 규범을 설정하게 되었다. 이렇게 보면, 유학의 체계를 통해 현실에서 실현되는 사회가 바로 소강사회인 것이다.

이러한 소강사회에서는 사회를 집안일처럼 여기는 천하위가의 사회이므로 부모-자식, 남편-아내, 형-아우 같은 가족관계가 인륜의 기초가 된다. 그러나 소강사회라고 해서 인간의 생활이 가족관계에서만 이루어지는 것은 아니다. 그리하여 소강사회에서는 가족관계의 규범을 군주와 신하나 친구들 사이의 관계까지로 확대해서, 오륜(五倫)의 기본적인 인간관계의 규범을 설정하여 실생활에서 준수하도록 요구하게 되었다.

> 사람에게는 지켜야 할 도리가 있는데, 배불리 먹고 따뜻한 옷을 입으면서 편안히 거처하기만 하고 가르침을 받지 않으면 새나 짐승과 비슷해지게 된다. 성인이 이를 걱정하여, 설(契)로 하여금 사람들을 가르치는 사도(司徒)를 삼아 인륜을 가르치게 하였으니, 이는 부자유친(父子有親)·군신유의(君臣有義)·부부유별(夫婦有別)·장유유서(長幼有序)·붕우유신(朋友有信)의 다섯 가지이다.[79]

---

78) 設爲庠序學校 以敎之 庠者養也 校者敎也 序者射也 夏曰校 殷曰序 周曰庠 學則三代共之 皆所以明人倫也(滕文公上 3)

79) 人之有道也 飽食煖衣 逸居而無敎 則近於禽獸 聖人有憂之 使契爲司徒 敎以人倫 父子有親 君臣有義 夫婦有別 長幼有序 朋友有信(滕文公上 4)

이렇게 소강사회에서는 이미 이기심이 만연하고 있으므로 가족관계를 중심으로 하는 인간관계의 규범을 가르쳐야 다른 사람들을 배려하고 그들과 조화로운 관계를 형성하게 될 수가 있다는 것이 맹자의 주장이다. 즉 이러한 인륜을 배워 익혀 남들을 자기처럼 배려함으로써 남의 필요에 응하여 자원을 분배하게 되고, 그렇게 함으로써 조화로운 사회관계를 형성할 수 있게 된다는 것이다. 이와 같이 공자와 맹자는 모두 필요분배를 조화로운 사회를 이루기 위한 기본적인 분배원칙으로 강조한다는 공통점을 가지고 있다.

앞에서 공자는 고르게 분배하는 일의 중요성을 강조하기는 하였지만, 그렇게 할 수 있는 방법을 제시하지는 못하였음을 지적하였다. 맹자는 이를 이기적인 욕구를 줄이는 일에서 찾고 있다. 대동사회에서는 근본적으로 남을 나보다 먼저 배려하는 천하위공의 사회이므로 그럴 리가 없지만, 남보다 자기 가족을 앞세우는 천하위가의 소강사회에서는 이기적인 욕구가 존재하므로 각자의 필요에 따라 자원을 분배하다 보면 자원이 모자라는 경우가 생길 것이므로, 누구나 자기 본성의 선함을 깨달아 욕구를 줄이는 것이 모두의 필요를 고루 충족시키는 근본이 된다는 것이다. 그러므로 필요에 따른 분배를 골고루 실현하기 위해서는 각자의 욕구를 줄이는 과욕(寡欲)이 최선책이라는 것이다.

마음을 기르는 데에는 욕심을 줄이는 것[寡欲]보다 더 좋은 일은 없다. 그 사람됨이 욕심이 적으면, 본래의 착한 마음을 간직하지 못하는 바가 있다고 하더라도 그런 경우가 드물게 마련이고, 반대로 그 사람됨이 욕심이 많으면, 어쩌다가 본래의 착한 마음을 간직하는 수가 있다고 하더라도 그런 경우 또한 드물게 마련이다.[80]

　이렇게 욕심을 줄이는 일이야말로 본래의 착한 마음을 간직하여 다른 사람을 나보다 앞서 배려함으로써, 그의 필요에 따라 자원을 분배하여 사회관계의 조화를 이룰 수 있는 최선의 방책이라는 것이 맹자의 주장이다. 그렇다면 맹자는 필요원칙만을 강조하고 균등원칙이나 형평원칙은 온통 부정하고 있는가? 그렇지는 않다. 맹자도 백성들에게 토지를 분배하는 데에는 정전제(井田制), 곧 균등원칙을 적용하여야 한다고 본다.

> 무릇 인정(仁政)은 반드시 토지의 경계를 다스리는 일로부터 시작되나니, 경계를 다스림이 바르지 못하면 정지(井地)가 균등하지 않게 되고, 그렇게 되면 그 소출이 공평하지 못하게 된다. 이런 까닭에 폭군과 탐관오리들은 반드시 그 경계를 다스리는 일을 태만히 하는 법이니, 경계를 다스리는 일이 바루어지면 토지를 나누어 그 소출을 제정하는 일은 앉아서도 저절로 정하여 질 것이다 …… 사방 1리(里)를 1정(井)으로 하는데, 1정은 모두 구백 무(畝: 토지의 크기를 나타내는 단위)이다. 이에 정(井)자를 그어 9등분 하고, 한가운데를 공전(公田)으로 하여 여기에서 나오는 소출을 세금으로 국가에 바치며, 나머지를 여덟 집이 하나씩 나누어 백 무씩을 사전(私田)으로 한다. 여덟 집이 함께 공전을 가꾸고, 공전의 일이 끝난 다음에 각자의 사전을 돌보게 한다.[81]

　맹자는 이렇게 토지는 균등원칙에 따라 분배하는 것을 기본으로 하고

---

80) 養心莫善於寡欲　其爲人也寡欲　雖有不存焉者寡矣　其爲人也多欲　雖有存焉者寡矣 (盡心下　35)

81) 夫仁政必自經界始　經界不正　井地不均　穀祿不平　是故　暴君汚吏必慢其經界　經界旣正　分田制祿　可坐而定也……方里而井　井九百畝　其中爲公田　八家皆私百畝　同養公田　公事畢然後　敢治私事(滕文公上　3)

있다. 이것도 사회에 조화와 안정을 가져오기 위한 방안이다. 이상에서 보듯이 맹자에게 있어서도 공동작업의 성과와 한 사회가 보유하고 있는 토지와 같은 유한자원을 분배할 때는 사회 성원들 사이에 조화와 안정을 이룰 수 있는 분배원칙이 최우선적인 원칙으로 선택되고 있는 것이다.

(3) 순자: 보빈궁(補貧窮)과 균편(均偏)

순자도 공자나 맹자와 마찬가지로 가난하고 의지할 곳 없는 사람들의 필요를 채워 주는 일[補貧窮]을 군주가 최우선적으로 해야 할 일이라고 보고 있다.

> 다섯 종류의 신체장애자[五疾: 귀머거리, 절름발이, 양쪽 다리를 다 못 쓰는 사람, 손발 없는 사람, 난쟁이]들을 국가가 수용하고 양육하여, 재능에 따라 할 수 있는 일을 시키고, 관청에서 베풀어 입히고 먹여 주는 등 모든 사람을 빠짐없이 양육하여야 한다 …… 무릇 이러한 일을 일러 '하늘같은 덕'[天德]이라 하는데, 이것이 바로 군주다운 정사[王者之政]인 것이다.[82]

> 말이 수레를 보고 놀라면 군자가 수레 안에서 편안할 수 없는 것처럼, 서민이 정사에 대해 놀라면 군자가 그 지위에 편안하게 거할 수 없다. 말이 놀라면 그를 진정시키는 것이 가장 좋은 방법이듯이, 서민이 정사에 대해 놀라면 그들에게 은혜를 베푸는 것이 가장 좋은 방법이다. 곧 현자를 발탁하고 독실하고 공경스러운 사람을 등용하여, 부모에 대

---

82) 五疾上收而養之 材而事之 官施而衣食之 兼覆無遺……夫是之謂天德 是王者之政也 (『荀子』 王制 2)

해 효도하고 형제에게 우애롭게 하는 도리를 진작시키고, 고아와 과부 같은 의지할 데 없는 사람을 수용하며[收孤寡], 가난하고 궁핍한 사람의 필요를 우선적으로 채워 주어야 한다[補貧窮]. 이렇게 하면 서민들이 정사에 대해 안심하게 될 것이고, 서민들이 정사에 대해 편안함을 느껴야 군자가 편안하게 지위를 보전할 수 있다 …… 그러므로 남의 군주 된 사람이 편안하고자 하면, 정사를 고르게 하고 백성들을 사랑하는 일[平政愛民]밖에 다른 도리가 없는 것이다.[83)]

이렇게 장애자[五疾]나 의지할 데 없는 사람[孤寡] 및 가난하고 곤궁한 사람[貧窮]을 우선적으로 배려하고 그들의 필요를 앞장서서 채워 주면, 백성들 누구나 군주가 자기들을 고루 보살핀다고 믿게 되어 위아래 사람들 사이에 신뢰가 조성됨으로써 조화로운 사회가 이루어질 수 있다는 것이 순자의 생각이다. 이러한 맥락에서 순자는 백성들의 필요를 고루 채워 주는 일을 예법(禮法)의 핵심[樞要]이라 보아, 다음과 같이 진술하고 있다.

위에 있는 군주는 아래 백성들을 지극히 아끼고 사랑하며, 예로써 그들을 다스려, 군주가 백성들 보기를 마치 어린아이 보살피듯 해야 한다. 정치적 명령이나 제도 및 아래 백성들을 대하는 데 있어 비록 고아·독거노인·홀아비·과부 같이 의지할 곳 없는 사람에게라도 이치에 맞지 않는 것은 티끌만큼도 가해지지 않도록 해야 한다. 그렇게 되면 백성들이 군주 친애하기를 마치 친부모에게 하듯 하며, 죽인다고

---

83) 馬駭輿 則君子不安輿 庶人駭政 則君子不安位 馬駭輿 則莫若靜之 庶人駭政 則莫若惠之 選賢良 擧篤敬 興孝悌 收孤寡 補貧窮 如是則庶人安政矣 庶人安政 然後君子安位……故君人者欲安 則莫若平政愛民矣(王制 6-7)

할지라도 배반하지 않는다. 이렇게 군주와 신하, 윗사람과 아랫사람, 귀한 사람이나 천한 사람, 어른이나 어린아이 가릴 것 없이 서로 아끼고 사랑하는 것을 올바른 도리의 표준으로 삼으면, 누구나 그 규범 안에서 스스로 살펴 자기의 역할을 다하게 될 것이다. 이것은 모든 군주들이 다 같이 지켜온 바로서, 예법의 핵심[禮法之樞要]이다.[84)]

순자도 이렇게 의지할 데 없고 궁핍하며 불쌍한 사람들의 필요를 우선적으로 채워 준 근거 위에서 사회의 자원을 성원들에게 고루 분배할 것을 강조하고 있다. 그렇게 하는 것이 어느 한쪽에 치우치지 않고 두루 모두에게 미침으로써 사회의 조화를 이룰 수 있는 분배의 요체라고 순자는 보고 있는 것이다.

남의 군주 노릇하는 방법은 예를 표준으로 하여 나누고 베풀어, 고르게 두루 미치게 하되[均偏] 어느 한쪽에 치우치지 않게 하는 일이다.[85)]

그러나 이렇게 급박하게 필요한 사람의 수요에 맞추고 또 모든 사람에게 고르게 분배하려다 보면, 사회의 한정된 자원으로는 이루 다 충당할 수 없을 것이다. 순자도 이러한 점을 자주 지적하고 있다. 즉 "사람들은 같은 물건을 두고 서로 가지고 싶어 하기도 하고 또 싫어하기도 하며, 욕구는 많고 자원은 부족하게 마련인데, 자원이 부족하면 반드시 서로 다

---

84) 上莫不致愛其下 而制之以禮 上之於下 如保赤子 政令制度 所以接下之人百姓 有不理者如豪末 則雖孤獨鰥寡 必不加焉 故下之親上 歡如父母 可殺而不可使不順 君臣上下 貴賤長幼 至于庶人 莫不以是爲隆正 然後皆內自省 而謹於分 是百王之所同也 而禮法之樞要也(王霸 25)

85) 請問爲人君 曰 以禮分施 均偏而不偏(君道 5)

투게 된다."[86] 그렇게 되면 조화로운 사회의 형성이라는 본래의 분배목
표에서 어긋나게 된다. 이러한 문제를 어떻게 해결할 것인가?

순자는 누구나 똑같은 욕구를 가지고 있고 또 욕구가 많다는 것은 인
간의 기본적인 생물체적 조건이라고 본다. 그러므로 맹자처럼 욕구를
줄이는 과욕(寡欲)이 이러한 문제를 해결하는 방법이 될 수는 없다는 것
이 순자의 입장이다. 그는 이를 욕구를 바르게 인도하는 도욕(道欲)과 욕
구 추구의 방법을 절제하는 절욕(節欲)에서 구하고 있다.

> 무릇 나라를 잘 다스리는 일[治]에 대해 말하면서 사람들의 욕구가 모
> 두 없어지기를 기다리는 것은 욕구를 바르게 인도해 줌[道欲]이 없이
> 욕구가 있다는 사실에 곤란해하는 것이다. 무릇 나라 다스리는 일에
> 대해 말하면서 사람들의 욕구가 적어지기를 기다리는 것은 욕구의 추
> 구를 절제하는 법[節欲]을 가르쳐 줌이 없이 욕구가 많다는 사실에 곤
> 란해하는 것이다 …… 욕구는 충족되던 충족되지 못하던 간에 일어나
> 게 마련이지만, 사람이 구하는 것은 가능한 바를 좇는다. 충족되지 못
> 할지라도 욕구가 일어나는 것은 하늘[天]로부터 자연적으로 받은 바이
> 기 때문이고, 가능한 바를 좇는 것은 마음[心]으로부터 나온 것이기 때
> 문이다 …… 마음이 가능하다고 여겨 추구하는 것이 이치에 맞으면,
> 비록 욕구가 많다고 해도 나라가 잘 다스려지는데 무슨 해가 되겠는가?
> …… 마음이 가능하다고 여겨 추구하는 것이 이치에 맞지 않으면, 비
> 록 욕구가 적다고 해도 어찌 혼란스러움[亂]에만 그칠 것인가? 그러므
> 로 나라가 잘 다스려지느냐 아니면 그렇지 못하냐 하는 것[治亂]은 마
> 음이 가능하다고 여겨 추구하는 것이 무엇이냐에 달려 있는 것이지,

---

86) 欲惡同物 欲多而物寡 寡則必爭矣(富國 2); 勢位齊 而欲惡同 物不能澹 則必爭(王
制 6)

사람이 본성적으로 바라는 바가 얼마나 많으냐 또는 적으냐에 달려 있
는 것이 아니다 …… 욕구란 비록 다 채우지는 못할지라도 이에 가까
이 갈 수는 있고, 다 없애지는 못할지라도 구하는 바를 절제할 수는 있
는 것이다.[87]

이 인용문에서는 생물체적 이기적 욕구의 추구를 절제하는 일[節欲]과
예의 체계에 의해 이러한 욕구가 올바르게 방향을 잡도록 인도하는 일
[道欲]을 욕구의 폐단에서 벗어나는 방법으로 제시하고 있다.[88] 이렇게
욕구 추구의 방법을 절제하는 절욕(節欲)과 욕구를 올바르게 인도하는
도욕(道欲)을 통해 욕구의 바름을 얻고, 그럼으로써 사람들로 하여금 혼
란에서 벗어나 바른 몸가짐의 상태로 나아가게 하는 것, 이것이 자원 부
족에서 빚어지는 혼란을 탈피하고 조화로운 사회를 형성할 수 있는 방법
이라는 것이 순자의 주장인 것이다.

(4) 유학의 사회이론과 분배규범

앞에서 진술했듯이, 대동사회론과 소강사회론은 유학자들이 제시하
고 있는 대표적 이상사회론이다. '대동사회'는 대도가 밝게 행해진 '천하
위공'의 사회로서, 아직 사적 소유가 시작되지 않았거나 사적 소유가 시

---

87) 凡語治而待去欲者 無以道欲 而困於有欲者也 凡語治而待寡欲者 無以節欲 而困於
多欲者也……欲不待可得 而求者從所可 欲不待可得 所受乎天也 求者從所可 所受
乎心也……心之所可中理 則欲雖多 奚傷於治……心之所可失理 則欲雖寡 奚止於亂
故治亂在於心之所可 亡於情之所欲……欲雖不可盡 可以近盡也 欲雖不可去 求可節
也(正名 19-22)
88) 이 밖에도 修身 29, 40; 不苟 4; 榮辱 37, 39; 儒效 19; 王制 7; 彊國 7; 正論 32
등에서 절욕(節欲)과 도욕(道欲)에 대해 논술하고 있다.

작되었다 하더라도 이에 그리 집착하지 않아, 사람들 사이에 갈등이 없고 평화의 상태가 지속된 사회로 제시되고 있다. 대동은 보편적인 인류애에 기초하여 모든 사람에 대한 폭넓은 관심과 사랑이 지배하고 있을 뿐만 아니라, 모든 사람에 대한 배려가 철저하게 이루어지고 있던 이상적인 평화의 사회였다.

이에 비해 '소강사회'는 자기와 타인의 구별이 시작되고 가족관계가 중심이 되는 '천하위가'의 사회였다. 가족관계에서의 윤리 규범이 설정되고 이를 국가 사회에까지 확대하려고 하였으며, 이를 기초로 하여 각자의 역할을 정하고 이를 다하게 하기 위한 제도적 정비가 이루어졌다. 소강은 이러한 가족관계 중심의 윤리가 제대로 실현됨으로써 사회관계에 조화가 이루어진 준(準)평화의 사회였다.

유학자들은 요(堯)가 순(舜)에게, 그리고 순이 우(禹)에게 정치권력을 선양한 삼대(三代) 이전의 시대를 대동사회로 보고, 정치권력이 부자간이나 형제간에 세습된 하(夏)·은(殷)·주(周)의 삼대 시대, 그중에서도 우·탕(湯)·문왕(文王)·무왕(武王)·성왕(成王)·주공(周公) 같은 성왕(聖王)이 다스리던 시대를 소강사회라고 본다. 이 중에서 대동사회는 현실에서 실제로 존재한 적이 없었던 완벽한 몽환적 이상사회일 뿐, 자·타의 구별과 가족관계가 사회 형성의 기초로서 존재하는 현실에서 유학자들이 실제적으로 실현 가능한 이상사회라 보고 추구한 것은 소강사회라고 생각할 수 있다.[89] 유학은 바로 '천하위가'의 소강을 이상으로 설정하고, 이 속에서의 인간의 윤리적 사회적 삶의 체계를 정립하려 한 이론

---

89) 강정인(2005, 2010)에 따르면, 栗谷은 대동과 소강을 구분하지 않고 대동일원론을 제시하고 있는데, 栗谷이 제시하는 대동은 곧 소강의 의미이다.

체계로서, 유학자들은 유학적 도덕실천을 통해 현실사회에서 이러한 이
상을 실현시키려고 노력하는 사람들인 것이다.

　그러나 소강사회라고 해서 인간의 삶이 가족관계 안에서만 이루어지
는 것은 아니다. 그러므로 부자·부부·형제 같은 가족관계의 규범을
장유·붕우·군신 같이 가족관계를 넘어서는 관계로까지 확장할 필요
가 생긴다. 오륜에는 이미 이렇게 확대된 인간관계의 규범이 포함되고
있으며, 이는 군자와 성인의 특징을 추기급인과 여민동지를 통한 '안인'
과 '안백성'까지로 확대해서 개념화하는 군자론·성인론의 체계에 그대
로 반영되어 있다. 이러한 맥락에서 보면, 유학사상에서 대동은 글자 그
대로 몽환적 이상에 그치는 것이 아니라 소강의 체제 속에서 인간의 존
재를 가족뿐만이 아니라 인간 일반 및 사회 전체로 확대하려는 목표를
설정하는 근거로 사용되고 있다고 생각할 수 있다. 즉 유학은 '소강 속에
서의 대동의 실현'을 이상으로 잡고 있는 체계라고 볼 수 있는 것이다.

　이러한 사실은 예를 들면, 재화의 분배 과정에서 '필요에 따른 균등'(대
동의 이상)과 '형평 속의 균등'(소강의 이상)을 추구한 공자와 순자의 논리
에서 잘 드러나고 있다. 공자는 "나라와 집안을 거느리고 있는 사람은 적
음을 걱정하지 말고 고르지 못함을 걱정해야 하며[患不均], 가난을 걱정
하지 말고 안정되지 않음을 걱정해야 한다[患不安]. 대체로 균등하면 가
난 걱정 없이 조화를 이루고[均無貧], 조화롭게 되면 부족함을 느끼지 않
으며[和無寡], 안정되면 국가나 집안이 기울어지지 않는 법[安無傾]"[90]이
라고 하여, 균등 분배가 사회 안정의 기초라는 사실을 역설하고 있다. 이

---

90) 丘也聞 有國有家者 不患寡而患不均 不患貧而患不安 蓋均無貧 和無寡 安無傾(『論
　　語』 季氏 1)

는 균등 분배를 통한 조화의 추구가 사회 안정의 기초임을 역설한 것으로, 대동사회에서의 분배의 모습이라고 할 수 있다.

그러나 공자는 환불균(患不均)의 문제를 제기하였으나, 어떻게 균등하게 분배할 것인가 하는 방법을 제시하지는 못하였다. 이러한 문제에 대한 해답을 맹자는 욕구를 줄이는 과욕(寡欲)에서,[91] 그리고 순자는 욕구 추구를 절제하는 절욕(節欲)과 욕구 충족의 방향을 인도하는 도욕(道欲)에서 찾고 있다.[92]

이러한 욕구 조절의 방안 이외에 이 문제에 대해 집중적으로 고찰하고 있는 사람은 순자이다. 순자는 모두에게 똑같이 나누어 주는 것이 사회 안정의 기초라고 생각하지 않았다. 그는 "차등 속의 평등"과 "다양성 속의 통일성"을 추구하려 하였다.[93] 순자는 "오로지 가지런하기만 한 것은 궁극적으로 가지런한 것이 아니며,"[94] "나뉨이 똑같으면 두루 미치지 못한다"[95]고 보았다.

순자는 "예의에 따라 나누어서 귀천(貴賤)의 등급, 장유(長幼)의 차이, 지우(知愚)·능불능(能不能)의 구분이 있게 하고, 그 결과 각 사람이 각자의 일을 맡아서 각각 그 합당함[各得其宜]을 얻음으로써, 보수의 많고 적음[多少], 후함과 박함[厚薄]의 알맞음[稱]이 있게 하는 것, 이것이 바로 군거화일(群居和一)의 도"[96]라고 주장한다. 그는 각자가 각자의 맡은 일을

---

91) 이 장의 주 80 참조.
92) 이 장의 주 87 참조.
93) 이상익, 2001, p. 96.
94) 維齊非齊(『荀子』 王制 6)
95) 分均而不徧(王制 5)
96) 故先王案爲之制禮義以分之 使有貴賤之等 長幼之差 知愚能不能之分 皆使人載其事
而各得其宜 然後使穀祿多少厚薄之稱 是夫群居和一之道也(榮辱 39-40)

다하고 그 결과에 따라 서로 다른 몫을 받는 것이 "지극한 평등"[至平]이
라는 관점에서,[97] "가지런하지 않으면서도 가지런하고, 굽으면서도 순
조로우며, 같지 않으면서도 하나로 통일되어 있는 것, 이것을 일러 '사람
의 도리'[人倫]라 한다"[98]는 입장을 편다. 곧 형평 속의 균등, 곧 차등 속
의 평등이 사회에 안정과 평화를 가져오는 분배의 이상적인 규범이라는
것이 순자의 주장이다.[99] 이러한 순자의 관점은 소강 속에서 대동을 추
구하는 유학자들의 전형을 보여 주고 있다고 볼 수 있을 것이다.

3) 이익 추구의 타기와 형평 분배원칙의 배척

이렇게 유학자들은 필요원칙과 균등원칙을 공동작업의 성과와 유한
한 사회의 자원을 분배하는 기본원칙으로 제시하고 있다. 그렇다면 그
들은 형평원칙은 분배원칙으로 인정하지 않고 있는가? 공자는 자주 군
자와 소인을 대비해서 군자는 덕을 이룬 사람이고 소인은 그렇지 못한
사람임을 말하여,[100] 소인이 군자의 다스림을 받는다는 사실을 시사하

---

97) 故仁人在上 則農以力盡田 賈以察盡財 百工以巧盡械器 士大夫以上至於公侯 莫不
  以仁厚知能盡官職 夫是之謂至平(榮辱 40)
98) 故曰 斬而齊 枉而順 不同而一 夫是之謂人倫(榮辱 41)
99) 사실 순자의 형평은 역할 및 직분의 구분을 도덕적 수양의 정도를 기준으로 하여
  나누어야 한다는 의미이다. 이는 공자·맹자·순자의 공통된 주장으로, 분배규범
  이라고는 볼 수 없고 역할부여의 기준이라고 보는 것이 옳을 것이다.
100) 『論語』에서 공자는 모두 16개 장에 걸쳐 君子와 小人을 대비하여 논하고 있다:
  爲政 14(君子周而不比 小人比而不周); 里仁 11(君子懷德 小人懷土 君子懷刑 小人
  懷惠); 里仁 16(君子喩於義 小人喩於利); 述而 36(君子坦蕩蕩 小人長戚戚); 顔淵
  16(君子成人之美 不成人之惡 小人反是); 顔淵 19(君子之德風 小人之德草 草上之
  風 必偃); 子路 23(君子和而不同 小人同而不和); 子路 25(君子易事而難說也……

고 있는데, 이도 형평원칙을 제시한 것으로 볼 수는 없는가?

맹자는 "무릇 사물이 서로 같지 않은 것은 사물의 본질"[101]이라는 관점에서, "대인(大人)이 할 일이 있고, 소인(小人)이 할 일이 있다 …… 그러므로 어떤 사람은 마음을 써서 일을 하고, 또 어떤 사람은 힘을 써서 일을 하나니, 마음으로 일하는 사람은 남을 다스리고 힘으로 일하는 사람은 남의 다스림을 받는 법이다. 남의 다스림을 받는 사람이 남을 먹여주고, 남을 다스리는 사람이 남에게 얻어먹는 것은 천하의 공통된 의리인 것이다"[102]라고 피력하고 있는데, 이는 형평 분배의 규범에 대해 언급하고 있는 것이라고 볼 수 있지 않을까?

순자는 "오로지 가지런하기만 한 것은 가지런한 것이 아니다"[103]라거나 "들쭉날쭉하면서도 가지런하고, 굽으면서도 순조롭고, 같지 않으면서도 하나로 통일되어 있는 것, 이것을 일러 인륜(人倫)이라 한다"[104]라는 관점에서, "군자는 덕으로 아랫사람들을 기르고, 소인은 힘써 윗사람을 섬긴다. 힘이란 덕의 부림을 받는 법이다"[105]라거나, 더 나아가 "어린 사람이 어른을 섬기고, 천한 사람이 귀한 사람을 섬기며, 불초(不肖)한 사

小人難事而易說也); 子路 26(君子泰而不驕 小人驕而不泰); 憲問 7(君子而不仁者 有矣夫 未有小人而仁者也); 憲問 24(君子上達 小人下達); 衛靈公 1(君子固窮 小 人窮斯濫矣); 衛靈公 20(君子求諸己 小人求諸人); 衛靈公 33(君子不可小知而可大 受也 小人不可大受而可小知也); 陽貨 4(君子學道則愛人 小人學道則易使也); 陽貨 23(君子有勇而無義 爲亂 小人有勇而無義 爲盜)

101) 夫物之不齊 物之情也(『孟子』滕文公上 4)
102) 有大人之事 有小人之事……故曰 或勞心 或勞力 勞心者 治人 勞力者 治於人 治於 人者 食人 治人者 食於人 天下之通義也(滕文公上 4)
103) 維齊非齊(『荀子』王制 6)
104) 斬而齊 枉而順 不同而一 夫是之謂人倫(榮辱 41)
105) 君子以德 小人以力 力者德之役也(富國 10)

람이 현명한 사람을 섬기는 것, 이것은 천하에 통용되는 의리이다"106)라
고 진술하여, 사람들 사이의 차이를 강조하고 있다. 이것은 형평 분배의
규범을 지적하고 있는 것이라고 볼 수 없는가?

이렇게 소인은 군자와 대인을 섬기고 그들의 다스림을 받는 사람이라
면 그들 사이에 분배의 불균등이 있는 것이 현실이고, 그렇다면 각자의
수양의 정도에 따른 형평 분배를 유학자들도 인정하고 있다고 볼 수 있
을 듯하다. 그러나 공자·맹자·순자는 한결같이 사적인 이익을 추구하
는 자세를 타기하는 입장을 취하고 있다.107)

공자는 군자는 사람의 도리를 밝게 깨닫고 있어서 사회관계에서 인의
의 도를 실천함으로써 사람들을 널리 포용하고 그들 사이에 조화를 이루
기 위해 노력하지만, 소인은 자기의 생물체적 이기적 욕구를 충족시키기
에 급급하여 사람들 사이의 조화를 깨뜨릴 뿐이라고 본다.108) 생물체적
이기적 동기의 충족 여부는 외적 조건에 달려 있어서 인간이 스스로 통
제할 수 없다는 것이 공자의 생각이다.109) 이렇게 이기적 욕구는 스스로
통제할 수 없기 때문에, 이러한 욕구에 가리어지면 강직하지 못하게 되
거나,110) 사물의 이치에 어두워 의혹에 사로잡히게 되거나,111) 무엇이든

---

106) 少事長 賤事貴 不肖事賢 是天下之通義也(仲尼 49)
107) 유학자들이 사적 이익의 추구를 타기하는 관점과 그 까닭에 대해서는 졸저(조긍
호, 2007a, pp. 364-418) 참조.
108) 『論語』 爲政 14; 里仁 11, 16; 子路 23; 憲問 24; 衛靈公 1 등에서 공자의 이러한
견해가 잘 드러나고 있다.
109) 子曰 富而可求也 雖執鞭之士 吾亦爲之 如不可求 從吾所好(『論語』 述而 11); 死生
有命 富貴在天(顔淵 5)
110) 子曰 棖也慾 焉得剛(公冶長 10)
111) 愛之欲其生 惡之欲其死 旣欲其生 又欲其死 是惑也(顔淵 10)

지 하지 않는 일이 없이 마구 덤비게 되거나,[112] 다른 사람의 원망을 많이 받게 되거나,[113] 일이 제대로 이루어지지 않거나,[114] 인륜을 크게 어지럽히는[115] 폐단에 빠지게 된다.

이와 같이 사적인 자기이익의 추구는 그 충족 여부가 외적 조건에 달려 있어서 스스로가 통제할 수 없을 뿐만 아니라, 이러한 이기적 욕구를 무분별하게 추구하다 보면 도덕적 수양, 대인관계, 외계 인식 및 일 처리 같은 삶의 전체 과정에서 많은 문제를 일으키는 폐단에 빠지게 되므로, 이러한 욕구들은 될 수 있는 대로 제어하고 통제하는 것이 바른 삶의 자세라는 주장이 공자의 입장이다.

맹자도 다른 사람에 대한 배려의 근거가 되는 도덕적 동기를 제외한 나머지 욕구들은 사람이 스스로 통제할 수 없기 때문에,[116] 이러한 욕구에 가리어지면 욕구의 바름[正]을 잃게 된다고 본다. 그리하여 이러한 생물체적 이기적 욕구에 가려지게 되면, 아무것이나 마구 먹고 마시거나,[117] 방탕·편벽·사악·사치한 일을 마구 저지르게 되고,[118] 또한 남의 것을 빼앗지 않으면 만족하지 못한다.[119] 이렇게 도덕적 동기를 미루어 두고 이기적 욕구만을 추구하다 보면, 마음의 걱정거리를 풀어 버리

---

112) 其未得之也 患得之 旣得之也 患失之 苟患失之 無所不至矣(陽貨 15)

113) 子曰 放於利而行 多怨(里仁 12)

114) 無見小利……見小利 則大事不成(子路 17)

115) 欲潔其身而亂大倫(微子 7)

116) 孟子曰 求則得之 舍則失之 是求有益於得也 求在我者也 求之有道 得之有命 是求無益於得也 求在外者也(『孟子』盡心上 3)

117) 飢者易爲食 渴者易爲飮(公孫丑上 1); 飢者甘食 渴者甘飮 是未得飮食之正也 飢渴害之(盡心上 27)

118) 苟無恒心 放僻邪侈 無不爲已(梁惠王上 7; 滕文公上 3)

119) 苟爲後義而先利 不奪不饜也(梁惠王上 1)

지 못하여,[120] 인생과 국가를 망치기도 한다.[121] 이와 같이 이기적 욕구만을 추구하는 것은 사물에 가려서 이에 이끌림으로써,[122] 자기의 도덕적 수양에 방해가 될 뿐만 아니라, 삶의 전체 과정을 그르치는 폐단에 빠지게 되는 것이다.

이러한 맥락에서 맹자는 국가를 다스리는 데 있어서도 이익의 추구를 앞세우면 사회의 성원들이 모두 이익의 추구에 혈안이 됨으로써 사회의 조화가 깨지고 혼란에 빠지게 될 것이라고 보아, 『맹자』의 첫머리인 양혜왕상(梁惠王上)편 1장에서 다음과 같이 진술하고 있다.

> 맹자가 양(梁)나라 군주인 혜왕(惠王)을 뵙자, 왕이 "선생께서 천 리를 멀다 않고 오셨으니, 장차 우리나라를 이롭게 할 방도가 있겠습니까?"라고 물었다. 이에 대해 맹자는 "왕께서는 하필 이익에 대해서 말씀하십니까? 역시 인의가 있을 따름입니다. 왕께서 어떻게 하면 내 나라를 이롭게 할까 하시면, 대부(大夫)들은 어떻게 하면 내 집안을 이롭게 할까 하고, 서민들은 어떻게 하면 내 몸을 이롭게 할까 할 것입니다. 이렇게 위아래가 서로 이익을 취하려고 하면, 나라가 위태롭게 될 것입니다 …… 진실로 의(義)를 뒤로 돌리고 이익을 앞세운다면, 남의 것을 빼앗지 않고는 만족하지 않을 것입니다"라고 대답하였다.[123]

---

120) 人悅之 好色 富貴 無足以解憂者 惟順於父母 可以解憂(萬章上 1)

121) 是君臣父子兄弟 終去仁義 懷利而相接 然而不亡者 未之有也(告子下 4)

122) 耳目之官 不思而蔽於物 物交物 引之而已矣(告子上 15)

123) 孟子見梁惠王 王曰 叟不遠千里而來 亦將有以利吾國乎 孟子對曰 王何必曰利 亦有
     仁義而已矣 王曰何以利吾國 大夫曰何以利吾家 士庶人曰何以利吾身 上下交征利
     而國危矣……苟爲後義而先利 不奪不饜(梁惠王上 1)

   같은 생각을 맹자는 다른 곳에서 "남의 신하 된 사람이 이익을 생각하
여 그 군주를 섬기고, 남의 자식 된 사람이 이익을 생각하여 그 부모를
섬기며, 남의 아우 된 사람이 이익을 생각하여 그 형을 섬긴다면, 이는
군주와 신하, 부모와 자식, 형과 아우가 끝내는 인의를 버리고 이익만을
생각하여 서로 대하는 것이니, 이렇게 하고서도 망하지 않은 나라는 지
금까지 한 나라도 없었다"[124]고 표현하고 있다. 이와 같이 맹자는 사회
관계에서 이익만을 추구하면 관계의 조화가 깨어져 자신뿐만 아니라 사
회 자체도 혼란스럽게 될 것이라 주장하여 이익 추구를 타기하고 있는
데, 이러한 맥락에서 맹자는 이익을 줄이는 과욕(寡欲)을 사회관계의 조
화를 이루는 방법으로 강조하는 것이다.[125]

   순자도 공자나 맹자와 마찬가지로 생물체적 이기적 욕구들은 도덕적
동기와는 달리 스스로 통제할 수 없는 동기들이기 때문에,[126] 이러한 욕
구들을 제한 없이 추구하면 천하의 온갖 폐해가 이로부터 일어나게 된
다[127]고 본다. 도덕적 동기[義]를 앞세우고 이기적 욕구[利]를 뒤로 돌리
면 영화롭게 되지만, 이기적 욕구를 앞세우고 도덕적 동기를 뒤로 돌리
는 것은 치욕을 불러오는 일이며,[128] 이렇게 되면 욕구에 가리어 큰 이
치에 어둡게 됨으로써,[129] 의혹에 빠진 채 무슨 일을 해도 즐겁지 않

---

124) 爲人臣者懷利以事其君 爲人子者懷利以事其父 爲人弟者懷利以事其兄 是 君臣父
    子兄弟終去仁義 懷利以相接 然而不亡者未之有也(告子下 4)
125) 養心莫善於寡欲 其爲人也寡欲 雖有不存焉者寡矣 其爲人也多欲 雖有存焉者寡矣
    (盡心下 35)
126) 若夫心意修 德行厚 知慮明 生於今而志乎古 則是在我者也 故君子敬其在己者 而不
    慕其在天者⋯⋯君子敬其在己者 而不慕其在天者 是以日進也(『荀子』 天論 28-29)
127) 天下害生縱欲(富國 2)
128) 先義而後利者榮 先利而後義者辱(榮辱 25)

고,130) 무엇이 화인지 복인지도 모르게 된다.131) 또한 사물의 노예가 되어[以己爲物役]132) 날로 퇴보하게 됨으로써,133) 인륜도 저버리고,134) 아무 일이나 마구 하는 소인이 되고 마는 것이다.135) 그리하여 만일 군주가 이렇게 이기적 욕구만을 추구하면 난세가 되고,136) 나라를 상하게 하여,137) 결국에는 망하게 된다138)고 순자는 보고 있다.

이와 같이 순자도 사회관계에서 이익 추구를 배척하는 태도를 강조하며, 욕구의 추구를 절제하는 절욕(節欲)과 욕구를 올바르게 인도하는 도욕(道欲)을 통해 욕구의 바름을 얻고, 그럼으로써 혼란에서 벗어나 바른 몸가짐의 상태로 나아가는 것, 이것이 사회관계를 조화롭게 하는 요체라고 주장하는 것이다.139)

이상에서 보듯이, 유학자들은 사회관계에서 개인적인 이익을 추구하

---

129) 蔽於一曲 闇於大理(解蔽 1)

130) 以欲忘道 則惑而不樂(樂論 7)

131) 離道而內自擇 則不知禍福之所託(正名 25)

132) 故欲養其欲 而縱其情……夫是之謂以己爲物役(正名 26-27)

133) 小人錯其在己者 而慕其在天者 是以日退也(天論 29)

134) 人情何如……妻子具 而孝衰於親 嗜欲得 而信衰於友 爵祿盈 而忠衰於君 人之情乎 人之情乎甚不美 又何問焉(性惡 15)

135) 唯利所在 無所不傾 如是則可謂小人矣(不苟 17)

136) 故義勝利者爲治世 利勝義者爲亂也(大略 20)

137) 大國之主也 而好見小利 是傷國(王霸 33)

138) 挈國以呼功利 不務張其義 齊其信 唯利之求……如是則……國不免危削 綦之以亡 (王霸 5-6)

139) 凡語治而待去欲者 無以道欲 而困於有欲者也 凡語治而待寡欲者 無以節欲 而困於多欲者也……欲不待得 而求者從所可 欲不待可得 所受乎天也 求者從所可 所受乎心也……心之所可中理 則欲雖多 奚傷於治……心之所可失理 則欲雖寡 奚止於亂 故治亂在於心之所可 亡於情之所欲……欲雖不可盡 可以近盡也 欲雖不可去 求可節也(正名 19-22)

는 것은 사회관계의 조화를 해치는 결과를 초래하기 때문에 자기이익의 확보와 최대화를 목표로 하는 형평원칙이 작업 성과와 사회의 자원을 분배하는 공정한 방법이 될 수는 없다고 본다. 그들이 제시하는 바람직한 분배의 원칙은 사회관계에 조화를 가져올 수 있는 필요원칙과 균등원칙인 것이다.

여기서 한 가지 생각해 보아야 할 것은, 이러한 관점은 유학사상에서 제시되는 분배원칙의 선호에 관한 이론들은 서구심리학에서 제시된 수단적 선호론보다는 정의동기이론의 관점에서 더 잘 이해될 수 있음을 시사하고 있다는 사실이다. 유학의 이론가들은 사회나 집단의 생산성의 제고보다는 집단 성원 개개인의 복지와 성원들 사이의 조화를 분배원칙 결정 과정에서 최고의 또는 유일한 투입요인으로 여기고 있다. 이러한 관점에서 보면, 유학자들은 타인에 대한 관심과 배려 곧 도덕성이 사회의 자원과 공동작업의 성과를 분배하는 과정에서 정의를 추구하게 하는 원동력이라고 간주하는 것으로 볼 수 있는데, 이는 정의동기를 분배원칙 선호의 유일한 근거로 삼는 정의동기이론의 관점과 일맥상통하는 것이기 때문이다.

4) 투입 요인 상정의 문제

여기서 그 성격은 좀 다른 문제이지만, 서구의 분배정의 이론가들이 제시하는 형평 분배 규범에서 가장 중요한 문제는 무엇을 투입 요인으로 잡을 것이냐 하는 문제인데, 그들이 성과와 직접 관련되는 것으로 상정하는 투입의 요인과 유학자들이 역할과 직분의 부여를 위한 투입 요인으로 상정하는 것이 과연 같은 것인지 아니면 다른 것인지를 고찰해 볼 필요가 있다.[140] 만일 동아시아 사회에서도 형평 분배를 공정 분배 규범의 하나로 받아들일 경우, 이것이 서구와 동아시아의 분배행동의 차이를 나타내는 중요한 요인으로 작용할 수 있을 것이기 때문이다.

사회학자인 호만스는 개인의 투입에 비례해서 성과를 분배하는 형평 분배가 공정한 분배의 원칙이라고 보고 있는데, 이때 노력과 수행 같은 사회적 교환관계에서의 개인의 기여도와 성·인종·결혼여부와 같은 개인의 사회적 속성이 모두 투입 요인으로 작용할 수 있다고 보았다.[141] "이 두 유형 투입 요인의 핵심적인 차이는 노력과 수행 같은 기여도는 나이나 성 또는 직위 같은 사회적 속성보다 투입-성과 관계에 대한 더욱 직접적인 지표가 된다는 데 있다. 기여도는 교환관계로부터 얻어지는 이득의 직접적인 측정치가 될 수 있지만 …… 개인의 사회적 속성은 교환관계로부터 얻어지는 성과와 직접 관련이 없어서, 이 경우 투입-성과 관계는 간접적일 수밖에 없다."[142]

이러한 까닭에 심리학자들은 개인의 사회적 속성은 도외시하고, 교환의 당사자들이 교환관계에 투입하는 시간이나 노력과 같은 기여도만을 변화시켜 분배정의의 문제를 다루어 왔다.[143] 이러한 심리학적 연구들은 암묵적으로 교환의 당사자들의 능력과 같은 요인들은 모두 동등하다는 전제에서 연구를 진행해 온 것으로 볼 수 있으며, 이러한 점에서 서구 심리학에서 전개된 형평 분배의 투입 요인과 유학자들의 그것은 커다란 차이를 보이고 있다.

---

140) 이 문제에 대해서는 졸저(조긍호, 1998, pp. 295-297) 참조.
141) Homans, 1961, 1974.
142) Cook & Yamagishi, 1983, p. 103.
143) 예: Farkas & Anderson, 1979.

앞에서도 지적하였듯이, 유학자들은 각 개인의 덕과 능력을 투입 요인으로 삼아 역할과 직분을 나누어야 한다고 본다. 이는 개인의 수양의 정도에 따라 달라지는 것으로, 개인 사이의 역할과 직분에 차이를 가져오는 유일한 근원이라는 것이 유학자들의 의견이다. 순자는 "군자는 덕으로 아랫사람을 거느리고, 소인은 힘써 일하여 윗사람을 섬기므로, 힘이란 덕의 부림을 받게 마련이며,"[144] "군자는 사물을 부리지만, 소인은 사물에 부림을 당하기 마련"[145]이라고 본다. 이러한 군자와 소인의 차이는 바로 후천적으로 이룬 현실태(現實態)인 덕과 능력의 차이에 있으므로, 오로지 이를 투입 요인으로 하여서만 사회적 역할이 구분된다는 것이 유학자들의 입장인 것이다. 이러한 관점은 순자의 다음과 같은 지적에서 잘 드러나고 있다.

> 길거리에 있는 백성들 누구라도 선을 쌓고 이를 온전히 다 이루면 성인(聖人)이 될 수 있다. 스스로 노력한 다음에 얻어지고, 스스로 실천한 다음에 이루어지며, 스스로 쌓기를 거듭한 다음에 높아져서, 스스로 온전하게 된 사람이 성인이다. 그러므로 성인이란 선천적으로 타고난 사람이 아니라, 후천적으로 노력하고 쌓기를 거듭하여 스스로 이루어 낸 사람이다. 마찬가지로 김매고 밭가는 일을 익히고 쌓으면 농부가 되고, 끌로 뚫고 대패로 깎아 내는 일을 익히고 쌓으면 목수가 되고, 물건을 사고파는 일을 익히고 쌓으면 상인이 되고, 예의를 익히고 쌓으면 군자가 되는 것이다 …… 이와 같이 사람이 몸가짐을 삼가고 행동거지를 바르게 하여 크게 예의를 쌓고 익히면 군자가 되지만, 타고

---

144) 君子以德 小人以力 力者德之役也(『荀子』 富國 10)

145) 君子役物 小人役於物(修身 29)

난 성정대로 하고 배우지 않으면 소인이 된다. 군자가 되면 항상 평안
하고 영화롭지만, 소인이 되면 항상 위험하고 욕된 것이다.146)

   이렇게 후천적인 노력에 따른 덕과 능력의 차이를 사회직분과 역할을
구분하는 유일한 투입 요인으로 삼아야 한다는 것이 유학자들의 입장이
고, 따라서 이는 교환관계에서의 능력의 동질성을 전제하는 형평이론가
들의 형평 분배의 원칙과는 크게 다른 것이다.
   서구의 이론에서도 사회학자들은 성·인종 같은 사회적 속성을 주 투
입 요인으로 삼는 형평 분배를 분배원칙으로 삼아왔다.147) 이러한 사회
적 속성은 개인이 태어날 때부터 갖추고 있는 차이에 근거하는 것이다.
그러나 유학자들이 직분과 역할 구분의 근거로 삼는 덕과 능력은 후천적
으로 개인이 인위적인 노력에 의해 성취한 것이지 태어날 때부터 갖추고
있는 것이 아니다.
   순자는 이를 "오늘날의 사람들도 스승과 법도의 감화를 받고, 문식과
배움을 쌓고 익히며, 예의를 행하면 군자가 되지만, 태어난 욕구와 감정
대로 따르고, 함부로 방자하게 굴며, 예의에 어긋나게 행하면 소인이 된
다"148)거나, "비록 왕이나 귀인 또는 사대부의 자손이라 할지라도 예의
에 힘을 쓰지 않으면 서인으로 신분을 낮추고, 비록 서인의 자손이라 할

---

146) 涂之人百姓 積善而全盡 謂之聖人 彼求之而後得 爲之而後成 積之而後高 盡之而後
    聖 故聖人也者 人之所積也 人積耨耕而爲農夫 積斲削而爲工匠 積反貨而爲商賈
    積禮義而爲君子……故人知謹注錯 愼習俗 大積靡 則爲君子矣 縱情性而不足問學
    則爲小人矣 爲君子則常安榮矣 爲小人則常危辱矣(儒效 36)

147) Cook & Yamagishi, 1983.

148) 今之人化師法 積文學 道禮義者 爲君子 縱性情 安恣睢 而違禮義者 爲小人(『荀子』
    性惡 2-3)

지라도 문식과 배움을 쌓고 몸가짐과 행동거지를 바르게 하여 예의에 힘
쓴다면 새상이나 사대부로 끌어올려야 한다"[149]고 표현하고 있다. 이는
인위의 결과로 성취한 덕과 능력만을 투입 요인으로 삼아야 한다는 유학
자들의 입장을 잘 나타내는 것으로, 생득적인 사회적 속성[歸屬特性]도
중요한 투입 요인의 하나로 보려는 서구 사회학의 입장과 유학자들의
차이가 바로 이러한 점에서 극명하게 드러나고 있는 것이다.

❈ 4. 유학사상과 부정의 해결의 문제

앞에서 보았듯이, 현대 서구심리학의 교환이론 가운데 형평이론에서
는 사람들은 교환관계에서 부정의(不正義)를 지각하면 심리적 불편감을
느껴, 이를 해소하고 정의를 회복하려는 심리적 및 실제적인 노력을 하
게 된다고 가정한다. 이렇게 서구에서 발달한 현대 심리학에서는 정의
에 대한 인식은 부정의로부터 정의를 지켜내려는 노력과 이어지게 된다
고 본다. 그렇다면 유학사상에서는 어떠한 경우에 부정의가 유발되고,
이러한 부정의의 지각은 어떠한 심리적 및 실제적인 반응을 유발한다고
보는가?

유학사상에서는 사회관계에서 관계를 맺고 있는 양 당사자들이 각자
에게 요구되는 역할을 쌍무적으로 충실히 수행하면 이들 사이에 조화로
운 관계가 이루어지고, 그렇게 되면 양자 사이에 정의가 실현된 것으로

---

149) 雖王公士大夫之子孫也 不能屬於禮義 則歸之庶人 雖庶人之子孫也 積文學 正身行
能屬於禮義 則歸之卿相士大夫(王制 1-2)

인식한다. 이렇게 유학의 체계에서는 관계당사자들이 각자에게 요구되는 역할을 충실히 수행함으로써 양자 사이에 조화로운 관계가 이루어지는 것이 곧 정의가 실현되는 길이라고 본다. 그러므로 관계당사자들 중 어느 일방이 또는 양방이 모두 사회관계에서 각자에게 요구되는 역할을 충실히 수행하지 못하는 것이 곧 부정의가 유발되는 조건이라는 것이다. 이를 순자는 다음과 같이 논의하고 있다.

> 이러한 역할 수행의 도를 한쪽만 지키면 둘 사이의 관계가 혼란스럽게 되지만[偏立而亂], 양쪽이 다 지키면 두 사람 사이의 관계에 조화와 질서가 이루어지게 될 것이니[俱立而治], 쌍무적인 역할 수행의 문제는 잘 생각해 보아야 할 것이다.[150]

이렇게 관계당사자들이 사회관계에서 각자에게 요구되는 역할을 쌍무적으로 수행하지 못하여 부정의가 나타나면, 관계당사자들은 어떠한 반응을 보이는가? 유학사상에서 이 문제에 대해 직접적으로 해답을 제시하는 언급은 많지 않다. 그러나 이에 대해서는 부모-자식 및 형-아우와 같이 자연적으로 주어지는 천속(天屬) 관계의 경우와 남편-아내, 군주-신하 및 붕-우와 같이 인위적인 선택으로 맺어지는 타인 사이의 결합[以人合者] 관계의 경우[151]로 나누어 생각해 볼 수 있다.

---

150) 此道也 偏立而亂 俱立而治 其足以稽矣(『荀子』 君道 5)
151) 『性理大全』 卷五十三, 學二, 人倫 811.

1) 천속 관계에서의 부정의 해결

유학자들이 성인(聖人)으로 존숭하고 있는 사람 중에서 하·은·주
(夏·殷·周) 삼대(三代) 이전 시대의 제왕이었던 순(舜)임금은 효자(孝子)
와 형제애(兄弟愛)의 전형으로 꼽히는 사람이다. 그의 아버지 이름은 고
수(瞽瞍)인데, 아들인 순을 미워하여 매양 죽이려 하였으며,[152] 그 이복
동생인 상(象)도 자기 형인 순을 호시탐탐 죽이려 한 것으로 기록되고 있
다.[153] 그럼에도 불구하고 순임금은 오로지 자기가 부모에게 받아들여
지지 못함을 걱정하여,[154] 자기를 알아주지 않는 부모를 원망하지 않
고,[155] 제왕의 자리에 오른 후에도 오로지 자식으로서 부모 섬기는 도리
를 다할 뿐이었다.[156] 순임금이 제왕이 된 후에도 오로지 한결같이 부모
섬기는 도리를 다할 뿐이었다는 사실은 맹자와 제자인 도응(桃應)의 다
음 문답에 잘 드러나 있다.

　도응이 맹자에게 "순이 제왕이 되고 나서 …… 그 아버지인 고수가 살

---

152) 父母使舜完廩 捐階 瞽瞍焚廩 使浚井 出 從而揜之(『孟子』 萬章上 2)

153) 象曰以殺舜爲事(萬章上 3); 象曰 謨蓋都君 咸我績 牛羊父母 倉廩父母 干戈朕 琴
　　朕 弤朕 二嫂使治朕棲(萬章上 2)

154) 天下之士悅之 人之所欲也 而不足以解憂 好色 人之所欲 妻帝之二女 而不足以解憂
　　富 人之所欲 富有天下 而不足以解憂 貴 人之所欲 貴爲天子 而不足以解憂 人悅之
　　好色 富貴 無足以解憂者 惟順於父母 可以解憂(萬章上 1)

155) 萬章問曰 舜往于田 號泣于旻天 何爲其號泣也 孟子曰 怨慕也……我竭力耕田 共
　　(恭)爲子職而已矣 父母之不我愛 於我何哉(萬章上 1)

156) 孟子曰 天下大悅而將歸己 視天下悅而歸己猶草芥也 惟舜爲然 不得乎親 不可以爲
　　人 不順乎親 不可以爲子 舜盡事親之道而瞽瞍底豫 瞽瞍底豫而天下化 瞽瞍底豫而
　　天下之爲父子者定 此之謂大孝(離婁上 28)

인을 하였다면, 순은 어떻게 하였을까요?"라고 물었다 …… 이에 대해 맹자는 "순은 소유하고 있는 천하 버리기를 마치 헌신짝 버리듯이 하여, 몰래 아버지를 업고 도망하여 바닷가를 따라 거처하면서, 죽을 때까지 흔쾌히게 즐기며 천하를 잊었을 것이다"라고 대답하였다.[157]

또한 순은 이복동생인 상이 날로 자기를 죽이려 하였는데도 제왕의 자리에 오른 후 동생에게 해코지하지 않고 그를 유비(有庳)라는 지역의 제후로 봉해 주었는데, 이에 대해 맹자는 다음과 같이 평가하고 있다.

어진 사람은 아우에 대해서 노여움을 감추지 않고 원망함을 묵혀 두지 않으며, 오로지 친애(親愛)할 뿐이다. 그를 친히 여기므로 그가 귀하게 되기를 바라고, 그를 사랑하므로 그가 부유하게 되기를 바라는 것이니, 아우를 유비에 제후로 봉(封)해 준 것은 그를 부귀(富貴)하게 한 것이다. 자기는 제왕이 되었으면서 아우를 그대로 필부(匹夫)로 버려둔다면, 아우를 친애한다고 할 수 있겠는가?[158]

이러한 논의에서 분명한 것은 아들인 순과 그 아버지인 고수 그리고 형인 순과 동생인 상과의 관계는 조화가 깨어진 부정의(不正義)한 관계라는 사실이다. 그런데 이러한 부정의는 모두 관계 상대방인 고수(아버지)와 상(동생)이 각자의 역할을 방기하고 수행하지 않았기 때문에 유발된 것이다. 부모-자식과 형-동생 같은 천속 관계에서 유발되는 이러한

---

157) 桃應問曰 舜爲天子……瞽瞍殺人 則如之何……曰 舜視棄天下 猶棄敝蹝也 竊負而逃 遵海濱而處 終身訢然樂而忘天下(盡心上 35)

158) 仁人之於弟也 不藏怒焉 不宿怨焉 親愛之而已矣 親之欲其貴也 愛之欲其富也 封之有庳 富貴之也 身爲天子 弟爲匹夫 可謂親愛之乎(萬章上 3)

부정의를 해결하는 순임금의 방식은 오로지 이를 받아들여 자신의 책임
으로 여기고, 각 관계에서 자기의 역할을 다할 뿐이었다. 그렇게 되면 상
대방도 감복하여 변화하게 된다는 것이 맹자의 관점이다. 이러한 사실
을 맹자는 다음과 같이 지적하고 있다.

> 순임금이 한결같이 부모 섬기는 도리를 다하자, 그 아버지인 고수도
> 드디어 이를 받아들여 기뻐하였다. 고수가 아들을 받아들여 기뻐하자
> 천하가 교화되어 천하의 부모-자식 사이의 관계가 안정되었는데, 누
> 구나 이를 일러 '큰 효도'[大孝]라 칭찬하였다.[159]

이렇게 천속 관계는 상대방과의 관계를 스스로 선택한 것이 아니어서
태어나면서부터 운명적(?)으로 받아들일 수밖에 없으므로 자기에게 주
어진 역할을 충실히 수행하는 것만이 양자 사이의 부정의를 해결하는 유
일한 방법이라는 것이 유학자들의 관점인 것이다.

2) 타인 사이의 결합 관계에서의 부정의 해결

오륜 중 부모-자식, 형-동생 사이의 관계 같이 태어날 때부터 결정되
어 있는 자연적 관계[天屬]와는 달리, 남편-아내, 군주-신하, 붕-우 사
이의 관계는 후천적으로 인위적인 선택을 거쳐 맺어진 관계, 곧 타인 사
이에 맺어진 결합[以人合者]이다. 이러한 이인합자(以人合者)의 관계에서
도 각 관계당사자가 각자에게 부여된 역할을 충실히 수행하지 않으면,

---

159) 舜盡事親之道而瞽瞍底豫 瞽瞍底豫而天下化 瞽瞍底豫而天下之爲父子者定 此之謂
大孝(離婁上 28)

양자 사이에 부정의한 관계가 초래된다.

여기서 이 문제와 관련하여 한 가지 생각해 보아야 할 것은 서로 옳은 일하기를 권면하는 책선(責善)의 문제이다. 천속의 관계, 그중에서도 특히 부모-자식의 관계에서는 관계 상대방(부모 또는 자식)이 잘못을 저지를 때 이를 지적하고 고치도록 권면하는 일은 관계의 친애함을 해치게 되므로 피해야 할 일이라는 것이 유학자들의 관점이다.

> 부모와 자식 사이의 관계에서는 상대방의 잘못에 대해 책선하는 일은 하지 말아야 한다. 부모-자식 사이에서 잘못을 지적하고 이를 고치도록 요구하면 관계가 소원해지고, 부모와 자식 사이가 소원해지면 이보다 더 나쁜 일은 없게 된다.[160]

그러므로 옛날부터 자식은 부모가 가르치지 않고, 다른 사람과 자식을 서로 바꾸어서 가르쳤다고 맹자는 진술한다.[161] 그러나 이러한 책선은 타인끼리 결합한 이인합자의 관계, 그중에서도 특히 친구 사이에서 관계의 부정의를 해소하기 위해 필수적으로 해야 할 일이라는 것이 유학자들의 관점이다.

> 책선(責善)은 붕우 사이의 도리이다. 부모와 자식 사이에 책선을 하면 은혜를 해침이 크지만, 붕우 사이에서 책선은 서로 옳게 이끄는 일이다.[162]

---

160) 父子之間 不責善 責善則離 離則不祥莫大焉(離婁上 18)
161) 公孫丑曰 君子之不敎子 何也 孟子曰 勢不行也 敎者必以正 以正不行 繼之以怒 繼之以怒 則反夷矣 夫子敎我以正 夫子未出於正也 則是父子相夷也 父子相夷 則惡矣 古者易子而敎之(離婁上 18)

군신·부자·형제·부부의 관계에서 서로 그 해야 할 일을 다 실천하
여 어그러짐이 없도록 하려면, 붕우 사이에 서로 선(善)을 행하도록 독
려하여 그 인(仁)을 이루도록 돕지 않는다면, 그 누가 그렇게 할 수 있
겠는가? …… 그러므로 옛 성인이 도를 닦는 가르침을 세울 때에는 반
드시 붕우 관계를 중하게 여겨 감히 소홀하게 하지 않았던 것이다.163)

　유학자들은 친구 사이만이 아니라 군주와 신하 사이에서도 이러한 책
선을 부정의를 해결하는 방법으로 간주하였다. 그런데 서로 세력이 동
등한 붕우 사이의 관계와는 달리, 서로 세력의 크기가 다른 군주와 신하
사이에서는 신하의 잘못으로 야기된 부정의에 대해 군주는 해임이나 축
출 등의 방법으로 정의 회복을 시도할 수 있지만, 군주의 잘못으로 야기
된 부정의에 대해 신하는 그 잘못을 지적하고 이의 시정을 요구하는 간
쟁(諫爭)이라는 형태의 책선을 통해 부정의 해소를 시도하게 된다는 사
실을 염두에 두어야 한다.

　이때 군주가 신하의 간쟁을 받아들이면 부정의가 해소되어 양자 사이
에 조화로운 관계가 유지되지만, 군주가 신하의 간쟁을 받아들이지 않으
면 양자 사이에 부정의가 지속되어 관계가 깨어지게 된다. 이 경우 관계
의 붕괴는 두 가지 양상으로 나타난다. 그 하나는 신하가 자기의 직(職)
을 내놓고 군주의 곁에서 떠나는 것이다. 또 하나는 신하와 인민들이 힘
을 합쳐 군주를 몰아내는 일이다.

---

162)　責善 朋友之道也 父子責善 賊恩之大者(離婁下 30)
163)　必欲君臣父子兄弟夫婦之間 交盡其道而無悖焉 非有朋友以責其善輔其仁 其孰能使
　　　之然哉……此古之聖人修道立教 所以必重於此 而不敢忽也(『性理大全』卷五十三,
　　　學二, 人倫 811)

제(齊)나라 선왕(宣王)이 재상[卿]에 대해 묻자, 맹자가 "어떤 재상에 대해 물으십니까?"라고 되물었다. 그러자 선왕이 "재상은 모두 같지 않습니까?"라고 다시 물었고, 이에 대해 맹자는 "같지 않습니다. 군주와 같은 성(姓)을 쓰는 친척의 재상도 있고, 다른 성을 쓰는 이성(異姓)의 재상도 있습니다"라고 대답하였다. 왕이 친척의 재상에 대해 묻자, 맹자는 "군주에게 큰 허물이 있을 때에는 간쟁하고, 거듭 간하는 데도 군주가 듣지 않으면 군주의 자리를 바꾸어 버립니다"라고 대답하였다 …… 한참 후에 왕이 이성의 재상에 대해 묻자, 맹자는 "군주에게 허물이 있을 때에는 간쟁하고, 거듭 간하는 데도 듣지 않으면 군주의 곁을 떠납니다"라고 대답하였다.[164]

이 중에서 신하들이 군주를 몰아내는 일이 맹자의 유명한 역성혁명(易姓革命)의 관점이다. 이렇게 군주를 몰아내고 새로운 군주를 세우는 일에 대해 맹자는 다음과 같이 진술하고 있다.

제(齊)나라 선왕(宣王)이 "은(殷)나라의 창시자인 탕(湯)임금이 하(夏)나라의 마지막 군주인 걸(桀)임금을 몰아내고, 주(周)나라의 창시자인 무왕(武王)이 은나라의 마지막 군주인 주(紂)임금을 정벌했다는데, 이런 일이 실제로 있었습니까?"라고 묻자, 맹자는 "옛 기록에 있습니다"라고 대답하였다. 그러자 선왕이 "신하가 자기 군주를 시해해도 됩니까?"라고 물었다. 이에 대해 맹자는 "인(仁)을 해치는 사람을 역적[賊]이라 하고, 의(義)를 해치는 사람을 잔악한 사람[殘]이라 합니다. 이렇게 잔인

---

164) 齊宣王問卿 孟子曰 王何卿之問也 王曰 卿不同乎 曰 不同 有貴戚之卿 有異姓之卿 王曰 請問貴戚之卿 曰 君有大過則諫 反覆之而不聽 則易位……請問異姓之卿 曰 君有過則諫 反覆之而不聽 則去(『孟子』 萬章下 9)

무도한 역적[殘賊之人]은 한 사람의 필부(匹夫)에 불과합니다. 그러므로 제가 듣건 대는 무왕이 일개 필부인 주를 죽인 일은 있을지언정, 신하가 군주를 시해한 일은 없었습니다"라고 대답하였다.[165]

이것이 맹자가 제시하는 역성혁명의 논리로서, 군주가 백성을 제대로 보살피고 나라를 평화롭게 유지하는 역할을 다하지 못하면 군주의 지위에 걸맞지 못하는 일개 필부에 불과할 뿐이므로, 군주와 신하 사이는 이미 깨진 것이어서 신하들이 새로운 군주를 추대할 수 있다는 것이다.

공자는 이러한 혁명에 대한 논의를 직접 하지는 않았지만, 군주와 신하 사이에도 각자가 자기의 이름에 걸맞는 역할을 충실히 수행하여야 군신관계가 제대로 유지된다는 정명론(正名論)을 통해[166] 이러한 혁명론의 기반을 닦고 있다.

이렇게 군주와 신하 사이에 있을 수 있는 부정의를 해소하고 조화로운 관계를 형성하는 중요한 방안의 하나가 혁명을 통해 새로운 군주를 정립하는 일이라는 사실을 순자는 다음과 같은 비유를 들어 알기 쉽게 지적하고 있다.

군주는 배[舟]이고, 그의 지배를 받는 뭇사람들은 물[水]이다. 물은 배를 띄울 수도 있지만, 배를 뒤집어엎어 버릴 수도 있다.[167]

---

165) 齊宣王曰 湯放桀 武王伐紂 有諸 孟子對曰 於傳有之 曰 臣弑其君 可乎 曰 賊仁者 謂之賊 賊義者謂之殘 殘賊之人 謂之一夫 聞誅一夫紂矣 未聞弑君也(梁惠王下 8)

166) 齊景公問政於孔子 孔子對曰 君君 臣臣 父父 子子 公曰 善哉 信如君不君 臣不臣 父不父 子不子 雖有粟 吾得而食諸(『論語』顔淵 11); 子路曰 衛君待子而爲政 子將奚先 子曰 必也正名乎(子路 3)

167) 君者舟也 庶人水也 水則載舟 水則覆舟(『荀子』王制 7)

자기의 역할을 다하지 못하는 군주를 방벌(放伐)할 수 있다는 이러한 논의가 맹자와 순자에게서만 보이는 것은 아니다. 이러한 군주 방벌의 논리는 『예기』의 「예운」편에서 이미 소강사회의 한 현상으로 전개되고 있을 정도로 유학의 전통이 되어 왔던 사상이었다.

> 우·탕·문·무·성왕·주공 같은 …… 여섯 군자는 예(禮)를 삼가지 않은 사람이 없었다. 이로써 의(義)를 밝히고, 신(信)을 이루고, 허물을 밝히고, 인(仁)을 모범으로 삼고, 겸양(謙讓)을 가르쳐서 백성들에게 떳떳한 법도를 보여 주었다. 만일 이러한 일을 행하지 않는 군주가 있다면, 백성에게 재앙을 끼치는 군주라 하여 폐출(廢黜)하였다. 이를 일러 '소강'(小康)이라 한다.[168]

여기서 제시되는 여섯 군자 중 탕(湯)은 우(禹)가 세운 나라인 하(夏)의 마지막 군주인 걸(桀)을 방벌하였고, 무왕(武王)은 탕이 세운 은(殷)의 마지막 군주인 주(紂)를 내치고 새로운 주(周) 왕조를 세운 사람이었다. 이렇게 보면 타인끼리의 결합인 이인합자의 관계에서 어느 일방이 역할 수행을 하지 않아 부정의가 유발되었을 때에는 책선 또는 간쟁을 하여 정의 회복을 시도하고, 그래도 부정의가 시정되지 않으면 관계를 깸으로써 문제 상황에서 벗어나야 한다는 것이 유학자들이 정의 회복을 위해 제시하는 방안임을 알 수 있다.

---

168) 禹湯文武成王周公……此六君子者　未有不謹於禮者也　以著其義　以考其信　著有過　刑仁講讓　示民有常　如有不由此者　在埶者去　衆以爲殃　是爲小康(『禮記』 禮運 290)

제5장 유학의 작업동기와 보상체계론

어떤 조직체이든지 구성원들의 작업동기(作業動機, work motive)를 끌어올림으로써 그 조직체가 의도하고 있는 목표를 달성하거나 조직체 전체의 생산성을 높이려 한다. 전통적으로 조직 장면에서는 이러한 목적을 이루기 위해 인사선발·작업조건·목표설정·수행평가·승진·직원교육 등의 측면에서 각각의 조직에 적합한 다양한 방안을 모색하여 왔다. 이러한 방안들 가운데 "조직원들의 행동을 자극하고 그들에게 영향을 미치는 가장 일반적인 방법은 보상체계를 이용하는 방식이다."[1]

대부분의 사람들은 하나의 조직체에 소속되어 일을 하고 그 대가로 보수를 받아 생활한다. 그러나 보수는 조직원들이 생계를 유지하는 수단이기만 한 것은 아니다. 이는 자존심의 근거가 되기도 하며, 조직에 대한 불만족을 유발하는 중요한 요인이 되기도 한다. 보수의 크기나 보수체계의 공정성에 대한 인식은 조직원들의 사기(士氣)에 영향을 미쳐, 조직에 대한 몰입이나 헌신을 높이기도 하고 경우에 따라서는 이를 낮추기도 하는 등 작업동기의 직접적인 요인으로 작용한다.

이러한 보수를 책정하고 지급하는 방식은 다양하지만, 가장 널리 사용

---

1) Jex & Britt, 2008/2011, p. 322.

되는 것은 조직원 각자가 수행을 통해 이룬 성과에 기초하여 보수를 책정하는 성과연동제(成果聯動制, performance-based pay system)와 조직체에 몸담아 봉사한 시간의 길이에 따라 보수를 책정하는 연공서열제(年功序列制, seniority-based pay system)이다.

성과연동제는 조직원 각자가 조직에 기여한 정도에 따라 보수의 액수를 차등 지급하는 방식으로, 기본적으로 형평규범에 따라 보수를 결정하는 방식이다. 이에 비해 연공서열제는 조직에 근무한 시간의 길이에 따라 보수의 액수가 달라지므로, 누구든지 근무한 시간의 길이가 같으면 똑같은 액수를 지급받는 체제이어서, 어떻게 보면 균등규범의 성격이 강한 보수 책정 방식이다.

대체로 공동작업의 성과를 형평규범에 따라 분배하게 되면 조직체 전체의 생산성 수준이 향상되는 정적(正的) 효과가 유발되고, 균등규범에 따라 분배하게 되면 조직원 사이에 조화가 증진되는 효과가 유발된다는 사실이 밝혀져 왔다. 이러한 맥락에서 생각해 보면, 개인의 이익 추구를 강조하는 서구 개인주의 사회에서는 성과연동제에 따라 보수를 책정하고, 관계의 조화를 강조하는 동아시아 집단주의 사회에서는 연공서열제에 따라 보수를 책정하는 경향이 강할 것이라고 예측할 수 있다.

즉 개인주의 사회에서는 개인 수행의 성과, 곧 조직에 기여한 바에 따라 보상을 해 주어야 작업동기가 높아져 열심히 일하게 될 것이고, 그렇게 해야 조직체 내에서 자기이익의 최대화라는 사회관계의 목표를 이룰 수 있을 것이다. 이에 비해 집단주의 사회에서는 누구에게나 똑같은 조건인 근무연수에 따라 보상을 지급해 주어 조직체(회사)가 각자를 보호해 준다는 느낌을 가져야 작업동기가 높아져 열심히 일하게 될 것이고, 결과적으로 조화로운 관계 형성이라는 사회관계의 목표를 이룰 수 있을 것이다.

여기에서는 문화유형에 따라 작업동기의 원천에 대한 관점이 달라지고 결과적으로 보상체계의 산출 근거도 달라진다는 사실을 기초로, 서구와 동아시아 사회에서의 일과 그에 대한 보상에 대한 관점의 차이에 대해 고찰해 보기로 하겠다.[2]

✸ 1. 작업동기의 증진과 보상체계의 관계

문화구성주의(cultural-constructionism)의 논지에 따르면,[3] 사회 전반의 문화체계와 개인의 심성체계는 상호구성적인 영향을 끼친다. 곧 모든 사회는 저마다 가지고 있는 문화적 자기관(개인을 상호독립적인 존재로 보느냐 아니면 상호의존적인 존재로 보느냐 하는 견해)에 일치하는 다양한 사회적 상황을 산출해 내고, 사회화(社會化) 압력들을 통해 성원들이 이에 합치되는 자기관(self-concept)을 가지도록 유도한다. 이러한 사회화 과정을 거쳐 해당 문화의 자기관에 조율된 다양한 심리 내용과 경향을 갖추게 된 성원들은, 이러한 문화적 자기관에 부합하는 행동과 신념체계를 통해 해당 문화의 자기관에 합치하는 상황을 조성함으로써, 문화의 조형에 기여하는 것이다. 이렇게 문화구성주의에서는 개인을 둘러싸고 있는 사회적 상황의 특징과 개인의 심리 과정 사이에는 밀접한 상응관계

---

2) 이 장의 진술은 졸저(조긍호, 2012, pp. 176-186, 919-952)의 내용을 기반으로 구성하였다.

3) Fiske et al., 1998; Gergen & Davis, 1985; Gergen & Gergen, 1988; Kitayama, Markus, & Lieberman, 1995; Kitayama et al., 1997; Markus & Kitayama, 1994a, b.

가 있다고 봄으로써 개인의 심리 기제의 문화적 근거를 밝히는 이론적
틀을 제공하고 있는 것이다.

문화는 특정 집단의 사람들이 그럴 만한 이유와 목적을 가지고 반복하
는 일관되고 통합적인 행위 및 의미체계이다. 그리고 동기 과정은 특정
목표를 지향하는 일관되고 통합적인 행위의 계열이다. 이렇게 보면, 문
화와 동기는 일관되고 통합적인 목표지향성이라는 공통성을 가지고 있
다고 볼 수 있고,[4] 따라서 동기는 전적으로 문화에 따라 구성된다고 생
각할 수 있는 것이다.[5]

이러한 맥락에서 보면, 하나의 조직체 내에서 조직원들의 작업동기를
높여 생산성을 향상시키기 위한 전략은 해당 사회의 문화적 가치관과 밀
접한 관련성을 가지지 않을 수 없다. 일반적으로 조직원들의 작업동기
를 높이기 위한 대표적인 방안으로 사용하는 것이 일에 대한 대가를 지
급하는 것이다. 그렇다면 작업동기의 증진 방안으로서의 효율적인 보수
체계는 문화의 내용과 관련되지 않을 수 없을 것이다. 이러한 문제를 살
펴보기 위해 우선 보수체계와 작업동기의 관련성에 대한 심리학적 연구
부터 고찰해 보기로 하자.

1) 작업동기에 관한 논의

어떻게 하면 조직체를 구성하는 성원들의 작업동기를 높임으로써 조
직의 생산성을 향상시킬 수 있을까 하는 것은 모든 조직체가 안고 있는

---

4) Munro, 1997, pp. 12-14.
5) Kashima, 1997, pp. 16-17.

핵심적인 문제이다.[6] 서구의 심리학계에서 이 문제에 대해 관심을 가지고 처음으로 연구하기 시작한 데에는 일찍이 20세기 초엽 미국과 영국의 공장에서 태업(怠業)이 만연하고 있었다는 배경이 놓여 있다. 즉 어떻게 하면 종업원들의 근로의욕을 높여 줌으로써, 결과적으로 태업률을 줄이고 작업생산성을 높일 수 있을까 하는 문제의식에서 작업동기에 관한 연구들이 싹트게 되었던 것이다.

(1) 테일러의 과학적 경영관리법 연구

이 문제에 관심을 가지고 처음 연구하기 시작한 사람은 테일러(Taylor, F.)인데, 그는 일(work)과 놀이(play)를 철저히 구분하는 서구의 전통적인 입장에서 사람들은 본래 일하기를 싫어하고 즐거운 놀이에 탐닉하는 경향이 있다고 보았다.[7] 그러므로 종업원들의 태업을 줄이고 그들에게 일을 시키기 위해서는 일하는 환경을 최적화하고, 이를 통해 늘어난 일의 성과에 대해서는 충분한 보상을 해 주어야 한다는 것이 그의 생각이었다.[8] 그는 이러한 전제에서 종업원들의 태업을 줄여 작업생산성을 향상시키기 위해서는 작업조건의 과학적 분석을 통해 최적의 작업환경을 제공해 줌으로써 작업생산성을 높이고, 이어서 향상된 작업성과에 따라 보상을 지급하는 체제로 변화시키면 문제가 해결될 것이라고 보았다.

그리하여 그는 동작연구(motion study)를 통해 작업단위를 세분화하고, 이러한 작업단위를 어떻게 결합하여 배열했을 때 작업성과가 최대화되는지 확인하려 하였다. 동시에 시간연구(time study)를 통해 작업시간

6) 이에 관해서는 다카하시 노부오(高橋伸生, 2004/2007, pp. 124-185) 참조.
7) 다카하시 노부오, 2004/2007, pp. 132-143; Taylor, 1903, ch. 2.
8) Taylor, 1903, 1911.

과 휴식시간의 배치를 어떻게 해야 종업원들의 피로를 줄여 작업성과가
높아지는지를 확인하려 하였다. 이어서 이 두 결과를 결합하여 세분화
된 작업단위에 맞도록 작업시간과 휴식시간의 배치를 달리함으로써, 작
업생산성이 최대로 늘어나는 조건을 과학적으로 찾아내려 시도하였다.
그리고 이러한 연구를 통해 늘어난 만큼의 성과와 연동하여 보상을 지급
하는 방안을 제안하고, 이것이 종업원들의 작업동기를 높임으로써 태업
을 줄이고 조직생산성을 제고할 수 있는 최상의 해결책이라고 주장하
였다.

이것이 유명한 '과학적 경영관리'(科學的 經營管理, scientific management)
의 기법이다. 말하자면, 이 계열 연구들의 배경에는 어떤 조직체이든지
그 작업생산성은 작업환경이나 작업조건 및 성과와 연동된 보상체계 같
은 작업 외적 요인에 따라 달라질 뿐이라는 전제가 깔려 있었던 것이다.

(2) 호손 효과 연구

이후 테일러의 생각에 따라 여러 작업 분야에서 과학적 경영관리 운동
이 벌어졌는데, 작업조건의 변화나 생산성에 연동된 급여제도가 장기적
으로 생산성의 향상에 기여하는 것만은 아니라는 결과들이 밝혀져 과학
적 경영관리 운동에 적신호가 켜졌다. 즉 작업조건이나 성과와 연동된
보상체계만으로는 작업생산성을 향상시키는 데 한계가 있다는 사실이
인식되기 시작하였던 것이다. 이러한 인식을 가져온 대표적인 사건은
이른바 '호손 효과'(Hawthorne effect)의 발견이었다.[9]

1924년부터 1932년 사이에 하버드 대학교의 연구팀에 의해 웨스턴 일

---

9) Mayo, 1933; Roethlisberger, 1941; Roethlisberger & Dickson, 1939.

렉트릭 회사(Western Electric Company)의 호손공장(Hawthorne Plant)에서 실시된 일련의 시간–동작 연구의 결과, 작업조건의 변화에 상관없이 생산성이 지속적으로 올라가는 현상이 드러났다. 예를 들면, 1927년 4월부터 1932년 중반까지 5년 동안 23기에 걸쳐 실시했던 장기연구에서는 심지어 맨 나중에 원래의 작업조건으로 복귀하여도 생산성이 향상되고 있었다. 이를 '호손 효과'라고 하는데, 이러한 결과들은 작업생산성을 작업조건이나 외적 보상체계의 함수로만 인식하는 테일러의 과학적 경영관리의 가설이 잘못되었음을 여실히 드러내는 결과로 해석되었다.

　이 계획에 참여했던 연구자들은, 이러한 효과는 연구의 대상이 되었던 사람들이 "회사에서 자기들을 주목하고 있다"고 생각하여, "자기들이 회사 안에서 중요한 사람들"이라고 인식한 결과 나타난 것이라고 해석하였다. 이들의 해석은 작업 외적인 조건보다는 작업자 자신의 내적 인식과 작업자들 사이의 인간관계가 작업수행 성과에 직접적인 영향을 미친다는 사실을 암시하는 것이다.

　호손 효과의 발견 이후에 조직심리학 분야의 연구자들은 작업생산성은 작업환경이나 보상체계 같은 작업 외적인 조건의 조작만으로는 설명할 수 없다는 인식을 하게 되었다. 이러한 인식을 기반으로 삼고 있는 대표적인 연구로 허츠버그(Herzberg, F.)의 '2요인(二要因)이론'(two-factor theory), 맥그리거(McGregor, D.)의 'X–Y이론'(X–Y theory), 데시(Deci, E.)의 '내재적(內在的) 동기이론'(intrinsic motivation theory)을 들 수 있다.

(3) 허츠버그의 2요인이론

　허츠버그와 그 동료들은 미국 피츠버그에 있는 9개 회사의 기술자와 회계담당자 약 200명에게 자신의 직무에 대해서 예외적으로 좋은 느낌을 받아 만족했을 때와 반대로 예외적으로 나쁜 느낌을 받아 불만족했을 때를 상세히 진술하도록 한 다음, 그 결과를 통계적으로 분석하여 자기가 하는 직무에 대해 만족감을 유발하는 요인과 불만족을 유발하는 요인이 다름을 발견하였다.[10]

종업원들에게 만족감을 유발하는 요인은 일의 달성, 달성에 대한 승인, 일 그 자체, 책임 및 승진과 같은 것으로, 이러한 요인이 갖추어져 있으면 직무만족도가 높아졌으나, 이러한 요인이 갖추어져 있지 않다고 해서 직무에 대한 불만족이 높아지는 것은 아니었다. 그들은 이를 '작업동기요인'(作業動機要因, work motive factor)이라고 불렀다.

이에 비해 종업원에 대한 관리 · 감독 · 급여수준 · 작업조건 등은 직무불만족과만 관련이 있을 뿐, 이러한 요인이 개선된다고 해서 직무만족도가 높아지는 것은 아니었다. 그들은 이를 '위생요인'(衛生要因, hygiene factor)이라고 불렀다. 그들의 이러한 2요인이론(二要因理論)은 여러 연구에서 반복 검증되었다.

여기서 테일러의 과학적 경영관리에서 다루고 있는 요인들은 모두 위생요인으로, 직무에 대한 불만족을 유발하는 요인일 뿐이어서 작업동기와는 직접적인 관련이 없는 요인이고, 작업동기를 높이는 요인들은 자기가 하고 있는 일에 대한 근로자의 인식과 그 일에 대해 근로자가 느끼는 보람 및 책임감 같은 근로자 자신의 요인이라는 사실을 주목해 보아야한다. 즉 작업동기를 높이는 일은 작업 외적인 요인의 조작을 통해서는 이루어지기 힘들다는 것이 허즈버그의 주장으로, 작업조건의 설계와 성과연동 보상체계의 도입만 가지고는 조직원의 작업생산성을 향상시킬

---

10) Herzberg, 1966; Herzberg, Mausner, & Synderman, 1959.

수 없다는 것이 이 이론의 요점이다.

(4) 맥그리거의 X-Y이론

허츠버그가 종업원들의 반응을 통해 작업동기요인의 중요성을 밝혔다면, 맥그리거는 경영자들의 경영방침의 분석을 통해 같은 관점을 제시하고 있다. 맥그리거는 경영자들의 경영방침을 수집하고 그 내용을 분석하여, 경영자들의 경영방침이 두 가지 대조되는 유형으로 분류된다는 사실을 밝혀내었다.[11]

그 하나는 테일러의 과학적 경영관리법의 배경에 놓여 있는 것으로, 인간은 천성적으로 일을 하기 싫어하여 가능하면 놀고먹으려 한다고 보는 유형이다. 맥그리거는 이를 'X이론'이라 부르고 있는데, 이러한 입장의 경영자들은 종업원들에게 조직목표 달성에 충분한 노력을 기울이도록 하기 위해서는 감독체제의 강화, 작업조건의 변경, 성과연동 보상체계의 도입과 같은 경영방침을 채택해야 한다고 주장한다.

또 하나는 인간은 천성적으로 일을 싫어하지 않으며, 일에 몸과 마음을 쓰는 것은 오락이나 휴식의 경우와 같이 자연스러운 일이라고 보는 유형이다. 그는 이를 'Y이론'이라 부르는데, 이러한 입장의 경영자들은 외적인 처벌이나 감독이 일을 열심히 하게 만드는 요인이 아니라, 일에 대한 책임과 일로 인해 얻는 보람을 느끼도록 해 주는 일이 중요하다고 주장한다.

말하자면, X이론의 경영자들은 작업동기의 존재 자체를 부정하는 입장인 데 반해, Y이론의 경영자들은 인간에게 작업동기가 본유적으로 갖

---

11) McGregor, 1960.

추어져 있다고 보는 입장이다. 이러한 이론에 근거해서 맥그리거는 X이론의 명령과 통제에 의한 경영을 반대하고, Y이론에 기초하여 작업동기를 중시하는 경영을 해야 한다고 주장하였다.[12]

(5) 데시의 내재적 동기이론

허츠버그와 맥그리거에서 한 걸음 더 나아가, 데시는 해당 활동 이외에는 명백한 보상이 전혀 없어서 사람들이 본래 흥미를 느끼는 일(내재적으로 동기부여된 활동)을 수행한 대가로 이에 대해 외적인 보상을 해 주면, 그 일에 대해 본래 가지고 있던 흥미와 관심이 줄어든다는 이론을 제시하여, 외적 보상이 부정적 효과를 가질 수도 있다는 사실을 주장하였다.[13] 그는 "내재적으로 동기부여된 활동이란 인간이 그것에 종사함으로써 자신을 유능하고 자기결정적이라고 감지하도록 하는 행동"[14]이라고 정의하고, 이런 활동에 대해 외적 보상이 주어지면 자기결정감(自己決定感, sense of self-determination)과 유능감(有能感, sense of competency)이 저해되기 때문에 내재적 동기(內在的 動機, intrinsic motive)가 감소하게 된다고 보았다.

이러한 외적 보상의 내재적 동기 감소 효과에 대해서는 많은 이론적 대립이 있었다.[15] 이 분야의 88개 선행논문을 사후종합분석(事後綜合分析, meta-analysis)한 어떤 연구에서는 외적 보상이 내재적 동기의 감소 효과를 가져오지 않았다고 주장하고 있는 데 반해,[16] 50개의 선행논문을 사

---

12) McGregor, 1960, p. 49.
13) Deci, 1971, 1975.
14) Deci, 1975, p. 107.
15) 이에 대해서는 장재윤·구자숙(1998, pp. 39-77) 참조.

후종합분석한 어떤 연구에서는 외적 보상에 의한 내재적 동기의 감소 효과가 현저한 것으로 밝혀지기도 하였다.[17]

선행연구의 결과들을 종합하여 데시는 외적 보상의 두 가지 측면을 구분하는 수정이론을 제시하였다. 즉 외적 보상은 그것을 제공함으로써 받는 자의 행동을 통제하는 '통제적(統制的) 기능'과 보수를 받는 자에게 자기의 유능성에 대한 정보를 전달하는 '정보적(情報的) 기능'을 수행할 수 있는데, 만약 받는 자의 입장에서 통제적 측면이 보다 두드러지면 자기결정감을 약화시켜 내재적 동기가 감소되지만, 정보적 측면이 두드러지면 자기결정감과 유능감이 강해지므로 내재적 동기가 감소되지 않는다는 것이다.[18]

여기서 문제는 외적 보상이 어떤 경우에는 통제적 기능을 하게 되고, 어떤 경우에는 정보적 기능을 하게 되는가 하는 것이다. 이는 외적 보상이 작업성과에 의해 직접 결정되느냐 아니면 그렇지 않느냐 하는 점에 따라 달라진다. 즉 외적 보상의 크기가 작업성과에 따라 달리 지급되면 통제적 측면이 두드러져서 내재적 동기의 감소 효과가 나타나지만, 그렇지 않으면 정보적 기능이 두드러져서 내재적 동기의 감소 효과가 나타나지 않는다는 것이다.[19]

(6) 작업동기에 관한 연구 종합

이상의 이론전개 과정에서 보듯이, 서구의 조직심리학자들은 20세기

---

16) Cameron & Pierce, 1994.

17) Tang & Hall, 1995.

18) Deci & Ryan, 1985.

19) 다카하시 노부오, 2004/2007, pp. 180-183.

초반만 해도 일과 놀이를 엄격하게 구분하여 인간의 작업동기를 인정하지 않는 입장에서, 작업생산성을 향상시키기 위해서는 외적 보상을 작업성과와 연동하여 지급하는 방안을 추천하고 있었다. 테일러의 과학적 경영관리 계열의 연구들이 이 분야의 전형적인 연구였다. 이러한 연구들이 중시한 것은 허츠버그의 '위생요인'으로, 맥그리거가 말하는 'X이론'을 신봉하는 연구자와 경영자 및 관리자들이 선호하는 경영방침을 낳았다. 즉 작업조건의 변화, 철저한 감독체제의 강화, 성과와 연동된 보상체제의 도입 등이 이들의 경영방침의 주류를 이루었다.

그러나 20세기 중반 이후에는 인간의 작업동기를 인정하는 입장으로 방향선회를 하여, 작업생산성을 높이기 위한 방안을 작업자 자신의 내적 요인에서 찾으려는 경향을 띠고 있으며, 외적 보상을 작업성과와 직접 연계시키는 방안이 가져올 수 있는 효과가 다양할 수 있다는 사실에 눈뜨기 시작하였다고 볼 수 있다. 말하자면, 한 조직체의 성원들은 그것이 어떤 조직체이냐에 상관없이 일을 하는 보람을 찾으려 하며, 이러한 조건이 충족되면 비록 외적 조건이 조금 열악하더라도 높은 수준의 의욕을 가지고 주어진 일에 최선을 다하려 할 것이라는 가정이 허츠버그·맥그리거·데시 등 이 계열의 연구자들과 'Y이론'을 신봉하는 경영자 및 관리자들의 기본전제인 것이다. 즉 직원 선발과 교육, 자기개발과 자기향상 기회의 제공, 직원 복지에의 투자, 종업원 사이의 우호적 관계의 증진 등이 이들의 경영방침의 핵심을 형성하였다.

2) 작업동기 증진 방안으로서의 보수체계: 문화적 차이

호프스테드의 문화차원 분석의 연구는 전 세계 66개국에 걸친 117,000명의 IBM회사 직원들에게 '작업관련가치'(work-related values) 조사를 통해 이루어진 것이었다.[20] 그러므로 이 연구는 기본적으로 조직심리학 장면과 밀접한 관련을 가지고 있으며, 이 연구 이후 사회심리학에서와 마찬가지로 조직심리학 분야에서도 문화차에 따른 제반 조직행동의 차이를 비교하는 연구들이 진행되어 왔다.

호프스테드가 제시한 문화 분류의 네 차원 중에서 이 분야의 연구자들이 특히 주목한 것은 개인주의-집단주의의 차원과 권력거리(조직 내의 상위자와 하위자의 권력 불평등의 지표)의 차원이었는데,[21] 그중에서도 대부분의 연구에서 문화 간의 차이를 유발하는 대표적인 차원으로 보고 주목한 것은 개인주의-집단주의의 차원이었다. 그리하여 이들 연구에서는 개인주의와 집단주의 문화유형에 따라 보상분배, 목표설정과 의사결정, 직무충실화(job enrichment), 품질관리체계 등의 측면에서 작업동기를 향상시키기 위한 전략이 어떻게 달라지는가 하는 문제들이 탐구되어 왔다.

"작업동기에 관한 문화기초적 접근들은 다양한 동기화 전략들이 가지는 의미를 평가하는 데 있어 문화적 가치들을 고려하자는 것이다. 사람들에게 동기를 부여하는 요인은 문화에 따라 달라진다는 것이 이러한 접근의 기본전제이다. 따라서 보상체계, 직무설계(job design), 의사결정과 목표설정 과정, 품질관리 계획 등이 문화적 가치와 상응하게 세워졌을 때, 조직체의 목표를 달성하고자 하는 종업원들의 동기를 최대로 끌어올릴 수 있을 것이다. 왜냐하면 그런 조건에서라야 종업원들의 자기개념

---

20) Hofstede, 1980, 1991/1995.

21) Erez, 1997, p. 203.

속에 표상되고 있는 문화적 가치와 일치하는 자기가치(self-worth)감의 향상과 안녕감(well-being) 추구의 욕구가 충족될 수 있을 것이기 때문이다. 이와는 대조적으로 종업원들에게 동기를 부여하고자 하는 관행들이 그들의 문화적 가치와 상응하지 않으면, 이러한 동기부여 전략은 종업원들의 동기를 끌어올리지 못하여 그들의 수행과 행동에 긍정적인 효과를 미칠 수 없을 것이다."[22] 작업동기와 관련된 문화기초적 연구들 중에서 이 책의 내용과 가장 관련이 깊은 것은 문화유형에 따른 보상체계의 차이 문제이다.

(1) 선호하는 보수체계의 문화차

앞 장에서 서구 개인주의 사회인들은 공동작업의 성과를 각자의 기여도의 크기의 차이에 따라 차등적으로 지급하는 형평 분배를 공정한 분배의 규범으로 선호하지만, 동아시아 집단주의 사회인들은 성원들에게 똑같이 분배하는 균등 분배를 공정한 분배의 규범으로 선호하는 경향이 높다는 사실을 논의하였다. 개인주의 사회인들은 사회관계의 목표를 보상과 부담을 주고받는 교환의 과정을 통해 각자가 자기이익을 최대화하는 데에서 찾으므로 기여도에 비례하여 분배하는 형평 분배의 규범이 각자의 이익을 최대화하는 데 유리하다고 판단하지만, 집단주의 사회인들은 사회관계의 목표를 조화로운 사회의 형성과 유지에 두므로 성원들 사이의 차이가 적어질수록 성원 사이의 조화로운 관계가 이루어질 가능성이 크다고 판단하기 때문에 균등 분배 규범을 선호하게 된다는 것이었다.

이러한 맥락에서 개인주의 사회의 조직체들은 종업원들의 보수를 그

---

22) Erez, 1997, p. 235.

들의 작업수행 성과와 연동하여 지급하여야 종업원들의 작업동기가 높아질 것이라 보아, 성과연동제를 기본적인 보상체계로 설정하는 경향이 높을 것이라 예상할 수 있다. 실제로 미국의 기업체들에서는 성과연동제에 따라 보수를 책정하는 것이 일반적인 경향이다.[23] 이러한 경향은 회사의 이익을 인센티브로 종업원들에게 지급하는 경우에도 작업팀(team)별 인센티브 체제보다는 개인별 인센티브 체제를 채택하는 회사가 훨씬 많다는 사실에서도 드러난다. 1990년에 1,000개의 미국 회사의 인센티브 지급체제를 조사한 연구에서는 20%의 회사가 개인별 체제를 채택하고 있었으나, 팀별 체제를 채택하는 회사는 12%에 불과한 것으로 나타났다.[24] 개인주의 사회에서는 이러한 성과연동제와 개인별 인센티브 제도에 따라 보수를 지급하는 것이 보수의 공정성 지각을 높일 뿐만 아니라,[25] 직무만족도와 임금만족도도 높이는 효과를 보이는 것으로 밝혀지고 있다.[26]

이에 비해 동아시아 집단주의 사회의 조직체들은 종업원들의 작업동기를 높이기 위해서는 그들의 보수를 각자의 성과와 연동시키기보다는 작업팀의 성과와 연결시키거나 연공서열과 연동시키는 방안을 채택하는 경향이 높다. 성과급제를 시행하고 있는 우리나라 28개 기업에 종사하는 630명의 근로자들을 대상으로 조사한 연구에서는 성과급의 비중과 지각된 분배정의 간에 상관이 전혀 없는 것($r = 0.01$)으로 나타나, 우리나라에서는 성과연동적 차등보수 지급이 분배정의의 지각과는 아무런

23) Erez, 1997, pp. 213-217.

24) Lawler, Mohrman, & Ledford, 1992.

25) Schay, 1988.

26) Jenkins & Lawler, 1981.

306 제5장 유학의 작업동기와 보상체계론

관련성이 없으며, 작업동기를 증진하는 효과도 없는 것으로 밝혀지고 있다.[27]

(2) 성과 분배에서 중시하는 가치의 문화차

미국과 중국의 관리자들이 부하직원들에게 보너스를 차등적으로 지급할 때 작업성과, 동료와의 관계, 상사와의 관계 그리고 개인적 필요라는 네 가지 기준 중에서 어느 것을 더 중시하는지를 비교한 연구에서, 미국인 관리자들은 작업성과를 가장 강조하지만, 중국인 관리자들은 작업성과는 덜 강조하는 대신 개인적 필요를 중요하게 고려한다는 사실이 밝혀졌다.[28] 이는 집단주의 사회에서는 보수의 책정이나 보상의 분배 과정에서 집단원들 사이의 조화를 매우 중요하게 고려한다는 사실을 의미하는 것이다.

집단주의 사회에서 성원들 사이의 조화로운 관계를 중시하는 경향은 관리자들에게서만 나타나는 것이 아니라 종업원들 사이에서도 나타난다. 미국과 일본의 8,000여 명에 이르는 기업체 종업원들을 비교한 연구에 따르면, 동종업계의 임금과 비교하여 과다보상(overpayment)을 받은 경우 미국과 일본의 종업원 모두 조직몰입(organizational commitment)과 임금만족 수준이 높았고, 이직(移職) 의도는 낮았다. 그러나 일본의 종업원들에게서 나타난 보상 수준과 조직몰입 및 임금만족도와의 관련 정도는 미국의 종업원들에 비해 유의미하게 낮았다.

이 연구에서 더욱 중요한 결과는 같은 회사의 종업원들과의 비교에서

---

27) Chang & Hahn, 2006.
28) Zhou & Martocchio, 2001.

나타났다. 같은 회사의 종업원들과의 비교에서 과다보상을 받으면, 미국 기업의 종업원들과는 반대로 일본 기업의 종업원들은 사기와 조직몰입이 저하되고, 이직 의도는 증가하며, 상당한 심리적 불편감을 경험하는 것으로 나타났던 것이다.[29] 이러한 결과는 일본과 같은 집단주의 사회에서는 사회비교 과정이 중요하게 작용하여, 내집단 구성원들 간의 차별적 보상이 그들 사이의 관계의 조화를 손상하게 하기 때문에 심리적인 불편감을 유발하는 것이라 해석할 수 있다.

이상에서 보듯이, 독립적이고 평등한 개인의 개체성을 중시하여 각자의 자기이익 최대화를 강조하는 개인주의 사회에서는 성과연동제를 기본적인 보수체계로 받아들이고, 이렇게 보수와 보상을 지급할 때 작업동기가 향상되는 효과가 나오지만, 성원들 사이의 상호의존성을 중시하여 조화로운 관계의 형성을 강조하는 집단주의 사회에서는 연공서열제 같은 균등보상 체계를 기본적인 보수체계로 받아들이고, 이렇게 보수와 보상이 지급될 때 작업동기가 높아지는 효과가 유발되는 것이다.

❋ 2. 성과연동제와 연공서열제 대비

지금까지 지속적으로 서구 개인주의 사회인들과 동아시아 집단주의 사회인들이 추구하는 사회관계의 목표가 다르다는 사실을 논의하여 왔다. 개인주의 사회인들은 사회관계를 보상과 부담을 주고받는 교환의 관계라고 인식하므로, 이러한 교환에서 얻게 되는 성과를 높이려 노력하

---

29) Levine, 1992.

게 되고, 따라서 자기이익의 최대화가 사회관계의 목표로 부각된다. 그러므로 하나의 조직체에 소속된 조직원들은 독립적이고 평등한 개체들로서 서로를 각자의 이익최대화를 도모하는 경쟁자로 보게 되어, 성원 사이에 경쟁이 격화될 가능성이 높아진다.

그 결과 조직체 내에서 성원들은 각자의 성과에 따라 보상을 지급하는 체계를 선호하게 될 것이고, 그렇게 될 때 누구나 높은 보상을 받기 위해 열심히 노력하게 됨으로써 조직체 전체의 생산성이 향상될 가능성이 커진다. 그러므로 개인주의 사회의 조직체들은 성원들의 작업동기를 높이기 위해 외적 보상을 개인의 작업수행 성과와 연동시키는 경향을 강하게 보인다.[30]

이와는 대조적으로 집단주의 사회인들은 사회관계란 타인과 소속집단에 대한 관심과 배려 곧 도덕성을 실천하는 과정으로 인식하므로, 소속집단 성원들과 조화로운 관계를 형성하는 것이 사회관계의 목표로 부각된다. 그러므로 집단주의 사회인들은 소속집단 성원들과의 연계성과 상호의존성 및 유사성을 중시하게 되고, 그들과 조화로운 관계가 형성될 때 작업동기가 높아지고 결과적으로 작업수행의 성과도 향상될 가능성이 높아진다.

이 사회에서 조직체 내의 각 성원은 서로의 작업수행 성과는 상대와의 상호의존적인 노력의 결과라고 인식함으로써 소속집단 성원들 사이의 조화를 유지하기에 적합한 균등 분배를 분배원칙으로 선호하게 될 것이고, 그렇게 될 때 작업동기가 높아져 집단 전체의 수행성과도 향상될 것이다. 따라서 집단주의 사회의 조직체들은 성원들의 작업동기를 높이기 위해 보상을 개인의 연공서열과 연동시키는 경향을 강하게 보인다.[31]

---

30) Erez, 1997; Jenkins & Lawler, 1981; Lawler et al., 1992; Schay, 1988.

문화구성주의의 논지에 따르면, 이렇게 문화유형에 따라 선호되는 보수체계가 달라지므로, 해당 사회의 문화적 명제와 일치하는 보수체계를 따르는 것이 종업원들의 작업동기를 효율적으로 증진시키고 조직의 효과성을 향상시키는 지름길이 될 것이라 볼 수 있다. 그렇다면 해당 사회의 문화적 명제와 일치하지 않는 보수체계를 도입하면 어떻게 될까? 이 문제에 대해서는 일본의 대표적인 정보기술(information technology: IT) 회사인 후지쯔(富士通)의 사례가 교훈을 줄 수 있다.

1) 후지쯔의 사례가 주는 교훈

1980년대 후반만 하더라도 후지쯔는 연매출 1조 엔, 경상이익 1,000억 엔을 달성하여 일본의 IT 산업을 이끌던 초일류의 거대기업이었다. 당시 일본의 다른 기업들이 일본 내에서 사업을 강화하고 있을 때 "후지쯔는 이미 글로벌 체제를 구축하여 유럽과 미국에 진출했다. 미국의 암달(Amdahl Cooperation), 영국의 ICL 등을 매수하여 산하에 두었으며, 해외에서 1,000억 엔 규모의 사업(영국의 국립우편시스템 등)을 연달아 수주했다. 일본 기업이 일본이 아닌 외국 기업으로부터 대규모 시스템을 수주하는 일은 그때까지만 해도 들어본 적이 없었다."[32] 당시 일본인들은 IT 업계의 초대거인인 "IBM을 무너뜨릴 수 있는 기업이 만약 있다면, 전세계에서 후지쯔밖에 없다"[33]고 들떠 있을 정도였다.

---

31) Bento & White, 1998; Chang & Hahn, 2006; Erez, 1997; Leung & Bond, 1984; Leung & Park, 1986; Zhou & Martocchio, 2001.

32) 조 시게유키(城繁幸), 2004/2005, p. 39.

33) 조 시게유키, 2004/2005, p. 38.

그 이전까지 연공서열제를 보수체계의 근간으로 삼고 있던 후지쯔는 1993년 일본 기업 중 최초로 성과연동제를 받아들이고, 연공서열제를 폐지하였다. 거품경제 붕괴의 여파로 인해 1992년 처음으로 경영 적자를 기록하자, "이것을 우려한 후지쯔의 경영진은 해마다 규모가 축소되어 가는 컴퓨터와 그 주변 환경의 변화를 연구하기 위해 미국의 실리콘밸리에 시찰단을 파견"하였는데, "그들은 그곳에서 일본인 기술자보다 더 맹렬하게 일하는 엔지니어들과 그들의 높은 노동의욕을 지탱하는 성과급이라는 시스템을 보았다."[34] 실리콘 밸리의 성공 원인이 이 성과연동제라는 보수체계에 있다고 판단한 후지쯔 경영진들은, 종업원들의 작업동기를 고취시켜 생산성을 높임으로써 회사의 부진을 탈피하기 위해, 1993년 이 제도를 전격적으로 받아들이기로 하였던 것이다.

그러나 결론부터 이야기하자면 후지쯔의 성과연동제 도입은 대실패였으며, 2005년 현재 후지쯔는 이 제도를 폐지하고 과거의 연공서열제로의 복귀를 검토하고 있다. 우선 기업의 수익률 측면에서 1993년과 1994년에 각각 380억 엔과 390억 엔의 적자를 기록했으며, 1995~2001년 사이에는 400억 엔 정도의 흑자와 136억 엔의 적자를 보는 등 들쭉날쭉하다가, 결정적으로 2002년에는 3,825억 엔, 2003년에는 1,220억 엔의 적자를 기록하여 회사 전체가 흔들렸으며, 자회사의 대거 매각과 종업원들의 대량 해고 사태에 직면하였다.

후지쯔의 주가(株價)도 잘나갈 때는 1주당 5,000엔까지 나갔으나, 2002년에는 500엔 이하로 곤두박질하였다. 후지쯔의 IT 시스템을 발주하였던 많은 기업이 대량으로 계약을 취소하고 거액의 손해배상을 청구

---

34) 조 시게유키, 2004/2005, p. 17.

2. 성과연동제와 연공서열제 대비

하는 사태가 빈발하였으며, 고객만족도 조사에서도 동종업계의 최하위 수준으로 떨어졌다. 종업원들의 사기도 급전직하하였고, 1990년대 중반만 하여도 후지쯔에 입사하고자 하는 대학졸업자들이 장사진을 이루었으나, 2000년대에 들어서서는 기피 기업이 되고 말았다. "게다가 사업의 효율성이 향상되기는커녕 인건비만 20% 이상 상승했다. 몇 년 전까지만 해도 애사심이 넘치던 직원들이 각종 잡지나 인터넷에서 회사를 신랄하게 비판하였다."[35]

불과 10년도 되지 않는 짧은 기간 동안에 최우량 기업에서 불량 기업으로 떨어진 까닭이 무엇일까? 그 원인을 전적으로 성과연동제의 도입으로만 돌릴 수는 없겠지만, 가장 큰 원인은 역시 문화적 명제에 맞지 않는 보수체계를 아무런 준비 없이 도입한 데서 찾을 수밖에 없을 것이다.[36]

성과연동제는 종업원 각자가 매년 상·하반기별로 자신의 성취목표를 직속상사와 협의하여 정하고, 회사는 그 성취 정도를 기말에 평가하여 그 성과에 따라 보수를 책정하고 지급하며, 그 결과를 승진결정에 반영하는 방식이다. 이때 평가는 SA, A, B, C, E의 5등급으로 이루어지는데, 후지쯔에서는 그 비율을 각각 10%, 20%, 50%, 20%미만의 상대평가로 하고, E는 거의 없도록 하였다. 그런데 이렇게 자율적인 목표설정과 성과의 평가 과정이 일본 문화에 맞지 않는 것이 문제의 원인이었다는 것이다.

우선 목표설정에서 종업원들이 단기적인 업적에만 주의를 기울일 뿐

---

35) 조 시게유키, 2004/2005, p. 40.
36) 다카하시 노부오, 2004/2007; 조 시게유키, 2004/2005.

장기적인 혁신에는 주의를 기울이지 않음으로써, 회사의 신제품 개발과 같은 혁신이 전혀 이루어지지 않았다. 그러므로 외부로부터의 항의나 제품에 대한 불만 제기 등 새로 발생하는 문제에 대해서는 아무도 나서려 하지 않아 책임을 지는 사람이 없게 되었다.

또 평가 과정의 공정성이 전혀 담보되지 않아 종업원 모두의 신뢰를 잃었다. 게다가 같은 부서 내의 다른 종업원들과도 과도한 경쟁에 휘말리게 됨으로써 회사 전체에 위화감이 팽배하게 되었으며, 평가부서에 근무하는 사람들의 전횡도 심각한 수준에 이르게 되었다. 한마디로 조직체 전체의 조화가 완전히 깨어지고 말았던 것이다.

이러한 후지쯔의 실패는 일본 문화의 특징을 무시하고, 서구의 제도를 아무런 준비도 없이 무분별하게 받아들인 결과였다. 그리하여 연공서열제가 무너진 상황에서 성과연동제의 부작용이 계속 나타나자, 종업원들이 회사가 자기들을 보호해 주는 곳이라는 인식을 상실하게 되어, 입사한 지 3년 이내에 신입사원의 1/3이 회사를 떠나는 사태를 유발하고 말았던 것이다.[37]

이러한 후지쯔의 실패 경험은 어느 사회에서나 통용되는 유일하게 좋은 보수체계는 있을 수 없으며, 종업원들의 작업동기를 증진시키기 위해서는 해당 사회의 문화적 명제에 맞도록 보수체계를 달리하는 것이 좋다는 사실을 웅변해 주는 사건이다. 이러한 사건은 특히 일본이라는 동아시아 사회에 팽배해 있는 '서구 사회에 대한 뿌리 깊은 열등감'을 배경으로 하여 발생한 것일 수도 있다는 점에서 문제의 심각성이 더해지고 있다. 즉 한 문화권이 다른 문화에 대해 갖고 있는 문화적 열등감을 엄밀한

---

37) 조 시게유키, 2006/2008, p. 31.

분석도 없이 상대 문화의 제반 관행을 무조건 수용함으로써 해결하려 할 때 얼마나 터무니없는 결과가 빚어질 수 있는지 하는 점을 후지쯔의 사례는 여실히 보여 주고 있는 것이다. 현대 사회에서 아무리 세계화(globalization)가 거스를 수 없는 대세라 하더라도, 그럴 만한 이유를 가지고 오랜 시간에 걸쳐 형성되어 온 한 사회의 문화 관행이 아무런 부작용도 없이 단시간 내에 다른 것으로 대체될 수는 없는 법이다.

2) 성과연동제와 연공서열제의 장단점

앞에서 계속 논의해 온 대로, 서구 사회에서는 대체로 성과연동제를 기본적인 보수체계로 선호해 왔고, 동아시아 사회에서는 연공서열제를 선호해 왔다. 이는 서구 사회에서는 생산성의 제고를 통한 자기이익 최대화라는 목표를 달성하는 데 성과연동제가 가장 적합한 것으로 받아들여져 왔고, 동아시아 사회에서는 조직체 구성원들 사이의 조화의 형성과 유지라는 목표를 달성하는 데 연공서열제가 더 적합한 것으로 받아들여졌기 때문이다. 그러나 이 두 가지 보수체계는 조직체의 생산성 제고와 구성원 사이의 조화 증진이라는 장점 이외에도 조직체와 그 구성원들에게 다양한 효과를 갖고 있는 것으로 밝혀지고 있다.

(1) 성과연동제의 장단점

일반적으로 조직원 각자의 성과와 보수를 연동시키는 제도는 더 많은 보수를 받기 위해 열심히 일하려는 작업동기를 증진시킴으로써 조직 전체의 생산성을 향상시키게 된다고 알려져 왔다. 그러나 성과연동제가 작업동기의 증진과 연계되기 위해서는 몇 가지 고려해야 할 점이 있다.

우선 내재적 동기이론에서 주장하듯이, 물질적 보상이 일의 결과에 연결되지 않고 작업자의 유능감이나 자기결정감과 연결되도록 하여야 한다. 보상이 일의 결과에만 연결되고 만다면, 작업자의 내재적 동기가 감소되어 자기 일에 대해 흥미를 상실하고, 일에 태만하게 될 가능성이 높아질 것이다.

또한 성과연동제는 각자의 작업성과에 대한 정확하고도 공정한 평가가 전제되어야 한다는 사실을 항상 염두에 두어야 한다. 성과에 대한 평가기준이 사전에 구성원 모두의 동의를 기반으로 하여 결정되어야 하고, 평가 과정이 공개적으로 이루어져야 하며, 평가 결과에 대해 이의가 있을 경우 이를 시정할 수 있는 공정한 방안이 마련되어 있어야 한다.[38]

개인을 독립적이고 평등한 존재로 보는 서구 개인주의 사회에서는 이러한 공정한 절차가 비교적 수월하게 이루어질 가능성이 있다. 누구나 이성의 주체로서 적극적으로 자기를 주장하고 불만이 있을 경우에는 솔직하게 이를 표현하여 해소하는 방안을 강구하기 쉬울 것이기 때문이다. 그러나 인간을 사회적 관계체로 보아 상호연계성과 의존성을 강조하고 조화로운 관계를 이루는 것을 중시하는 동아시아 집단주의 사회에서는 사회의 조화를 위해 가능하면 자기를 드러내지 않으려는 경향이 강하기 때문에, 평가 과정에서 생긴 불만을 솔직하게 표현하지 못하기 쉽다. 아무래도 동아시아 집단주의 사회에서는 개개인의 성과 평가는 상당히 낯선 개념인 것이다.

성과와 연동하여 보수를 지급하게 되면, 집단원 사이에 경쟁이 만연되어 집단의 조화가 깨지게 되기 쉽다. 후지쯔의 실패 사례가 이러한 단점

---

38) Greenberg, 1986.

을 잘 대변해 준다. 또한 성과연동제의 보수체계하에서는 최고위직
(CEO)과 일반 종업원 사이의 보수의 격차가 커질 가능성이 늘어남으로
써 상위직과 하위직 사이에 위화감이 커져, 특히 하위직일수록 조직에
대한 충성감이 줄고, 몸담고 있는 조직체가 하는 일에 대해 냉소적이 될
가능성이 커진다.

『비즈니스 위크(Business Week)』의 조사에 따르면, 미국의 경우 1990년
에 기업들의 이익은 평균 7%가 감소하였으나, CEO의 평균 연봉은
1,952,806달러로 오히려 늘어났다.[39] 또한 1980년부터 1990년 사이에
일반 종업원들의 보수는 53% 증가하고, 기업의 이익은 78% 늘어난 데
비해, CEO의 보수는 무려 212%나 급증하였다. 이 격차는 1990년부터
1992년에 더 심해졌는데, 1992년의 경우 일반 사무직의 평균연봉이
24,411달러, 교사의 평균연봉이 34,098달러, 엔지니어의 평균연봉이
58,240달러인데 비해, CEO는 평균 3,842,247달러의 연봉을 받고 있었
다.[40] 이러한 소득 격차의 심화는 조직원들 사이뿐만 아니라 사회 전체
의 조화를 깨뜨리는 심각한 요인이 되고 있는 것이다.

(2) 연공서열제의 장단점

흔히 연공서열제는 개인의 성과와 보수를 연결 짓지 않으므로 개인의
작업동기를 낮추어 작업의욕을 저해함으로써, 필연적으로 조직 전체의
생산성을 낮추는 부정적인 결과를 초래한다고 알려져 왔다. 연공서열에
따라서만 보수체계가 달라지므로, 조직구성원 모두가 열심히 일하지 않

---

39) Business Week, May, 1991, pp. 52-76.
40) Business Week, April, 1993, pp. 38-39.

고 적당히 시간만 때우려 하게 되기 때문이라는 것이다.

게다가 창의적이고 혁신적이지만 위험이 수반되는 발상을 하려 하지 않아, 회사 전체가 정체된 조직이 되기 쉽다는 문제점이 지적되기도 한다. 이러한 경향은 특히 한창 생산성과 창의성이 높은 젊은 사람들의 일할 의욕을 빼앗아, 젊은이들로 하여금 기회만 있으면 다른 직장으로 옮겨 가려는 생각을 하게 만듦으로써 문제를 더욱 복잡하게 만들 가능성이 높다는 것이다.[41]

그러나 연공서열제는 기본적으로 조직체에 근무한 시간의 길이를 기준으로 하여 보수를 책정하는 체계로, 근무 시간이 같으면 동일한 보수를 지급받게 되므로 균등 분배를 근간으로 하는 제도이다. 그러므로 동료 종업원들 사이의 차이가 거의 없게 되므로 조직원들 사이에 불화와 시새움 등으로 인한 갈등이 줄어들기 때문에, 조직원들 사이에 조화로운 관계가 형성되기 쉽다는 장점을 가진다.

뿐만 아니라 동아시아 사회에서 통용되는 연공서열제하에서는 좀처럼 종업원들을 해고하려 하지 않는 종신고용의 성격을 강하게 띠어, 종업원들이 자기의 장래에 대해 안정적인 기대를 할 수 있다는 장점도 있다. 게다가 연공서열제는 급여제도 자체에 연령별 생활비 보장급적인 성격이 강하기 때문에 어느 정도까지는 연령과 함께 급여수준이 향상하므로, 종업원들의 생계를 회사가 책임지는 측면도 있다.

따라서 연공서열제에 따라 보수를 책정하는 조직에서는 종업원들의 조직체에 대한 충성심과 자기가 하는 일에 대한 만족도가 높아지는 효과도 있다. 이것이 바로 일본을 비롯한 동아시아 사회에서 짧은 시간 동안

---

41) 조 시게유키, 2006/2008.

에 눈부신 경제성장을 이루게 된 중요한 배경요인의 하나가 되어 왔음을
부인하기 어렵다.[42]

또한 연공서열제는 한 조직체에 근무한 연수(年數)가 일정한 정도에
이르면 상위 직위로 승진하는 제도로서, 일의 내용 자체에 지속적인 차
이가 생기는 제도이다. 따라서 연공서열제의 본질은 "급여로 보상하는
시스템이 아니라 차기 일의 내용으로 보상하는 시스템"이다. 이처럼 연
공서열제는 "일의 내용이 그대로 동기부여로 직결되어 효과를 발휘하는
시스템으로 내재적 동기이론에서 볼 때 가장 자연스러운 급여 모델"[43]
이라고 볼 수 있다. 즉 연공서열제는 직무수행과 보수 사이의 직접적인
연계를 끊고, 직무수행과 차기의 새로운 일을 연결함으로써 조직원들의
내재적 동기를 지속적으로 유발하고 강화하는 효과를 발휘하는 제도라
는 것이다.

물론 이러한 연공서열제가 일본을 비롯한 동아시아 경제발전에 중요
한 일익을 담당해 왔다는 사실을 부인할 수 없다고 하더라도, 이것이 적
용되기 위해서는 조직체의 계속적인 성장이 담보되어 있어야 한다는 한
계를 갖는다.[44] 조직체가 계속 성장하고 있어야 상위직의 수가 늘어 함
께 입사한 사람들이 거의 함께 승진할 수 있을 뿐만 아니라, 신입사원을
계속 충원하여 그 팀을 꾸려 나갈 수 있을 것이기 때문이다. 그러므로 경
제성장이 답보 상태에 있거나 둔화 또는 뒷걸음치고 있는 상태에서는 연
공서열제가 갖는 제반 장점이 사라질 가능성이 높다. 이것이 이 제도가
갖는 최대의 문제점이다.

---

42) 연공서열제의 효과에 대해서는 다카하시 노부오(2004/2007, pp. 18-65) 참조.
43) 다카하시 노부오, 2004/2007, p. 14.
44) 조 시게유키, 2004/2005, p. 123.

그러나 중국을 제외하고는 경제성장이 답보 상태에 머물고 있는 오늘
날에도 동아시아 사회인들은 아직 연공서열제에 대한 선호도가 강하다.
일본에서 2005년도 신입사원을 대상으로 한 의식조사에서 그들이 선호
하는 직장으로 연공서열제를 유지하고 있는 기업을 꼽은 비율이 42.8%
를 넘어, 과거 10년간 최고를 기록하고 있다.[45] 일본과 한국의 젊은이들
사이에서 기본적으로 연공서열제의 보수체계를 간직하고 있는 공무원
을 선호하는 비율이 상당히 높다는 현실도 이러한 사정을 잘 반영하고
있다.

❋ 3. 서구인과 동아시아인의 조직행동과 일에 대한 인식의 차이

개인주의 사회에서는 성취의 목표가 개인에게 집중되고 결과적으로
작업동기도 강한 개인지향성(個人指向性)을 띠지만, 집단주의 사회에서
는 성취의 목표가 집단에 집중되고 작업동기도 타인에 대한 배려 같은
사회지향성(社會指向性)을 강하게 띤다. 그러므로 조직 상황에서 개인주
의 사회인들은 개인의 자기이익을 우선시하는 경향이 강하게 나타나지
만, 집단주의 사회인들은 조직체 전체에 대한 배려와 조직원들 사이의
조화를 우선시하는 경향이 강하게 나타난다. 이러한 조직행동의 문화차
는 곧바로 두 사회의 일에 대한 인식의 차이로 이어진다.

---

45) 조 시게유키, 2006/2008, p. 30.

1) 조직행동의 문화차

개인주의 사회에서는 개인에게 초점을 맞추어 사회관계를 인식하고, 따라서 개인의 독립성과 자율성 그리고 독특성을 중시하지만, 집단주의 사회에서는 사회 상황이나 타인에 초점을 맞추어 사회관계를 바라보고, 따라서 개인 사이의 연계성과 타인에 대한 배려 그리고 관계의 조화를 중시하는 경향이 강하다. 이러한 주의의 초점 차원의 두 문화권의 차이는 그대로 조직 장면에서의 제반 행동의 문화차를 유발한다.

(1) 성취 목표와 작업동기의 차이

어떤 탁월성의 표준에 비추어 보람 있는 목표를 이루고자 하는 동기인 성취동기(成就動機, achievement motive)는 작업 수행과 관련되어 가장 많이 연구가 이루어진 동기이다.[46] 성취동기는 어느 문화권에서나 나타나고 중시되는 범문화적인 보편 동기이기는 하지만,[47] 그 성취 목표나 대상은 문화권에 따라 다르다.[48] 곧 집단주의 사회에서는 '사회지향 성취동기'(socially oriented achievement motive)의 형태를 띠어, 중요한 타인 특히 가족의 기대에 부응하려는 노력의 배경이 되지만, 개인주의 사회에서는 '개인지향 성취동기'(individually oriented achievement motive)의 형태를 띠어, 성취 그 자체를 위한 노력의 배경이 된다는 것이다. 말하자

---

46) Hilgard, 1987; Ho, 1986; Markus & Kitayama, 1991a; Reeve, 2005; Yang, 1986.

47) 안신호 · 김진 · 이상희, 1991; Blumenthal, 1977; Ho, 1986; McClelland, 1963; Yang, 1986.

48) 한규석, 1991, 2002; DeVos, 1973; Ho, 1986; Kubany, Gallimore, & Buell, 1970; Maehr, 1974; Maehr & Nicholls, 1980; Markus & Kitayama, 1991a; Yang, 1982, 1986; Yang & Liang, 1973.

면, 집단주의 사회에서 성취의 목적은 가족이나 학교 또는 소속회사 같
은 '집단'에 집중되지만, 개인주의 사회에서 성취의 목적은 개체로서의
'나'에 집중되는 것이다.[49]

문화유형에 따른 이러한 성취 목표의 차이는 두 문화권에서 전형적인
사회화 과정과 자존감(self-esteem)의 근거가 다른 데서 연유하는 것이
다.[50] 집단주의 사회에서는 사회화 과정에서 의존성을 강조하게 되고,
관계를 바탕으로 정체성(正體性, identity)이 규정될 뿐만 아니라, 타인의
기대에 부응하여 인정을 받는 데서 느끼는 좋은 감정인 '사회적 존중
감'(social esteem)이 자존감의 근원이 된다. 따라서 이 문화권에서는 성
취 관련 행동, 탁월성의 표준 및 성과의 평가가 가족, 집단 또는 사회 전
체와 같은 중요한 타인에 의해 규정되므로, 성취의 목표가 이들에게서
주어진다.

이와는 대조적으로 개인주의 사회에서는 사회화 과정에서 독립성을
강조하게 되고, 개인의 성취(소유물 · 경험 · 업적 · 능력 들)에 의해 정체성
이 규정될 뿐만 아니라, 스스로가 이상적 수준에 근접한 성취를 해서 느
끼는 좋은 감정인 '자기존중감'(self-esteem)이 자부심의 근원이 된다.[51]
따라서 이 문화권에서는 성취 관련 행동, 탁월성의 표준 및 성과의 평가
가 행위자 자신에 의해 규정되므로, 성취의 목표가 스스로에게서 나온
다.[52]

---

49) Maehr, 1974; Maehr & Nicholls, 1980; Yu, 1996.
50) Yang, 1982, 1986; Yang & Liang, 1973.
51) Fiske et al., 1998, p. 923; Geen, 1995, pp. 104-105; Heine & Lehman, 1995;
    Kitayama, Markus, & Kurokawa, 1994; Kitayama et al., 1995, 1997; Triandis,
    1988, 1989.
52) Yang(1982, 1986; Yang & Liang, 1973)이 성취동기를 이렇게 두 가지로 구분하는

　문화유형에 따른 이러한 성취 목표의 차이는 그대로 이 두 사회에서 나타나는 작업동기와 작업 관련 행동(work-related behavior)의 차이로 이어진다고 볼 수 있다. 문화유형에 따른 이러한 성취동기와 작업동기의 근원의 차이는 집단 상황에서 작업을 할 때의 작업 성과가 개인 혼자 작업할 때보다 더 높게 나타나거나(사회촉진) 낮게 나타나는(사회태만) 현상의 문화차를 유발하게 된다. 서구에서 이루어진 이러한 연구들에서는 대체로 아주 쉬운 작업의 경우에는 사회촉진(社會促進, social facilitation) 현상이 관찰되지만, 작업곤란도가 높은 경우에는 사회태만(社會怠慢, social loafing) 현상이 관찰된다는 사실이 밝혀졌다.[53] 그러나 손뼉치기나 고함지르기 같은 아주 사소하고 쉬운 과제에서도 사회태만 현상이 나

이론을 제시한 배경에는 중국인과 미국인에게서 측정한 성취동기의 수준을 비교한 결과의 비일관성이 놓여 있다. 곧 TAT(Thematic Apperception Test) 같은 투사검사로 성취동기를 측정한 연구들에서는 미국인의 성취동기가 중국인의 그것보다 높게 검출된 반면, CPI(California Psychological Inventory)나 EPPS(Edwards Personality Preference Scale) 같은 자기보고검사로 성취동기를 측정한 연구들에서는 중국인의 성취동기가 미국인의 그것보다 높은 것으로 검출되었던 것이다(Yang, 1986, pp. 108-115 참조). Yang은 성취의 목표가 스스로에게서 나오는 개인지향 성취동기(개인주의 사회의 특징적 성취동기)는 기능적 자동화(functional autonomy)가 이루어져서 내면화되었으므로 무의식화 되었을 것이고, 따라서 이는 TAT 같은 투사검사에서 잘 검출될 것이라고 본다. 이와는 대조적으로 성취의 목표가 타인에 의해 주어지는 사회지향 성취동기(집단주의 사회의 특징적 성취동기)는 기능적 자동화가 이루어지지 않아, 타인·가족·집단 및 사회의 영향에 의식적으로 민감하게 되고, 따라서 이는 자기보고검사에 의해 효율적으로 측정될 것이라고 본다. Yu(1974)는 중국인의 가족주의와 효(孝)는 TAT로 측정한 성취동기와는 아무런 상관을 보이지 않지만, 자기보고검사로 측정한 성취동기와는 정적인 상관을 보임을 발견하여, 위의 추론의 타당성을 입증하고 있다. 그러나 이 두 가지 성취동기가 과연 기능적 자동화 여부에 따른 의식 수준의 차이를 갖는지에 대해서는 많은 연구가 뒤따라야 할 것이다.

53) Geen, 1991, 1995; Geen & Shea, 1997.

타난다는 사실이 드러남으로써,[54] 사회태만은 어려운 작업에서나 아주
사소한 과제에서나 광범위하게 관찰되는 일반적인 현상임이 밝혀지고
있다.[55]

그러나 이러한 사회태만 현상은 집단주의 문화권에서는 거의 나타나
지 않고,[56] 경우에 따라서는 반대로 사회촉진 현상이 나타남이 밝혀지
고 있다.[57] 사회태만에 관한 78개 연구의 사후종합분석(meta-analysis)에
서는, 개인주의 사회에서는 사회태만 현상이 아주 강하지만(평균 가중 효
과량: 0.46), 집단주의 사회에서는 거의 나타나지 않음(평균 가중 효과량:
0.19)을 보고함으로써, 사회태만이 다른 어떤 요인보다 문화의 함수로서
달라지는 현상임이 밝혀지고 있다.[58]

이러한 사실은, 집단주의 사회에서는 성취동기와 작업동기가 타인에
대한 관심과 주의 같은 사회적 지향에서 나오므로, 집단에서 작업을 할
때 이러한 타인지향이 동기 유발의 역할을 하기 때문이라고 해석할 수
있다.[59] 인도·태국·대만·일본·중국 같은 집단주의 사회에서도 소
리지르기와 손뼉치기 같은 아주 사소한 작업에서는 사회태만 현상이 나

---

54) Latané, Williams, & Harkins, 1979 등: 사실 사회태만 현상은 이렇게 사소하고 쉬
    운 과제에서 발견된 것이다. 19세기 말엽 프랑스의 공학자인 링겔만(Ringelmann,
    M.)이 학생들에게 줄다리기를 하게 했을 때, 개별적으로는 평균 85kg의 힘으로
    당겼으나, 7명이 동시에 당길 때는 일인당 평균 65kg, 14명이 동시에 당길 때는
    61kg의 힘으로 당기는 것을 발견한 데서 사회태만 현상에 관한 연구가 시작되었
    던 것이다(Kravitz & Martin, 1986).
55) 한규석, 2002; Baron & Byrne, 1997; Karau & Williams, 1993; Taylor et al., 2003.
56) Matsui, Kakuyama, & Onglatco, 1987; Yamagishi, 1988.
57) Early, 1989, 1993, 1994; Gabrenya, Wang, & Latané, 1985.
58) Karau & Williams, 1993.
59) Baron & Byrne, 1997; Geen & Shea, 1997; Karau & Williams, 1993.

타난다는 사실이나,[60] 이스라엘과 중국 같은 집단주의 사회에서는 유사한 내집단 성원과 하는 공동 작업에서는 사회촉진을 보이지만, 외집단 성원과 하는 공동 작업에서는 약하게나마 사회태만 현상을 보인다는 사실들은[61] 이러한 해석을 지지해 준다고 볼 수 있다. 과제가 중요하거나 집단 성원들이 중요할수록 타인지향의 경향이 강해질 것이기 때문이다.

이와는 대조적으로 개인주의 사회에서는 성취동기와 작업동기가 스스로에게서 주어지므로, 자기의 특출성이 드러나지 않는 집단 장면에서는 이러한 동기들이 유발되기 힘들기 때문에 사회태만 현상이 나타난다고 볼 수 있다.[62] 개인주의 사회에서도 집단 작업을 할 때 개인의 작업량이 확인될 수 있도록 하여, 익명성의 장막을 걷어 버림으로써 개인의 특출성을 부각시키면, 사회태만 현상이 나타나지 않는다는 사실들은 이러한 해석을 지지해 주고 있다.[63]

(2) 선호 지도자의 차이

집단주의 사회에서는 성취 관련 행동과 목표가 중요한 타인에 의해 규정되므로, 작업 장면에서 지도자나 동료 또는 회사에 대한 개인적 애착이나 의무감이 작업동기의 원천으로 작용하는 경향이 강할 것이다. 그러나 개인주의 사회에서는 개인적 성취나 이익의 획득이 작업동기의 원천으로 작용할 것이다.[64] 이러한 사실은, 일본인이나 중국인은 미국인

---

60) Gabrenya, Latané, & Wang, 1983; Latané et al., 1979.

61) Early, 1989; Triandis, 1995, p. 79.

62) 개인주의 사회인 미국에서는 내집단 성원과의 공동 작업이나 외집단 성원과의 공동 작업의 경우 모두 사회태만을 보인다(Early, 1993).

63) Geen, 1991, 1995.

이나 영국인들과는 달리 '과제중심적 지도자'보다는 규정된 과업보다 더 많이 요구하지만 개인적 배려도 많이 해 주는 '가부장적 지도자'를 더 선호하며,65) 비록 작업만족도는 낮을지라도 이러한 지도자(가부장적 지도자) 밑에서 작업동기도 높고 작업수행 성과도 좋았다는 결과들에서 입증되고 있다.66) 또한 집단주의 사회에서 효율적인 지도자는 먼저 집단 성원들에 대한 관심과 배려를 보여 준 다음에 집단의 과제나 목표에 대한 지시를 내리는 경향이 있다.67)

그러므로 개인주의자들과는 달리 집단주의자들은 조직 장면에서 나이 많은 경영자를 선호하는 경향이 높다. 그래야 그들로부터 가부장적인 보호를 받을 수 있다고 생각하기 때문이다. 이러한 사실은 14개국에 걸친 15,000여 명의 중간관리급 이상의 경영자들에 대한 조직 관련 행동의 국제비교 연구에서 "경영자는 부하 직원보다 나이가 많아야 하며, 나이든 사람은 젊은 사람보다 더 존경받는 것이 마땅하다"는 물음에 대해, 미국·캐나다·호주·영국·스웨덴 경영자의 60% 이상이 반대하였으나 일본·한국·싱가포르 경영자의 60% 이상은 찬성하여,68) 이러한 사실을 확인시켜 주고 있다. 집단주의 사회에서는 나이를 관대함과 포용성의 징표로 받아들여, 나이든 지도자일수록 조직원들에 대한 배려도 깊

---

64) 조긍호, 1999; Bond & Hwang, 1986; Hofstede, 1991; Markus & Kitayama, 1991a.

65) Bond & Hwang, 1986; Hayashi, 1988; Misumi, 1985; Redding & Wong, 1986: 보통 '가부장주의'(家父長主義, paternalism)는 "상위자가 지도·양육·보호·배려를 제공하고, 하위자는 그에 대한 보답으로 충성과 존경을 하는 위계적 관계"(Smith et al., 2006, p. 196)라고 정의된다.

66) Dore, 1973; Kao & Ng, 1997.

67) Sinha, 1980.

68) Hampden-Turner & Trompenaars, 1993. (Nisbett, 2003, p. 64에서 재인용.)

고, 따라서 조직 전체의 조화를 이루는 데는 나이든 지도자가 젊은 사람보다 낫다고 생각하는 것이다.

　이렇게 집단주의 사회에서는 개인주의 사회에서보다 조직원에 대한 배려를 많이 해 주는 지도자를 선호한다는 사실은 광범위한 조사 연구에서 거듭 확인되고 있다. 조직심리학자인 하우스(House, R)를 비롯한 62개국의 200여 명 이상의 연구자들은[69] 각국의 텔레콤·재정서비스·식품공급 회사에 근무하는 17,000여 명의 경영자들에게 효율적인 지도자의 특성을 평정하게 한 결과를 기초로 GLOBE(Global Leadership and Organizational Behavior Effectiveness) 조사 연구를 실시하여 분석해 본 결과, 효율적 지도자의 유형이 카리스마적(charismatic)·팀지향적(team-oriented)·참여적(participative)·온정적(humane)·자율적(autonomous)·자기방어적(self-protective) 지도자의 여섯 가지 유형으로 분류될 수 있음을 밝혀내었다.

　이 연구에서는 문화권에 따라 선호하는 지도자 유형에 차이가 있는 것으로 확인되고 있다. 팀지향적 지도자와 자율적 지도자는 모든 문화권에서 선호되는 데 반해, 미국과 캐나다 및 영국 같은 앵글로 색슨 계통의 문화권에서는 카리스마적 지도자와 참여적 지도자를 선호하는 경향이 높은 반면, 중국·한국·일본 같은 유교 문화권에서는 온정적 지도자와 자기방어적 지도자를 선호하는 경향이 높은 것으로 드러나고 있는 것이다.

---

69) House, Hanges, Javidan, Dorfman, Gupta, & GLOBE associates, 2004. (Smith et al., 2006, pp. 193-195에서 재인용.)

(3) 조직시민행동의 차이

조직시민행동(organizational citizenship behavior)이란 "조직의 이익을 위하여 작업계약의 수준 이상으로 조직원에게 요구되는 행동"[70]이다. 일반적으로 이는 "종업원의 직무기술서에서 요구되지 않는 행동들(예: 결근한 동료를 도와주는 행동, 다른 사람들에게 예의 바르게 처신하는 행동) 또는 공식적으로 보상받지 않는 종업원의 행동을 말한다. 그런 행동들은 조직이 공식적으로 요구하는 것은 아니지만, 전체적으로 집단이나 조직의 효과성을 향상시키는 것이다."[71] 이러한 조직시민행동들에는 이타행동(조직 장면에서 다른 사람을 도와주는 행동), 예의행동(회사 일의 진척 상황에 대해 알려 주는 것 같이 다른 사람에게 기본적인 배려심을 베푸는 행동), 스포츠맨십(특정 유형의 사항에 관여하지 않는 행동으로, 예컨대 사소한 불편사항에 대해 불평하지 않는 행동), 성실행동(직장에서 좋은 시민이 되는 것과 관련된 행동으로, 예컨대 회의시간에 정시에 도착하는 행동) 및 시민덕목(civic virtue)행동(조직이 후원하는 행사에 참여하는 것 같이 목표 대상이 조직 또는 업무집단인 행동) 같은 것들이 보편적으로 포함된다.[72]

일본・홍콩・미국・호주의 4개국 종업원들에게 자기 조직에서 요구하는 조직시민행동의 종류를 기술하도록 한 연구에서 일본과 홍콩의 종업원들이 보고한 시민행동의 수는 미국이나 호주의 종업원들이 보고한 그것보다 훨씬 많은 것으로 검출되고 있다.[73] 즉 동아시아 집단주의 사회에서는 서구 개인주의 사회에서보다 종업원들에게 직무기술서에 명

---

70) Smith et al., 2006, p. 177.

71) Jex & Britt, 2008/2011, p. 134.

72) Organ, 1994.

73) Lam, Hui, & Law, 1999.

시된 것보다 훨씬 많은 행동을 가외적 평가(extra credit)도 해 주지 않으면서 요구하고 있는 것이다.

　이러한 조직시민행동은 그 양에 있어서만이 아니라 좋은 조직시민이 해야 할 헌신의 본질에 있어서도 문화 사이에 차이가 있음이 밝혀지고 있다. 대만의 종업원들에게서 얻은 자료에 의하면, 대만인들의 조직시민행동은 문화보편적(culture-general)인 것(예: 시민덕목행동, 이타행동, 성실행동) 이외에 문화특수적(culture-specific)인 것(예: 대인 간 조화 추구행동, 회사자원 보호행동)도 있다는 사실이 밝혀지고 있다.[74] 여기서 문화특수적인 것은 미국 같은 서구 사회에서는 나타나지 않고, 대만의 종업원들에게서만 관찰되는 조직시민행동을 말하는 것이다.

　중국과 미국의 종업원들에게 726개의 조직시민행동에 관한 기술 자료를 얻어 내용분석(content analysis)을 한 연구에서는 모두 13개 유형의 조직시민행동이 얻어졌는데,[75] 이 중 시민덕목행동(예: 집단활동 참여), 이타행동(예: 동료작업자에게 도움 제공), 성실행동(예: 주도적으로 작업 수행), 충성행동(예: 회사 이미지 제고), 자기주장행동(예: 불편사항에 대한 교정 요구)은 미국과 중국 종업원에게서 공통적으로 나타나는 문화보편적인 유형이었고, 예의행동, 스포츠맨십, 시민참여(advocacy participation)행동(예: 타 종업원의 자기주장 독려)은 미국문화에 특수적인 유형이었으며, 자기훈련(self training)행동(예: 자기 기술을 향상시키기 위해 자발적으로 근무시간 외에 작업), 사회복지참여(social welfare participation)행동(예: 회사 여가활동에 참여), 회사의 자원 절약 및 보호 행동, 작업장 청소행동 및 대인

---

74) Farth, Early, & Lin, 1997.

75) Farth, Zhong, & Organ, 2004. (Smith et al., 2006, p. 178의 Box 9.1에서 재인용.)

간 조화 추구행동은 중국문화에 특수적인 조직시민행동의 유형이었다.

이러한 연구들에서 드러나듯이, 개인주의 사회에서는 자기주장의 독려 같은 요인이 문화특수적인 조직시민행동으로 부각되고 있는데 반해, 집단주의 사회에서는 조직원과의 조화 추구와 조직에 대한 헌신 같은 요인이 문화특수적인 조직시민행동으로 인식되고 있다.

2) 일에 대한 태도의 문화차

개인주의 사회에서는 성취의 목표가 개인에게 집중되고 결과적으로 작업동기도 강한 개인지향성을 띠지만, 집단주의 사회에서는 성취의 목표가 집단에 집중되고 작업동기도 타인에 대한 관심 같은 사회지향성을 강하게 띤다는 사실로부터, 조직이나 개인의 이익 추구와 조직원에 대한 배려가 충돌하는 장면에서 두 문화권의 조직원들이 선호하는 선택 행동에 차이가 나타나게 될 것이라는 사실을 예측할 수 있다. 이러한 장면에서 개인주의자들은 조직이나 개인의 이익을 우선시하겠지만, 집단주의자들은 조직원에 대한 배려를 앞세우려 할 것이다.

이러한 사실은 앞서 언급했던 국제비교 연구(14개국에 걸친 15,000여 명의 중간관리급 이상의 경영자들에 대한 조직 관련 행동에 대한 조사 연구)의 결과에서 확인되고 있다.[76] 이 조사에서 "(a) 개인의 자율성이 보장되고 개인의 자율권을 실현할 수 있는 직업"과 "(b) 일을 잘했다고 해서 특정 개인이 부각되지 않고 모두가 함께 일해야 하는 직업" 중 하나를 선택하게 했더니, 미국·캐나다·호주·영국·네덜란드·스웨덴의 경영자들

---

76) Hampden-Turner & Trompenaars, 1993. (Nisbett, 2003, pp. 62-66에서 재인용.)

은 90% 이상이 (a)를 선택하여 자율성의 가치를 중시하고 있었으나, 일본과 싱가포르의 경영자들은 50% 이상이 (b)를 선택하여 조화성의 가치를 중시하고 있음이 드러나고 있다.

또한 "(a) 나는 평생 한 직장에서 근무할 것"이라는 문항과 "(b) 얼마 지나지 않아 다른 직장으로 옮길 것"이라는 문항에 대한 응답에 미국·캐나다·호주·영국·네덜란드의 경영자들은 90% 이상이 (b)를 택하였으나, 일본의 경영자들은 60% 이상이 (a)를 선택하였다.

그리고 "어떤 직원이 지난 15년 동안 회사를 위해 아주 많은 공헌을 해 왔으나 지난 1년 동안의 업무 실적은 그다지 좋지 못하였고, 앞으로도 별로 업무 능력이 향상될 가능성이 희박한 상황이라면 어떻게 하는 것이 좋겠는가?"라는 물음에 대해, 미국인과 캐나다인은 75% 이상이 "(a) 과거의 공헌이나 나이와는 상관없이 현재의 업무 수행 능력만을 고려하여 해고시켜야 한다"고 응답하였으나, 한국인과 싱가포르인은 80% 이상이, 그리고 일본인은 70% 정도가 "(b) 그간의 공헌을 고려하여 회사가 그의 인생에 어느 정도 책임을 져야 하므로 해고해서는 안 된다"고 응답하였다.

이러한 결과들은 개인주의 사회에서는 개인의 자율성을 보장해 주는 직업의 선택과 자기이익에 따른 전직(轉職)을 당연한 일로 받아들이고, 업무 수행 능력을 조직원에 대한 평가의 유일한 원칙으로 받아들이는 경향을 보이는 데 반해, 집단주의 사회에서는 조직원 모두의 조화와 그들에 대한 개인적인 배려, 그리고 회사에 대한 충성과 헌신을 조직체와 조직원 사이의 관계를 규정하는 핵심 요인으로 강조하는 경향을 보임을 나타내는 것이다.

성과연동제가 개인의 측면에서는 자기의 이익 추구를 위한 이직의 자유를 전제로 하고, 조직체의 측면에서는 조직이 요구하는 성과를 내지

330 제5장 유학의 작업동기와 보상체계론

못하면 해고할 수 있는 자유를 전제로 하는 제도이고, 연공서열제는 종신고용의 성격이 강한 제도라는 점에서 보면, 이러한 결과들도 개인주의 사회인들은 성과연동제를 보수체계로 선호하지만, 집단주의 사회인들은 연공서열제를 선호한다는 사실과 부합되는 것이다.

이러한 '일에 대한 인식'의 문화차는 성인에게서만 나타나는 것은 아니다. 이러한 차이는 1983년에 18~24세 사이의 청소년을 대상으로 한 11개국(한국·일본·필리핀·미국·영국·독일·프랑스·스위스·스웨덴·유고슬라비아·브라질)에 걸친 국제비교 조사연구에서도 드러나고 있다. 이 조사에서 봉급인상/승진의 방법에 대한 선호도에서 한국과 일본의 청소년들은 각각 46.5%와 41.9%가 연공서열제를 선택하고 능력급제를 선택한 비율은 44.4%와 38.7%이었으나, 미국과 영국의 청소년들 중 연공서열제를 선택한 비율은 각각 17.7%와 15.8%에 불과하였으나, 능력급제를 선택한 비율은 무려 77.3%와 77.2%에 이르렀다.[77]

이 조사에서 전직(轉職) 경험이 없었던 청소년은 일본 70%, 한국 50.2%로 동아시아에서는 그 비율이 높았으나, 미국의 청소년의 경우 전직 경험이 없었던 비율은 30%에도 못 미쳐, 동아시아 집단주의 사회의 청소년들이 한 직장에 오래 머무르는 경향이 높음을 보여 주고 있다.[78] 이러한 결과는 동아시아 청소년들은 성인들과 마찬가지로 평생직장의 개념이 강하여 연공서열제를 승진과 봉급 결정의 주 요인으로 선호하는 경향을 보이지만, 미국을 비롯한 서구의 청소년들은 성과연동제를 선호하고 이직/전직에 대해서도 매우 자연스럽게 받아들임을 나타내 준다.

---

77) 한국갤럽조사연구소, 1985, pp. 146-148.
78) 한국갤럽조사연구소, 1985, pp. 140-142.

이 조사에서 흥미 있는 결과는 근로의 의미와 당위성에 대한 동아시아
와 서구 청소년들의 인식의 차이이다. 일을 하는 이유를 "(1) 돈을 벌기
위해, (2) 사회의 일원으로서의 역할을 다하기 위해, (3) 자기 자신의 발
전을 위해"라는 선택지 중에서 선택하게 하였더니, 다음과 같은 결과가
얻어졌다.

〈표 5-1〉 문화유형에 따른 청소년들의 근로의미에 대한 인식차

	개인주의 사회 (미국·영국·독일·프랑스· 스위스·스웨덴)	집단주의 사회 (한국·일본)
돈을 벌기 위해	71.9%	48.5%
사회 일원으로서의 역할 수행	18.1%	33.7%
자기 자신의 발전을 위해	6.4%	16.1%

출처: 한국갤럽조사연구소, 1985, p. 153의 표 3-7-1 개작

〈표 5-1〉에서 보듯이, 서구 청소년들은 압도적으로(71.9%) 일을 하는
이유를 돈을 벌기 위한 것으로 보고, 사회 일원으로서의 역할 수행이나
(18.1%) 자기발전(6.4%)에서 그 까닭을 찾는 사람은 극소수이나, 한국과
일본 같은 동아시아의 청소년들은 돈을 벌기 위한 목적을 드는 사람
(48.5%)이 절반에도 미치지 못하고, 사회 일원으로서의 역할 수행(33.7%)
이나 자기발전(16.1%)을 근로의 목적으로 보고 있는 청소년이 상당수에
이르고 있다. 이러한 문화권 간 차이는 "일하지 않아도 편히 살 만한 충
분한 돈이 있을지라도 계속 일을 하겠다"는 응답자가 한국과 일본에서는
78.2%에 이르지만, 서구 6개국 청소년들은 평균 66.8%만이 그러한 응답
을 하고 있다는 사실에서도 드러나고 있다.[79]

또한 직장과 직장 이외의 생활 중 어느 곳에서 더 삶의 보람을 느끼는지 선택하게 한 물음에서 한국과 일본의 청소년은 직장을 선택한 비율이 37.2%, 직장 이외의 생활을 선택한 비율이 47.9%로서 두 선택지의 선택 비율 사이의 차이가 상대적으로 작아, 일을 하면서 느끼는 보람도 상당히 큰 것으로 인식하고 있다. 그러나 서구 6개국(미국·영국·독일·프랑스·스위스·스웨덴)의 청소년들은 직장에서 삶의 보람을 느낀다는 비율(23.3%)은 직장 밖에서 더 삶의 보람을 느낀다는 비율(63.1%)의 1/3 수준에 머물고 있다.[80]

이러한 결과들은 동아시아 집단주의 사회의 청소년들이 서구 개인주의 사회의 청소년들보다 일 자체에 대해 더욱 긍정적인 가치관을 가지고 있음을 드러내는 것이라 해석할 수 있다. 동아시아의 청소년들은 일을 하는 것이 인간의 천성에 맞는다고 생각하는 맥그리거의 Y이론적 태도를 가지고 있는 사람이 많은 반면, 서구의 청소년들은 일이란 생계를 위해 어쩔 수 없이 하는 것이라는 X이론적 태도를 가지고 있는 사람이 많다고 볼 수 있는 것이다. 바로 이러한 차이가 서구의 사회에서 성과연동제를 선호하고, 동아시아 사회에서 연공서열제를 선호하는 경향을 낳는 배경으로 작용하고 있다 하겠다.

(1) 서구 사회: 일과 놀이의 구분

서구인들이 일과 놀이를 엄격하게 구분하고, 될 수 있으면 일을 피하고 놀이를 즐기려는 X이론적 사고에 경도되어 있는 경향은 역사가 상당

---

79) 한국갤럽조사연구소, 1985, pp. 153-157.

80) 한국갤럽조사연구소, 1985, pp. 138-140.

히 오래되었다는 것이 정설이다. "서구 문명의 모태가 된 그리스·로마의 철학자들은 일은 안 할수록 좋은 것이라고 강조하였는데, 이는 당시 사람들의 사고방식을 반영한 말이었다 …… 아리스토텔레스에 따르면 오직 일하지 않는 사람만이 행복할 수 있었다 …… 제정 로마 시대에는 성인 남자의 20%가 일을 하지 않았다. 그들은 한가로운 삶을 더없이 뿌듯하게 여겼다 …… 육체적 노력으로 이해되었던 일이 숙련된 활동으로, 인간의 독창성과 창조성을 구현하는 활동으로 인식되기 시작한 것은 산업혁명으로 인한 기술 혁신의 부산물 덕이었다. 칼뱅(Calvin, J.)이 활동하던 시대에 이미 '노동윤리'는 진지한 성찰의 대상이 되었다. 훗날 마르크스(Marx, K.)가 고전적 노동관을 뒤집어, 오직 생산활동을 통해서만 인간의 잠재력을 구현할 수 있다고 부르짖은 것도 바로 이러한 맥락이었다. 그러나 마르크스의 주장은 오직 여가만이 인간을 자유롭게 한다는 아리스토텔레스의 주장과 정면으로 배치되는 것은 아니다. 다만 19세기에 들어와서 일에 창조의 기능이 강화되었을 따름이었다."[81]

이렇게 서구인들은 일을 놀이보다 부정적으로 인식하기 때문에 일을 할 때 집중력과 몰입을 느끼면서도 행복감이나 일을 하고자 하는 의욕은 느끼지 못한다. 미국에서 성인과 10대를 대상으로 하루 중 일을 할 때와 여가생활을 할 때 느끼는 행복감과 일 또는 놀이 의욕, 집중력 및 몰입의 경험을 대비하여 보았더니, 일을 할 때는 여가생활을 즐길 때보다 집중력과 몰입의 경험이 높은 것으로 나타났다. 그러나 행복감은 여가생활을 할 때는 매우 높았으나 일을 할 때는 거의 느끼지 못하였으며, 따라서 일을 하고자 하는 의욕은 매우 적었으나 여가생활을 하고자 하는 의욕은

---

81) Csikszentmihalyi, 1997/2003, pp. 68-70.

매우 높다는 결과가 확인되었다.[82] 또한 미국인들은 일을 하고 있을 때
는 다른 어떤 것(예: 놀이)을 하기를 바라지만, 여가생활을 하고 있을 때
는 다른 것(예: 일)을 하고자 하는 반응이 매우 적었다. 이러한 결과는 서
구인들이 "일에 대한 문화적 고정관념 속에서 일을 강요 · 제약 · 자유침
해라 생각하기 때문이다."[83]

(2) 동아시아 사회: 일에 대한 내재적 동기 강조

그러나 동아시아 집단주의의 이론적 배경인 유학사상에서는 누구나
자기가 할 일에 열심일 것을 강조하여 근면의 가치를 높이 드러내고 있
다. 즉 유학자들은 일을 하는 것이 인간의 천성이자 본분이라고 생각하
고 있었던 것이다. 공자는 스스로를 '배우기를 좋아하는 사람'[好學者]
과[84] '가르치기를 게을리하지 않는 사람'[誨人不倦者][85]이라고 자평하여,
일에 대한 근면을 강조하고 있다.

그는 "어떤 일에 대해 알기만 하는 것은 좋아하는 것보다 못하고, 좋아
하기만 하는 것은 즐겨하는 것보다 못하다"[86]고 하여, 모든 일을 함에 있
어서 내재적인 흥미와 즐거움을 가지고 근면하게 수행할 것을 권면하고
있다. 이러한 맥락에서 공자는 근면하게 자기가 해야 할 일을 즐겨 행해
야 한다는 사실을 여러 곳에서 언급하고 있는데,[87] 그중에서 백미는 낮

---

82) Csikszentmihalyi, 1997/2003, p. 53, 표 2.

83) Csikszentmihalyi, 1990, p. 53. (홍숙기, 1994, p. 131에서 재인용)

84) 子曰 十室之邑 必有忠信如丘者焉 不如丘之好學也(『論語』 公也長 25)

85) 子曰 若聖與仁 則吾豈敢 抑爲之不厭 誨人不倦 則可謂云爾已矣(述而 33)

86) 子曰 知之者不如好之者 好之者不如樂之者(雍也 18)

87) 子曰 默而識之 學而不厭 誨人不倦 何有於我哉(述而 2); 葉公問孔子於子路 子路不
    對 子曰 女奚不曰 其爲人也發憤忘食 樂以忘憂 不知老之將至云爾(述而 18); 子在

잠 자는 제자를 꾸짖은 다음의 내용이다.

> 재여(宰予)가 낮잠을 자자, 공자께서 "썩은 나무에는 조각을 할 수 없고, 거름흙으로 거칠게 쌓은 담장에는 흙손질을 할 수 없는 법이다. 재여에 대해서는 꾸짖을 가치도 없구나. 내가 처음에는 남에 대하여 그의 말을 듣고 그의 행실을 믿었으나, 이제는 남에 대하여 그의 말을 듣고 나서도 다시 그의 행실을 살펴보게 되었다. 나는 재여 때문에 이 버릇을 고치게 되었노라" 하고 꾸짖으셨다.[88]

이렇게 자기가 할 일에 대해 내적인 즐거움을 느껴 열심히 하는 태도의 중요성에 관한 공자의 입장은 맹자와 순자에게도 그대로 이어지고 있다. 맹자는 도를 깨닫는 과정에서 가장 중요한 것은 몸과 마음을 한결같이 하여 근면하게 자기에게 주어진 일을 열심히 하는 전심치지(專心致志)를 기반으로 하여야 한다고 강조하고 있다.[89] 순자는 농부·상인·기술자·관리 들이 각자에게 주어진 일에 최선을 다해 열심히 하는 것이 '지극한 평화'[至平]에 이르는 길임을 지적하고 있다.[90] 순자는 이러한 일에 대한 즐거움과 근면성 및 성실성의 중요성을 다른 곳에서도 여러 번 강

川上曰 逝者如斯夫 不舍晝夜(子罕 16)

88) 宰予晝寢 子曰 朽木不可雕也 糞土之墻不可圬也 於予與何誅 子曰 始吾於人也 聽其言而信其行 今吾於人也 聽其言而觀其行 於予與改是(公冶長 9)

89) 徐子曰 仲尼亟稱於水曰 水哉水哉 何取於水也 孟子曰 原泉混混 不舍晝夜 盈科而後進 放乎四海 有本者如是 是之取爾(『孟子』 離婁下 18); 孟子謂高子曰 山徑之蹊間 介然用之而成路 爲間不用 則茅塞之矣 今茅塞子之心矣(盡心下 21); 맹자의 專心致志의 중요성에 대한 강조는 졸저(조긍호, 2008, pp. 430-432) 참조.

90) 農以力盡田 賈以察盡財 百工以巧盡械器 士大夫以上至於公侯 莫不以仁厚知能盡官職 夫是之謂至平(『荀子』 榮辱 40)

조하고 있다.

> 농부는 농토를 분담하여 농사일에 열중하고, 상인은 재화를 분담하여 판매하는 일에 열중하며, 온갖 공인은 자기 일을 분담하여 열심히 하고, 사대부는 직무를 분담하여 최선을 다하고, 제후는 영토를 나누어 지키는 일에 열중하며, 삼공(三公)은 방략을 총괄하여 최선을 다해서 의논한다 …… 나가거나 들어오거나 이와 같아서, 천하에 평화롭고 고르지 않은 곳이 없고, 다스려지지 않은 곳이 없게 하는 것, 이것이 모든 임금이 실천해 온 것이고, '예법에 따른 큰 나눔'[禮法之大分]인 것이다.[91]

> 잘 다스려지는 나라에는 각자의 직분이 이미 정해져 있으므로, 군주와 신하 및 기타 모든 관리에 이르기까지 모두가 각기 자기의 직분에 대하여 들은 것만 삼가 지켜 나갈 뿐, 듣지 못한 자기 직분 밖의 일은 들으려고 하지 않고, 각기 자기의 직분에 대하여 본 것만 삼가 지켜 나갈 뿐, 보지 못한 자기 직분 밖의 일은 보려고 하지 않는다. 이와 같이 각자의 직분에 대하여 보고 듣는 것이 참으로 가지런하고 바르다면, 비록 먼 산간벽지에 사는 사람일지라도 누구나 다 자기의 본분을 소중히 여기며, 나라의 제도에 안심하여[敬分安制], 그 윗사람에게 감화를 받지 않는 사람이 없을 것이다. 이것이 바로 잘 다스려지는 나라의 징표인 것이다.[92]

---

91) 農分田而耕 賈分貨而販 百工分事而勤 士大夫分職而聽 建國諸侯之君 分土而守 三公總方而議……出若入若 天下莫不平均 莫不治辨 是百王之所同也 而禮法之大分也 (王霸 16-17, 25-26)

92) 治國者 分已定 則主相臣下百吏 各謹其所聞 不務聽其所不聞 各謹其所見 不務視其所不見 所聞所見 誠以齊矣 則雖幽閒隱辟 百姓莫敢不敬分安制 以化其上 是治國之

이와 같이 유학자들은 각자에게 맡겨진 바의 할 일을 자기의 본분으로 여겨, 다른 곳에는 관심을 두지 말고 자기가 할 일에 대해 즐거움을 가지고 최선을 다하는 것이 사회생활의 조화와 평화를 이루는 기초라 여겨 중시하고 있다. 이러한 유학사상의 영향은 동아시아인들에게 일을 인간의 천성으로 여기는 태도와 근면성의 가치를 내면화하여, 일에 대한 긍정적인 자세를 갖도록 유도하게 되었던 것이라 볼 수 있다. 그리하여 동아시아인들은 청소년 때부터 서구인들보다 일하는 데에서 보람을 느껴 열심히 일하는 자세를 갖추게 되는 것이다.

❀ 4. 세계화와 문화적 가치관의 융합

문화는 "세계 속에서 대상과 사건들의 확인 및 설명을 가능하게 하는 개념구조(conceptual structure)인 도식들(schemas)"[93]의 거대한 집합체로서, 문화적으로 조성된 인지도식(認知圖式)의 체계를 문화모형(文化模型, cultural models)이라 한다.[94] 이러한 "문화모형은 세계를 명명하고 기술할 뿐만 아니라, 의식적 및 무의식적인 목표를 설정하고, 이에 따른 욕구를 유발 또는 포괄하기 때문에 동기적인 힘(motivational force)을 가진다."[95] 곧 문화모형은 어떤 상황에서 어떻게 행동해야 하는지에 대한 개념구조인 도식으로 전수되는데, 이러한 도식은 다양한 사회 상황에서

徵也(王覇 28-29)

93) D'Andrade, 1992, p. 28.

94) Quinn & Holland, 1987, p. 3.

95) Strauss, 1992, p. 3.

"자율적인 목표(autonomous goals)의 기능을 수행"할 수 있기 때문에, "행위를 촉발하는 잠재력을 가지며,"[96] 따라서 해당 문화모형이 요구하는 동기와 제반 심리과정이 산출된다. 이렇게 다양한 원망(願望)과 목표 획득의 전략체계인 동기는 개인이 그 속에서 성장해 온 문화와 사회 집단을 통해서 사회적으로 구성되고 내면화된 심리 내용 및 과정이다.[97]

이러한 인간 행동의 문화구속성(文化拘束性)은 전적으로 각 문화에서 지배적인 인간관과 자기관의 차이에서 비롯된다.[98] 문화적 자기관은 한 사회에서 특징적인 자기체계(自己體系, self-system)로서, 자기 자신 그리고 자기와 타인 및 집단 사이의 관계를 조감하고 해석하는 인지도식이다. 따라서 이러한 문화적 자기관은 동기적 기능을 갖는다. 집단주의 사회의 상호의존적 자기관은 타인과 맺는 관련성이나 연계를 증진시키는 행위를 하도록 동기화하고, 개인주의 사회의 독립적 자기관은 개인의 자기 규정적인 내적 속성, 곧 능력이나 개인적 특성 및 욕구를 표출하는 행위를 하도록 동기화한다.[99]

이러한 관점에 서면, 한 사회 내에서 가장 효율적인 조직경영을 위한 방침, 곧 작업자들의 작업동기를 증진시키기 위한 보수체계의 적용 등의 전략 수립은 필연적으로 해당 사회의 문화적 명제와 일치하는 것이어야 한다. 그러나 지난 20세기 후반부터 인간이 살고 있는 지구의 환경은 세계화(世界化)의 흐름을 타고 크게 바뀌고 있다. 이제 고립된 문화 전통을 고수하는 삶은 더 이상 존재할 수 없게 되었다. 21세기에 들어선 현재,

---

96) D'Andrade, 1992, p. 29.
97) D'Andrade, 1992, p. 28-37; Munro, 1997, pp. 12-14; Strauss, 1992, pp. 4-9.
98) Kitayama et al., 1997; Markus & Kitayama, 1994a, b.
99) Markus & Kitayama, 1991a, pp. 239-245.

전 세계에 걸친 작업환경과 조직경영의 분야에는 이전 시기와 비교해서 커다란 변화가 야기되고 있다.

"첫째, 과업설계(課業設計, task design)가 개인 수준에서 팀 수준으로 이행되고 있다. 그 결과 개인 수준에서나 팀 수준에서나 작업동기에 미치는 팀의 영향에 대해 더욱 철저한 분석이 요구된다. 둘째, 세계화가 진행되면서 조직체들이 덜 집중화되는 대신, 더욱 분산적 및 국제적으로 되는 경향이 있다. 이러한 변화는 리더십에서뿐만 아니라 종업원 개인 수준에서도 부여되는 자율성과 책임성의 수준이 증가될 것을 요구하고 있다. 셋째, 국제적 기업, 국제적 인수합병 및 국제적 합작투자와 연합이 더 이상 예외적인 현상이 아니라 보편적인 현상이 되어, 작업현장에서 문화적 복수주의(複數主義, pluralism)가 대세를 이루어 가고 있다."[100]

이러한 모든 추세는 오늘날의 작업현장에 거대한 변화를 불러오고 있다. 어느 사회에서든 기업경영에서 더 이상 어느 하나의 문화적 명제에만 맞출 수 없게 된 것이다. 세계화가 몰고 올 문화적 영향에 대해서는 동질화론자(전 세계가 서구의 가치로 동질화될 것이라는 견해), 양극화론자(서로 다른 문화 사이의 차이가 더욱 두드러져서 양극화될 것이라는 견해), 그리고 혼융화론자(서로의 문화가 갖는 장점을 수용하여 자신들의 문화 내용과 결합함으로써 문화의 혼융현상이 나타날 것이라는 견해)의 견해가 대립되고 있다.[101] 논리적으로는 이 중에서 혼융화가 대세를 장악하여 동·서의 문화가 서로에게 한 걸음씩 다가감으로써, 상대방을 인정하고 수용하는 자세가 바람직할 것으로 보인다. 이는 작업동기와 보수체계 등 경영방

---

100) Erez & Eden, 2001, p. 2.
101) 세계화와 그것이 미치는 영향에 관해서는 졸저(조긍호, 2007a, pp. 453-477) 참조.

침의 분야에서도 마찬가지이다.

그러나 이 중에서 어떤 결과가 빚어질 것인지는 현재로서는 예측하기 힘들다. 다만 분명한 것은 이러한 세계화가 더욱 대규모적으로 그리고 더욱 모든 인간 삶의 분야에서 진행될 것이라는 사실이다. 이러한 배경에서 절실하게 필요한 것은 어느 하나의 문화적 관점에서 탈피하여 균형적인 시각으로 문화현상을 바라보는 일이다. 그러나 아직까지는 유감스럽게도 서구중심주의(西歐中心主義)의 시각이 지배하고 있다고 해도 과언이 아니다.102)

우리의 관점에서 사회 전반에 걸쳐 아직도 맹위를 떨치고 있는 서구중심주의에서 탈피하기 위해서는 한국 · 일본 · 중국을 주축으로 하는 동아시아인과 미국을 중심으로 하는 서구인의 심리적 행동적 차이와 그 사상적 배경에 대해 정확하게 이해하는 일이 우선적으로 요구된다. 현상에 대한 정확한 이해를 통해서라야 그 문제점의 해결을 위한 올바른 방안이 강구될 수 있을 것이기 때문이다.

---

102) 서구중심주의의 내용과 이러한 시각이 가지고 있는 문제점 및 이를 극복하기 위한 시도들에 대해서는 강정인(2004) 참조.

제6장 유학의 지행합일론

　　인류 역사상 유학사상만큼 교육(敎育)을 강조하고 있는 사상체계도 드
물다. 유학이 교육을 매우 강조하고 있는 이론체계라는 사실은 유학의
창시자인 공자 자신이 스스로를 '배우기를 좋아하는 사람'[好學者]과 '가
르치기를 게을리하지 않는 사람'[誨人不倦者]이라고 자평하고 있다는 점
에서 잘 드러난다.[1] 이러한 공자를 본받아 유학자들은 대체로 스스로를
교육자라고 자처하면서, 스스로 부지런히 배우고 또 이를 남에게 가르치
는 일을 게을리하지 않았다.

　　유학자들의 교육에 대한 강조는 유학적 이상이 현실적으로 실현된
소강(小康)사회에서부터 이미 군주가 해야 할 중요한 일로 교육이 제시
되고 있다는 사실에서 드러난다. 『예기(禮記)』 「예운(禮運)」편에서는 소
강사회를 설명하면서 "우(禹)·탕(湯)·문왕(文王)·무왕(武王)·성왕(成
王)·주공(周公) 같은 고대의 군주들은 예를 삼감으로써 의(義)를 밝히고,
신(信)을 이루고, 허물을 밝히고, 인(仁)을 모범으로 삼고, 겸양을 가르쳐

---

1) 十室之邑 必有忠信如丘者焉 不如丘之好學也(『論語』 公冶長 27); 子曰 若聖與仁 則
　吾豈敢 抑爲之不厭 誨人不倦 則可謂云爾已矣(述而 33): 유학 최고의 經典인 『論語』
　의 제일 첫머리에 나오는 첫 글자가 '배움'[學]이라는 사실(學而時習之 不亦樂乎, 學
　而 1)은 유학사상에서의 교육의 위치를 대강 짐작할 수 있게 해 준다.

서 백성들에게 떳떳한 법도를 보여 주었다"[2]고 진술하여, 백성들에게 인
의도덕을 교육하는 일이 군주의 의무이어서, 교육이 소강사회를 이루는
첩경임을 진술하고 있다.

그렇다면 유학사상에서 이러한 교육을 통하여 이루고자 하는 목표는
무엇인가? 한마디로 유학자들이 설정하고 있는 교육의 목표는 누구나
스스로가 도덕 주체라는 사실을 인식하고 스스로에게 갖추어져 있는 도
덕성을 일상생활에서 실천하도록 도와주는 데 있다. 이러한 관점은 유
학의 창시자인 선진(先秦)유학자들이나 성리학자(性理學者) 등 이후의 모
든 유학자에게 공통적인 것이다. 유학은 근본적으로 성덕(成德)을 목표
로 하여 지행합일(知行合一)을 추구하는 이론체계이기 때문이다.

여기서 도덕인식과 도덕실천 사이에는 어떠한 관계가 있는가 하는 문
제가 도출된다. 도덕인식이 먼저 이루어지고, 그 결과로 도덕실천이 따
르는 것인가? 아니면 도덕적 행동을 먼저 하고, 이에 근거하여 스스로가
도덕 주체라는 사실을 깨닫게 되는 것인가? 얼핏 공리공론 같아 보이는
이러한 논의는 현대 심리학과 관련하여 어떠한 가치를 갖는 문제인가?
이 장에서는 이러한 도덕 인식과 그 실천 사이의 관련성의 문제에 대해
고찰해 보기로 하겠다.[3]

---

2) 禹湯文武成王周公　由此其選也　此六君子者　未有不謹於禮者也　以著其義　以考其信
著有過　刑仁講讓　示民有常(『禮記』 禮運 290)

3) 이 장의 진술은 주로 졸저(조긍호, 2012, pp. 650-658, 687-708, 743-747; 2017b,
pp. 301-329)의 내용을 기반으로 하였는데, 대체로 해당 내용을 그대로 따와서
구성하였다.

✳ 1. 유학사상에서 교육의 목표: 도덕 인식과 실천

　12세기 성리학의 등장 이후 유학자들이 중시한 아동교육서는 『소학(小學)』이었고, 성인교육서는 『대학(大學)』을 위시한 사서(四書)와 오경(五經)⁴⁾ 같은 유학의 기본 경전(經典)들이었다. 이들 경전의 내용은 대체로 일상생활의 기본 예절과 사람의 도리 및 고대의 역사, 그리고 자연 순환의 원리 등으로 이루어져 있었는데, 이 중의 핵심은 사회관계에서 사람이 지켜야 할 윤리 등 도덕적인 삶의 원칙에 관한 내용이었다. 이렇게 보면 유학자들이 강조하는 교육의 목표는 바로 도덕성의 인식과 그 실천의 문제에 집중되어 있었다고 할 수 있다.

1) 선진유학의 관점

　『논어』에서는 "온갖 기술자들은 공장에서 자기 일을 익힘으로써 그 맡은 일을 이루어 내고, 군자는 배움으로써 그 도를 다 이루어 내야 한다"⁵⁾고 표현하여, 도의 인식과 실천이 교육의 목표임을 분명히 하고 있다. 여기서 군자가 배움으로써 그 도를 다 이루어 낸다는 것은 기술자들이 자기 기술을 익힘으로써 맡은 바 소임을 다하듯이, 군자는 자기에게 갖추어져 있는 도덕성의 근원을 밝게 인식하여 일상생활에서 이를 실천해야 함을 말하는 것이다.

---

4) 四書는 『大學』·『論語』·『孟子』·『中庸』을 말하고, 五經은 『詩經』·『書經』·『易經』·『禮記』·『春秋』를 가리킨다. 유학에서의 교육 활동의 전반적인 내용에 대해서는 졸저(조긍호, 2012, pp. 634-754) 참조.
5) 子夏曰 百工居肆以成其事 君子學以致其道(『論語』 子張 7)

공자는 자기의 도의 핵심인 인(仁)은 가족관계라는 자기 몸 가까이에 있는 것임을 말하여, 도덕실천은 자기 가까이에서부터 비롯해야 하는 것임을 다음과 같이 강조하고 있다.

> 군자는 근본에 힘써야 한다. 근본이 제대로 서 있어야 도가 거기서 나오기 때문이다. 부모에게 효도하는 것과 어른에게 공손한 것, 이것이 바로 인(仁)을 행하는 근본이다.[6]

이 인용문에서 인(仁)은 고원(高遠)하거나 실천하기 어려운 일[難行]이 아니라, 가족관계에서 실행해야 하는 가깝고 쉬운 일이라는 사실이 드러나고 있다. 공자는 이를 "인이 멀리 있는가? 그렇지 않다. 내가 인을 행하고자 하면 인이 곧바로 나에게 다가온다"[7]거나 "무릇 인이란 내가 서고자 하면 남을 먼저 서게 해 주고, 내가 이루고자 하는 것을 남이 먼저 이루게 해 주는 일이다. 가까이 자기 몸에서 취해 남에게로 미루어 가는 일, 이것이 바로 인을 행하는 방도"[8]라고 진술하고 있다. 그렇기 때문에 공자는 "인을 행하는 일은 나에게로부터 시작되는 일이지 남으로부터 시작되는 일이 아니다"[9]라고 진술하여, 도덕실천은 가까이 자기에게서 시작하여 남에게까지 확대해야 하는 것임을 주장하고 있는 것이다.

『논어』에서는 학문에 뛰어났던 제자인 자하(子夏)의 다음과 같은 말이 등장하여, 교육의 목표는 도의 인식과 실천이라는 사실이 재삼 강조

---

6) 君子務本 本立而道生 孝弟也者 其爲人之本與(學而 2)

7) 子曰 仁遠乎哉 我欲仁 斯仁至矣(述而 29)

8) 子曰……夫仁者 己欲立而立人 己欲達而達人 能近取譬 可謂仁之方也已(雍也 28)

9) 子曰……爲仁由己 而由人乎哉(顔淵 1)

되고 있다.

> 자하는 "배우기를 널리 하고[博學], 뜻을 독실히 하며[篤志], 절실하게
> 묻고[切問], 가까이에서 생각하면[近思], 인이 바로 그 가운데 있게 된
> 다"고 말하였다.[10]

여기서 박학(博學)과 절문(切問)은 도의 인식을 말하는 것이고, 독지(篤志)와 근사(近思)는 바로 일상적 도덕실천을 말하는 것이라 볼 수 있다.[11] 이렇게 공자는 널리 배우고 절실하게 물음으로써 도를 인식하고, 뜻을 독실하게 하여 자기 가까이에서 도를 실행하려는 의지를 가지고 실천하는 일을 교육의 목표로 설정하고 있는 것이다.

이러한 공자의 입장을 맹자와 순자도 그대로 이어받고 있다. 맹자는 "인(仁)은 사람의 마음이고 의(義)는 사람의 길이다. 바른 길을 버리고 따르지 않으며, 바른 마음을 놓치고 찾을 줄 모르니 애석한 일이다. 사람은 기르던 개나 닭을 잃으면 찾을 줄 알면서도, 자기의 본심을 놓치고도[放心] 찾을 줄을 모른다. 학문의 도란 다른 것이 아니다. 다만 놓쳐 버린 본심을 찾는 것일 뿐이다"[12]라고 주장하였다.

여기서 놓쳐 버린 본심은 인의예지(仁義禮智)의 근거인 측은지심(惻隱

---

10) 子夏曰 博學而篤志 切問而近思 仁在其中矣(子張 6)

11) 朱熹가 呂祖謙과 함께 "초학자들을 위한 입문서로 편찬"(葉采/이광호, 2004, 권 1, p. 5)한 책의 제명을 『近思錄』이라 명명한 것은 이 구절에서 따온 것이다. 여기서 博學·篤志·切問·近思는 교육의 목표를 진술하고 있는 것이 아니라 학문의 방법을 진술한 것으로 볼 수도 있다.

12) 仁人心也 義人路也 舍其路而不由 放其心而不知求 哀哉 人有鷄犬放 則知求之 有放心而不知求 學問之道無他 求其放心而已矣(『孟子』 告子上 11)

之心)・수오지심(羞惡之心)・사양지심(辭讓之心)・시비지심(是非之心)의 사단(四端)을 말한다. 맹자는 이렇게 본심을 놓치거나 잃어버려 방심(放心)하게 되는 것은 마음의 생각하는 기능을 적극적으로 활용하지 않기 때문이라고 본다. 즉 "마음의 기관은 생각하는 기능을 갖추고 있어서, 생각하면 본심을 인식하게 되고, 생각하지 않으면 이를 인식하지 못하게 되는데도"13) 불구하고, 단지 생각하여 이를 구하지 않기 때문에 본심을 잃고 모든 도덕성의 근거가 자기 자신에게 갖추어져 있어서 스스로가 도덕 주체라는 사실을 인식하지 못하게 된다는 것이다.14)

그러므로 교육의 기본적인 목표는 사람들로 하여금 자기에게 갖추어져 있는 인의의 도를 깨달아 스스로 자각함으로써, 이를 실생활에서 실천하도록 하는 일이라고 맹자는 보고 있다. 이러한 주장은 다음 진술에서 잘 표명되고 있다.

군자가 올바른 방법으로 깊이 탐구하여 나아가는 것은 스스로 깨달아 얻고자 하는 것이다. 스스로 깨달아 도를 얻으면 이에 처하는 것이 안정되고, 그렇게 되면 도를 활용하는 데 더욱 깊이가 있게 된다. 이렇게 도를 활용하는 데 깊이가 있게 되면, 자기의 좌우 가까이에서 항상 그 근원을 파악하게 된다. 그러므로 군자는 도를 깨달아 스스로 얻고자 하는 것이다.15)

---

13) 心之官則思 思則得之 不思則不得也(告子上 15)
14) 이러한 논지는 『孟子』 전편에서 자주 발견된다. 예를 들면, 告子上 6(仁義禮智 非由外鑠我也 我固有之也 弗思耳矣), 告子上 13(拱把之桐梓 人苟欲生之 皆知所以養之者 至於身而不知所以養之者 豈愛身不若桐梓哉 弗思甚也), 告子上 17(欲貴者人之同心也 人人有貴於己者 弗思), 告子下 2(夫道若大路然 豈難知哉 人病不求耳) 등에서 이러한 논지가 직접 표현되고 있다.

이러한 맥락에서 맹자는 등(滕)나라 문공(文公)이 나라 다스리는 요체를 물어온 데 대해 "상(庠)·서(序)·학(學)·교(校) 등의 교육기관을 설립하여 백성들을 교육하십시오 …… 예전에 이들 교육기관에서는 모두 사람의 도리[人倫]를 밝히고 가르쳤습니다"[16]라고 하여, 교육을 권하고 있는 것이다. 여기서 백성에게 가르쳐야 하는 인륜은 부자유친(父子有親)·군신유의(君臣有義)·부부유별(夫婦有別)·장유유서(長幼有序)·붕우유신(朋友有信) 같은 오륜(五倫)을 말한다.[17]

이러한 인륜은 자식이 부모에게 친애하고 동생이 형을 공경하는 것 같은 가까운 가족관계의 윤리를 실천하는 일로부터 비롯된다는 것이 맹자의 생각이다.[18] 맹자는 이를 "도는 가까이에 있는데도 이를 멀리에서 구하려 하고, 할 일은 쉬운데도 이를 어려운 데서 찾으려 한다. 누구나 다 어버이를 친애하고 어른을 공경한다면, 천하가 곧 화평하게 될 것"[19]이라 역설하고 있다. 이렇게 맹자도 교육은 인륜의 도를 인식하는 것에 못지않게 이를 실천하는 데에 그 목표를 두어야 함을 역설하고 있는 것이다.

이러한 관점은 순자에게도 그대로 이어지고 있다. 순자는 "마음이 도를 인식한[知道] 뒤에야 도를 옳은 것으로 받아들일 수[可道] 있고, 도를

---

15) 君子深造之以道 欲其自得之也 自得之 則居之安 居之安 則資之深 資之深 則取之左右逢其原 故君子欲其自得之也(離婁下 14)

16) 滕文公問爲國 孟子曰…… 設爲庠序學校以教之…… 皆所以明人倫也(滕文公上 3)

17) 人之有道也 飽食暖衣 逸居而無教 則近於禽獸 聖人有憂之 使契爲司徒 教以人倫 父子有親 君臣有義 夫婦有別 長幼有序 朋友有信(滕文公上 4)

18) 孩提之童 無不知愛其親也 及其長也 無不知敬其兄也 親親 仁也 敬長 義也 無他 達之天下也(盡心上 15); 仁之實 事親是也 義之實 從兄是也 智之實 知斯二者弗去是也 禮之實 節文斯二者是也(離婁上 27)

19) 道在爾而求諸遠 事在易而求諸難 人人親其親 長其長 而天下平(離婁上 11)

옳은 것으로 받아들인 후에야 비로소 도를 지키고[守道] 도가 아닌 것을 하지 않을 수[禁非道] 있게 된다"[20]고 하여, 도의 인식[知道·可道]과 실천 [守道·禁非道]이 교육의 목표라는 사실을 분명히 하고 있다. 순자는 "도를 밝게 인식하고, 이렇게 인식한 도를 실행하면 도를 체득한 사람"[21]이라고 하여, 도를 밝게 인식하는 찰도(察道)와 이를 실행하는 행도(行道)가 도를 체득한 체도자(體道者)가 되는 길이라고 진술하여 이러한 입장을 거듭 드러내고 있다.

맹자는 도를 인식하는 방법으로 사고[思]를 중시하지만,[22] 순자는 배움[學]을 더 중시한다. 순자는 "내가 일찍이 하루 종일 생각해[思] 보았지만, 이것은 잠시 동안이라도 배우는[學] 것만 못하였다"[23]라고 진술하여 이러한 관점을 드러낸다. 이러한 양자의 차이는 공자가 "배우기만 하고 생각하지 않으면 미혹되고[罔], 생각하기만 하고 배우지 않으면 위태롭게 된다[殆]"[24]고 하여, 사고와 배움을 모두 중시한 데 대한 맹자·순자의 입장의 차이를 드러내고 있다. 즉 맹자는 반성적 사고를 중시하는 입장인 데 반해, 순자는 스승의 감화를 통한 배움을 중시하는 입장인 것이다. 그리하여 순자는 "본받을 스승과 법도가 있는 것은 사람에게 크게 보배로운 일이지만, 본받을 스승과 법도가 없는 것은 사람에게 커다란 재앙"[25]이라고 본다.

반성적 사고보다 스승을 따라 배우는 것을 앞세우는 순자의 태도는 그

---

20) 心知道然後可道 可道然後能守道 以禁非道(『荀子』 解蔽 11)

21) 知道察 知道行 體道者也(解蔽 13)

22) 이 장의 주 13, 주 14 참조.

23) 吾嘗終日而思矣 不如須臾之所學也(勸學 4)

24) 子曰 學而不思則罔 思而不學則殆(『論語』 爲政 15)

25) 故有師法者 人之大寶也 無師法者 人之大殃也(『荀子』 儒效 34)

로 하여금 도의 인식보다 실천을 더 중시하는 입장으로 유도한다. 앞에서 진술한 지도(知道)와 가도(可道)라는 도의 인식[察道]은 수도(守道)와 금비도(禁非道)라는 도의 실행[行道]의 전제조건으로서의 의미를 가질 뿐이라는 것이 순자의 관점이다. 순자는 이러한 입장을 "도를 인식하기만 하는 것은 이를 실행함만 못하다. 배움이란 배운 것을 실행하는 데에서 끝난다 …… 알기만 하고 실행하지 않으면, 비록 아는 것이 많고 풍부하다 할지라도, 실생활에서는 어려움에 빠질 뿐"[26]이라 진술하고 있다.

2) 성리학의 관점

교육의 목표를 사람의 도리의 인식과 이의 실천에 두고 있는 공자 · 맹자 · 순자 같은 선진유학자들의 관점은 성리학자들에게도 그대로 이어지고 있다. 성리학자들이 도의 인식과 실행을 교육의 근본 목표로 잡고 있는 것은 그들이 『소학』과 『대학』을 교육의 기본 교재로 삼고 있다는 데서 드러난다.[27] 주희는 "옛날의 가르침은 『소학』이 있고 『대학』이 있

---

26) 知之不若行之　學至於行之而止矣……知之不行　雖敦必困(儒效　33)

27) 여기서 『大學』을 선진유학의 경전이 아니라 성리학자들의 핵심 경전으로 보는 견해에 대해서는 많은 비판이 따를 수 있을 것이다. 이는 본래 『禮記』의 제42편으로 들어 있던 것이었는데, 그 제31편이던 『中庸』과 함께 주희가 따로 떼어 내어 『論語』 · 『孟子』와 함께 四書로 높임으로써, 유학 경전의 최고 반열에 오른 경전이다. "『論語』에서 공자가 직접 언급한 경전은 『詩經』과 『書經』뿐이었고"(김승혜, 1990, p. 15), 『禮記』는 기원전 1세기의 前漢시대 戴聖이 편찬한 것일 가능성이 높은 저술(김승혜, 1990, p. 321, 주 35)이라는 사실을 참고해 보면, 『大學』과 『中庸』을 중시한 것은 南宋시대 이후의 일이다(김승혜, 1990, pp. 9-39 참조). 이러한 점에서 이는 진(秦)나라 이전의 선진유학 시대에는 있지도 않았거나 또는 있었다 하더라도 전혀 주목을 받지 못하였는데, 12세기에 들어서서 성리학자들이 四書의 하나로 존숭함으로써 비로소 중시되기 시작한 경전임은 분명한 사실인 것이다.

었는데, 그 도는 하나일 뿐이었다. 『소학』은 일상생활에서 실천해야 하는 일로서 군주를 섬기고 부모와 형을 섬기는 등의 일이고, 『대학』은 곧 이러한 일들의 이치를 밝히는 것으로서, 그 실천한 위로 나아가 군주를 섬기고 부모를 섬기는 것 같은 일의 까닭이 무엇인지를 강구하여 곡진하게 하고자 하는 것"[28]이라고 하여, 『소학』을 통해 자기 몸 가까이에서 도를 실천하게 하고, 이어서 『대학』을 통해 도의 인식에 이르게 한 것임을 밝히고 있다. 이렇게 성리학자들도 도의 실천과 인식을 교육의 목표로 삼고 있는 것이다.

여기서 한 가지 짚고 넘어갈 것은 성리학자들은 도의 인식보다 도의 실천이 우선되어야 한다고 여기고 있다는 사실이다. 그들은 『소학』의 교육을 통해 아동들로 하여금 자기 몸 가까이에서부터 일상적 도를 실천하도록 한 뒤에, 『대학』의 교육을 통해 도의 명확한 인식에 도달해야 하는 것으로 보고 있다. 즉 도의 인식보다 이의 실천이 우선되어야 한다고 성리학자들은 간주한다. "『소학』의 도란 물 뿌리고 쓸며, 응하고 대답하며, 나가고 물러나는 예절로부터 비롯하여, 어버이를 사랑하고 어른을 공경하며, 스승을 존경하고 벗과 친애하는 데로 나아가는데, 이는 모두 몸을 닦고[修身] 집안을 가지런히 하며[齊家] 나라를 다스리고[治國] 천하를 평안히 하는[平天下] 일의 근본이 되기 때문"[29]에 도의 인식보다 자기 몸 가까이에서부터 도를 실천하는 것이 우선되어야 할 일이라는 관점이 성리학자들의 입장인 것이다.

---

28) 古之教者 有小學 有大學 其道則一而已 小學是事 如事君事父兄等事 大學是發明此 事之理 就上面講究委曲所以事君事親等事如何(『小學』 小學集註總論)

29) 古者小學 教人以灑掃應對進退之節 愛親敬長隆師親友之道 皆所以爲修身齊家治國 平天下之本(『小學』 小學書題)

주희가 여조겸(呂祖謙)과 함께 『근사록(近思錄)』을 편찬하고, 그 제목을 "자기 몸 가까이에서의 깨우침"[近思]이라고 붙여, "일상생활에서 몸소 실천해야 하는 내용"30)을 위주로 한 까닭도 바로 여기서 찾을 수 있다. '근사'(近思)의 목적은 바로 도의 실천에 있는 것이다.

율곡도 『격몽요결(擊蒙要訣)』 서문에서 "사람이 이 세상에 태어나서 배우지 않으면 사람다운 사람이 될 수 없다"면서, "학문이란 것은 역시 이상스럽고 별다른 것이 아니고, 어버이 된 사람은 마땅히 자애롭고, 자식 된 사람은 마땅히 효도하며, 신하 된 사람은 마땅히 충성하고, 부부 된 사람들은 마땅히 유별(有別)하며, 형제 된 사람들은 마땅히 우애롭고, 젊은이 된 사람은 마땅히 어른을 공경하며, 친구 된 사람들은 마땅히 신의가 있어서, 일상의 모든 일에 있어서 일에 따라 마땅히 해야 할 바를 행할 뿐이지, 현묘(玄妙)하고 보기 힘들며 기이한 것에 마음을 빼앗겨서는 안 된다"31)고 진술하여, 일상적 실천이 우선임을 확실히 하고 있다.

이상에서 보듯이, 성리학자들도 선진유학자들과 마찬가지로 교육의 목표를 도의 인식과 실천에 두고 있다. 그러나 그들은 도의 인식은 그 일상적 실천의 근거 위에서 이루어져야 한다는 입장을 한결같이 견지하고 있다는 특징을 드러내고 있는 것이다.

---

30) 葉采/이광호, 2004, 『근사록집해(近思錄集解)』 1권, p. 17.

31) 人生斯世 非學問無以爲人 所謂學問者 亦非異常別件物事也 只是爲父當慈 爲子當孝 爲臣當忠 爲夫婦當別 爲兄弟當友 爲少者當敬長 爲朋友當有信 皆於日用動靜之間 隨事各得其當而已 非馳心玄妙希覬奇效者也(『栗谷全書 二』 擊蒙要訣, 序 82)

❋ 2. 내적 인식과 외적 실천:
선지후행(先知後行)과 선행후지(先行後知)의 문제

공자 · 맹자 · 순자 같은 선진유학자들은 스스로가 도덕 주체라는 사실과 왜 도덕실천을 해야 하는지에 대한 까닭을 먼저 인식한 후에 도덕실천이 이루어져야[先知後行] 완전한 지행합일(知行合一)이 이루어져 성덕할 수 있게 된다는 관점으로 도덕인식과 그 실천의 선후 관계를 정리하고 있다. 이에 비해 주희와 퇴계 및 율곡 같은 성리학자들은 교육의 순서로 『소학』을 강조하는 입장에서, 도덕적 행동을 먼저 한 후에 왜 도덕실천을 해야 하는지에 대한 인식이 이루어진다[先行後知]고 보고 있다.

다음 절에서 보게 되겠지만, 인식과 실천 사이의 선후의 문제는 현대 사회심리학에서도 태도와 행동 사이의 선후 관계에 대한 논의를 통해 상당히 격렬한 토론의 주제가 되었던 문제이다. 그러므로 이 문제에 대한 이론적 정리는 일견 공리공론(空理空論) 같아 보이는 유학심리학 구축 작업에 대한 비판에 대응하는 좋은 방안이 될 수도 있을 것이다. 실증적 연구라고 해서 그 배경에 놓여 있는 지도적 이론이 없이 진공관 속에서 이루어지는 것은 아닌 것이다.

1) 선진유학의 관점: 선지후행

'지(知) - 행(行)' 사이의 선후 관계에 대해 선진유학자들은 대체로 선지후행의 입장을 견지하고 있었던 것으로 보인다. 『논어』에서 자하는 "널리 글을 배우고[博學], 뜻을 독실하게 하며[篤志], 절실하게 묻고[切問], 자기 몸 가까이에서 생각하는[近思] 일"[32]을 교수 및 학습의 방법으로 제시하고 있다. 여기서 '박학'(博學)과 '절문'(切問)은 도의 인식과 관련되는 교육 방법이고, '독지'(篤志)와 '근사'(近思)는 도의 실천과 관련되는 교육 방법이라 볼 수 있다. 이러한 자하의 관점은 공자의 '박문약례'(博文約禮)의 교육 방법을 그대로 표현한 것이다.

> 공자께서는 "군자가 글을 널리 배우고[博學於文], 예로써 자기 몸을 단속한다면[約之以禮], 또한 도에 어긋나지 않을 것이다"라고 말씀하셨다.[33]

이 인용문에서 글을 널리 배우는 '박문'(博文)은 자하의 '박학'과 '절문'에 해당되고, 예로써 몸을 단속하는 '약례'(約禮)는 '독지'와 '근사'에 해당하는 것으로 볼 수 있다. 그러므로 이는 도의 인식은 '박문'의 방법으로 이루고, 도의 실천은 '약례'의 방법을 통해 이루어야 함을 말하고 있는 것이라 해석할 수 있다. 주희는 이 인용문에 대한 주석에서 정자(程子)의 말을 인용해 "널리 글을 배웠다고 해도 예로써 몸을 단속하지 않으면, 산만하여 기준이 없게 된다. 그러므로 널리 배운 뒤에 또 능히 예를 지켜 행위 규범[規矩]을 따르면, 또한 도에 위반되지 않게 될 것이다"[34]라고 진술하여, '박문'은 도의 인식을 위한 방법이고, '약례'는 도의 실천을 위한 방법이라는 사실을 분명히 하고 있다.

이렇게 공자가 '박문'과 '약례' 두 가지를 교육의 방법으로 강조하였다

---

32) 子夏曰 博學而篤志 切問而近思 仁在其中矣(『論語』 子張 6)

33) 子曰 君子博學於文 約之以禮 亦可以弗畔矣夫(雍也 25; 顏淵 15)

34) 程子曰 博學於文而不約之以禮 必至於汗漫 博學矣 又能守禮而由於規矩 則亦可以不畔道矣(『論語集註』)

는 사실은 공자가 가장 아꼈던 제자인 안연(顏淵)의 다음과 같은 공자에 대한 평가에서 잘 드러난다.

> 안연이 크게 탄식하여 …… "선생님께서는 차근차근히 사람을 잘 이끄
> 시어, 글로써 나의 지식을 넓혀 주시고[博我以文], 예로써 나의 몸을 단
> 속하게 해 주셨다[約我以禮]"고 말했다.[35]

주희는 『논어집주』에서 "박문약례는 가르침의 순서를 말한 것이다. 공자의 도가 비록 높고 묘하나, 사람에게 가르치는 데에는 순서가 있는 것이다"[36]라고 풀이하여, '박문'을 통해 도를 인식한 다음에 '약례'를 통하여 도의 실천을 도모하는 것이 공자가 제시하는 교육의 순서라고 진술하고 있다. 이러한 순서는 '거경궁리(居敬窮理)'라고 하여 도의 실천을 그 인식보다 앞세운 성리학자들의 그것과는 다르다.

맹자는 "학문의 도는 다른 것이 아니라, 그 놓쳐 버린 본심을 찾는 것[求放心]일 뿐"[37]이라고 하여, 교육이란 인간이 갖추고 있는 측은 · 수오 · 사양 · 시비지심 같은 본유적인 도덕성[四端]을 회복하는 일이라 보고 있다. 그는 "보통 사람은 사람과 동물의 차이의 근거인 이러한 도덕성을 놓쳐 버리고 말지만, 군자는 이를 잘 간직함으로써 사람의 도를 잘 깨달아, 이를 일상생활에서 자연스럽게 실행할 수 있다"[38]고 하여, 도덕성

---

35) 顏淵喟然嘆曰……夫子循循然善誘人 博我以文 約我以禮(子罕 10)

36) 博文約禮 敎之序也 言夫子道雖高妙 而敎人有序也(『論語集註』)

37) 學問之道無他 求其放心而已矣(『孟子』 告子上 11)

38) 孟子曰 人之所以異於禽獸者幾希 庶人去之 君子存之 舜明於庶物 察於人倫 由仁義
行 非行仁義也(離婁下 19)

의 회복은 도의 인식과 그 실천을 목적으로 하는 것임을 분명히 하고 있다. 이러한 도의 인식과 실천을 위해 필요한 교육의 방법에 대해 맹자는 다음과 같이 간략하게 진술하고 있다.

> 맹자는 "널리 배우고 상세히 가르침은 장차 돌이켜 몸을 단속하게 하기 위해서이다"라고 말하였다.[39]

이 인용문에서 드러나고 있듯이, 맹자도 공자와 마찬가지로 교육의 방법을 널리 자세히 배우는 '박학'(博學)과 자기 몸에 돌이켜 단속하는 '반약'(反約)에서 찾고 있으며, 그 순서는 '박학'이 우선이고 '반약'은 그에 이어지는 것으로 진술하고 있다. 맹자가 교육의 순서를 도의 인식을 우선으로 하고 도의 실천을 그에 따르는 것으로 잡고 있다는 사실은, 그가 "군자가 올바른 방법으로 깊이 탐구하여 나아가는 것은 도를 깨달아 얻고자 하는 것인데[도의 인식], 우선 도를 깨달아 인식하고 나면 후에 이에 처하는 것이 안정되고 또 이를 활용하는 데[도의 실천] 깊이가 있게 된다"[40]고 진술하고 있다는 점에서 잘 드러나고 있다. 이렇게 맹자도 공자와 같이 '선지후행'(先知後行)을 교육의 순서로 제시하고 있는 것이다.

순자는 교육의 목표를 도를 밝게 인식하고[察道] 이를 일상생활에서 실천하여[行道] 도를 체득한 사람[體道者]이 되는 일에서 찾고 있는데,[41] 이

---

39) 孟子曰 博學而詳說之 將以反說約也(離婁下 15): 필자는 여기서의 約을 『論語』(雍也 25; 子罕 10; 顏淵 15)의 예를 따라 約禮의 約으로 풀이하였다.

40) 君子深造之以道 欲其自得之也 自得之 則居之安 居之安 則資之深 資之深 則取之左右逢其原 故君子欲其自得之也(離婁下 14)

41) 知道察 知道行 體道者也(『荀子』 解蔽 13)

러한 교육의 방법과 순서에 대하여 『순자』 첫머리인 「권학(勸學)」편에
서 비교적 자세하게 언급하고 있다. 그가 제시하는 교육의 방법은 널리
배우는 '박학'(博學)과 배운 바를 자기에게 참험(參驗)하여 살펴보는 '참기'
(參己)이다.

> 군자는 널리 배우고[博學], 배운 바를 매일 자기 몸에 참험하여 살펴보
> 아야 한다[參己]. 그렇게 되면 도덕 인식이 밝아지고[知明] 행실에 잘못
> 이 없게 된다[行無過].[42]

여기서 '박학'은 도덕 인식이 밝아지는[知明] 효과를 가져오는 교육 방
법이고, '참기'는 행실에 잘못이 없게 되는[行無過] 효과를 가져오는 교육
방법이다. 즉 도덕인식을 위한 교육 방법이 '박학'이고, 도덕실천을 위한
교육 방법이 '참기'인 것이다.

순자는 이러한 '박학'을 통한 도의 인식과 '참기'를 통한 도의 실천이라
는 교육의 두 가지 목표에 분명한 순서를 부여하고 있다. 도의 인식이 도
의 실천보다 선행되어야 한다는 것이다. 이러한 순자의 관점은 다음 인
용문에 분명히 제시되고 있다.

> 그러므로 마음으로 도를 인식하지 않을 수 없다. 마음으로 도를 인식

---

42) 君子博學 而日參省乎己 則智明而行無過矣(勸學 2): 王先謙(1891)의 『荀子集解』에
　　인용된 兪樾은 본문 중 省乎 두 글자는 본래는 없었던 것으로, 후대인들이 參을
　　三으로 읽어 『論語』 學而 4장의 吾日三省吾身에 의거해서 잘못 첨가한 것으로 보
　　고 있다. 따라서 그는 參을 驗의 뜻으로 보아, 參己를 "자기에게 참험하여 살펴본
　　다" 또는 "자기에게 비추어 살펴본다"의 의미로 풀이하고 있다. 또한 그는 智도 知
　　의 오자로 보아 智明을 知明으로 풀이하고 있다. 여기서는 이러한 兪說을 따랐다.

하지 못하면, 올바른 도를 옳은 것으로 여겨 선택하지 못하게 되고 그 대신 도가 아닌 것을 옳다고 여겨 선택하게 된다. 자기가 마음대로 하고 싶다고 해서, 자기가 옳다고 여기지 않는 것을 지키기 위해 옳다고 여기는 것을 하지 않으려고 할 사람이 누가 있겠는가? …… 마음으로 도를 밝게 인식한[知道] 다음에라야 도를 옳은 것으로 여겨 선택하게 되고[可道], 도를 옳은 것으로 여겨 선택한 후에야 비로소 도를 지킴으로써[守道] 도 아닌 것을 하지 않을 수 있게[禁非道] 되는 것이다.[43]

이 인용문에서 순자는 도의 인식과 선택[知道·可道]은 도의 실천[守道·禁非道]의 선행 조건이라는 명확한 입장을 드러내고 있다. 그러므로 도의 인식[察道]을 위한 '박학'(博學)은 도의 실천[行道]을 위한 '참기'(參己)보다 선행해야 하는 교육 방법인 것이다.

그러나 도의 인식이 그 실천보다 선행되어야 한다고 보는 순자의 관점이 이 둘의 분리를 의미하는 것은 아니다. 다만 도의 실천은 이에 대한 명확한 인식의 바탕 위에서 이루어져야 한다고 볼 뿐이다. 순자는 "군자의 배움은 귀로 들어와 마음에 꼭 달라붙어, 온몸에 퍼지고 일상생활의 실천으로 드러나 …… 모두 행위의 규범으로 작용하게 되지만, 소인의 배움은 귀로 들어와 곧바로 입으로 나가버리고 마니 …… 어찌 사람의 몸을 아름답게 할 수 있겠는가?"[44]라고 진술하여, 도덕인식은 그 실천의 전제일 뿐 그 자체가 목표가 될 수는 없음을 분명히 하고 있는 것이다.

이상에서 드러나고 있듯이, 공자·맹자·순자 같은 선진유학자들은

---

43) 故心不可以不知道 心不知道 則不可道 而可非道 人孰欲得恣 而守其所不可 以禁其所可……心知道 然後可道 可道然後能守道 以禁非道(解蔽 10-11)
44) 君子之學也 入乎耳 箸乎心 布乎四體 形乎動靜……一可以爲法則 小人之學也 入乎耳 出乎口……曷足以美七尺之軀哉(勸學 13-14)

도의 인식을 위한 교육 방법으로 널리 가르치고 배우는 일[博文·博學]을 들고 있고, 도의 실천을 위한 교육 방법으로 자기 몸의 단속[約禮·反約·參己]을 들고 있다. 또한 그들은 도의 인식이 도의 실천보다 선행되어야 할 교육의 목표라는 '선지후행'을 교육의 원칙으로 삼는 공통성이 있는 것이다.

2) 성리학자 주희의 관점:
중행경지(重行輕知)와 주경종지(主敬從知)

그렇다면 주희(朱熹) 및 퇴계(退溪)와 율곡(栗谷) 같은 성리학자들은 대체로 이 문제에 대해 어떤 입장을 취하고 있었을까? 현대 중국의 대표적인 주희 연구자인 진래(陳來)는 주희의 지행(知行)에 관한 관점을 논의하면서, 주희에게서 이 문제는 '치지(致知)-역행(力行)', '치지-함양(涵養)', '치지-주경(主敬)'의 세 측면에서 서로 다른 관점으로 정리할 수 있다고 보았다. 여기서 "치지와 역행은 '도덕인식' 및 '도덕관념의 실천 내지 실행'의 상호 관계를 가리키며, 치지와 함양은 위기지학(爲己之學)으로서의 도학(道學)에 있어서 '지식의 확충'과 '수신양성'(修身養性) 두 가지 기본적인 방법 간의 상호 관계를 의미한다. 그리고 치지와 주경은 '주체적인 수양'이 '격물치지'(格物致知)의 과정 중에 작용하는 것을 말한다."[45]

---

45) 陳來, 1987/2008, pp. 367-368. 이하 본문에서 언급되는 陳來의 논의는 그의 책의 pp. 365-406의 내용을 참조한 것으로, 그의 말을 직접 인용할 때 외에는 출처를 따로 밝히지 않았으며, 그의 주장을 감안하여 필자의 의견에 따라 확대 해석한 것도 있다.

(1) '치지–역행'의 측면: 중행경지

우선 '치지'와 '역행' 간의 문제로 도덕인식[知]과 도덕실천[行]의 관계를 정리하면, 도덕실천의 근거로서 도덕인식이 선행되어야 한다는 것이 송유(宋儒)들의 입장이라고 진래는 보았다. 그는 이의 근거로 "도덕 인식과 그 실천은 모름지기 서로 의존하는 것인데, 이는 마치 눈이 있어도 발이 없으면 나아가지 못하고, 발이 있어도 눈이 없으면 나아갈 길을 볼 수 없는 것과 같다. 이 양자의 선후(先後)를 논하자면 도덕인식인 지(知)가 우선이고, 그 경중(輕重)을 논하자면 도덕실천인 행(行)이 더 중요하다"[46]는 주희의 진술을 들고 있다. 그러나 주희는 '선지후행'이라고 해서 모든 인식을 완전히 갖춘 다음에라야 비로소 실천이 시작되는 것이라고 보지는 않았다.

> 만약 반드시 인식이 지극한 데에 이른 다음에라야 이를 실행할 수 있다고 한다면, 무릇 어버이를 섬기고 형을 공경하며, 어른을 따르고 아랫사람을 대하는 것과 같이 사람의 삶에서 단 하루라도 폐할 수 없는 일에 대해서도 "내 지식이 아직 지극한 데 이르지 못했으므로, 이를 행하기를 잠시 미뤄두고 지식이 지극해지기를 기다린 후에 행하겠다"라고 할 수 있겠는가?[47]

진래는 "주희가 '선지후행설'에서 논의한 것은 '행–지–행'의 순차에

---

46) 知行常相須 如目無足不行 足無目不見 論先後 知爲先 論輕重 行爲重(『性理大全』 卷四十八, 學六, 知行 759)

47) 若曰必俟知至而後可行 則夫事親從兄承上接下 乃人生之所不能一日廢者 豈可謂吾知未至而暫報以俟其至而後行哉(『性理大全』 卷四十八, 學六, 知行 762)

관한 것이었다"면서, "여기서 뒷부분의 '지-행' 구조는 행위란 사상의 실
행이며, 반드시 이성적 지식의 지도를 받는다는 점을 거듭 강조한 것"[48]
이라 진술하고 있다. 이렇게 보면 '치지-역행'의 관계에 관한 주희의 입
장을 단순히 '선지후행설'이라고 하기보다는 '중행경지설(重行輕知說)'이
라고 보는 것이 타당할 것이다.

(2) '치지-함양'의 측면: 지행병진

다음으로 '치지'와 '함양' 간의 문제로 지와 행의 관계를 정리하면, "도
덕인식이 이루어진 후에 실천이 이를 따르지 못한다면, 그 도덕인식이
아직 얕은 데에 머물러"[49] "도덕인식이 지극한 데에 이르지 못했기 때
문"[50]으로, 사물의 이치를 깊게 깨우치는 진지(眞知)에 이르면 곧 도를
실천하는 바탕이 함양되어 도덕실천에 이르게 되므로, 굳이 그 선후를
논할 수 없는 '지행병진'(知行竝進)이 이루어진다는 것이 주희의 관점이
다. 이는 다음과 같은 진술에 잘 드러나 있다.

> 혹자가 "반드시 먼저 안 다음에 행해야 하는 것입니까?"라고 묻자, 주
> 희가 "아직 도리[理]가 밝혀짐을 이루지 못했다고 해서 모두 그 도리를
> 간직하여 지키지[持守] 못할 리가 있겠는가? 증점(曾點)과 증자(曾子)
> 부자(父子)가 이러한 두 가지 예를 잘 드러내 준다. 증점은 이해는 하
> 였지만 행동은 이에 따르지 못하였고, 증자는 이해하기 이전부터 굳게

---

48) 陳來, 1987/2008, p. 374.
49) 論知之與行 曰 方其知之而行未及之 則知尚淺(『性理大全 卷四十八』學六, 知行 759)
50) 未有知之而不能行者 謂知之而未能行 是知之未至也(『性理大全』 卷四十八, 學六,
   知行 759)

지켰기 때문에 점차 두루 도리에 밝게 통하게 되었다.[51]

일상적 실천을 통해 함양하는 가운데 자연히 이치를 궁구하는 공부가 갖추어져 있어서 그 길러야 할 바의 도리가 궁구되어지며, 사물의 이치를 궁리하는 가운데 자연히 함양하는 공부가 갖추어져 있어서 무릇 궁구해야 할 이치가 길러진다. 이 양자는 서로 떨어질 수 없는 것이어서, 만일 두 가지를 따로 기르려고 하면 이루어질 수 없을 것이다.[52]

이와 같이 치지와 함양, 곧 지식의 확충과 수신양성은 서로 병행하여 이루어지는 것이라는 '지행병진설'이 주자의 관점이라고 진래는 보고 있다. 그러나 '지행병진'이라고 해서, 주희의 입장이 '지'와 '행'의 완전한 병진을 의미한 것은 아니다. '치지'는 '함양'의 바탕 위에서 이루어져야 한다고 주희는 보고 있는데, 이러한 태도는 다음 진술문에서 잘 드러나고 있다.

주자는 "옛사람의 학문은 진실로 '치지격물'을 우선으로 삼았다. 그러나 그 처음에는 반드시 『소학』에서 함양함을 먼저 하였으니, 이는 쇄소·응대·진퇴의 바른 몸가짐과 예·악·사·어·서·수의 올바른 배움의 기초와 자세를 익히고 기르는 일에 있을 뿐이었다. 성현께서 후인들에게 배움에 나아가는 선후의 차례를 열어 보여 주신 것이 여기

---

51) 問 須是先知而後行否 曰 不成未明理 便都不持守了 且如曾點與曾子便是兩箇樣子 曾點便是理會得底 而行有不揜 曾子便是合下持守 旋旋明理到一唯處(『性理大全』 卷四十八, 學六, 知行 760)

52) 涵養中自有窮理工夫 窮其所養之理 窮理中自有涵養工夫 養其所窮之理 兩項都不相離 纔見成兩處便不得(『性理大全』 卷四十八, 學六, 知行 760)

에서 극명하게 드러나고 있는 것이다"라고 말하였다.[53]

이렇게 보면 주희는 '치지'와 '함양' 간의 관계도 일률적인 '병진'이 아니라, '함양 → 치지'의 순서로 정리하고 있다 할 수 있을 것이다.

(3) '치지-주경'의 측면: 주경종지

마지막으로 '치지'와 '주경' 간의 문제로 지와 행의 관계를 정리하면, 한마디로 몸가짐과 행동거지를 삼가고 바르게 하는 경 상태를 바탕으로 하여, 그 근거 위에서 치지를 이루도록 해야 한다는 것이 주희의 생각이다. 주희는 "경을 위주로 하는 주경(主敬)은 선한 마음가짐을 간직하는[存心] 요체이고, 치지(致知)는 배움에 정진한[進學] 공효이다. 이 두 가지가 서로 발하여 이루어 주면, 아는 것은 더욱 밝아지고 지키는 것은 더욱 견고해져서, 자기도 모르는 사이에 옛날의 잘못이 스스로 날로 고쳐지고 달로 변화될 것"[54]이라거나, "배우는 사람의 공부는 오로지 거경(居敬)과 궁리(窮理) 이 두 가지에 있다. 이 두 가지 일은 서로 이루어 주는 것인데, 궁리를 잘하면 거경 공부가 나날이 더욱 발전하고, 거경을 잘하면 궁리 공부가 나날이 더욱 정밀해진다. 이는 비유컨대 사람의 두 발과 같아서, 왼발이 나가면 오른발이 멈추고, 오른발이 나가면 왼발이 멈추는 것과 같다"[55]고 진술하여, '지행병진설'의 입장을 피력하고 있다. 그러나 그가

---

53) 朱子又曰 古人之學 固以致知格物爲先 然其始也 必養之於小學 則在乎灑掃應對進退之節 禮樂射御書數之習而已 聖賢開示後人進學門庭先後次序 極爲明備(『小學』小學集註總論)

54) 主敬者存心之要 而致知者進學之功 二者交相發焉 則知日益明 守日益固 而舊習之非自將日改月化於冥冥之中矣(『性理大全』卷四十四, 學二, 總論爲學之方 704)

55) 學者工夫唯在居敬窮理二事 此二事互相發 能窮理則居敬工夫日益進 能居敬則窮理

'치지'와 '거경'에 똑같은 무게를 두고 있는 것은 아니다. 그는 이를 다음과 같이 표현하고 있다.

경 상태를 간직하는 것[持敬]은 사물의 이치를 궁구하는 궁리의 터전이다. 이 터전 위에서 궁구하여 이치를 명확히 깨닫게 되면, 이는 또한 마음을 기르는 데 도움이 된다.[56]

조선조의 율곡은 주희가 주장하는 바와 같이 경 상태를 함양하는 것이 위주가 되고, 치지를 위한 궁리는 그 터전 위에서 이루어지는 것이어서, 양자는 주종(主從)의 관계에 있다는 사실을 다음과 같이 제시하고 있다.

어떤 문인이 "처음 배우는 사람이 아직 함양에 착수하지 않은 상태에서도 성찰하는 일에 힘을 쏟을 수 있습니까?"라고 묻자, 율곡은 "이것을 주종(主從)으로 비유하자면, 반드시 함양을 주(主)로 삼고 성찰을 종(從)으로 삼아야 한다. 그런 다음에라야 배우는 사람의 공부가 비로소 발전할 수 있다. 혹시라도 함양을 가볍게 여긴다면 이는 잘못이다"라고 대답하였다.[57]

여기서 율곡이 말하는 '함양'과 '성찰'은 위에서 주희가 말하는 '주경'[持敬·居敬]과 '궁리'[致知]를 가리키는 것이다. 그러므로 이 문제에 관한

工夫日益密 譬如人之兩足 左足行則右足止 右足行則左足止(『性理大全』 卷四十八, 學六, 知行 760)

56) 持敬是窮理之本 窮得理明 又是養心之助(『性理大全』 卷四十八, 學六, 知行 760)

57) 問 初學於涵養上 雖不下手 而於省察上 可以用功耶 曰 譬之主從 必以涵養爲主 而省察爲從者 然後學者之功始進 如或以涵養爲輕則謬矣(『栗谷全書 二』 語錄上 231)

주희의 관점은 단순한 '지행병진설'이 아니라 '주경종지설'(主敬從知說)이
라고 정리할 수 있다.

3) 조선조 퇴계와 율곡의 관점: 선행후지

조선조의 성리학자들은 이기적 욕구에 물든 인심(人心)을 버리고[遏人
欲], 천리를 간직한 도심(道心)을 지향해 나가는 것[存天理]이 사람의 할
일이라고 보고, 이러한 알인욕(遏人欲)·존천리(存天理)가 마음을 다잡는
공부의 목표가 된다고 보고 있다. 이러한 사실을 지적하여 퇴계는 다음
과 같이 지적하고 있다.

> 대체로 마음을 다잡는 공부, 곧 심학(心學)의 방법은 비록 많지만, 그
> 요점을 종합해서 말하면, 사람의 욕구를 억제하고[遏人欲] 천리를 보존
> 하는[存天理] 두 가지에 불과하다.[58]

여기서 사람의 욕구를 버리고 천리를 보존하는 것은 일상적으로 도를
실천하는 일[居敬]과 도의 원천을 강구하여 인식하는 일[窮理]을 통해 이
루어진다는 것이 조선조 성리학자들의 주장이다. 퇴계는 이를 "만일 사
람의 욕구에 물드는 폐단을 면하려고 하면 다른 데 기대어 구하려 하지
말고, 오직 온 힘을 다하여 거경(居敬)과 궁리(窮理)의 공부에 힘을 쓰면
된다"[59]고 표현하고 있다.

---

58) 大低心學雖多端 總要而言之 不過遏人欲存天理兩事而已(『退溪全書 二』書, 答李平
叔 259): 이는 成均館大學校 大東文化硏究所 刊(1971/1997) 『退溪全書』 제2권의
書 중 答李平叔의 p. 259를 가리킨다. 앞으로 退溪의 인용은 이 예를 따른다.

그런데 도의 인식을 위한 공부인 '궁리'는 도의 실천 공부인 '거경'의 기초 위에서 이루어져야 한다는 것이 성리학자들의 한결같은 입장이다. "경(敬)은 마음의 주재로서, 온갖 일의 근본이 되는 것"[60]이어서, "경은 성인이 되고자 하는 학문[聖學: 유학 전체를 가리킴]의 처음이자 마지막"[61]이 되는 요체라는 데에 퇴계와 율곡 등 조선조 성리학자들의 생각이 일치하고 있다. 경 상태에 머물러 도를 실천하는 '거경'은 사물의 이치를 깊이 탐구하는 '궁리'의 근본이 되기 때문에,[62] 따라서 거경은 성학(聖學)의 처음이자 마지막이 된다는 것이다. 이러한 사실을 율곡은 주자(朱子)와 정자(程子)를 인용하면서 다음과 같이 단언하고 있다.

　　경은 성학의 처음이자 마지막이 되는 요체이다. 주자는 "경 상태를 간직하는 것은 사물의 이치를 탐구하는 궁리의 근본이다. 아직 도를 깨닫지 못한 사람이 경 상태를 말미암지 않고 도를 깨달을 수는 없다"고

---

59) 如欲免此 亦不待他求 惟十分勉力於窮理居敬之工(『退溪全書 一』書, 答李叔獻 359)

60) 敬者一心之主宰 而萬事之本根也(『退溪全書 一』聖學十圖, 大學圖 203); 蓋心者一身之主宰 而敬又一心之主宰也(『退溪全書 一』聖學十圖, 心學圖說 208); 爲學莫如先立其主宰 曰 何如可以能立其主宰乎 曰 敬可以立主宰(『退溪全書 四』言行錄一, 論持敬 175)

61) 敬爲聖學之始終 豈不信哉(『退溪全書 一』聖學十圖, 敬齋箴 210); 敬之一字 豈非聖學始終之要也哉(『退溪全書 一』聖學十圖, 大學圖 203); 敬者聖學之始終也(『栗谷全書 一』聖學輯要, 修己上, 收斂章 431)

62) 敬以爲主 而事事物物 莫不窮其所當然與其所以然之故……至如敬以爲本 而窮理以致知 反躬以踐實 此乃妙心法 而傳道學之要(『退溪全書 一』疏, 戊辰六條疏 185-186); 持敬是窮理之本 未知者 非敬無以知(『栗谷全書 一』聖學輯要, 修己上, 收斂章 431); 大抵敬字 徹上徹下 格物致知 乃其間節次進步處 又曰 今人皆不肯於根本上理會 如敬字只是將來說 更不做將去 根本不立 故其他零碎工夫無湊泊處(『栗谷全書 一』聖學輯要, 修己上, 收斂章 433-434)

하였으며, 정자는 "도에 들어가는 데에는 경만한 것이 없다. 사물의 이
치를 모두 깨달은[致知] 사람치고 경 상태에 머물지 않았던 사람은 없
었다"고 말하였다. 이는 경이 배움의 처음이 됨을 말한 것이다. 또한
주자는 "이미 도를 깨우친 사람은 경을 말미암지 않고는 도를 간수할
수 없다"고 하였으며, 정자는 "경과 의가 이루어져야 덕이 외롭지 않게
[德不孤] 되는데, 성인까지도 또한 경에 머무르실 뿐이었다"고 말하였
다. 이는 경이 배움의 마지막이 됨을 말한 것이다.[63]

이 인용문에서 명백하게 드러나듯이, '거경'을 통한 도의 실천은 '궁리'
를 통한 도의 인식보다 우선해야 할 일이라는 것이 율곡의 주장이다. 이
러한 근거에서 그는 『성학집요(聖學輯要)』를 찬술하면서 『소학』 공부의
효과에 해당하는 「수렴(收斂)」장(마음을 다잡아 일상생활에서 실천해야 함
을 역설한 장)을 『대학』 공부에 해당하는 「궁리(窮理)」장(도의 인식을 강조
한 장)의 앞에 배치하여,[64] 도의 실천을 그 인식보다 중시하는 입장을 드
러내고 있다.

여기서 도의 인식을 위한 교육 또는 학습의 방법으로서의 '궁리'(窮理)
는 공자가 말하는 '박문'(博文)과 맹자 및 순자가 말하는 '박학'(博學)과 같

---

63) 敬者聖學之始終也 故朱子曰 持敬是窮理之本 未知者 非敬無以知 程子曰 入道莫如
    敬 未有能致知而不在敬者 此言敬爲學之始也 朱子曰 已知者 非敬無以守 程子曰 敬
    義立而德不孤 至于聖人亦止如是 此言敬爲學之終也(『栗谷全書 一』 聖學輯要, 修己
    上, 收斂章 431)
64) 『聖學輯要』에는 「總說篇」 다음에 「修己上篇」이 나오는데, 「修己上篇」에는 立志
    章, 收斂章, 窮理章이 순서대로 배치되어 있다. 김경호(2008, pp. 280-290)는 율
    곡의 공부 순서에 관한 입장은 그가 『聖學輯要』를 저술한 40세(1575) 이전과 이
    후가 다르다고 본다. 40세 이전에는 '궁리 → 거경 → 역행'이었다가 『聖學輯要』
    이후에 '거경 → 궁리 → 역행'으로 입장이 변화하였다는 것이다.

은 것이고, 도의 실천을 위한 학습의 방법으로서의 '거경'(居敬)은 공자가
말하는 '약례'(約禮)와 맹자의 '반약'(反約) 및 순자의 '참기'(參己)와 같은
것이라 볼 수 있다. 그러나 조선조 성리학자들의 '거경'은 '궁리'의 근본
이기도 하다는 점에서 '약례·반약·참기'에 국한되는 것으로 보기는 힘
들고, '박문·박학'도 '거경'을 위주로 하여야 하는 것으로 보아야 할 것
이다. 이러한 점에서 성리학자들은 도덕실천이 도덕인식보다 선행하여
야 한다는 '선행후지'의 입장을 견지하는 것으로 보인다.

　그러나, 그렇다고 해서 도덕실천만을 위주로 한다거나, 도덕인식은 뒤
로 미루어도 된다고 성리학자들이 주장하고 있는 것은 아니다. 양자는
비록 선후는 있지만, 함께 진행되어야 하는 것이다. 퇴계는 이러한 사실
을 다음과 같이 진술하고 있다.

　　경을 근본으로 하여 궁리함으로써 완전한 도덕인식에 이르고, 경을 근
　　본으로 하여 자기 몸을 돌이켜 봄으로써 실천함에 이르는 일, 이것은
　　마음을 다잡는 법을 이루고 도학을 세상에 퍼뜨리는 요체이다 …… 도
　　를 진정으로 깨닫는 일[眞知]과 이를 실제로 실행하는 일[實踐]은 차의
　　두 바퀴와 같아 하나라도 없어서는 안 된다. 이는 마치 사람의 두 다리
　　가 서로 의지하여 앞으로 나아갈 수 있는 것과 같은 것이다. 그러므로
　　정자는 "완전한 도덕인식에 이른 사람치고 경 상태에 머물지 않았던
　　사람은 없었다"고 말하였고, 주자는 "몸소 실천하는 공부를 하지 않으
　　면 또한 궁리하는 공부도 없다"고 하였다. 이것은 이 두 가지 공부는
　　합해서 말하면 서로 처음과 끝이 된다는 것이고, 나누어서 말하면 각
　　각이 또 처음과 끝을 가지고 있다는 말이다.[65]

――――――――――

65) 至如敬以爲本 而窮理以致知 反躬以實踐 此乃妙心法 而傳道學之要……抑眞知與實

이 인용문에서 퇴계는 거경(居敬)은 궁리(窮理)를 통한 치지(致知) 곧 도의 인식과 역행(力行)을 통한 도의 실천의 바탕이 됨을 분명히 하고 있다. 즉 "도를 인식하는 치지의 방법과 도를 실천하는 역행의 공부는 경 상태에 머무르는 거경에서 시작된다고 말할 수 있다"[66]는 것이 퇴계의 입장인 것이다. 그러므로 성리학자들의 교육 방법을 단순히 '거경·궁리'라고 하기보다는 '거경'을 위주로 한 '치지'와 '역행'이라고 보는 것이 옳을 것이다.[67]

율곡도 『성학집요』의 첫머리인 「수기(修己)」장의 총론(總論) 말미에 "몸을 닦는 공부는 거경과 궁리와 역행의 세 가지에서 벗어나지 않는 다"[68]고 말하면서, 『격몽요결』의 「지신(持身)」장에서는 이 삼자의 관계에 대해 "삼가 몸가짐을 바르게 하는 거경으로 그 근본을 삼고, 이치를 궁구하는 궁리를 통해 착한 본성을 밝게 깨달으며, 힘써 실행하는 역행을 통해 그 실상을 실천해야 한다"[69]고 하여, '거경'을 '궁리'와 '역행'의 바탕으로 보고 있다.[70]

踐 如車兩輪 闕一不可 如人兩脚 相待互進 故程子曰 未有致知而不在敬者 朱子曰 若躬行上未有工夫 亦無窮理處 是以二者之功 合而言之 相爲始終 分而言之 則又各 自有始終焉(『退溪全書 一』 疏, 戊辰六條疏 186)

66) 其於致知之方 力行之功 亦可謂其始矣(『退溪全書 一』 疏, 戊辰六條疏 185)

67) 신동은(2002, pp. 18-43)은 敬·知·行을 성리학의 세 가지 교육 영역이라고 제 시하여 居敬을 致知 및 力行과 동급에 놓고 있으나, 위의 인용문들에서 보면 居敬 은 致知와 力行의 바탕이 되는 준비상태 또는 기본이고, 致知와 力行은 그 바탕 위에서 이루어지는 교육 활동 또는 삶의 양식이라고 보는 것이 옳을 듯하다.

68) 修己之功 不出於居敬窮理力行(『栗谷全書 一』 聖學輯要, 修己上, 總論 428)

69) 居敬以立其本 窮理以明乎善 力行以踐其實(『栗谷全書 一』 擊蒙要訣, 持身章 84)

70) 栗谷은 제자들과의 문답에서 이러한 사실을 거듭 밝히고 있다. 예를 들면 問 輯要 存德性道問學章下通論曰 居敬窮理力行三者 於此章略發其端 愚意以爲尊德性兼居 敬力行 而道問學只是窮理也 曰 然 力行兼於尊德性中矣 窮理則專屬於道問學(『栗

여기서 '거경'은 도덕인식과 도덕실천의 바탕이 되는 마음가짐과 몸가짐 및 행동거지를 삼가고 추스르는 일이다. 이렇게 마음가짐과 몸가짐을 삼가고 추스르는 일을 일상적 도덕실천의 한 양태라고 본다면, '거경'을 '치지'와 '역행'의 바탕이라고 보는 견해는 성리학자들의 '선행후지'의 교육관을 드러내고 있는 것이라고 생각할 수 있을 것이다.

이렇게 퇴계와 율곡은 '거경'을 위주로 하여 '치지' 또는 '궁리'와 '역행'을 이루어야 한다고 보고 있다. 이때 '거경'도 도덕실천의 한 양태라고 본다면, 이는 '거경 → 치지(궁리) → 역행'의 순서, 곧 '행 → 지 → 행'의 부단한 순환과정을 언급한 것이라고 볼 수 있다.[71] 즉 단순한 '선행후지'가 아니라, '선행후지이우행'(先行後知而又行)이 성리학자들의 본뜻이라 할 수 있다. 이를 중간 이전에서 끊어 보면 '선행후지'이지만, 중간 이후로 끊으면 '선지후행'이 될 것이다. 이렇게 조선조 성리학자들은 도덕인식과 도덕실천의 상호의존성을 주장하고 있는 것이다. 이러한 관점은 퇴계의 다음 서간문에 잘 드러나 있다.

　　내가 가만히 살펴보건대, 지(知)와 행(行) 두 가지는 마치 차의 두 바퀴나 새의 두 날개와 같아서 서로 선후(先後)가 되고 서로 경중(輕重)이 되는 것이다. 성현의 말씀에는 '먼저 깨닫고 나서 나중에 행해야 할 것'[先知而後行者]도 있고 …… '먼저 행하고 나서 나중에 깨달아야 할 것'[先行而後知者]도 있는 법이다 …… 이러한 것들은 너무 많아 이루

谷全書 二』語錄上 240) 및 問 輯要所論居敬窮理力行三者 似未明白 曰 尊德性是居敬 博學於文是窮理 約之以禮是力行 但約禮於力行意似未足(『栗谷全書 二』語錄上 255) 같은 데에서 栗谷의 이러한 입장이 잘 드러나고 있다.
71) 陳來, 1987/2008, p. 366.

다 열거할 수 없을 정도이다. 그러나 먼저 깨달을 것이라고 해서 그것을 완전히 깨달은 다음에라야 비로소 행해야 하는 것이 아니고, 먼저 행해야 할 것이라고 해서 그것을 완전히 행하고 난 다음에라야 비로소 깨닫게 되는 것도 아니다. 이치를 처음 깨닫기 시작할 때부터 완전한 깨달음에 이르러 그칠 때까지, 그리고 처음 행하기 시작할 때부터 그칠 곳을 알아 그만둘 때까지, 지와 행은 항상 서로 의뢰하고 함께 나아가야 하는 것이다.[72]

퇴계가 이 편지에서 '먼저 깨닫고 나서 나중에 행해야 할'[先知而後行者] 성현의 말씀으로 꼽고 있는 대표적인 것이 『대학』이고, '먼저 행하고 나서 나중에 깨달아야 할'[先行而後知者] 대표적인 것이 『중용』이다.[73] 『소학』은 아마도 이 후자에 속할 것인데,[74] 퇴계는 '선『소학』·후『대학』'(先小學後大學)을 공부의 순서로 제시하였다[75]는 점에서 퇴계와 율곡 같은 조선조 성리학자들은 아마도 '선행후지'의 입장에 더 기울어지고 있지 않았나 싶다.

---

72) 竊意知行二者 如兩輪兩翼 互爲先後 相爲輕重 故聖賢之言 有先知而後行者……有先行而後知者……似此甚多 不可勝擧 然先知者 非盡知而後始行也 先行者 非盡行而後始知也 自始知至知至至之 始行至知終終之 貫徹相資而互進也(『退溪全書 一』書, 答李剛而問目 521)

73) 先知而後行者 大學與孟子之類是也 先行而後知者 中庸與答晦叔書之類是也(『退溪全書 一』書, 答李剛而問目 521)

74) 養德性而立根本 在乎小學 廣規模而達幹支 在乎大學(『退溪全書 二』記, 開寧鄉校聖殿重修記 368)

75) 所問工夫先後立程規模 則須先小學後大學 而規模節目各具於書 在吾盡心全力以求之耳(『退溪全書 二』書, 答李宏仲 214)

4) 성리학적 관점 종합

이상에서 보듯이, 도덕인식과 그 실천의 선후 관계에 관한 주희의 입장은 그리 간단하지 않다. 그러나 앞의 논의를 종합해 보면, 그의 관점은 한마디로 몸가짐과 행동거지를 삼가고 바르게 하는 경 상태를 바탕으로 하여 사물의 이치를 궁리하여 치지를 이루고, 이러한 도덕인식을 힘써 실천하는 '거경 → 치지 → 역행'의 순서로 볼 수 있다는 것으로 정리할 수 있다. 이는 다음 진술문에 잘 드러나 있다.

> 함양과 치지와 역행 세 가지 중에서 함양을 머리로 삼아 치지가 뒤따르고, 이어서 역행이 뒤따르게 해야 한다. 함양이 이루어지지 않으면 몸과 마음을 주재할 바가 없게 된다 …… 함양이 이루어진 다음에는 반드시 치지해야 하고, 치지는 또한 반드시 역행으로 이어져야 한다. 도를 인식하고도 이를 힘써 실행하지 않으면 도를 인식하지 못한 것과 다를 바가 없다. 그러나 반드시 이 삼자에 함께 힘을 써야지, 각각 따로 이루려고 해서는 안 된다. 즉 오늘은 몸가짐과 마음가짐을 기르고, 내일은 치지에만 힘쓰고, 또 그다음 날은 역행에만 힘써야 한다는 말이 아닌 것이다. 요컨대 이 세 가지는 마땅히 모두 경(敬)을 위주로 하여야 한다.[76]

이렇게 '거경(함양) → 치지(궁리) → 역행'의 관계에서 '치지 → 역행'을

---

76) 涵養致知力行三者 便是以涵養做頭 致知次之 力行次之 不涵養則無主宰……旣涵養 又須致知 旣致知又須力行 若致知而不力行 如不知同 亦須一時並了 非謂今日涵養 明日致知 後日力行也 要當皆以敬爲本(『性理大全』卷四十五, 學三, 總論爲學之方 715)

따로 떼어서 보면 '선지후행'이 되는 것이고, '거경(함양)'이 '치지'와 '역행' 모두의 바탕이 된다는 면에서 보면 '지행병진'이 되는 것이며, '함양 → 치지'의 측면을 따로 떼어서 보면 '선행후지'가 되는 것이다. 그러나 '함양 → 치지 → 역행'의 전체 구조에서 보면, 주희는 역시 '선행후지'의 입장에 기울어져 있다고 볼 수 있다.

이러한 사실은 그가 도덕실천을 위주로 하는 『소학』의 공부를 도덕인식을 목표로 하는 『대학』의 공부보다 앞서 해야 한다고 중시한 데에서 잘 드러난다.[77] 주희는 『소학』의 공부는 함양과 실천을 하게 하는 데 효험이 있고, 이러한 터전 위에서 『대학』의 공부를 통해 앎의 지극함에 이르게 된다는 사실을 논파하고 있다.

> 대체로 옛사람의 교육은 아주 어렸을 때는 효제성경(孝弟誠敬)의 실제적인 것을 가르치고, 좀 자라서는 시서예악(詩書禮樂)의 문예로 넓혀 주었는데, 이는 모두 아이들로 하여금 구체적인 개개의 사물과 마주했을 때 각각의 경우에 대해 의리의 소재를 파악하고, 함양과 실천의 공(功)을 이루게 하려는 데 목적이 있었다. 열다섯의 청년이 되어 『대학』을 배울 때면, 쇄소응대(灑掃應對)와 예악사어(禮樂射御) 같은 일에 있어서 함양하고 실천하는 바가 대략적으로나마 작은 성취가 있을 것인데, 이때 이에서 벗어나지 않으면서 격물(格物)을 가르쳐 그 앎을 확충시켜[致知] 주었다. 여기서 치지란 그 이미 알고 있는 바를 근거로 확장하여 아직 알고 있지 못하는 데까지 이르러 그 앎의 지극함을 다하려는 것이다. 이때 천지만물의 이치를 통틀어 꿰뚫는 경지에 이르러서야 앎이 지극함에 이르렀다고 할 수 있는데, 이른바 성의정심(誠意正

---

77) 신동은, 2002, pp. 49-53 참조.

心)·수신제가(修身齊家)·치국평천하(治國平天下)도 이러한 경지에
이르러서야 그 도를 완전히 발휘하게 된다 …… 진실로 무릇 『소학』의
성취를 근거로 『대학』을 공부함에 이르러, 『소학』을 통해 이미 함양
과 실천의 바탕이 갖추어져 있지 않다면 잡되고 혼란스럽고 어지러운
마음이 일어나기 마련일 텐데, 이 때문에 어찌 편안하게 격물하여 그
앎을 지극하게 할 수 있겠는가?78)

　　또한 공자가 말한 '하학상달'(下學上達)에 대한 주희의 해석에서도 그
가 '선행후지'의 태도를 갖추고 있었음이 드러난다. 공자는 자신의 학문
자세에 대하여 "아래에서 배워[下學] 위에 도달[上達] 하였다"79)고 언급한
바 있다. 주희는 여기서의 '하학(下學)'과 '상달(上達)'에 대해 정자의 말을
따라 "무릇 아래로 인간의 일을 배워 익히면 곧 위로 하늘의 이치에 통달
하게 된다"80)는 뜻으로 해석하여, 우선 인간으로서 해야 할 일을 익히고
난 다음에 그 이치를 궁구해야 한다는 의미, 곧 '선행후지'의 입장을 피력
한 것으로 받아들였다. 이러한 사실은 이 문제에 대한 다음과 같은 제자
와의 문답에서 잘 나타난다.

---

78) 蓋古人之教 自其孩幼而教之以孝弟誠敬之實 及其少長 而博之以詩書禮樂之文 皆所
　　以使之卽一事一物之間 各有以知其義理之所在 而致涵養踐履之功也 及其十五成童
　　學於大學 則其灑掃應對之間 禮樂射御之際 所以涵養踐履之者略已小成矣 於是不離
　　乎此 而教之以格物以致其知焉 致知云者 因其所已知者推以致知 以及其所未知者而
　　極其至也 是必至於舉天地萬物之理而一以貫之 然後爲知之至 而所謂誠義正心 修身
　　齊家　治國平天下者　至是而無所不盡其道焉……誠欲因夫小學之成以進夫大學之始
　　則非涵養踐履之有素 亦豈能居然以夫雜亂紛紏之心 而格物以致其知哉(『性理大全』
　　卷四十八, 學六, 知行 761)
79) 子曰 不怨天 不尤人 下學而上達 知我者 其天乎(『論語』 憲問 37)
80) 程子又曰 學者須守下學上達之語 乃學之要 蓋凡下學人事 便是上達天理 然習而不
　　察 則亦不能以上達矣(『論語集註』 憲問 37)

어떤 제자가 "하학과 상달은 본디 서로 마주하고 있는 두 가지 일입니다. 그러나 하학부터 시작한다면, 오히려 큰일을 마주치게 되었을 때 공부할 것이 너무 많지 않겠습니까?"라고 묻자, 주희는 "성현이 사람들을 가르칠 때 아래로 배워야 할 일에 대해서는 많이 말씀하셨고, 위로 도달하는 일에 대해서는 적게 말씀하셨다. 하학 공부를 말씀하시는 것은 반드시 많을수록 좋은 것이다 …… 아래로 사람의 일에 대하여 이해하지 못하면서 다만 위로 하늘의 이치를 깨우치려고만 한다면, 도대체 아무런 일도 할 수 없을 것이다"라고 대답하였다.[81]

이상의 논의를 종합해 보면, 주희를 비롯한 조선조의 퇴계와 율곡 같은 성리학자들은 대체로 '거경(함양) → 궁리(치지) → 역행', 곧 '행 → 지 → 행'의 다층 구조로 도덕인식과 그 실천의 문제에 접근하고 있었던 것으로 보인다. 그러니 단순히 '선지후행'이냐 아니면 '선행후지'이냐로 나누기는 힘들 것 같다. 그러나 구태여 양자 중 하나를 택해야 한다면, 그들은 '선지후행'보다는 '선행후지'의 자세를 더 중시하였다고 볼 수 있을 것이다.

이와 같이 도덕인식과 도덕실천의 순서에 대해 선진유학자들과 성리학자들은 의견의 차이를 보이고 있으나, 양자가 모두 이 둘의 합일을 강조하고 있다는 데 대해서는 두말할 나위가 없다. 도덕인식과 실천의 통합이 곧 유학사상에서 주장하는 교육의 최종목표인 것이다.

---

81) 問 下學與上達固相對是兩事 然下學却當大段多著工夫 曰 聖賢教人 多說下學事 少說上達事 說下學工夫要多也好……不去理會下學只理會上達 卽都無事可做(『性理大全』卷四十五, 學三, 總論爲學之方 718-719)

※ 3. 현대 사회심리학에서의 지-행 문제에 관한 논쟁: 태도와 행동의 관계를 중심으로

초기의 사회심리학은 사회학자인 로스(Ross, E.)와 심리학자인 맥두걸 (McDougall, W.)이 1908년에 『사회심리학』이라는 표제를 붙인 책을 각 각 출판한[82] 이래 주로 사회학자들에 의해 연구되어 왔다. 이들은 개인 의 사회행동을 실증적으로 검증하려 하기보다는 실증적 접근이 힘든 집 단심(集團心)이나 본능(本能) 같은 근본적인 원리에 의해 설명하려 하였 으므로, 실증과학을 지향하는 심리학자들의 구미에 맞지 않았기 때문이 었다. 그러다가 플로이드 올포트(Floyd H. Allport)가 1924년 『사회심리 학』을 출판하여[83] 이 양자를 비판하고, 사회행동을 실증적 근거에서 연 구할 수 있다는 사실을 밝힘으로써 사회심리학 연구의 중심이 심리학자 들의 손으로 넘어오게 되었는데,[84] 태도(態度, attitude)의 문제는 심리학 자들에 의해 탐구된 사회심리학의 가장 중심적인 연구문제였던 것이 다.[85]

---

[82] McDougall, 1908; Ross, 1908.

[83] Allport, F. H., 1924.

[84] 정양은, 1981, pp. 35-42 참조.

[85] Murphy, Murphy와 Newcomb(1937)은 일찍이 사회심리학에서의 실험연구들 을 다룬 첫 교과서에서 "아마도 사회심리학의 전체 영역 내에서 태도만큼 거의 중심적인 위치를 차지해 온 단일개념은 없을 것"(p. 889)이라 진술하고 있으며, Jones(1998)도 시대에 따라 연구 주제가 달라져오기는 하였지만 "태도의 연구는 사회심리학과 거의 동의어로 여겨져 왔을 정도였다"(p. 27)고 기술하고 있다. 이 렇게 "태도에 관한 연구는 사회심리학의 최초의 관심사였을 뿐만 아니라 계속 사 회심리학의 심장부에 가장 가까이 머물러 있었으며"(Myers, 2010. p. 124), "사회 심리학 및 사회과학계 전체에서 태도의 개념만큼 그렇게 오랫동안 보편적인 영향 력을 끼쳐 온 개념도 없을 것이다"(Fabrigar & Wegener, 2010, p. 177).

태도에 관한 연구가 그렇게 오랫동안 사회심리학자들의 관심을 끌어온 배경에는 이것이 개인의 사회행동을 유발하는 원동자(原動者)라는 생각이 놓여 있다. 즉 어떤 대상에 대한 개인의 행동은 그가 그 대상에 대해 가지고 있는 태도의 함수로 이해할 수 있다는 것이다. 이러한 관점은 태도에 대한 정의(定義) 자체에서 연유한다. 태도에 관한 연구를 사회심리학의 핵심 문제로 끌어올린 고든 올포트(Gordon W. Allport)에 따르면 "태도란 해당 대상과 상황에 관련된 개인의 반응에 직접적이거나 역동적인 영향을 미치는 심적이고 생리적인 준비 상태로서 경험을 통해 형성된 것"[86]이다.

이러한 태도는 인지적 요소인 신념(belief), 감정적 요소인 평가(evaluation) 및 행동적 요소인 의도(behavioral intention)로 구성되어 있다는 것이 태도 연구자들의 공통된 의견이다. 즉 태도는 대상에 대한 신념에 기초한 호(好)·불호(不好) 또는 찬성·반대의 평가로서, 그 대상에 대한 개인의 행동 의도를 유발하는 내적인 상태라는 것이다. 따라서 개인이 내적으로 가지고 있는 태도가 경험을 통해 먼저 형성되고, 이어서 이와 일치되는 행동을 그 대상에 대해 실행하게 된다는 것이 태도 연구자들의 기본 전제였다. 이렇게 보면 전통적으로 태도의 개념 속에는 '선지후행'의 관점이 스며들어 있었다고 생각할 수 있다.

그러나 일단의 연구자들은 이러한 '태도 → 행동'의 관점과는 달리, 자기가 특정 대상에 대해 하는 행동을 관찰한 후 이를 기초로 자신이 그 대상에 대해 어떤 태도를 가지고 있는지를 추론하게 되는 경우도 있다고 주장한다. 즉 '태도 → 행동'이 아니라 '행동 → 태도'의 공식이 성립할 수

---

86) Allport, G. W., 1935, p. 810.

도 있다는 것이다. 이들은 '선행후지'의 관점에서 태도를 이해하려 한다고 생각할 수 있다.

이러한 관점을 제시하는 대표적인 학자가 벰(Bem, D.)인데, 그는 이러한 입장을 '자기지각이론'(自己知覺理論, self-perception theory)[87]으로 체계화하고 있다. 그는 당시에 '태도 → 행동' 관점의 이론들을 지도하고 있었던 페스팅거(Festinger, L.)의 '인지부조화이론'(認知不調和理論, cognitive dissonance theory)[88]을 비판하면서 자신의 관점을 전개하고 있다. 여기서는 이 두 이론적 관점을 비교함으로써 '지-행'의 관계 문제가 갖는 심리학적 함의를 살펴보기로 하겠다.

1) 페스팅거의 선지후행의 관점

페스팅거의 인지부조화이론은 형태주의심리학(形態主義心理學, gestalt psychology)의 균형이론(均衡理論, balance theory) 또는 일관성이론(一貫性理論, consistency theory) 계열의 이론 중 가장 영향력이 큰 이론이었다.[89] 이 이론이 발표된 후 벰에 의한 비판이 나오기까지 10여년 동안 모든 사회심리학 잡지에는 이 이론에 관한 논문이 실리지 않는 적이 없을 징도로 심리학자들의 각광을 받았으며, 그런 점에서 인지부조화이론은 당시 사회심리학의 중심이론이었다.[90]

인지부조화이론은 두 가지 기본전제를 가지고 출발한다. 우선 사람들

---

87) Bem, 1967, 1972.

88) Festinger, 1957.

89) Taylor, 1998, p. 68.

90) Bem, 1967, p. 183.

은 자신이 가지고 있는 인지 내용들 사이에 균형 또는 일관성을 유지하려는 경향성 또는 동기를 가지고 있다는 것이다. 페스팅거는 이러한 균형/일관성 상태를 조화(consonance) 상태라고 부른다. 그런데 인지 내용들 사이에 균형/일관성이 깨져 부조화(dissonance) 상태가 조성되면, 개인 내에 불쾌한 긴장이 유발되어 이를 해소하고 균형/일관성의 상태 곧 조화 상태로 되돌아가려는 동기(dissonance-reduction motive)가 생성되고, 결국은 그에 상응하는 행동을 취하게 된다는 것이다.

이 이론은 '부조화 → 불쾌한 긴장 유발 → 부조화 해소 동기 생성 → 부조화 해소 행동 수행'이라는 일련의 계열을 상정한다는 점에서 기본적으로 동기이론 계열에 속한다. 그러므로 부조화의 크기가 클수록 이를 해소하려는 동기도 커지고, 결과적으로 그러한 행동의 강도도 강해진다고 예측한다. 인지부조화이론에 관한 연구들은 다양한 부조화 상황(선택 결정 상황, 태도-행동 불일치 상황, 신념과 일치하지 않는 정보를 접한 상황 등)에서 부조화의 크기에 따라 과연 이를 해소하려는 행동의 크기가 달라지는지를 검증하는 패러다임을 주축으로 하여 진행되었다.

이런 부조화 상태가 유발되는 대표적인 상황이 강제적 순종(forced compliance)에 의해 태도와 일치하지 않는 행동을 한 경우이다. 개인이 어떤 대상에 대해 가지고 있는 기존 태도와 일치하지 않는 행동을 하게 되면, 개인 내에 불쾌한 긴장이 유발되고, 이는 양자를 일치시키려는 동기를 생성하게 되어, 결국 태도를 변화시켜 행동과 일치시키려 하거나 아니면 행동을 변화시켜 태도와 일치시키려 한다는 것이 이 이론의 예측이다. 그런데 이때 이미 한 행동을 돌이킬 수 없을 경우에는, 해당 대상에 대한 태도를 변화시킬 수밖에 없게 될 것이다. 이 이론을 검증한 연구 중 가장 유명한 페스팅거와 칼스미스(Carlsmith, J.)의 연구[91]가 다루고 있는 것은 바로 이러한 문제이었다.

이 실험은 3단계로 진행되었다. 우선 1단계에서 대학생 참가자들에게 아주 지루한 일(나무 손잡이를 계속 돌리는 일, 실패에 실을 계속 되감는 일, 나무못 말판에 나무못을 끼웠다 뺐다 하는 일 등)을 1시간 동안 하게 하였다.

다음 2단계에서 실험자는 참가자들에게 밖에서 이 실험에 참가하기 위해 기다리고 있는 대기자에게 이 실험과제가 중요하고 아주 재미있는 일이라고 말해 달라는 요구를 하였다. 그 이유는 원래 이 실험의 목적은 실험에 참가하는 사람들이 실험과제에 대해 가지고 있는 선입관(재미있는 과제 또는 재미없는 과제)이 과제수행에 미치는 효과를 알아보고자 하는 것인데, 밖에서 기다리고 있는 사람은 재미있는 일이라는 선입관을 가지도록 설계되어 있다고 설명하였다. 원래 이 역할은 실험보조자가 하도록 되어 있었으나, 그가 사정상 못 나오게 되었으므로 이 역할을 대신해 달라는 설명을 첨가하였다. 이 설명과 함께 이 일을 하는 대가로 한 집단에게는 1달러($1 집단)를, 다른 또 한 집단에게는 20달러($20 집단)를 지급하겠다고 약속하였다. 모든 참가자가 기꺼이 수락하여, 밖에 있는 대기자에게 이 실험과제가 아주 재미있다고 이야기하였다.

그런 다음 마지막으로 3단계에서 그들이 실제로 1단계에서 수행한 과제가 얼마나 흥미 있었는지, 그리고 앞으로 비슷한 실험에 참여할 용의가 있는지를 측정하였다. 즉 '재미없는 일 수행(재미없다는 태도 형성) → 태도와 일치하지 않는 행동 수행(재미없는 일에 대해 타인에게 재미있다고 이야기함) → 태도 측정'의 단계로 실험이 진행되었으며, 2단계의 일을 하는 대가로 1달러 또는 20달러를 받기로 되어 있었다.

---

91) Festinger & Carlsmith, 1959.

전통적인 강화이론(強化理論, reinforcement theory)의 예측대로라면, 보상을 많이 받는 집단($20 집단)이 적게 받는 집단($1 집단)보다 태도 변화의 크기가 더 커야 한다. 즉 $20 집단이 $1 집단보다 1단계에서 수행한 과제가 더 흥미 있었고, 앞으로 이러한 실험에 참가할 용의도 더 많다고 응답하여야 한다. $20 집단이 태도와 반대되는 행동을 하는 것에 대한 보상을 더 많이 받도록 되어 있었기 때문이다.

그러나 페스팅거와 칼스미스가 얻어 낸 결과는 정반대이었다. $1 집단이 $20 집단보다 과제에 대한 흥미도를 더 높게 평정하였을(+1.35 대 −0.05) 뿐만 아니라, 앞으로 비슷한 실험에 참여할 의도도 더 높게 (+1.20 대 −0.25) 평정하였던 것이다.

페스팅거와 칼스미스는 이 결과가 인지부조화이론을 강력하게 지지해 주는 것으로 해석하였다. 즉 $1 집단의 참가자들은 1달러라는 작은 보상이 본래의 태도와 반대되는 행동을 한 것을 정당화(正當化, justification)하기에는 턱없이 부족하므로 태도−행동의 불일치로 인한 부조화가 유발되었고, 따라서 이를 해소하기 위한 동기에서 이미 한 행동을 없었던 일로 할 수는 없으므로 원래의 태도를 변화시키게 되었다는 것이다. 이를 '불충분 정당화 효과'(insufficient justification effect)라 한다.

그러나 $20 집단의 참가자들은 20달러라는 돈은 태도와 일치되지 않는 행동을 한 것에 대해 스스로 정당화하기에 충분히 커다란 양의 보상이므로, 태도와 반대되는 행동을 한 후에도 부조화가 존재하지 않거나 부조화가 존재한다고 하더라도 충분한 크기의 보상에 의해 이미 해소되었으므로, 본래의 태도를 변화시킬 필요가 없었다는 것이 그들의 설명이었다.

이 실험은 당시 지배적인 영향을 미치고 있던 강화이론의 예측과는 반대되는 결과를 얻어 냄으로써 많은 연구자들의 관심을 유발하였으며, 그렇지 않았으면 그렇고 그런 균형/일관성이론의 하나로 끝나고 말았을 인지부조화이론에 찬란한 명성을 안겨 준 획기적인 연구이었다. 이 연구는 특정한 방향으로 태도를 형성시키거나 변화시키기 위해서는 보상의 크기를 무조건 크게 할 필요가 없다는 시사점을 던져 줌으로써 강화이론에 치명타를 안겼다. 즉 본래의 태도와 반대되는 행동을 유발한 후에는 보상의 크기를 적게 줌으로써 자신의 행동에 대한 정당화를 할 수 없게 하는 것이 태도 형성 또는 변화를 유발하는 효과적인 방법이 된다는 것이다.

이렇게 이 이론은 '내적인 태도 → 행동 유발'이라는 전제에서 출발하는 이론이어서, '선지후행설'의 논지를 충실하게 따르고 있다. 그러나 위의 실험을 통해 보면, 이 이론은 '행동 유발 → 행동에 대한 불충분 정당화(insufficient justification) → 태도 변화'의 결과를 산출하여 '선행후지설'의 논지를 드러내고 있기도 하다.

2) 벰의 선행후지의 관점

사회심리학자인 벰은 위에서 제시된 페스팅거와 칼스미스의 '불충분 정당화 효과'는 인지부조화이론에서 제시하는 바와는 달리 동기의 개념을 배제하고도 충분히 설명할 수 있다는 관점을 제안하였다. 그는 자기지각이론을 제시하여, 사람들은 다른 사람의 행동을 관찰해서 그 사람의 태도와 감정 및 성격 특성이나 능력에 대한 지식을 형성하듯이, 자기 자신에 대한 지식(특정 대상에 대한 태도나 감정 및 자신의 성격 특성이나 능력 등)도 자신의 행동을 관찰하고 이에 대한 추론을 통해 얻어지게 된다고 주장하였다. 특히 이런 지식을 낳게 되는 내적인 단서가 약하거나 애매할 때, 그리고 자신의 행동의 원인을 설명하기 곤란할 때 사람들은 제삼자와 같은 처지에 놓이게 됨으로써 자신의 내적 상태(태도 · 감정 · 성격 · 능력 등)를 자신의 행동으로부터 추론할 수밖에 없게 될 것이라는 주장이 이 이론의 골자이다.

벰은 이러한 관점에 입각해서, 앞의 실험 결과는 흥미 없는 일에 대한 선행 태도의 존재나 태도-행동 불일치로 인한 부조화 해소 동기의 생성을 가정하지 않고도 설명할 수 있다고 보았다. 즉 행위당사가가 아니라 제삼자의 관점에서 보면, 어떤 사람(행위자)이 어떤 일에 대해 1달러라는 적은 돈을 받기로 하고 재미있는 일이라고 말하는 것을 목격한 경우, 관찰자는 행위자가 받기로 한 보상($1)에서 그 원인을 찾기 힘들 것이므로 행위와 일치되는 태도의 추론("이 사람은 본래 이 일을 재미있다고 생각한 것임에 틀림없어")을 할 것이다.

그러나 그런 행동을 하기에 충분히 큰 보상인 20달러를 받기로 하고 그런 행동을 한 것을 목격한 경우에는, 그 큰 보상에 그런 행동의 원인을 돌리는 추론("이 사람은 많은 돈에 현혹되어 그런 행동을 한 것임에 틀림없어. 그러니까 이 사람의 진짜 태도는 아마도 재미없다는 것 아닐까?")을 할 것이다. 이러한 행동 관찰과 그 원인에 대한 추론으로부터 행위자의 태도를 결과적으로 도출해 내는 경향이 페스팅거와 칼스미스 실험에 참가한 사람 자신에게서도 나타났을 것이라고 벰은 상정하였다.

벰은 이러한 가정을 실증적으로 검증해 내고 있다.[92] 그는 실험참가자들에게 페스팅거와 칼스미스의 실험 절차를 자세히 설명하여 녹음기로

---

92) Bem, 1967.

들려주었다. 그리고 난 다음, 이 실험에 참가한 사람들이 1단계에서 했던 일에 대해 가지고 있는 태도를 추론해 보게 하였다. 그랬더니 벰의 실험참가자들은 페스팅거와 칼스미스의 실험에 참가했던 참가자들의 태도를 페스팅거와 칼스미스의 실험 결과와 똑같이 추론해 내고 있었다. 즉 벰의 실험참가자들은 페스팅거와 칼스미스의 $1 집단 참가자들은 그 일에 대해 본래 흥미 있어 했다고 추론한 반면, $20 집단 참가자들은 그 일에 대해 별로 흥미 있어 하지 않았다고 판단(+0.52 대 −1.96)했던 것이다.

이렇게 제삼자의 행동을 관찰하고 이에 대한 원인을 찾는 과정을 통해 그의 태도를 추론하게 되는 과정은 자기 자신의 태도에 관한 추론에서도 그대로 드러난다는 것이 벰의 자기지각이론의 주장이다. 이러한 사실은 벰의 이론을 검증하는 한 연구[93]를 통해 확증되고 있다.

이 연구에서는 미국의 보통 대학생들에게 24개의 종교 관련 행동('예배 참석', '종교단체에의 기부', '종교서적 독서' 등)에 대해 "예" 또는 "아니요"라고 응답하게 하였다. 이때 실험참가자들을 무선적으로 '친종교 집단'과 '반종교 집단'으로 나누었다. '친종교 집단'에게는 친종교 관련 행동에 대해서는 '가끔'이라는 말을 넣어 문항(예: "나는 가끔 예배에 참석한다")을 작성하고, 반종교 관련 행동에 대해서는 '자주'라는 말을 넣어 문항(예: "나는 종교단체에 기부를 많이 하지 못하므로, 기부를 자주 하는 것은 아니다")을 작성하여 응답하게 함으로써 전체적으로 "예"라는 응답이 83% 정도가 되게 하였다.

'반종교 집단'에게는 반대로 친종교 관련 행동에 대해서는 '자주'를(예:

---

93) Salancik & Conway, 1975, 연구 1.

"나는 예배에 자주 참석한다"), 반종교 관련 행동에 대해서는 '가끔'을(예: "나는 보통은 종교단체에 기부를 많이 하지만, 가끔씩은 기부하지 않는다") 넣어 작성한 문항을 제공하여, "아니요"라는 응답이 83% 정도 되게 하였다. 설문지를 작성한 다음 참가자들에게 "당신은 얼마나 종교적인 사람입니까?"와 같은 문항에 응답하게 하여, 자신의 종교에 대한 태도를 평가해 보게 하였다.

실험 결과 '친종교 집단'의 참가자들이 '반종교 집단'의 참가자들보다 자신이 종교에 대해 더 긍정적인 태도를 가지고 있는 것(1.74 대 0.35)으로 평정하였으며, 종교에 대한 호감도도 더 높은 것으로(3.07 대 1.00) 보고하였다. 이 실험의 결과는 '친종교 집단'의 참가자들은 종교 관련 행동에 대해 자신이 "예"라는 응답을 압도적으로 많이 한 것으로 보아 "나는 종교에 대해 긍정적인 태도를 가지고 있음에 틀림없어"라고 추론하고, '반종교 집단'의 참가자들은 자신이 종교 관련 행동들에 대해 "아니요"라는 응답을 많이 한 것으로 보아 "나는 종교에 대해 그리 긍정적인 태도를 가지고 있는 것은 아님에 틀림없어"라고 추론한 데에서 나온 것이라고 해석할 수 있다.

이렇게 특정 대상에 대한 자신의 태도와 감정은 그 대상과 관련된 자신의 행동을 관찰하여 추론한 결과 알게 된다는 것이 자기지각이론의 주장이다. 마치 우리가 다른 사람의 특정 대상에 대한 태도와 감정을 그의 행동 관찰을 통해 추론하는 것과 똑같은 과정을 거쳐 스스로의 태도와 감정도 확인하게 된다는 것이다. 이러한 벰의 자기지각이론은 페스팅거의 인지부조화이론처럼 특정 대상에 대한 기존 태도의 존재를 전제하지 않는다는 점, 그리고 부조화 해소 동기를 상정하지 않고도 '불충분 정당화 효과'를 설명할 수 있다는 점에서 과학 이론에서 요구되는 절약의 원칙(어떤 현상을 설명하기 위해 이론적 가정이 적을수록 좋은 이론이라는 원칙)에 부합되는 것이었고, 따라서 인지부조화이론에 대한 강력한 도전자로 등장하였다.[94]

이러한 자기지각이론은 "자신의 태도나 감정에 대한 내적인 단서가 약하거나 애매할 때, 그리고 자신의 행동의 원인에 대한 설명이 불분명할 때"[95]라는 몇 가지 한계가 붙기는 하지만, 태도와 행동의 관계를 '행동 → 태도'로 설정함으로써 '선행후지설'의 논지를 드러내고 있다.

3) 인지부조화이론과 자기지각이론의 시사점

앞에서 인지부조화이론은 선행 태도의 존재를 전제로 하여, 이에 일치되는 행동을 하려는 경향이 인간에게 갖추어져 있다고 가정하고 있음을 보았다. 이러한 관점은 이 이론이 '태도 → 행동'의 관계를 설정하는 '선지후행설'에 근거하고 있음을 드러내는 것이다. 그러나 인지부조화이론의 경우에도 태도와 불일치하는 행동을 한 후 자기 행동에 대해 충분히 커다란 정당화가 되지 않는 장면에서는 행동에 맞추어 태도가 변화되는 '불충분 정당화 효과'가 얻어지고 있다. 이러한 경우에는 '행동 → 태도'의 관계가 성립되는 것으로[96] '선행후지설'이 적용됨을 드러내는 것이다. 이에 반해 자기지각이론은 선행 태도의 존재를 가정하지 않는 관점에서 행동을 통해 태도가 추론된다는 철저한 '선행후지설'의 입장을 견

94) Taylor, 1998, p. 72.
95) Bem, 1972, p. 2.
96) Myers(2010)는 이를 'attitudes-follow-behavior'라 표현하여(p. 151), '불충분 정당화 효과'는 '선행후지'를 드러내는 것이라 보고 있다.

지하고 있다.

인지부조화이론에서도 '불충분 정당화 효과'에 대해서는 '선행후지설'에 기울어져 있다는 사실에 근거해서 보면, 인지부조화이론과 자기지각이론이 상호 모순되는 이론인 것만은 아니라고 생각할 수 있다. "인지부조화이론은 인간이 분명하게 규정된 태도와 반대되는 행동을 한 경우에 성공적으로 적용된다: 그러한 경우에 인간은 긴장을 느끼고, 따라서 그러한 긴장을 해소하기 위해서 기존 태도를 조정하게 된다. 그러므로 인지부조화이론은 태도 변화(attitude change)를 잘 설명하는 이론이다. 반면에 개인의 태도가 잘 형성되어 있지 않은 장면에서는 자기지각이론이 잘 적용된다: 그러므로 자기지각이론은 태도 형성(attitude formation)을 잘 설명하는 이론이다. 인간은 행동하고 이에 대해 추론하면서 그의 미래 행동을 지도할 태도를 발전시키는 것이다."[97]

이렇게 보면, 태도의 형성 장면과 태도불일치 행동을 한 후의 태도의 변화 장면에서는 '행동 → 태도'의 관계, 곧 '선행후지'의 관점이 성립되고, 이러한 점에서 자기지각이론과 인지부조화이론은 같은 입장을 드러내는 것이다. 그러나 인지부조화이론에서는 태도불일치 행동이 나타날 가능성을 강제된 순종과 같은 특수한 경우로 한정하거나, 이 경우에도 태도불일치 행동에 대한 정당화를 할 수 없는 '불충분 정당화'($1 집단의 경우)의 상황으로 한정하고, 이를 충분히 정당화할 수 있는 '충분 정당화'($20 집단의 경우)의 상황에서는 여전히 '태도 → 행동'의 관계, 곧 '선지후행'의 관점에서 태도와 행동의 관계를 이해하려는 입장을 보인다.

이러한 이해의 관점에 서서 '행동 → 태도 → 행동 → 태도'의 이중적

97) Myers, 2010, p. 151.

계열로 이해할 경우, 자기지각이론은 앞의 두 항목의 관계를 다루어 '선행후지설'의 입장을 드러내고, 인지부조화이론은 중간의 두 항목의 관계에 초점을 맞추어 태도와 행동의 관계를 볼 때는 '선지후행설'에 기울어져 있다가, 강제된 순종에 따라 태도불일치 행동을 한 경우에는 뒤의 두 항목에 기울어져 다시 '선행후지설'의 입장을 띠게 되는 것이라고 정리할 수 있을 것이다. 이렇게 인지부조화이론과 자기지각이론은 마치 주희와 퇴계 및 율곡이 '거경(함양) → 궁리(치지) → 역행'의 계열로 도덕 인식과 그 실천의 관계를 정리한 것과 마찬가지의 이론적 관점에서 태도와 행동의 관계를 개념화하고 있는 것으로 추론해 볼 수 있지 않을까?

4) 종합고찰: 동ㆍ서 접근의 회통(會通)

앞에서 보았듯이, 내적인 인식과 외적인 행동 사이의 관계에 대한 현대 심리학의 연구는 주로 사회심리학자들에 의해 태도에 관한 연구를 중심으로 이루어져 왔다. 태도란 대상에 대한 신념에 기초한 호ㆍ불호 또는 찬성ㆍ반대의 평가로서, 그 대상에 대한 개인의 행동 의도를 유발하는 내적인 상태이다. 따라서 개인이 내적으로 가지고 있는 태도가 경험을 통해 먼저 형성되고, 이어서 이와 일치되는 행동을 그 대상에 대해 실행하게 된다는 것이 태도 연구자들의 기본전제였다. 이렇게 전통적인 태도의 개념 속에는 '선지후행'의 관점이 스며들어 있었다.

그러나 일단의 연구자들은 이러한 '태도 → 행동'의 관점(선지후행의 관점)과는 달리 특정 대상에 대한 자기 행동을 관찰한 후 이를 기초로 자신이 그 대상에 대해 어떤 태도를 가지고 있는지를 추론하게 되는 경우도 있다고 주장한다. 즉 '태도 → 행동'이 아니라 '행동 → 태도'의 공식이 성립할 수도 있다는 것이다. 이들은 '선행후지'의 관점에서 태도를 이해하려 한다고 생각할 수 있다.

후자의 관점을 제시하는 대표적인 학자가 벰인데, 그는 이러한 입장을 '자기지각이론'으로 체계화하고 있다. 그는 당시에 '태도 → 행동' 관점의 이론들을 지도하고 있었던 페스팅거의 '인지부조화이론'을 비판하면서 자신의 관점을 전개한다.

페스팅거의 인지부조화이론은 '태도와 행동의 부조화 → 불쾌한 긴장 유발 → 부조화 해소 동기 생성 → 부조화 해소 행동 수행'이라는 일련의 계열을 상정한다는 점에서 기본적으로 동기이론 계열에 속한다. 그러므로 부조화의 크기가 클수록 이를 해소하려는 동기도 커지고, 결과적으로 그러한 행동의 강도도 강해진다고 예측한다. 인지부조화이론에 관한 연구들은 다양한 부조화 상황에서 조작된 부조화의 크기에 따라 과연 이를 해소하려는 행동의 크기가 달라지는지를 검증하는 패러다임을 주축으로 하여 진행되었다. 이렇게 이 이론은 '내적인 태도 → 행동 유발'이라는 전제에서 출발하는 이론이어서, '선지후행설'의 논지를 충실하게 따르고 있다.

그러나 벰은 자기지각이론을 제시하여, 사람들은 다른 사람의 행동을 관찰해서 그 사람의 태도와 감정 및 성격 특성이나 능력에 대한 지식을 형성하듯이, 특정 대상에 대한 태도나 감정 및 자신의 성격 특성이나 능력 등 자기 자신에 대한 지식도 자신의 행동을 관찰하고 이에 대한 추론을 통해 얻게 된다고 주장하였다. 특히 이런 지식을 낳게 되는 내적인 단서가 약하거나 애매할 때, 그리고 자신의 행동의 원인을 설명하기 곤란할 때 사람들은 제삼자와 같은 처지에 놓이게 됨으로써 자신의 내적 상태(태도·감정·성격·능력 등)를 자신의 행동으로부터 추론할 수밖에 없

게 될 것이라는 주장이 이 이론의 골자이다. 이러한 자기지각이론은 "자
신의 태도나 감정에 대한 내적인 단서가 약하거나 애매할 때, 그리고 자
신의 행동의 원인에 대한 설명이 불분명할 때"[98]라는 몇 가지 한계가 붙
기는 하지만, 태도와 행동의 관계를 '행동 → 태도'로 설정함으로써 '선행
후지설'의 논지를 드러내고 있다.

이러한 두 이론의 대립은 각 진영에서 실증적 자료들을 제시하면서 전
개되어 왔으며,[99] 최근에는 양자의 관점을 통합하려는 시도들이 이루어
지기도 하였다.[100] 이렇게 인식과 실천의 문제에서 인식이 선행되고 그
결과로서 실행이 이루어지느냐(선지후행) 아니면 행동이 선행하고 이에
대한 추론을 통해 인식이 이루어지느냐(선행후지) 하는 문제는 현대 심리
학의 연구문제로도 손색이 없는 주제이다.

여기에서 유학사상의 심리학적 함의를 도출하려는 이 책에서와 같은
작업이 가지는 이론적 가치에 대해 생각해 볼 필요가 있다. 앞 절에서 선
진유학자들과 성리학자들의 이론적 대립에 관한 논의를 보면서, 많은 독
자들이 아마도 '지-행'의 관계를 '선지후행'으로 보든 아니면 '선행후지'
로 보든 간에, "그런 공리공론(空理空論)이 도대체 인간에 대한 실증적 이
해를 도모하는 심리학의 연구와 무슨 관련이 있다는 말인가?"라는 의구
심을 가졌을 것이다. 이러한 의구심은 필자가 하는 것 같은 유학심리학
구축 작업에 대해 일반인과 심리학자들이 가지는 비판적 시선의 초점을

---

98) Bem, 1972, p. 2.

99) 예: Festinger & Carlsmith, 1959; Salancik & Conway, 1975; Taylor, 1998 등; 이
두 진영의 이론적 대립에 관한 자세한 사항은 졸저(조긍호, 2012, pp. 697-708;
2017a, pp. 537-551; 2017b, pp. 325-329) 참조.

100) Myers, 2010, p. 151.

이룬다고 볼 수 있다.

그러나 실증적 연구라고 해서 그 배후에 놓여 있는 지도적 이론의 개입이 없이 진공관 속에서 이루어지는 것은 아니다. 페스팅거와 벰의 이론적 대립은 이러한 사실을 웅변적으로 대변해 주고 있는 것이다. 그러므로 공리공론 같아 보이는 유학사상의 이론적 논점들도 현대 심리학의 연구 논점과 잘 통합될 수 있으며, 이를 통해 동·서의 이론적 관점이 회통(會通)하는 결과가 이루어질 수도 있을 것이다.

❊ 4. 도덕 인식과 실천의 통합: 습여성성(習與性成)

앞에서 보았듯이, 선진유학자들과 성리학자들이 도덕인식과 그 실천의 선후 관계에 대해 의견이 엇갈리고 있기는 하지만, 양자 공히 이 두 가지의 통합을 강조하고 있다는 사실에 대해서는 의심의 여지가 없다. 즉 도덕인식만 하고 이를 실천하지 않아도 된다거나, 도덕실천만을 행하고 그 인식은 등한히 해도 된다고 그들이 보고 있는 것은 아니다.

공자는 학문의 방법을 '널리 글을 배우는 일'[博學於文]과 '예로써 몸을 단속하는 일'[約之以禮]의 두 가지로 제시하고 있는데,[101] 여기서 박문(博文)은 도의 인식 활동을 말하는 것이고, 약례(約禮)는 도의 실천 활동을 말하는 것이다. 이렇게 공자는 도덕인식과 그 실천이 하나로 통합되는 것이 바른 배움을 이루는 방법이라고 보고 있다.

---

101) 子曰 博學於文 約之以禮 亦可以弗畔矣夫(『論語』 雍也 25; 顔淵 15); 顔淵喟然嘆
曰……夫子循循然善誘人 博我以文 約我以禮(子罕 10)

그는 인(仁)에 대한 제자들의 물음에 대해 대체로 인의 본체[仁體]를 가지고 응답하지 않고 인의 쓰임과 실천[仁用]을 가지고 응답함으로써[102] 도덕인식과 실천이 결합되어야 한다는 입장을 드러내고 있다. 즉 공자는 "무릇 인(仁)이란 내가 서고자 하면 남이 먼저 서게 해 주고, 내가 이루고자 하면 남이 먼저 이루게 해 주는 일"이어서, "가까이 자기 몸에서 취해서 남에게로 미루어 나가 실천하는 일이 인을 행하는 방도"[103]라고 하여, 인의 인식뿐만 아니라 이러한 인식이 자기 몸 가까이에서부터의 실천과 통합되어야 함을 강조하고 있는 것이다.

맹자도 널리 배워[博學] 도를 인식하는 일과 자기 몸에 돌이켜 단속함으로써[反約] 도를 실천하는 일을 배움의 방도로 중시하고 있다.[104] 그는 "스스로 깨달아 도를 인식한 다음에, 이에 편안하게 거하고 이를 깊이 활용하여 실천함으로써 좌우 가까이에서 항상 그 근원을 파악하는 일과 연계되어야 한다"[105]고 주장하여, 도의 인식과 실천의 통합을 강조하고 있다.

순자도 '박학'을 통한 도의 인식과 '참기'(參己)를 통한 도의 실천을 배움의 방안으로 제시하면서,[106] 도의 밝은 인식[察道]과 도덕실천[行道]이

---

102) 공자는 仁에 대한 樊遲(雍也 20; 顏淵 22; 子路 19), 子貢(雍也 28; 衛靈公 9), 顏淵(顏淵 1), 仲弓(顏淵 2), 司馬牛(顏淵 3) 및 子張(陽貨 6)의 물음에 대해 모두 각자의 부족한 점을 감안하여 일상생활에서 실천해야 할 요목을 제시해 줌으로써, 仁은 그 본체의 인식이 중요한 것이 아니라 인식과 실천의 통합이 중요함을 강조하고 있다.

103) 子曰……夫仁者 己欲立而立人 己欲達而達人 能近取譬 可謂仁之方也已(雍也 28)

104) 孟子曰 博學而詳說之 將以反說約也(『孟子』 離婁下 15)

105) 君子深造之以道 欲其自得之也 自得之 則居之安 居之安 則資之深 資之深 則取之左右逢其原 故君子欲其自得之也(離婁下 14)

106) 君子博學 而日參省乎己 則智明而行無過矣(『荀子』 勸學 2)

통합되어야 도를 체득한 사람[體道者]이 된다[107])고 주장한다.

　선진유학자들은 이와 같이 도의 인식과 실천이 따로 행해지는 것이 아니라, 이 둘이 함께 어우러져야 함을 강조한다. 이러한 입장은 성리학자들에게 그대로 이어지고 있다. 이러한 사실을 퇴계는 다음과 같이 진술하고 있다.

　　경(敬)으로 근본을 삼아 일마다 그 '마땅히 해야 할 바'[所當然]와 '그러한 까닭'[所以然]의 이치를 궁구하여, 오래 깊이 반복해서 이를 체인(體認)하게 되면 그 지극한 데에 이르게 될 것이다 …… 이렇게 경을 위주로 하여 이치를 궁구함으로써 치지에 이르고[窮理以致知], 자기 몸을 반성하여 이를 실천하는 것[反躬以踐實], 이것이 바로 마음을 바로잡는 법식이고, 도학(道學)을 전하는 요체이다 …… 이러한 도덕인식[眞知]과 도덕실천(實踐)은 마치 차의 두 바퀴가 하나라도 없으면 나갈 수 없으며, 사람의 두 다리가 서로 의지하여 나아가는 것과 같다.[108])

　퇴계는 이 인용문에서의 소이연(所以然)과 소당연(所當然)을 각각 주희의 말을 인용하여, 전자는 '사물이 그렇게 된 이치'를 말하는 것이고, 후자는 '사람으로서 반드시 해야 하는 일'을 말하는 것이라고 보아, 소이연은 도덕인식을 가리키고, 소당연은 도덕실천을 말하는 것이라 보고 있다.

---

107) 心知道 然後可道 可道然後能守道 以禁非道……知道察 知道行 體道者也(解蔽 11-13)

108) 敬以爲主 而事事物物 莫不窮其所當然與所以然之故 沈潛反覆 玩索體認 而極其至…… 至如敬以爲本 而窮理以致知 反躬以踐實 此乃妙心法而傳道學之要……抑眞知與實踐 如車兩輪闕一不可 如人兩脚相對互進(『退溪全書 一』 疏, 戊辰六條疏 185-186)

천하의 사물은 반드시 각각이 '그렇게 된 까닭'[所以然之故]과 그 '마땅
히 해야 할 일'[所當然之則]이 있는 법이다. 이것이 하늘의 이치이다
…… 마땅히 해야 할 일은 마치 군주는 아랫사람들에게 어질게 대하여
야 하고, 신하는 군주를 공경해야 한다는 것과 같은 것이다. 그렇게 된
까닭은 군주가 어째서 아랫사람들에게 어질게 대하여야 하고, 신하는
어째서 군주를 공경해야 하는가와 같은 것으로, 이 양자는 모두 하늘
의 이치[天理]가 그렇게 만든 것이다.[109]

이 두 인용문에서 드러나듯이, 궁리를 통하여 모든 일의 '그렇게 된 까
닭'을 밝게 인식하고, 역행을 통하여 모든 일에 대하여 '마땅히 해야 할
일'을 실천하는 것, 그렇게 함으로써 도의 인식과 실천의 통합을 이루는
일이 군자가 행해야 할 거경의 요체라는 것이 성리학자들의 입장이다.
이렇게 선진유학자들이나 성리학자들은 모두 도덕 인식과 실천의 통합
을 군자의 삶의 목적으로 설정하고 있다는 점에서 공통성을 보인다.

『소학』 교육의 목표는 도덕실천과 도덕인식이 함께 자라고 이루어지
게 하는 '습여지장'(習與智長)과 '화여심성'(化與心成)에 있다. 즉 바른 습
관을 근거로 해서 도덕적 인식이 자라나게 하고[習與智長], 외적 행동의
변화를 통해 본래의 선심이 완성되기[化與心成]를 도모하는 것이 아동기
부터의 교육의 목표라는 것이 유학자들의 관점이다. 이렇게 인식과 실
천의 합일을 이루는 일은 교육의 목표이자 유학적 삶의 목표로 부각되는
것이다. 이러한 사실을 『소학』의 편찬자인 주희는 「소학서제(小學書題)」

109) 天下之物 必各有所以然之故 與所當然之則 所謂理也 朱子曰 所當然之則 如君之仁
臣之敬 所以然之故 如君何故用仁 臣何故用敬云云 皆天理使之然(『退溪全書 二』
書, 論所當然所以然是事是理 4)

에서 다음과 같이 진술하고 있다.

옛날에 초등교육기관인 '소학'에서 아동들을 가르치되, "물 뿌리고 청
소하며, 부름에 응답하고 물음에 대답하며, 나아가고 물러나는 예절
과, 어버이를 사랑하고 어른을 공경하며, 스승을 존숭하고 벗을 친애
하는 방도"로써 하였으니, 이들은 모두 고등교육기관인 '태학'에서 가
르치는 바의 "자기 몸을 닦고 집안을 가지런히 하며, 나라를 다스리고
천하를 평안하게 하는 일"의 근본이 되기 때문인 것이다. 이러한 일상
적 행실을 어릴 때에 가르쳐 익히게 한 것은, 그 익힘이 지혜와 더불어
자라며[習與智長] 교화가 본래의 착한 마음과 더불어 이루어지게[化與
心成] 함으로써, 혹시 성장한 후에 익힌 바를 거슬려 감당하지 못하는
일이 있지 않을까 하는 걱정을 없애고자 한 것이다.110)

주희는 이 인용문에서 『소학』 교육의 목적은 이를 통해 익히게 되는
바른 습관을 근거로 해서 도덕적 인식이 자라나게 하는 '습여지장'과 외
적 행동의 변화를 통해 내적으로 갖추고 있는 본래의 선심(善心)이 이루
어지기를 도모하는 '화여심성'에 있다는 사실을 분명히 하고 있다. 이 말
은 아동교육을 통해 길러지고 이루어지는 바른 습관[習]과 외적인 행동의
변화[化]가 기초가 되어, 성인교육과 함께 명징한 도덕 인식[智]과 본래의
선성[心]의 성장[習與智長]과 실현[化與心成]이 이루어지게 된다는 의미로
풀이할 수 있다.

여기서 선진유학자들이나 성리학자들 모두 도덕인식과 그 실천을 교

---

110) 古者小學 教人以灑掃應對進退之節 愛親敬長隆師親友之道 皆所以爲修身齊家治國
　　 平天下之本 而使其講而習之於幼穉之時 欲其習與智長 化與心成 而無扞格不勝之
　　 患也(『小學』 小學書題)

육의 목표로 설정하고 있다는 사실을 상기해 볼 필요가 있다. 이렇게 보면, 주희가 말하는 '습여지장'과 '화여심성'은 유학자들에게 있어 모든 교육 활동이 지향하는 목표가 된다. 다만 습(習)과 화(化), 곧 도덕실천은 『소학』을 통한 아동교육에서 지향하는 제일의 목표인 반면, 지(智)와 심(心), 곧 도덕인식은 『대학』을 통한 청년기 이후의 성인교육에서 지향하는 제일의 목표가 되는 것으로, 이 둘이 함께 자라고[長] 실현되는[成] '습여지장'과 '화여심성', 이것이 바로 쉬지 않고 이루어져야 하는 모든 교육 활동이 지향하는 목표로 부각되는 것이다.

　『서경(書經)』에는 늙은 재상인 이윤(伊尹)이 어린 군주인 태갑(太甲)에게 "이러한 불의(不義)는 습관이 되어 성품처럼 굳어지게 됩니다[習與性成]. 나는 도를 따르지 않는 사람을 가까이 하지 않겠습니다"[111]라고 말하여, 어린 군주의 불의를 훈계하는 내용이 나온다. 여기서 '습여성성(習與性成)'은 주희의 「소학서제」에 나오는 '습여지장'이나 '화여심성'과 같은 말이다. 다만 '습여성성'이 좀 더 포괄적인 의미를 담고 널리 쓰이고 있을 뿐이다.

　『서경』에서 이 말은 '나쁜 습관이 본성처럼 굳어진다'는 뜻으로 쓰이고 있다. 그러나 이 말은 『논어』「안연(顏淵)」편 1장에서 안연이 공자에게 인(仁)에 관해 묻자 공자가 "자기의 이기적인 욕구를 극복하고 예의 체계로 돌아가는 것[克己復禮]이 인을 행하는 길"이라고 대답한 데 대해, 안연이 다시 그 세목(細目)을 묻자 공자가 "예가 아니면 보지도 말고, 예가 아니면 듣지도 말며, 예가 아니면 말하지도 말고, 예가 아니면 움직이지도 말라"[112]라고 응답한 데 대해, 정이천(程伊川)이 붙인 '사물잠'(四勿

---

111) 伊尹曰　玆乃不義　習與性成　予不狎于不順(『書經』商書, 太甲上 9)

箴)에서 사용해서 유명해진 용어이다.

정이천의 '사물잠'의 '동잠(動箴)'에서는 "도리를 따르면 여유롭게 되고, 욕망을 따르면 위태롭게 된다. 급박하고 구차한 때에도 잘 생각하고 두려워하고 조심하여, 스스로를 잘 간직하라. 습관이 성품과 더불어 이루어지면[習與性成] 함께 성현의 경지에 도달하리라"113)라고 하여, '습여성성'을 수양을 습관화하여 도를 실천하면 성품처럼 굳어져서 자신도 성현이 될 것이라는 말로 쓰고 있다.

이후로 조선조 유학자들의 문집(文集)에는 '습여성성'이란 말이 매우 많이 등장하는데, 그 용례를 보면 대부분 '사물잠'과 같은 맥락으로 쓰이고 있다. 이렇게 유학자들은 도덕인식과 도덕실천을 통해 외적 행동 습관과 내적 성품이 하나로 어우러지면 성현의 상태로 변모된다고 보아 '습여성성'을 유학적 삶의 목표로 설정하고 있는 것이다.114) 물론 이러한 인간의 변모와 본래의 착한 성품의 완성은 도덕인식보다는 거경을 통한 도덕실천의 습관화를 전제로 하고 있음은 두말할 나위도 없이 자명한 사실이다. 이런 점에서 유학자들의 도덕실천론은 그들의 수양론의 이론적 전제가 되고 있는 것이다.

---

112) 顔淵問仁 子曰 克己復禮爲仁 一日克己復禮 天下歸仁焉 爲仁由己 而由人乎哉 顔淵曰 請問其目 子曰 非禮勿視 非禮勿聽 非禮勿言 非禮勿動 顔淵曰 回雖不敏 請事斯語矣(『論語』 顔淵 1)

113) 順理則裕 從欲惟危 造次克念 戰兢自持 習與性成 聖賢同歸(程伊川의 四勿箴 중 動箴: 朱熹는 『論語集註』의 顔淵篇 1장의 註에서 四勿箴을 인용하고 있다.)

114) 이러한 논의는 李相益 교수(부산교대)와의 의견교환(2012년 2월 24일)에 힘입어 구체화되었다. 이 교수께 감사드린다.

참고문헌

유학경전 관련 자료

光成文化社 刊 (1975). 性理大全. 서울: 광성문화사.

김시준 역해 (1998). 대학·중용 (혜원동양고전 3). 서울: 혜원출판사.

大東文化硏究院 刊 (1971). 栗谷全書 (1~2권). 서울: 成均館大學校출판부.

大東文化硏究院 刊 (1971). 退溪全書 (1~5권). 서울: 成均館大學校출판부. (4판, 1997).

民族文化推進會 編 (1976). 국역 퇴계집 (수정판). 서울: 경인문화사.

民族文化推進會 編 (1997). 국역 율곡집 (중판). 서울: 솔.

成百曉 譯註 (1997). 論語集註. 서울: 傳統文化硏究會.

成百曉 譯註 (1998). 大學·中庸集註. 서울: 傳統文化硏究會.

成百曉 譯註 (1998). 書經集傳 (상·하). 서울: 傳統文化硏究會.

成百曉 譯註 (1999). 孟子集註. 서울: 傳統文化硏究會.

楊倞 (818). 荀子注. (服部宇之吉編, 漢文大系 卷十五. 東京: 富山房, 1972.)

葉采 (1248?) 近思錄集解. (이광호 역주. 근사록집해. 서울: 아카넷, 2004.)

王夢鷗 註譯 (1969). 禮記今註今譯. 臺北: 臺灣商務印書館.

王先謙 (1891). 荀子集解. (服部宇之吉編, 漢文大系 卷十五. 東京: 富山房, 1972.)

李相玉 譯著 (1993). 禮記 (上·中·下). 서울: 명문당.

李珥 (1575?). 小學集註. (成百曉 역주. 小學集註. 서울: 전통문화연구회, 1993.)

張基槿 譯 (1980). 孟子新譯. 서울: 汎潮社.

鄭長澈 譯解 (1992). 荀子 (惠園東洋古典 19). 서울: 惠園出版社.

趙岐 (130-201?). 孟子章句. (服部宇之吉編, 漢文大系 卷一. 東京: 富山房, 1972.)

朱熹 (1177). 論語集註. (京城書籍組合編, 原本備旨 論語集註. 서울: 太山文化社, 1984.)

朱熹 (1177). 孟子集註. (京城書籍組合編, 原本備旨 孟子集註. 서울: 太山文化社, 1984.)

朱熹 (1177). 大學集註. (京城書籍組合編, 原本備旨 大學·中庸. 서울: 太山文化社, 1984.)

朱熹 (1177). 中庸集註. (京城書籍組合編, 原本備旨 大學·中庸. 서울: 太山文化社, 1984.)

朱熹·呂祖謙 (1187). 小學. (윤호창 역. 小學. 서울: 홍익출판사, 2009.)

蔡沈 (1209). 書經集傳. (成百曉 역주. 書經集傳. 서울: 전통문화연구회, 1998.)

何晏 (248). 論語集解. (服部宇之吉 編, 漢文大系 卷一. 東京: 富山房, 1972.)

Harvard-Yenching Institute (1940). 論語引得. HYI Sinological Index Series, Supplement 16. Cambridge, MA: Harvard University Press.

Harvard-Yenching Institute (1940). 孟子引得. HYI Sinological Index Series, Supplement 17. Cambridge, MA: Harvard University Press.

Harvard-Yenching Institute (1950). 荀子引得. HYI Sinological Index Series, Supplement 22. Cambridge, MA: Harvard University Press.

심리학 및 기타 관련 자료

강정인 (2002). 세계화·정보화와 동아문명의 정체성: 서구중심주의와 아시아적 가치. 한국정치외교사 논총, 24집 2호, 211-238.

강정인 (2004). 서구중심주의를 넘어서. 서울: 아카넷.

강정인 (2005). 율곡 이이의 경장론과 개념의 혁신: 대동·소강 개념을 중심으로. 율곡학연구 (한림대학교 한림과학원 율곡학연구소), 제1집, 227-250.

강정인 (2010). 율곡 이이의 정치사상에 나타난 대동·소강(小康)·소강(少康): 시론적 개념 분석. 한국정치학회보, 제44집 1호, 5-30.

권덕주 (1998). 대학 해제. 김시준 역해, 대학·중용 (혜원동양고전 3, pp. 8-35). 서울: 혜원출판사.

권석만 (2000). 불교와 한국 심리학 연구. 대한민국 학술원 편, 한국의 학술 연구: 심리학 (pp. 141-148). 서울: 대한민국 학술원.

김경호 (2008). 인격 성숙의 새로운 지평: 율곡의 인간론. 경기: 정보와 사람.

김성태 (1976). 성숙인격론. 서울: 고려대학교출판부.

김성태 (1989). 경과 주의 (증보판). 서울: 고려대학교출판부.

김성태 (1990). 경사상과 한국문화. 한국심리학회 편, 1990년도 연차학술대회 학술발표초록 (pp. v-xvi). 서울: 한국심리학회.

김승혜 (1990). 원시유교. 서울: 민음사.

김의철 (1997). 한국 청소년의 가치체계. 한국정신문화연구원 편, 한국 청소년 문화: 심리-사회적 형성요인. 경기: 한국정신문화연구원.

나은영·민경환 (1998). 한국문화의 이중성과 세대차의 근원에 관한 이론적 고찰 및 기존 자료 재해석. 한국심리학회지: 사회문제, 4(1), 75-93.

나은영·차재호 (1999). 1970년대와 1990년대 간의 한국인의 가치관 변화와 세대차 증감. 한국심리학회지: 사회 및 성격, 13(2), 37-60.

노명식 (1991). 자유주의의 원리와 역사: 그 비판적 연구. 서울: 민음사.

다카하시 노부오(高橋伸生) (2004). 성과주의의 허상. 정경진 역 (2007). 서울: 오즈컨설팅.

민경환 (2002). 성격심리학. 서울: 법문사.

小島毅 (2004). 朱子學ヒ陽明學. 東京: 放送大學 出版會. 신현승 역 (2004). 사대부의 시대: 주자학과 양명학 새롭게 읽기. 서울: 동아시아.

신동은 (2002). 소학의 실천교육 원리와 현대적 의의. 연세대학교 미간행 박사학위논문.

안신호·김진·이상희 (1991). 한국에서의 성취동기와 경제성장 간의 관계. 한국심리학회 편, 1991년도 한국심리학회 연차대회 발표논문집 (pp. 391-397). 서울: 한국심리학회.

윤호균 (1982a). 정신분석, 인간중심의 상담 및 불교의 비교 I: 인간 및 심리적 문제에 대한 견해. 임상심리학회지, 3, 35-47.

윤호균 (1982b). 정신분석, 인간중심의 상담 및 불교의 비교 II: 인간 및 심리적 문제에 대한 견해. 임상심리학회지, 3, 49-63.

윤호균 (1999). 불교의 연기론과 상담. 최상진·윤호균·한덕웅·조긍호·이
　　수원. 동양심리학: 서구심리학에 대한 대안 모색 (pp. 327-375). 서울:
　　지식산업사.

윤호균 (2014). 온마음상담과 불교적 성찰. 한자경 편, 깨달음: 궁극인가 과정인
　　가 (pp. 297-343). 서울: 운주사.

이부영 (2002). 자기와 자기실현: 하나의 경지, 하나가 되는 길 (분석심리학의 탐
　　구 3). 서울: 한길사.

이상은 (1976). 유학과 동양문화. 서울: 범학도서.

이상익 (2001). 유가 사회철학 연구. 서울: 심산문화.

이수원 (1993). 사회적 갈등의 인지적 기제: 사회적 자아중심성. 한국심리학회지:
　　사회, 7(2), 1-23.

이수원 (1994). 사회적 자아중심성: 타인이해에서 성향주의의 원천. 한국심리학
　　회지: 일반, 13(1), 129-152.

이승환 (1999). 문화심리학과 자아형성. 한국심리학회·한국 사회 및 성격심리
　　학회 편, 한국심리학회 1999년도 하계 심포지움 자료집: 문화와 심리학
　　(pp. 21-33). 서울: 한국 사회 및 성격심리학회.

임능빈 (1981a). 퇴계의 도덕심리학적 일 연구. 성곡논총, 12, 72-147.

임능빈 (1981b). 율곡의 도덕심리학적 일 연구. 부산대학교 논문집, 20, 233-
　　255.

임능빈 (1982). 율곡의 정신위생론에 관한 일 연구. 사회과학대학논총 (부산대학
　　교), 1, 89-300.

임능빈 (1983). 성리학의 적응심리학적 접근: 퇴계와 율곡을 중심으로. 서울대
　　학교 박사학위 논문.

임능빈 (1995). 심경연구: 성격과 정서통제를 중심으로. 임능빈 편, 동양사상과
　　심리학 (pp. 157-177). 서울: 성원사.

장성수 (1987). 집단응집성이 분배원칙 선호에 미치는 영향. 서울대학교 미간행
　　박사학위 논문.

장성수·이수원·정진곤 (1990). 한국인의 인간관계에 나타난 분배정의에 관한
　　연구. 교육논총 (한양대학교 한국교육문제연구소), 3, 217-265.

장재윤 · 구자숙 (1998). 보상이 내재적 동기 및 창의성에 미치는 효과: 개관과
　　　적용. 한국심리학회지: 사회 및 성격, 12(2), 39-77.

정양은 (1981). 사회심리학. 서울: 법문사.

정인재 (1992). 중국사상에서의 사회적 불평등: 순자의 예론을 중심으로. 김영
　　　한 · 정인재 · 길희성 · 최재현 · 조긍호. 불평등사상의 연구 (pp. 49-74).
　　　서울: 서강대학교출판부.

조긍호 (1991). 맹자에 나타난 심리학적 함의 (II): 교육론과 도덕실천론을 중심
　　　으로. 한국심리학회지: 사회, 6(1), 73-108.

조긍호 (1992). 사회적 불평등의 인지와 그에 대한 반응: 사회정의에 대한 심리
　　　학적 접근. 김영한 · 정인재 · 길희성 · 최재현 · 조긍호. 불평등사상의 연
　　　구 (pp. 127-182). 서울: 서강대학교출판부.

조긍호 (1995). 순자에 나타난 심리학적 함의 (II): 인성론을 중심으로. 한국심리
　　　학회지: 사회, 9(1), 1-25.

조긍호 (1998). 유학심리학: 맹자 · 순자 편. 서울: 나남출판.

조긍호 (1999). 문화유형에 따른 동기의 차이. 한국심리학회지: 사회 및 성격,
　　　13(2), 233-273.

조긍호 (2002). 문화성향과 허구적 독특성 지각 경향. 한국심리학회지: 사회 및
　　　성격, 16(1), 91-111.

조긍호 (2003). 한국인 이해의 개념틀. 서울: 나남출판.

조긍호 (2005). 문화성향에 따른 유사성 판단의 비대칭성. 한국심리학회지: 사회
　　　및 성격, 19(1), 45-63.

조긍호 (2006). 이상적 인간형론의 동 · 서 비교: 새로운 심리학의 가능성 탐색 I.
　　　서울: 지식산업사.

조긍호 (2007a). 동아시아 집단주의의 유학사상적 배경: 심리학적 접근. 서울: 지
　　　식산업사.

조긍호 (2007b). 동아시아 집단주의와 유학사상: 그 관련성의 심리학적 탐색.
　　　한국심리학회지: 사회 및 성격, 21(4), 21-53.

조긍호 (2008). 선진유학사상의 심리학적 함의. 서울: 서강대학교출판부.

조긍호 (2012). 사회관계론의 동 · 서 비교: 새로운 심리학의 가능성 탐색 II. 서

울: 서강대학교출판부.

조긍호 (2013). 한국 집단주의의 특징은 무엇인가. 김문조 외 공저. 한국인은 누구인가: 38가지 코드로 읽는 우리의 정체성 (pp. 153-171). 경기: 21세기북스.

조긍호 (2017a). 유학심리학의 체계 I: 유학사상과 인간 심리의 기본구성체. 서울: 서강대학교출판부.

조긍호 (2017b). 심리구성체론의 동·서 비교: 새로운 심리학의 가능성 탐색 III − 도덕심리학의 새 지평. 서울: 서강대학교출판부.

조긍호 (2019). 문화, 유학사상 그리고 심리학. 서울: 학지사.

조긍호·강정인 (2012). 사회계약론 연구: 홉스·로크·루소를 중심으로. 서울: 서강대학교출판부.

조긍호·이재영 (2007). 문화성향, 성역할 정체감 및 도덕적 지향성. 한국심리학회지: 사회 및 성격, 21(1), 105-126.

조 시게유키(城繁幸). (2004). 후지쯔 성과주의 리포트. 윤정원 역 (2005). 서울: 들녘.

조 시게유키(城繁幸). (2006). 젊은이는 왜 3년만에 그만 두는가?. 이상준 역 (2008). 서울: 도전과 응전.

陳來 (1987). 朱熹哲學硏究. 北京: 中國社會科學出版社. 이종란·이상성·이종상 역 (2008). 주희의 철학. 서울: 상지사.

차재호·정지원 (1993). 현대 한국 사회에서의 집합주의. 한국심리학회지: 사회, 7(1), 150-163.

蔡仁厚 (1984). 孔孟荀哲學. 臺北: 學生書局.

최상진 (2000). 한국인 심리학. 서울: 중앙대학교출판부.

馮友蘭 (1948). *A short history of Chinese philosophy*. 臺北: 雙葉書店. 정인재 역 (1977). 중국철학사. 서울: 형설출판사.

한국갤럽조사연구소 (1985). 한국과 세계 청소년의 의식. 서울: 한국갤럽조사연구소.

한국심리학회 홈페이지(http://www.koreanpsychology.or.kr)

한규석 (1991). 사회심리학 이론의 문화특수성: 한국인의 사회심리학 연구를 위한 고찰. 한국심리학회지: 사회, 6(1), 132-155.

한규석 (2002). 사회심리학의 이해 (개정판). 서울: 학지사.

한규석 · 신수진 (1999). 한국인의 선호가치 변화: 수직적 집단주의에서 수평적 개인주의로. 한국심리학회지: 사회 및 성격, 13(2), 293-310.

한덕웅 (1994). 퇴계심리학. 서울: 성균관대학교출판부.

한덕웅 (1999). 한국 유학의 심리학. 최상진 · 윤호균 · 한덕웅 · 조긍호 · 이수원. 동양심리학: 서구심리학에 대한 대안 모색 (pp. 163-286). 서울: 지식산업사.

한덕웅 (2003). 한국유학심리학: 한국유학의 심리학설과 유교문화에 관한 심리학적 접근. 서울: 시그마프레스.

홍숙기 (1994). 일과 사랑의 심리학. 서울: 나남.

홍숙기 (2004). 성격심리 (상, 수정판). 서울: 박영사.

Adamopoulos, J., & Bontempo, R. (1984). A note on the relationship between socialization practice and artistic preference. *Cross-Cultural Psychology Bulletin, 18,* 4-7.

Adams, J. S., & Freedman, S. (1976). Equity theory revisited: Comments and annotated bibliography. In L. Berkowitz & E. Berkowitz (Eds.), *Advances in experimental social psychology* (Vol. 9, pp. 43-90). New York: Academic Press.

Allport, F. H. (1924). *Social psychology.* Boston, MA: Houghton Mifflin.

Allport, G. W. (1935). Attitudes. In C. Murchinson (Ed.), *A handbook of social psychology* (pp. 798-844). Worchester, MA: Clark University Press.

Allport, G. W. (1937). *Personality: A psychological interpretation.* New York: Holt, Rinehart & Winston.

Aron, A., & Aron, E. N. (1986). *Love and the expansion of self: Understanding attraction and satisfaction.* New York: Hemisphere.

Aronson, E. (1988). *Social animal* (2nd ed.). New York: Freeman. 윤진 · 최

상진 역 (1990). 사회심리학. 서울: 탐구당.

Austin, W. (1979). Justice, freedom and self-interest in intergroup conflict. In W. G. Austin & S. Worchel (Eds.), *The social psychology of intergroup relation.* Belmont, CA: Brooks-Cole.

Austin, W., & Hatfield, E. (1980). Equity theory, power, and social justice. In G. Mikula (Ed.), *Justice and social interactions* (pp. 25-61). New York: Springer-Verlag.

Barnes, J. (1982). *Aristotle.* Oxford: Oxfofd University Press. 문계석 역 (1989). 아리스토텔레스의 철학. 서울: 서광사.

Baron, R. A., & Byrne, D. (1997). *Social psychology* (8th ed.). Boston, MA: Allyn & Bacon.

Baumeister, R. F., Tice, D. M., & Hutton, D. G. (1989). Self-presentational motivations and personality differences in self-esteem. *Journal of Personality, 57*, 547-579.

Bem, D. J. (1967). Self-perception: An alternative interpretation of cognitive dissonance phenomena. *Psychological Review, 74*, 183-200.

Bem, D. J. (1972). Self-perception theory. In L. Berkowitz (Ed.), *Advances in experimental social psychology* (Vol. 6, pp. 1-62). New York: Academic Press.

Bento, R. F., & White, L. F. (1998). Participants' value and incentive plans. *Human Resource Management, 37*, 47-59.

Berry, J. W., Poortinga, Y. H., Segall, M. H., & Dasen, P. R. (1992). *Cross-cultural psychology: Research and applications.* New York: Cambridge University Press.

Blau, P. M. (1964). *Exchange and power in social life.* New York: Wiley.

Blumenthal, E. P. (1977). Models in Chinese moral education: Perspectives from children's books. *Dissertation Abstracts International, 37*, 6357A-6358A.

Bond, M. H. (1994). Into the heart of collectivism: A personal and scientific journey. In U. Kim, H. C. Triandis, C. Kagitcibasi, S. C. Choi, & G. Yoon (Eds.), *Individualism and collectivism: Theory, method, and applications* (pp. 66-76). Thousand Oaks, CA: Sage.

Bond, M. H., & Hwang, K. K. (1986). The social psychology of Chinese people. In M. H. Bond (Ed.), *The psychology of Chinese people* (pp. 213-266). New York: Oxford University Press.

Bond, M. H., Leung, K., & Wan, K. C. (1982). The social impact of self-effacing attributions: The Chinese case. *Journal of Social Psychology, 118*, 157-166.

Bond, M. H., & Smith, P. B. (1996). Culture and conformity: A meta-analysis of studies using Asch's (1952b, 1956) line judgement task. *Psychological Bulletin, 119*, 111-131.

Brehm, S. S. (1992). *Intimate relationship* (2nd ed.). New York: McGraw-Hill.

Burnstein, E., & Katz, S. (1972). Group decisions involving equitable and optimal distributions of status. In C. G. McClintock (Ed.), *Experimental social psychology*. New York: Holt, Rinehart, & Winston.

Business Week (1991, May), pp. 52-76.

Business Week (1993, April), pp. 38-39.

Cameron, J., & Pierce, W. D. (1994). Reinforcement, reward and intrinsic motivation: A meta-analysis. *Review of Educational Research, 64*, 363-423.

Chang, E., & Hahn, J. (2006). Does pay-for-performance enhance perceived distributive justice for collective employees? *Personnel Review, 35*, 397-412.

Child, I. L. (1968). Personality in culture. In E. F. Borgatta & W. W. Lambert (Eds.), *Handbook of personality theory and research*. Chicago, IL: Rand McNally.

Cohen, R. L., & Greenberg, J. (1982). The justice concept in social psychology. In J. Greenberg & R. L. Cohen (Eds.), *Equity and justice in social behavior* (pp. 1-41). New York: Academic Press.

Cook, K. S., & Yamagishi, T. (1983). Social determinants of equity judgment: The problem of multidimensional input. In D. M. Messick & K. S. Cook (Eds.), *Equity theory: Psychological and sociological perspective*. New York: Praeger.

Csikszentmihalyi, M. (1990). *Flow: The psychology of optimal experience*. New York: Harper Perenial.

Csikszentmihalyi, M. (1997). *Finding Flow*. New York: Brokman, Inc. 이희재 역 (2003). 몰입의 즐거움. 서울: 해냄.

D'Andrade, R. G. (1992). Schemas and motivation. In R. G. D'Andrade & C. Strauss (Eds.), *Human motives and cultural models* (pp. 23-44). New York: Cambridge University Press.

Deci, E. L. (1971). The effects of externally mediated rewards on intrinsic motivation. *Journal of Personality and Social Psychology, 18*, 105-115.

Deci, E. L. (1975). *Intrinsic motivation*. New York: Plenum.

Deci, E. L., & Ryan, R. M. (1985). *Intrinsic motivation and self-determination in human behavior*. New York: Plenum.

Deutsch, M. (1974). *Awakening the sense of injustice: Myth, reality and ideal*. Toronto: Holt, Rinehart & Winston.

Deutsch, M. (1975). Equity, equality and need: What determines which value will be used as the basis of distributive justice? *Journal of Social Issues, 31*, 137-149.

DeVos, G. A. (1973). *Socialization for achievement: Essay on the cultural psychology of the Japanese*. Berkeley, CA: University of California Press.

Dore, R. (1973). *British factory-Japanese factory*. London: Allen & Unwin.

Draguns, J. (1997). Abnormal behavior patterns across cultures: Implications for counseling and psychotherapy. *International Journal of Intercultural Relations, 21*, 213–248.

Dweck, C. S. (1991). Self-theories and goals: Their role in motivation, personality, and development. In R. A. Dienstbier (Ed.), *Perspectives on motivation: Nebraska Symposium on Motivation, 1990* (pp. 199–235). Lincoln, NB: University of Nebraska Press.

Dweck, C. S., Hong, Y., & Chiu, C. (1993). Implicit theories: Individual differences in the likelihood and meaning of dispositional inference. *Personality and Social Psychology Bulletin, 19*, 644–656.

Dweck, C. S., & Leggett, E. L. (1988). A social-cognitive approach to motivation and personality. *Psychological Review, 95*, 256–273.

Early, P. C. (1989). Social loafing and collectivism: A comparison of the United States and the People's Republic of China. *Administrative Science Quarterly, 34*, 565–581.

Early, P. C. (1993). East meets West meets Mideast: Furthur exploration of collectivistic and individualistic work groups. *Academy of Management Journal, 36*, 319–348.

Early, P. C. (1994). Self or group? Cultural effects of training on self-efficacy and performance. *Administrative Science Quarterly, 39*, 89–117.

Emerson, R. M. (1992). Social exchange theory. In M. Rosenberg & R. H. Turner (Eds.), *Social psychology: Sociological perspectives* (pp. 30–65). New Brunswick, NJ: Transaction Publishers.

Erez, M. (1997). A culture-based model of work motivation. In P. C. Early & M. Erez (Eds.), *New perspectives on international industrial/organizational psychology* (pp. 193–242). San Francisco, CA: The New Lexingron Press.

Erez, M., & Eden, D. (2001). Introduction: Trends reflected in work motivation. In M. Erez, U. Kleinbeck, & H. Thierry (Eds.), *Work motivation in the context of a globalizing economy* (pp. 1–8).

Mahwah, NJ: Erlbaum.

Erikson, E. H. (1959). Identity and life cycle: Selected paper. *Psychological Issues, 1,* 5-165.

Erikson, E. H. (1963). *Childhood and society* (2nd ed.). New York: Norton. 윤진 · 김인경 역 (1988). 아동기와 사회: 인간발달 8단계 이론. 서울: 중앙적성출판사.

Fabrigar, L. R., & Wegener, D. T. (2010). Attitude structure. In R. F. Baumeister & E. J. Finkel (Eds.), *Advanced social psychology: The state of the science* (pp. 177-216). New York: Oxford University Press.

Farkas, A. J., & Anderson, N. H. (1979). Multidimensional input in equity theory. *Journal of Personality and Social Psychology, 37,* 879-896.

Farth, J. L., Early, P. C., & Lin, S. C. (1997). Impetus for action: A cultural analysis of justice and organizational behavior in Chinese society. *Administrative Science Quarterly, 42,* 421-444.

Farth, J. L., Zhong, C. B., & Organ, D. W. (2004). Organizational citizenship behavior in the People's Republic of China. *Organization Science, 15,* 241-253.

Festinger, L. (1957). *A theory of cognitive dissonance.* Stanford, CL: Stanford University Press.

Festinger, L., & Carlsmith, J. M. (1959). Cognitive consequences of forced compliance. *Journal of Abnormal and Social Psychology, 58,* 203-210.

Fisher, R., & Smith, P. B. (2003). Reward allocation and culture: A meta-analysis. *Journal of Cross-Cultural Psychology, 34,* 251-268.

Fiske, A. P., Kitayama, S., Markus, H. R., & Nisbett, R. E. (1998). The cultural matrix of social psychology. In D. T. Gillbert, S. T. Fiske, & G. Lindzey (Eds.), *The handbook of social psychology* (4th ed., Vol. 2, pp. 915-981). Boston, MA: McGraw-Hill.

Gabrenya, W. K., Latané, B., & Wang, Y. (1983). Social loafing in cross-cultural perspective: Chinese on Taiwan. *Journal of Cross-Cultural Psychology, 14,* 368-384.

Gabrenya, W. K., Wang, Y., & Latané, B. (1985). Social loafing on an optimizing task: Cross-cultural differences among Chinese and Americans. *Journal of Cross-Cultural Psychology, 16,* 223-242.

Geen, R. G. (1991). Social motivation. *Annual Review of Psychology, 42,* 377-399.

Geen, R. G. (1995). *Human motivation: A social psychological approach.* Pacific Grove, CA: Brooks/Cole.

Geen, R. G., & Shea, J. D. (1997). Social motivation and culture. In D. Munro, J. F. Schumaker, & S. T. Carr (Eds.), *Motivation and culture* (pp. 33-48). New York: Routledge.

Gelman, R., & Williams, E. M. (1997). Enabling constraints for cognitive development and learning. In W. Damon (Series Ed.), D. Kuhn & R. Siegler (Vol. Eds.), *Handbook of child psychology: Vol. 2. Cognition, perception, and language* (5th ed., pp. 575-630). New York: Wiley.

Gergen, K. J., & Davis, K. E. (Eds.) (1985). *The social construction of the person.* New York: Springer.

Gergen, K. J., & Gergen, M. M. (1988). Narrative and the self as relationships. In L. Berkowitz (Ed.), *Advances in experimental social psychology* (Vol. 21, pp. 17-56). New York: Academic Press.

Gergen, K. J., Greenberg, M. S., & Willis, R. H. (1980). Introduction. In K. J. Gergen, M. S. Greenberg, & R. H. Willis (Eds.), *Social exchange: Advances in theory and research* (pp. vii-xi). New York: Plenum.

Gerhart, B., & Milkovich, G. T. (1992). Employee compensation: Research and practice. In M. D. Dunnette & L. M. Hough (Eds.), *Handbook of industrial and organizational psychology* (2nd ed., Vol. 3, pp. 481-

570). Palo Alto, CA: Consulting psychologists Press.

Gilligan, C. (1982). *In a different voice: Psychological theory and woman's development.* Cambridge, MA: Harvard University Press.

Greenberg, J. (1986). Determinants of perceived fairness of performance evaluations. *Journal of Applied Psychology, 71,* 340−342.

Greenberg, J., & Cohen, R. L. (1982). Why justice?: Normative and instrumental interpretations. In J. Greenberg & R. L. Cohen (Eds.), *Equity and justice in social behavior* (pp. 437−469). New York: Academic Press.

Greenfield, P. M. (2000). Three approaches to the psychology of culture: Where do they come from? Where can they go? *Asian Journal of Social Psychology 3,* 223−240.

Gudykunst, W. B. (Ed.) (1993). *Communication in Japan and the United States.* Albany, NY: State University of New York Press.

Hampden-Turner, C., & Trompenaars, A. (1993). *The seven cultures of capitalism: Value systems for creating wealth in the United States, Japan, Germany, France, Britain, Sweden, and the Netherlands.* New York: Doubleday.

Han, S. Y., & Ahn, C. Y. (1990). Collectivism and its relationships to age, education, mode of marriage, and living in Koreans. 한국심리학회지: 사회, 5(1), 116−128.

Hayashi, C. (1988). *National character of the Japanese.* Tokyo: Statistical Bureau, Japan.

He, W., Chen, C. C., & Zhang, L. H. (2004). Reward allocation preferences of Chinese employees in the new millenium: The effects of ownership reform, collectivism and goal priority. *Organization Science, 15,* 221−231.

Heine, S. J. (2012). *Cultural psychology* (2nd ed.). New York: W. W. Norton.

Heine, S. J., & Lehman, D. R. (1995). Cultural variation in unrealistic optimism: Does the West feel more invulnerable than the East? *Journal of Personality and Social Psychology, 68*, 595−607.

Heine, S. J., & Lehman, D. R. (1997). The cultural construction of self-enhancement: An examination of group-serving biases. *Journal of Personality and Social Psychology, 72*, 1268−1283.

Heine, S. J., Lehman, D. R., Markus, H. R., & Kitayama, S. (1999). Is there a universal need for positive self-regard? *Psychological Review, 106*, 766−794.

Herzberg, F. (1966). *Work and the nature of man.* London: Staples Press.

Herzberg, F., Mausner, B., & Synderman, B. B. (1959). *The motivation to work.* New York: Wiley.

Hilgard, E. R. (1987). *Psychology in America: A historical survey.* San Diego, CA: Harcourt Brace Jovanovich.

Hjelle, L. A., & Ziegler, D. J. (1981). *Personality theories: Basic assumption, research, and applications* (2nd ed.). New York: MaGraw−Hill. 이훈구 역 (1983). 성격심리학. 서울: 법문사.

Ho, D. Y. F. (1986). Chinese patterns of socialization: A critical review. In M. H. Bond (Ed.), *The psychology of Chinese people* (pp. 1−37). Hong Kong: Oxford University Press.

Hofstede, G. (1980). *Culture's consequences: International differences in work-related values.* Beverly Hills, CA: Sage.

Hofstede, G. (1991). *Cultures and organizations: Software of the mind.* London: McGraw−Hill. 차재호 · 나은영 역 (1995). 세계의 문화와 조직. 서울: 학지사.

Holton, R. J. (1998). *Globalization and nation-state.* London: Macmillan.

Holyoak, K. J., & Gordon, P. C. (1983). Social reference points. *Journal of Personality and Social Psychology, 44*, 881−887.

Homans, G. C. (1961). *Social behavior: Its elementary forms.* New York:

Harcourt, Brace, Jovanovich.

Homans, G. C. (1974). *Social behavior: Its elementary forms* (rev. ed.). New York: Harcourt, Brace, Jovanovich.

Hong, Y., Chiu, C., & Kung, T. M. (1997). Bringing culture out in front: Effects of cultural meaning system activation on social cognition. In K. Leung, U. Kim, S. Yamaguchi, & Y. Kashiman (Eds.), *Progress in Asian social psychology* (Vol. 1, pp. 139-150). Singapore: Wiley.

Hong, Y., Morris, M. W., Chiu, C., & Benet-Martinez, V. (2000). Multicultural minds: A dynamic constructivist approach to culture and cognition. *American Psychologist, 55,* 705-720.

House, R. J., Hanges, P. J., Javidan, M., Dorfman, P. W., Gupta, V., & GLOBE associates (2004). *Leadership, culture and organizations: The GLOBE study of 62 nations.* Thousand Oaks, CA: Sage.

Hui, C. H., Triandis, H. C., & Yee, C. (1991). Cultural difference in reward allocation: Is collectivism the explanation? *British Journal of Social Psychology, 30,* 145-157.

Jenkins, G. D., Jr., & Lawler, E. E. III. (1981). Impact of employee participation in pay plan development. *Organizational Behavior and Human Performance, 28,* 111-128.

Jenkins, J. H. (1994). Culture, emotion, and psychopathology. In S. Kitayama & H. R. Markus (Eds.), *Emotion and culture: Empirical studies of mutual influence* (pp. 307-335). Washington, DC: American Psychological Association.

Jex, S. M., & Britt, T. W. (2008). *Organizational psychology: A scientist-practitioner approach* (2nd ed.). New York: John Wiley & Sons. 박영석·서용원·이주일·장재윤 역 (2011). 조직심리학. 서울: 시그마프레스.

Jones, E. E. (1998). Major developments in five decades of social psychology. In D. T. Gilbert, S. T. Fiske, & G. Lindzey (Eds.), *The handbook of social psychology* (4th ed., Vol. 1, pp. 3-57). Boston,

MA: McGraw-Hill.

Jones, E. E., & Gerard, H. B. (1967). *Foundations of social psychology.* New York: Wiley.

Kagitcibasi, C. (1996). *Family and human development across cultures: A view from the other side.* Hillsdale, NJ: Erlbaum.

Kagitcibasi, C. (1997). Individualism and collectivism. In J. W. Berry, M. H. Segall, & C. Kagitcibasi (Eds.), *Handbook of cross-cultural psychology* (2nd ed., Vol. 3, pp. 1-49). Boston, MA: Allyn & Bacon.

Kao, H. S. R., & Ng, S. H. (1997). Work motivation and culture. In D. Munro, J. F. Schumaker, & S. C. Carr (Eds.), *Motivation and culture* (pp. 119-132). New York: Routledge.

Karau, S. J., & Williams, K. D. (1993). Social loafing: A meta-analytic review and theoretical integration. *Journal of Personality and Social Psychology, 65,* 681-706.

Kashima, Y. (1997). Culture, narrative, and human motivation. In D. Munro, J. F. Schumaker, & S. C. Carr (Eds.), *Motivation and culture* (pp. 16-30). New York: Routledge.

Kim, U. (1995). *Individualism and collectivism: A psychological, cultural and ecological analysis.* Nordic Institute of Asian Studies (NIAS) Report Series, No. 21. Copenhagen, Denmark: NIAS Books.

Kim, U. (2000). Indigenous, cultural, and cross-cultural psychology: A theoretical, conceptual, and epistemological analysis. *Asian Journal of Social Psychology, 3,* 265-287.

Kim, U., & Choi, S. C. (1993). Asian collectivism: Indigenous and comparative perspectives. 중앙대학교 사회과학연구소 편, 한국적 심리학의 탐색 ('93 사회과학연구소 국제학술세미나 자료집, pp. 1-28). 서울: 중앙대학교 사회과학연구소.

King, A. Y. C., & Bond, M. H. (1985). The Confucian paradigm of man: A sociological view. In W. S. Tseng & D. Y. H. Wu (Eds.), *Chinese culture and mental health* (pp. 29−46). New York: Academic Press.

Kitayama, S., Duffy, S., Kawamura, T., & Larsen, J. T. (2002). Perceiving an object in its context in different cultures: A cultural look at the New Look. *Psychological Science, 14,* 201−206.

Kitayama, S., Markus, H. R., & Kurokawa, M. (1994). *Cultural views of self and emotional experience: Does the nature of good feelings depend on culture?* Unpublished manuscript, Kyoto University, Kyoto, Japan.

Kitayama, S., Markus, H. R., & Lieberman, C. (1995). The collective construction of self-esteem: Implications for culture, self and emotion. In J. Russel, J. Fernandez-Dols, T. Manstead, & J. Wellenkamp (Eds.), *Everyday conceptions of emotion: An introduction to the psychology, anthropology, and linguistics of emotions* (pp. 523−550). Dordrecht, Netherlands: Kluwer.

Kitayama, S., Markus, H. R., Matsumoto, H., & Norasakkunkit, V. (1997). Individual and collective processes of self-esteem management: Self-enhancement in the United States and self-criticism in Japan. *Journal of Personality and Social Psychology, 72,* 1245−1267.

Kravitz, D., & Martin, B. (1986). Ringelmann rediscovered: The original article. *Journal of Personality and Social Psychology, 50,* 936−941.

Kroeber, A. L., & Kluckhohn, C. (1952). *Culture: A critical review of concepts and definitions.* Cambridge, MA: Peabody Museum, Vol. 47, No. 1.

Kubany, E. S., Gallimore, R., & Buell, J. (1970). The effects of extrinsic factors on achievement-oriented behavior: A non−Western case. *Journal of Cross−Cultural Psychology, 1,* 77−84.

Kühnen, U., Hannover, B., & Schubert, B. (2001). The semantic-procedural interface model of the self: The role of self-knowledge for context-dependent versus context-independent modes of thinking. *Journal of Personality and Social Psychology, 80,* 397−409.

Kunda, Z. (2000). *Social cognition: Making sense of people*. Cambridge, MA: MIT Press.

Lam, S. S. K., Hui, C., & Law, K. S. (1999). Organizational citizenship behavior: Comparing perspectives of supervisors and subordinates across four international samples. *Journal of Applied Psychology, 84*, 594–601.

Langman, P. F. (1997). White culture, Jewish culture, and the origins of psychotherapy. *Psychotherapy, 34*, 207–218.

Latané, B., Williams, K. D., & Harkins, S. G. (1979). Many hands make light the work: The causes and consequences of social loafing. *Journal of Personality and Social Psychology, 37*, 822–832.

Laurent, A. (1993). *Historie de l'individualisme*. Paris: Presses Universitaires de France. 김용민 역 (2001). 개인주의의 역사. 서울: 한길사.

Lawler, E. E., III. (1971). *Pay and organizational effectiveness: A psychological view*. New York: McGraw–Hill.

Lawler, E. E., III, Mohrman, S. A., & Ledford, G. E., Jr. (1992). *Employee involvement and total quality management: Practices and results in Fortune 1,000 companies*. San Francisco, CA: Jossey–Bass.

Lee, A. Y., Aaker, J. L., & Gardner, W. (2000). The pleasures and pains of distinct self-construals: The role of interdependence in regulatory focus. *Journal of Personality and Social Psychology, 78*, 1122–1134.

Lefley, H. P. (1994). Mental health treatment and service delivery in cross-cultural perspective. In L. L. Adler & U. P. Gielen (Eds.), *Cross-cultural topics in psychology* (pp. 179–199). Westport, CT: Praeger.

Lerner, M. J. (1974). The justice motive: Equity and parity among children. *Journal of Personality and Social Psychology, 29*, 539–550.

Lerner, M. J. (1975). The justice motive in social behavior: An introduction. *Journal of Social Issues, 31*, 1–20.

Lerner, M. J. (1977). The justice motive in social behavior: Some hypotheses as to its origins and forms. *Journal of Personality, 45*, 1–52.

Lerner, M. J. (1981). The justice motive in social behavior: Some thoughts on what we know and need to know about justice. In M. J. Lerner & S. C. Lerner (Eds.), *The justice motive in social behavior: Adapting to times of scarcity and change.* New York: Plenum.

Lerner, M. J. (1982). The justice motive in human relations and the economic model of man: A radical analysis of facts and fictions. In V. Derlega & J. Grzelak (Eds.), *Cooperation and helping behavior: Theories and research.* New York: Academic Press.

Lerner, M. J., & Miller, D. T. (1978). Just world research and the attribution process: Looking back and ahead. *Psychological Bulletin, 85*, 1030–1051.

Lerner, M. J., Miller, D. T., & Holmes, J. G. (1976). Deserving and the emergence of forms of justice. In L. Berkowitz & E. Walster (Eds.), *Advances in experimental social psychology* (Vol. 9). New York: Academic Press.

Leung, K., & Bond, M. H. (1984). The impact of cultural collectivism on reward allocation. *Journal of Personality and Social Psychology, 47*, 793–804.

Leung, K., & Park, H. J. (1986). Effects of interactional goal on choice of allocation rules: A cross-national study. *Organizational Behavior and Human Decision Processes, 37*, 111–120.

Leventhal, G. S. (1976). The distribution of rewards and resources in groups and organizations. In L. Berkowitz & E. Walster (Eds.), *Advances in experimental social psychology* (Vol. 9, pp. 91–131). New York: Academic Press.

Leventhal, G. S. (1979). Effects of external conflicts on resource allocation and fairness within groups and organizations. In W. G. Austin & S.

Worchel (Eds.), *The psychology of intergroup relations* (pp. 237–251). Monterey, CA: Brooks/Cole.

Leventhal, G. S. (1980). What should be done with equity theory: New approaches to the study of fairness in social relationship. In M. J. Gergen & R. H. Willis (Eds.), *Social exchange: Advances in theory and research* (pp. 27–55). New York: Plenum.

Leventhal, G. S., Karuza, J. Jr., & Fry, W. R. (1980). Beyond fairness: A theory of allocation preferences. In G. Mikula (Ed.), *Justice and social interaction* (pp. 167–218). New York: Springer–Verlag.

Levine, D. I. (1992). What do wage buy? *Administrative Science Quarterly, 38*, 462–483.

Lew, S. K. (1977). Confucianism and Korean social structure. In C. S. Yu (Ed.), *Korean and Asian religious tradition* (pp. 151–172). Toronto, Canada: University of Toronto Press.

Maehr, M. (1974). Culture and achievement motivation. *American Psychologist, 29*, 887–896.

Maehr, M., & Nicholls, J. (1980). Culture and achievement motivation: A second look. In N. Warren (Ed.), *Studies in cross-cultural psychology* (Vol. 2, pp. 221–267). New York: Academic Press.

Mahbubani, K. (1995). The Pacific way. *Foreign Affairs. 74: 1* (Jan./Feb.), 100–111.

Markus, H. R., & Kitayama, S. (1991a). Culture and the self: Implications for cognition, emotion, and motivation. *Psychological Review, 98*, 224–253.

Markus, H. R., & Kitayama, S. (1991b). Cultural variation in the self-concept. In J. Strauss & G. R. Goethals (Eds.), *The self: Interdisciplinary approaches* (pp. 18–48). New York: Springer.

Markus, H. R., & Kitayama, S. (1994a). A collective fear of the collective: Implications for selves and theories of selves. *Personality and Social*

Psychology Bulletin, 20, 568-579.

Markus, H. R., & Kitayama, S. (1994b). The cultural construction of self and emotion: Implications for social behavior. In S. Kitayama & H. R. Markus (Eds.), *Emotion and culture: Empirical investigations of mutual influence* (pp. 89-130). Washington, DC: American Psychological Association.

Marsella, A. J. (1979). Cross-cultural studies of mental disorders. In A. J. Marsella, K. Tharp, & T. Ciborowski (Eds.), *Perspectives in cross-cultural psychology* (pp. 233-262). New York: Academic Press.

Marsella, A. J. (1985). Culture, self, and mental disorder. In A. J. Marsella, G. DeVos, & F. L. K. Hsu (Eds.), *Culture and self: Asian and Western perspectives* (pp. 281-307). New York: Tavistock.

Marsella, A. J., & Choi, S. C. (1994). Psychological aspects of modernization and economic development in East Asian Nations. *Psychologia, 36*, 201-213.

Maslow, A. (1954). *Motivation and personality*. New York: Harper & Row.

Maslow, A. H. (1967). A theory of metamotivation: The biological rooting of the value-life. *Journal of Humanistic Psychology, 7*, 93-127.

Maslow, A. H. (1968). *Towards a psychology of being* (2nd ed.). New York: Van Nostrand.

Maslow, A. (1970). *Motivation and personality* (2nd ed.). New York: Harper & Row.

Maslow, A. H. (1971). *The farther reaches of human nature*. New York: Viking.

Matsui, T., Kakuyama, T., & Onglatco, M. L. (1987). Effects of goals and feedback on performance in groups. *Journal of Applied Psychology, 72*, 407-415.

Matsumoto, D. (2000). *Culture and psychology: People around the world* (2nd ed.). Belmont, CA: Wadsworth.

Matsumoto, D., & Juang, L. (2004). *Culture and psychology: People around the world* (3rd ed.). Belmont, CA: Wadsworth.

Mayo, E. (1933). *The human problems of an industrial civilization.* New York: Macmillan.

McAdams, D. P. (2001). *The person: An integrated introduction to personlity psychology* (3rd ed.). Orlando, FL: Harcourt College Publishers.

McClelland, D. C. (1963). Motivational patterns in Southeast Asia with special reference to the Chinese case. *Social Issues, 19,* 6-19.

McDougall, W. (1908). *Social psychology.* Boston, MA: Houghton Mifflin.

McGregor, D. (1960). *The human side of enterprise.* New York: McGraw-Hill.

Mikula, G. (1980). Introduction: Main issues in the psychological research on justice. In G. Mikula (Ed.), *Justice and social interactions* (pp. 13-23). New York: Springer-Verlag.

Mikula, G., & Schwinger, T. (1978). Intermember relations and reward allocation. In H. Brandstätter, J. H. Davis, & H. Schuler (Eds.), *Dynamics of group decision.* Beverly Hills, CA: Sage.

Miller, J. G. (1994). Cultural diversity in the morality of caring: Individually-oriented versus duty-based interpersonal moral codes. *Cross-Cultural Research, 28,* 3-39.

Miller, J. G. (1997a). Throretical issues in cultural psychology. In J. W. Berry, Y. H. Poortinga, & J. Pandey (Eds.), *Handbook of cross-cultural psychology* (2nd ed., Vol. 1, pp. 85-128). Boston, MA: Allyn & Bacon.

Miller, J. G. (1997b). Cultural conceptions of duty. In D. Munro, J. F. Schumaker, & S. C. Carr (Eds.), *Motivation and culture* (pp. 178-192). New York: Routledge.

Miller, J. G., & Bersoff, D. M. (1992). Cultural and moral judgement: How are conflicts between justice and interpersonal responsibilities resolved? *Journal of Personality and Social Psychology, 62*, 541–554.

Miller, J. G., & Bersoff, D. M. (1994). Cultural influences on the moral status of reciprocity and the discounting of endogenous motivation. *Personality and Social Psychology Bulletin, 20*, 592–602.

Misumi, J. (1985). *The behavioral science of leadership: An interdisciplinary Japanese research program.* Ann Arbor, MI: University of Michigan Press.

Munro, D. (1997). Levels and process in motivation and culture. In D. Munro, J. F. Schumaker, & S. C. Carr (Eds.), *Motivation and culture* (pp. 3–15). New York: Routledge.

Murphy, G., Murphy, L. B., & Newcomb, T. M. (1937). *Experimental social psychology* (rev. ed.). New York: Harper.

Myers, D. G. (1987). *Social psychology* (2nd ed.). New York: McGraw–Hill.

Myers, D. G. (2010). *Social psychology* (10th ed.). New York: McGraw–Hill.

Nisbett, R. E. (2003). *The geography of thought: How Asians and Westerners think differently ⋯⋯ and why.* Thousand Oaks, CA: Sage.

Nisbett, R. E., Peng, K., Choi, I., & Norenzayan, A. (2001). Culture and systems of thought: Holistic vs. analytic cognition. *Psychological Review, 108*, 291–310.

Organ, D. W. (1994). Organizational citizenship behavior and the good soldier. In M. G. Rumsey, C. B. Walker, & J. H. Harris (Eds.), *Personnel selection and classification* (pp. 53–67). Hillsdale, NJ: Erlbaum.

Peng, K., & Knowles, E. (2003). Culture, ethnicity and the attribution of physical causality. *Personality and Social Psychology Bulletin, 29*, 1272–1284.

Peng, K., Nisbett, R. E., & Wong, N. (1997). Validity problems of comparing values across cultures and possible solutions. *Psychological Methods, 2*, 329–334.

Pervin, L. A. (1996). *The science of personality.* New York: Wiley.

Quinn, N., & Holland, D. (1987). Culture and cognition. In D. Holland & N. Quinn (Eds.), *Cultural models in language and thought* (pp. 1–40). Cambridge: Camgridge University Press.

Raven, B. H., & Rubin, J. Z. (1983). *Social psychology* (2nd ed.). New York: Wiley.

Rawls, J. (1971). *A theory of justice.* Cambridge, MA: The Belknap Press.

Redding, G., & Wong, G. Y. Y. (1986). The psychology of Chinese organizational behavior. In M. H. Bond (Ed.), *The psychology of Chinese people* (pp. 267–295). Hong Kong: Oxford University Press.

Reeve, J. (2005). *Understanding motivation and emotion* (4th ed.). Hoboken, NJ: Wiley.

Roethlisberger, F. J. (1941). *Management and morale.* Cambridge, MA: Harvard University Press.

Roethlisberger, F. J., & Dickson, W. J. (1939). *Management and the worker.* Cambridge, MA: Harvard University Press.

Rosenberg, M. (1965). *Society and the adolescent self-esteem.* Princeton, NJ: Princeton University Press.

Rosenberg, M., & Turner, R. H. (Eds.) (1992). *Social psychology: Sociological perspectives.* New Brunswick, NJ: Transaction Publishers.

Ross, E. A. (1908). *Social psychology: An outline and a source book.* New York: MacMillan.

Salancik, G. R., & Conway, M. (1975). Attitude inferences from salient and relevant cognitive content about behavior. *Journal of Personality and Social Psychology, 32,* 829–840.

Sampson, E. E. (1969). Studies of status congruence. In L. Berkowitz (Ed.), *Advances in experimental social psychology* (Vol. 4, pp. 225–270). New York: Academic Press.

Sampson, E. E. (1975). On justice as equality. *Journal of Social Issues, 31,*

45-64.

Sampson, E. E. (1983). *Justice and the critique of pure psychology*. New York: Plenum.

Schay, B. W. (1988). Effects of performance-contingent pay on employee performance. *Public Personnel Management, 17,* 237-250.

Schwartz, S. H. (1994). Beyond individualism-collectivism: New cultural dimensions of values. In U. Kim, H. C. Triandis, C. Kagitcibasi, S. C. Choi, & G. Yoon (Eds.), *Individualism and collectivism: Theory, method, and applications* (pp. 85-119). Thousand Oaks, CA: Sage.

Schwartz, S. H. (2004). Mapping and interpreting cultural difference around the world. In H. Vinken, J. Soeters, & P. Ester (Eds.), *Comparing cultures: Dimensions of culture in a comparative perspective* (pp. 43-73). Leiden, NL: Brill.

Schwinger, T. (1980). Just allocation of goods: Decisions among three principles. In G. Mikula (Ed.), *Justice and social interactions* (pp. 95-125). New York: Springer-Verlag.

Sedikides, C., Gaertner, L., & Toguchi, Y. (2003). Pancultural self-enhancement. *Journal of Personality and Social Psychology, 84,* 60-79.

Shaw, M. E., & Constanzo, P. R. (1982). *Theories of social psychology* (2nd ed.). New York: McGraw-Hill. 홍대식 역 (1985). 사회심리학이론. 서울: 박영사.

Singelis, T. M., Triandis, H. C., Bhawuk, D. D., & Gelfand, M. (1995). Horizontal and vertical dimensions of individualism and collectivism: A theoretical and measurement refinement. *Cross-Cultural Research, 29,* 240-275.

Sinha, D., & Tripathi, R. C. (1994). Individualism in a collectivist culture: A case of coexistence of opposites. In U. Kim, H. C. Triandis, C. Kagitcibasi, S. C. Choi, & G. Yoon (Eds.), *Individualism and collectivism: Theory, method, and applications* (pp. 123-136).

Thousand Oaks, CA: Sage.

Sinha, J. B. P. (1980). *Nurturant task leader*. New Delhi: Concept.

Smith, P. B., Bond, M. H., & Kagitcibasi, C. (2006). *Understanding social psychology: Living and working in a changing world*. London: Sage.

Srull, T. K., & Gaelick, L. (1983). General principles and individual differences in the self as a habitual reference point: An examination of self-other judgments of similarity. *Social Cognition, 2,* 108−121.

Strauss, C. (1992). Models and motives. In R. G. D'Andrade & C. Strauss (Eds.), *Human motives and cultural models* (pp. 1−20). Cambridge: Cambridge University Press.

Tang, S., & Hall, V. C. (1995). The overjustification effect: A meta-analysis. *Applied Cognitive Psychology, 9,* 365−404.

Taylor, F. W. (1903). *Shop management*. New York: Harper & Bros.

Taylor, F. W. (1911). *The principle of scientific management*. New York: Harper & Bros. (Reissued in 1967 by W. W. Norton & Co., New York)

Taylor, S. E. (1998). The social being in social psychology. In D. T. Gillbert, S. T. Fiske, & G. Lindzey (Eds.), *The handbook of social psychology* (4th ed., Vol. 1, pp. 58−95). Boston, MA: McGraw−Hill.

Taylor, S. E., Peplau, L. A., & Sears, D. O. (1994). *Social psychology* (8th ed.). Englewood Cliffs, NJ: Prentice−Hall.

Taylor, S. E., Peplau, L. A., & Sears, D. O. (1997). *Social psychology* (9th ed.). Upper Saddle River, NJ: Prentice−Hall.

Taylor, S. E., Peplau, L. A., & Sears, D. O. (2000). *Social psychology* (10th ed.). Upper Saddle River, NJ: Prentice−Hall.

Taylor, S. E., Peplau, L. A., & Sears, D. O. (2003). *Social psychology* (11th ed.). Upper Saddle River, NJ: Prentice−Hall.

Thibaut, J. W., & Kelley, H. H. (1959). *The social psychology of groups*. New York: Wiley.

Thibaut, J. W., & Kelley, H. H. (1986). *The social psychology of groups: With a new introduction by the authors* (Transaction ed.). New Brunswick, NJ: Transaction Books.

Triandis, H. C. (1988). Collectivism versus individualism: A reconceptualization of a basic concept of cross-cultural psychology. In G. K. Verma & C. Bagley (Eds.), *Cross-cultural studies of personality, attitudes and cognition* (pp. 60–95). London: Macmillan.

Triandis, H. C. (1989). The self and social behavior in differing cultural contexts. *Psychological Review, 96,* 506–520.

Triandis, H. C. (1990). Cross-cultural studies of individualism and collectivism. In J. J. Berman (Ed.), *Cross-cultural perspectives: Nebraska Symposium on Motivation, 1989* (pp. 41–133). Lincoln, NB: University of Nebraska Press.

Triandis, H. C. (1995). *Individualism and collectivism.* Boulder, CO: Westview.

Triandis, H. C., Bontempo, R., Villareal, M. J., Asai, M., & Lucca, N. (1988). Individualism and collectivism: Cross-cultural perspectives on self-ingroup relationships. *Journal of Personality and Social Psychology, 54,* 323–338.

Triandis, H. C., & Gelfand, M. J. (1998). Converging measurement of horizontal and vertical individualism and collectivism. *Journal of Personality and Social Psychology, 74,* 118–128.

Tu, Wei-Ming (1985). Selfhood and otherness in Confucian thought. In A. J. Marsella, G. A. DeVos, & F. L. K. Hsu (Eds.), *Culture and self: Asian and Western perspective* (pp. 231–251). New York: Tavistock.

Tu, Wei-Ming (1996). *Confucian tradition in East Asian modernity.* Cambridge, MA: Harvard University Press.

Walster, E. E., Berscheid, E., & Walster, G. W. (1976). New directions in equity research. In L. Berkowitz & E. Walster (Eds.), *Advances in experimental social psychology* (Vol. 9, pp. 1–42). New York:

Academic Press.

Walster, E. E., & Walster, G. W. (1975). Equity and social justice: An essay. *Journal of Social Issues, 31*, 21−43.

Walster, E. E., Walster, G. W., & Berscheid, E. (1978). *Equity: Theory and research.* Boston, MA: Allyn & Bacon.

Yamagishi, T. (1988). Exit from the group as an individualistic solution to the free-rider problem in the United States and Japan. *Journal of Experimental Social Psychology, 24*, 530−542.

Yang, K. S. (1982). Causal attributions of academic success and failure and their affective consequences. *Acta Psychologica Taiwanica, 24*, 65−83.

Yang, K. S. (1986). Chinese personality and its change. In M. H. Bond (Ed.), *The psychology of the Chinese people* (pp. 106−170). Hong Kong: Oxford University Press.

Yang, K. S. (2000). Monocultural and cross-cultural indigenous approaches: The royal road to the development of a balanced global psychology. *Asian Journal of Social Psychology, 3*, 241−263.

Yang, K. S., & Liang, W. H. (1973). Some correlates of achievement motivation among Chinese high school boys. *Acta Psychologica Taiwanica, 15*, 59−67.

Yon, K. J. (2012). *College students' and counselor trainees' perceptions of psychologically healthy person: A comparative study on cultural values between the United States and South Korea.* Doctoral Dissertation, The University of Minnesota.

Yu, A. B. (1996). Ultimate life concerns, self and Chinese achievement motivation. In M. H. Bond (Ed.), *The handbook of Chinese psychology* (pp. 227−246). New York: Oxford University Press.

Yu, E. S. H. (1974). Achievement motive, familism, and hsiao: A replication of McClellad-Winterbottom studies. *Dissertation Abstracts International,*

35, 593A.

Zhou, J., & Martocchio, J. J. (2001). Chinese and American managers' compensation award decisions: A comparative policy-capturing study. *Personnel Psychology, 54*, 115−145.

찾아보기

인명

고전 문헌

저자 소개

조긍호(趙兢鎬, Cho Geung-Ho)

1948년 경기도 양평에서 태어나, 서울대학교 문리과대학 심리학과를 거쳐, 동 대학원에서 문학박사학위를 받았다. 전남대학교와 서강대학교 심리학과 교수를 지내고, 현재 서강대학교 명예교수로 있다. 한국 사회 및 성격심리학회 회장과 한국심리학회 회장을 역임하였으며, "대한민국 학술원상"(1999년), "서강학술상"(1999년), "한국심리학회 학술상"(2008년), "과학기술 우수논문상"(2010년), "한국심리학회 공로상"(2014년)을 수상하였다. 서구와 동아시아 사회의 문화차와 그 사상적 배경에 관심을 가지고 있으며, 특히 동아시아인의 특징적인 심리와 행동의 근원을 유학의 고전에서 찾아 그 심리학적 의미를 천착하는 작업에 몰두하고 있다. 저서로는 『불평등사상의 연구』(1992년, 김영한 등 5인 공저, 서강대학교출판부), 『유학심리학: 맹자·순자 편』(1998년, 나남출판, 대한민국 학술원상 수상 저서), 『동양심리학: 서구심리학에 대한 대안 모색』(1999년, 최상진 등 5인 공저, 지식산업사), 『한국인 이해의 개념틀』(2003년, 나남출판), 『이상적 인간형론의 동·서 비교: 새로운 심리학의 가능성 탐색 I』(2006년, 지식산업사), 『동아시아 집단주의의 유학사상적 배경: 심리학적 접근』(2007년, 지식산업사), 『선진 유학사상의 심리학적 함의』(2008년, 서강대학교출판부), 『사회관계론의 동·서 비교: 새로운 심리학의 가능성 탐색 II』(2012년, 서강대학교출판부), 『사회계약론 연구: 홉스·로크·루소를 중심으로』(2012년, 강정인과 공저, 서강대학교출판부), 『유학심리학의 체계 I: 유학사상과 인간 심리의 기본구성체』(2017년, 서강대학교출판부), 『심리구성체론의 동·서 비교: 새로운 심리학의 가능성 탐색 III — 도덕심리학의 새 지평』(2017년, 서강대학교출판부), 『문화, 유학사상, 그리고 심리학』(2019년, 학지사, 대한민국 학술원 선정 기초학문 분야 우수도서) 등이 있으며, 논문으로는 「동아시아 집단주의와 유학사상: 그 관련성의 심리학적 탐색」(2007년, 한국심리학회지: 사회 및 성격, 21권 4호, 한국심리학회 학술상 수상 논문), 「문화성향과 분노통제: 분노수준과 공감의 매개효과를 중심으로」(2009년, 김지연·최경순과 공저, 한국심리학회지: 사회 및 성격, 23권 1호, 과학기술 우수논문상 수상 논문) 등 90여 편이 있다.

유학심리학의 체계 II
– 사회적 존재로서의 인간의 삶
Confucian Psychology and Its System II:
The Social Nature of Human Life

2021년 1월 15일 1판 1쇄 인쇄
2021년 1월 20일 1판 1쇄 발행

지은이 • 조긍호
펴낸이 • 김진환
펴낸곳 • (주) **학지사**

04031 서울특별시 마포구 양화로 15길 20 마인드월드빌딩
대표전화 • 02)330-5114　　　팩스 • 02)324-2345
등록번호 • 제313-2006-000265호

홈페이지 • http://www.hakjisa.co.kr
페이스북 • https://www.facebook.com/hakjisa

ISBN 978-89-997-2256-1 93180

정가 18,000원

저자와의 협약으로 인지는 생략합니다.
파본은 구입처에서 교환해 드립니다.

이 책을 무단으로 전재하거나 복제할 경우 저작권법에 따라 처벌을 받게 됩니다.

출판 · 교육 · 미디어기업 **학지사**

간호보건의학출판 **학지사메디컬** www.hakjisamd.co.kr
심리검사연구소 **인싸이트** www.inpsyt.co.kr
학술논문서비스 **뉴논문** www.newnonmun.com
원격교육연수원 **카운피아** www.counpia.com